Studientexte zur Soziologie

Reihe herausgegeben von

Dorett Funcke, Institut für Soziologie, FernUniversität in Hagen, Hagen, Deutschland

Frank Hillebrandt, Institut für Soziologie, FernUniversität in Hagen, Hagen, Deutschland

Uwe Vormbusch, Institut für Soziologie, FernUniversität in Hagen, Hagen, Deutschland

Sylvia Marlene Wilz, Institut für Soziologie, FernUniversität in Hagen, Hagen, Deutschland

Die „Studientexte zur Soziologie" wollen eine größere Öffentlichkeit für Themen, Theorien und Perspektiven der Soziologie interessieren. Die Reihe soll in klassische und aktuelle soziologische Diskussionen einführen und Perspektiven auf das soziale Handeln von Individuen und den Prozess der Gesellschaft eröffnen. In langjähriger Lehre erprobt, sind die Studientexte als Grundlagentexte in Universitätsseminaren, zum Selbststudium oder für eine wissenschaftliche Weiterbildung auch außerhalb einer Hochschule geeignet. Wichtige Merkmale sind eine verständliche Sprache und eine unaufdringliche, aber lenkende Didaktik, die zum eigenständigen soziologischen Denken anregt. Herausgegeben vom Institut für Soziologie der FernUniversität in Hagen, repräsentiert durch Dorett Funcke, Frank Hillebrandt, Uwe Vormbusch, Sylvia Marlene Wilz, FernUniversität in Hagen, Deutschland

Thomas Matys

Macht, Kontrolle und Entscheidungen in Organisationen

Eine Einführung in organisationale Mikro-, Meso- und Makropolitik

3., überarbeitete und erweiterte Auflage

Thomas Matys
FernUniversität in Hagen
Hagen, Deutschland

ISSN 2628-006X ISSN 2628-0078 (electronic)
Studientexte zur Soziologie
ISBN 978-3-658-46753-1 ISBN 978-3-658-46754-8 (eBook)
https://doi.org/10.1007/978-3-658-46754-8

Die Deutsche Nationalbibliothek verzeichnet diese Publikation in der Deutschen Nationalbibliografie; detaillierte bibliografische Daten sind im Internet über https://portal.dnb.de abrufbar.

© Der/die Herausgeber bzw. der/die Autor(en), exklusiv lizenziert an Springer Fachmedien Wiesbaden GmbH, ein Teil von Springer Nature 2006, 2014, 2025

Das Werk einschließlich aller seiner Teile ist urheberrechtlich geschützt. Jede Verwertung, die nicht ausdrücklich vom Urheberrechtsgesetz zugelassen ist, bedarf der vorherigen Zustimmung des Verlags. Das gilt insbesondere für Vervielfältigungen, Bearbeitungen, Übersetzungen, Mikroverfilmungen und die Einspeicherung und Verarbeitung in elektronischen Systemen.
Die Wiedergabe von allgemein beschreibenden Bezeichnungen, Marken, Unternehmensnamen etc. in diesem Werk bedeutet nicht, dass diese frei durch jede Person benutzt werden dürfen. Die Berechtigung zur Benutzung unterliegt, auch ohne gesonderten Hinweis hierzu, den Regeln des Markenrechts. Die Rechte des/der jeweiligen Zeicheninhaber*in sind zu beachten.
Der Verlag, die Autor*innen und die Herausgeber*innen gehen davon aus, dass die Angaben und Informationen in diesem Werk zum Zeitpunkt der Veröffentlichung vollständig und korrekt sind. Weder der Verlag noch die Autor*innen oder die Herausgeber*innen übernehmen, ausdrücklich oder implizit, Gewähr für den Inhalt des Werkes, etwaige Fehler oder Äußerungen. Der Verlag bleibt im Hinblick auf geografische Zuordnungen und Gebietsbezeichnungen in veröffentlichten Karten und Institutionsadressen neutral.

Planung/Lektorat: Cori Antonia Mackrodt
Springer VS ist ein Imprint der eingetragenen Gesellschaft Springer Fachmedien Wiesbaden GmbH und ist ein Teil von Springer Nature.
Die Anschrift der Gesellschaft ist: Abraham-Lincoln-Str. 46, 65189 Wiesbaden, Germany

Wenn Sie dieses Produkt entsorgen, geben Sie das Papier bitte zum Recycling.

Vorwort zur 3. Auflage

2014: Das Jahr der 2. Auflage – das sind bis heute zehn Jahre. In der Wissenschaft sind zehn Jahre, so muss man es wohl sagen, unheimlich lang, weil natürlich ‚so viel' passiert! Auch in diesem Fall kann man das ohne Übertreibung so sagen: Da sind zum einen die ganz normalen Weiterentwicklungen von Konzepten der Organisation von Arbeit, der Arbeit als solche, aber auch der Diskurse darüber. Diese finden in der Wissenschaft üblicherweise in der Literatur, seien dies Beiträge in Büchern oder Zeitschriften, statt. Sie alle müssen gesichtet, bewertet und – wenn möglich – eingearbeitet, zumindest genannt werden. Zum anderen, und das ist mitnichten eine Kleinigkeit, die außerhalb des Diskurses liegt, die großen weltpolitischen Transformationen bzw. Bruchstellen, gleich, ob diese nun „Corona-Krise", „Ukraine-Krieg" oder „digitale Transformation" heißen. Wird man bei Letzterem unter Sozialwissenschaftler:innen schnell Einigkeit erzielen, dass dies ein ganz bedeutender Faktor für die Veränderung von Arbeit darstellt, der multiple Ursachen und Auswirkungen zugleich bereithält (und deshalb ja auch in dieser Neuauflage intensiv behandelt wird), scheint es bei den erstgenannten nicht so eindeutig zu sein. Allerdings: Wer wollte ernsthaft bestreiten, dass die globale Corona-Pandemie nicht das komplette Gefüge von (nicht nur erwerbs-arbeitlichen) Kontexten erheblich durcheinandergewirbelt hätte? Man denke hier nur an das Management von Krankheit am Arbeitsplatz oder anzunehmende Hybrid- bzw. Remote-Working-Konstellationen. Und der Ukraine-Krieg (bzw. jüngst auch der Krieg in Israel)? Auch Kriege sind relevant für nationale ‚Arbeits'-Fragen, denn die jeweilige Organisation von Arbeit findet in Volkswirtschaften statt, die allesamt in Beziehung stehen mit allen möglichen anderen Volkswirtschaften (auch mit denen der Kriegsparteien). Dies beinhaltet Aspekte wie das Produzieren bestimmter Güter, das Bereitstellen und Abfragen bestimmter Dienstleistungen und den entsprechenden Handel damit. Bringt man dann all diese Transformationen in einen Zusammenhang – flankiert mit Lieferketten-Problematik und Inflation – bekommt man eine komplexe Gemengelage, innerhalb derer zahlreiche Macht-, Kontroll- und Entscheidungsfragen in Organisationen lohnen, ‚neu' beleuchtet zu werden. Dies bedeutet nicht, ein neues Buch zu schreiben, allerdings gilt es, die relevanten Veränderungen und die gewandelten Perspektiven darauf darzulegen. Studierende und Lehrende gleichermaßen müssen sich diesen Wandlungen stellen – für Anregungen, Verbesserungen oder Kritik bin ich wie immer jederzeit offen! Ich wünsche zahlreiche neue Erkenntnisse, bestenfalls reflektieren Sie über das, was Sie bereits kannten.

Wuppertal, Deutschland Thomas Matys
im September 2024

Vorwort zur 2. Auflage

Seit der ersten Auflage des Buches 2006 ist einige Zeit verstrichen. Man konnte und musste davon ausgehen, dass nicht nur der Forschungsgegenstand selbst – also Macht-, Kontroll- und Entscheidungsphänomene in Arbeitsorganisationen –, sondern auch die Forschungsweisen, -standpunkte und -perspektiven des Forschers sich wandeln würden. Zumindest partiell. Zunächst zum Gegenstand: Arbeit – allgemein – verändert sich, Erwerbsarbeit ebenso und somit auch stets ihr ‚Anderes', die ‚Nicht-Erwerbsarbeit'. Der Fokus dieser Darstellung liegt auch bei der 2. Auflage noch auf Ersterem – beide Perspektiven hätten in einem derart gefassten Buch keinen Platz gehabt. Zudem kann und soll ja auch nach wie vor nicht bestritten werden, dass die Erwerbsarbeit immer noch zu einem wesentlichen Teil die Subjektivität der Arbeitenden innerhalb und außerhalb ihrer Arbeitsvollzüge prägt. Insofern bleibt die Grundanlage des Buches m. E. richtig: Im 1. Teil geht es um die soziologischen ‚Basics' von Macht-, Kontroll- und Entscheidungsphänomenen, die sich historisch herausgebildet haben – und dies nicht zuletzt vor dem Hintergrund, dass die in Teil 2 behandelten Arbeitsorganisationen, innerhalb derer sich ja diese Phänomene (auch) zeigen, allesamt im Rahmen eines ‚Settings' angeleitet sind, welches aus gutem Grund als ‚Schlüsselphänomen der Moderne' bezeichnet wird: Organisation. Organisation ist so selbstverständlich geworden, dass kaum jemand es heutzutage noch als solches kritisiert. So sind also viele Darstellungen im 2. Teil im Erwerbsarbeitsparadigma verhaftet bzgl. dessen Erosionsplausibilitäten sich bitte jede und jeder selbst ein Bild machen möchte. Dann zur Perspektiven des Forschers: Was ihn wissenschaftssozialisatorisch geprägt hat, möchte er, wenn möglich, auch so weitergeben. Wichtig ist, dass wir uns sowohl zum Einen vergegenwärtigen, dass all die zusammengetragenen Fakten und Meinungen uns in Form ‚wissenschaftlicher Literatur' begegnen, deren Stil und Form wir studieren und selber anwenden können sollten, als wir aber auch zum Anderen stets um eine kritische Haltung ob dieser Darstellungen bemüht bleiben sollten, wissen wir doch nahezu alles, was wir wissen, durch die Medien bzw. medienermittelt, womit ich andersherum jetzt nicht massenweise Praktika in Automobilkonzernen für alle Studierende obligatorisch machen möchte (wenngleich noch niemandem geschadet hat, einmal die ‚Arbeitswirklichkeit' kennenzulernen). Ich hoffe, dass deutlich wird, dass wir Erkenntnisse allerdings nicht nur durch das Erfahren einer 1:1-Wirklichkeit (die es ja derart sowieso so nicht gibt, sondern stets eine bereits gesellschaftlich vorstrukturierte ist), sondern auch durch Lesen, Nachdenken, Zusammentragen, Abstrahieren, Diskutieren, Kritisieren und Reflektieren erlangen können. Mehr sei doch gar nicht zu wünschen.

Jetzt freue ich mich erst einmal, wenn neben den Erkenntnisgewinn vielleicht auch ein bisschen Vergnügen bei der Lektüre der 2. Auflage tritt; Fragen, Kommentare und Anregungen sind jederzeit willkommen, bitte an: thomas.matys@fernuni-hagen.de.

Wuppertal, Deutschland
im April 2014

Inhaltsverzeichnis

1 **Überblick** 1
   1.1 Thema 1
   1.2 Inhalt 2
   1.3 Lernziele und Arbeitsweise 2
   1.4 Organisation in der modernen Gesellschaft 3
   1.5 Macht, Kontrolle und Entscheidungen – *in Organisationen?* 10
   1.6 Der Analyserahmen: Trennen, was zusammengehört 11

Teil I Stein des Anstoßes? – Das Paradigma tayloristisch-fordistisch organisierter Arbeit

2 **Mikropolitische Ansätze** 17
   2.1 Verhaltenswissenschaftliche Ansätze 17
      2.1.1 Die Human-Relations-Bewegung 17
      2.1.2 Verhaltenswissenschaftliche Entscheidungstheorie 18
   2.2 Spieltheoretische Ansätze 24
      2.2.1 Die strategische Organisationsanalyse von Crozier und Friedberg 24
      2.2.2 Weiterentwicklungen von Mintzberg und Giddens/Ortmann 29

3 **Mesopolitische Ansätze** 39
   3.1 Konflikt- bzw. kontrolltheoretische Ansätze 39
      3.1.1 Das Marx'sche Transformationsproblem 39
      3.1.2 Die „Labor Process Debate": Von der reellen Subsumtion des Arbeitsprozesses zur Managementkontrolle 42

3.2 (Organisations-)Kulturalistische Ansätze 54
    3.2.1 Von rationalistischer Einheitskultur zu funktionalistischen Subkulturen 54
    3.2.2 Von interaktionistischer zur Systemtheorie (Luhmann) ... 58
3.3 Kontingenztheoretische Ansätze 67
    3.3.1 Die ‚Aston-Gruppe': Entscheidungsdezentralisation und Hierarchieebenen 67
    3.3.2 Ressourcenabhängigkeitsansatz: „The External Control of Organizations" 70
    3.3.3 Neo-Institutionalismus 1: Rationalitätsmythen und struktureller Isomorphismus 72

4 Makropolitische Ansätze 87
4.1 Neo-Institutionalismus 2: Organisation(en) als Institutionen 87
4.2 Regulationstheorie: Das (Macht-)Verhältnis Staat – Organisation 90
4.3 Der „strukturell-individualistische" Ansatz Colemans 93

Teil II Vorbemerkungen: Arbeitsorganisationen

5 Background: Wandel des Arbeitsparadigmas 101
5.1 Die Ablösung des Arbeitsparadigmas industrieller Gesellschaften 101
5.2 Die „neuen Produktionskonzepte" 107

6 Autonomie und Kontrolle 111
6.1 „Herrschaft durch Autonomie?" 111
6.2 Gruppenarbeit 116
6.3 Shareholder Value und „Finanzmarkt-Kapitalismus" 121

7 Rationalisierung und (Selbst-)Qualifizierung 125
7.1 „Lean Production" und „flexible Spezialisierung" 125
7.2 „Dezentralisierung" und „Vermarktlichung" 129

8 Innovation, Lernen und Wissen 133
8.1 „Der implizite Innovationsmodus" 133
8.2 Organisationales Lernen und Wissensarbeit 136

9 Arbeitsvermögen und Subjektivierung ... 145
- 9.1 Subjektbedarf und Formierungszwang durch Informatisierung ... 145
- 9.2 „Normative Subjektivierung der Arbeit" ... 149
- 9.3 „Der Arbeitskraftunternehmer" ... 155
- 9.4 Identität und Anerkennung ... 160

10 Entgrenzungen und Globalisierung ... 165
- 10.1 Virtuelle Organisationen und strategische Netzwerke ... 165
- 10.2 „Systemische Rationalisierung" transnationaler Organisationen ... 168
- 10.3 Governance, Accountability/Accounting und Controlling ... 175

11 Digitalisierung ... 185
- 11.1 Digitale Transformation ... 185
- 11.2 Reflexionen in Bezug auf Macht, Kontrolle und Entscheidungen ... 189

12 Fazit und Schlussfolgerungen ... 203
- 12.1 Merkmale neuer Macht-, Kontroll- und Entscheidungsmodi ... 203
- 12.2 Relationalität und Rekursivität von Arbeitssubjektivität ... 209

Literatur ... 213

Abbildungsverzeichnis

Abb. 1	Die Funktionsweise des Taylorismus	15
Abb. 2.1	Dimensionen des Sozialen unter der Leitdimension Macht/Herrschaft	34
Abb. 3.1	Der strukturell-kulturelle Eisberg	55
Abb. 3.2	Kontingenztheoretisches Grundmodell der organisatorischen Gestaltung	69
Abb. 6.1	Strukturmomente von Gruppenarbeit (Quer-liegend zu diesen Aspekten ist das Moment des Konflikts in Gruppen (nicht nur in Arbeitsorganisationen) zu sehen, der v. a. sozialpsychologisch früh untersucht worden ist (vgl. Lewin 1947)	117
Abb. 7.1	Kernelemente von Lean Production	126
Abb. 8.1	Dimensionen der Wissensschaffung, die Wissensebenen und Wissensarten in Arbeitsorganisationen	140
Abb. 10.1	Die Wertschöpfungskette	173
Abb. 10.2	Controlling im Rahmen des operativen und strategischen Berichtswesens	183
Abb. 11.1	Elemente algorithmischer Sozialität	187

Tabellenverzeichnis

Tab. 1.1 Macht, Kontrolle und Entscheidungen in Organisationen – ein Analyserahmen 12

Tab. 3.1 Organisationskulturelle Perspektiven und Paradigmen 57

Tab. 4.1 Zusammenfassung Teil 1 97

Tab. 10.1 Abgrenzung der virtuellen Organisation 166

Tab. 12.1 (Gesamt-)Zusammenfassung 204

Überblick

1.1 Thema

Die Teile 1 und 2 dieses Einführungsbuches sind mit dem Titel *„Macht, Kontrolle und Entscheidungen in Organisationen"* überschrieben. Die Verknüpfung dieser drei organisationalen Binnenbereiche erklärt sich wie folgt: In ökonomischen und durch *strukturell-herrschaftliche Asymmetrie* gekennzeichneten Organisationen der Moderne sind die arbeitenden Subjekte als kapitalistische Nutzungsform lebendiger Arbeit innerhalb einer jeden Arbeitsorganisation stets den drei genannten Phänomenen ausgesetzt (was strukturell-herrschaftlich heißt, so ist dazu vom Verfasser eine Klärung im Verlauf der beiden Buchteile angestrebt). Die Eingrenzung, *ökonomische* Organisationen in den Blick zu nehmen, ist nicht nur eine pragmatische Entscheidung: Einen Großteil der organisationsbezogenen Beziehungen, die das moderne Subjekt heute unterhält, sind Beziehungen zu (oder in) ökonomischen Organisationen – als Arbeiter:in,[1] als Angestellte(r), als Käufer:in, als Dienstleister:in

---

[1] Gleich zu Beginn möchte ich einen Hinweis zur Genderung geben: Weitgehend habe ich die Gendergerechtigkeit gewahrt bzw. hergestellt. Insgesamt muss man sagen, dass das gar nicht so einfach ist. Zunächst schien eine konsequente Genderung in manchen Teilen gar nicht sinnvoll bzw. angebracht zu sein, wenn bspw. ‚Arbeiter' genannt werden und es auch wirklich (nur) Arbei*ter*, also Männer, waren. Dann: Es dürfte sicher für zahlreiche Lesende den Lesefluss erschweren, wenn man bspw. bei ‚Organisation als Akteur' (ohne Frage: *Die* Organisation ist weiblich) konsequent gegendert hätte, ist doch dies bei davon abzusetzenden Pendant-Begriffen, wie etwa Mensch, Individuum oder Subjekt, nicht der Fall. Last but not least, und dieses Argument wird von Gender-Gegner:innen ja häufig genannt, sind oft auch, anstatt der jeweiligen Geschlechter, ‚Gruppen' (z. B. ‚die Kunden'), also im sog. ‚generischen Maskulinum' formuliert, gemeint. So werden Sie beim Lesen sicher einen Mix aus Geschlechter- und Gruppenbezügen feststellen. Seien Sie gewiss: Eine Geschlechtergerechtigkeit ist mir wichtig, ich habe versucht, sie weitgehend herzustellen. Falls das einmal miss-

oder einfach ‚nur' als Anbieter:in ihrer/seiner Arbeitskraft. Doch welche *Auswirkungen* ergeben sich für die *arbeitenden Subjekte* aus der Kopräsenz organisationaler Macht-, Kontroll- und Entscheidungsmodi? Lassen sich so etwas wie Subjektstrukturen – die immer auch Organisationsstrukturen repräsentieren und umgekehrt – ausmachen? Wie entsteht z. B. so etwas wie Macht überhaupt? Gibt es überhaupt *die* Macht? Und was können uns *Organisationstheorien* über nötige Differenzierungen lehren? Gibt es neben gängigen mikropolitischen Ordnungsrastern vielleicht noch weitere Formen, die höchst unterschiedlichen Ansätze und Theoriestränge, die sich mit Macht, Kontrolle und Entscheidungen in Organisationen befassen, eben aufgrund ihrer höchst unterschiedlichen analytischen Gegenstandsbereiche angemessen schematisch zu ordnen? Lässt sich dafür ein Analyserahmen finden? Dieses sind Leitfragen für beide Teile dieses Buches. Der Untertitel „Eine Einführung in organisationale Mikro-, Meso- und Makropolitik" weist auf eine erste Annäherung hin, wie ein Ordnungsrahmen gefunden und beschrieben werden könnte.

1.2 Inhalt

Im Sinne oben skizzierter Themenformulierung widmet sich *Teil 1* zunächst der Darstellung von grundlegenden organisationstheoretischen Ansätzen *und Theoriesträngen,* die Macht, Kontrolle und Entscheidungen in und durch Organisationen – d. h. also auf der Mikro-, Meso- und Makroebene – zum Inhalt haben. *Teil 2* spürt überblicksartig den Anknüpfungspunkten in arbeits- und organisationssoziologischen Diskursen nach, die innerhalb organisationaler Macht-, Kontroll- und Entscheidungskontexte relevant sind.

1.3 Lernziele und Arbeitsweise

Das *allgemeine* Lernziel ist die angemessene Einordnung des Lerngegenstandes – hier: Macht, Kontrolle und Entscheidungen – in ein spezifisches Themenfeld – hier: (ökonomische) Organisationen. Das hört sich technisch an und meint: Studierende sollen befähigt werden zu erkennen und zu abstrahieren, welche zentrale Rolle sozialen Interaktionsprozessen organisationaler Akteure – auch Organisationen können Akteure sein! –, die um den Themenkomplex Macht, Kontrolle und Entscheidungen kreisen, zukommt. Als *spezifische* Lernziele können neben der

---

lungen sein sollte, bitte ich dies zu entschuldigen. Und nebenbei an alle Gender-Kritiker:innen gerichtet: Zahlreiche Gruppen-Bezeichnungen sind gleichlautend mit den männlichen Konnotationen (z. B. bei ‚Kunden') – also das Fortführen der Hauptschwäche des generischen Maskulinums – kann dann ja auch keine dauerhafte befriedigende Lösung sein, oder?

Schärfung eines analytischen Blicks und der Herausarbeitung einer Möglichkeit, relevante Theorien entlang einschlägiger Merkmale zu ordnen, das Sensibilisieren für arbeits- und organisationssoziologische Fragestellungen, das Heranführen an relevante einführende und auch weiterführende Literatur sowie Stärkung von Mut und Zuversicht, eigene Fragestellungen zu entwickeln, gelten.

Die *Arbeitsweise* folgt einem didaktischen Prinzip, welches m. E. grundsätzlich für curricular organisiertes sozialwissenschaftliches Studieren gelten sollte: Im Anschluss an die Darstellung der grundlegenden Theorien, die sich mit Macht, Kontrolle und Entscheidungen in Organisationen beschäftigen in Teil 1 des Buches, folgt in Teil 2 eine Vertiefung insofern, als dass aktuelle Debatten der Arbeits- und Organisationssoziologie aufgezeigt werden unter Reflexion der in Teil 1 genannten Ansätze. Diese Vorgehensweise, vom Allgemeinen zum Besonderen überzugehen und reflektorisch auch zurück, scheint angesichts Stoffmenge und -komplexität mehr als angebracht.[2]

1.4 Organisation in der modernen Gesellschaft

(1) *Organisation ist ein modernes, struktur-dominierendes „Schlüsselphänomen" (Türk 1995a, S. 93; Herv. T. M.):* Aus diesem Grund muss eine zwingend historische Perspektive eingenommen werden. Im „langen 16. Jahrhundert" (Braudel 1986) etablieren sich grundlegend gewandelte gesellschaftliche Produktionsverhältnisse, welche getragen von den Imperativen der Aufklärung und eines technologischen Schubes die Prinzipien der Machbarkeit, Gestaltbarkeit und Herstellbarkeit der Gesellschaft verankern und damit rationale Organisationskonzepte institutionalisieren helfen. Organisation wird somit zum „Schlüsselphänomen" (ebd.) dieser modernen Gesellschaft, da es ein *zentrales Strukturmoment* für die Konstitution, Etablierung und Reproduktion der dominanten gesellschaftlichen Verhältnisse der Moderne darstellt. Diese Zentralität des Organisationsphänomens besteht vom allem darin, dass

- Organisationen bedeutende „*Aktionszentren*" (Türk et al. 2006, S. 10; Herv.: T. M.) der Gesellschaft sind;
- vermittels Organisation maßgebliche *gesellschaftliche Strukturen* hervorgebracht bzw. reproduziert werden, wie z. B. Strukturen sozialer Ungleichheit;

---

[2] Dass man versuchen kann, gesellschaftliche – so auch immer: organisationale – Macht/Herrschaft auch anders, generalisierter, zu fassen, ohne verschiedene relevante soziologische (Organisations-) Theorien durchzugehen, zeigt Lueger 2023. Er identifiziert „[a]kteurgebundene" (Lueger 2023, S. 202), „[p]ositionale" (ebd., S. 303), „[o]bjektivierte" (ebd.) und „[g]esellschaftsstrukturelle" (ebd.) Machtgrundlagen.

- über Organisationen *Probleme* als *gesellschaftlich relevant* definiert werden, Organisationen also über Thematisierungs- und Problematisierungsmacht verfügen (vgl. ebd., S. 10 f.).

(2) *Organisation ist kein ubiquitäres Naturphänomen, sondern ein diskursivumkämpftes und damit immer ein kontingentes menschengemachtes Konstrukt:* Da Organisationen – als Manifestationen des ‚Prinzips' Organisation – nichts Ontologisches, nichts Physisches sind, möchte ich sie im Rahmen dieser Einführung als soziologische Abstraktionen verstehen. Jeder kennt – wie selbstverständlich – Organisationen, ob Parteien, Verbände, Unternehmen, Krankenhäuser oder Universitäten. Doch gerade für Sozialwissenschaftler:innen bedeutet es Arbeitsalltag, Selbstverständlichkeiten nachzuspüren und zu hinterfragen, also bspw. derart, dass Fragen auftauchen, wie Menschen eigentlich tagtäglich Organisationen reproduzieren. Es geht dabei genau nicht um das Setzen von Nominaldefinitionen: Von analytischer Relevanz ist die *gesellschaftliche Realkategorie* ‚Organisation' in konstruktivistischer Perspektive, zugespitzt in der Frage: „Was tun Menschen, wenn sie das tun, was sie „Organisation" nennen (Türk 1996a, S. 12; Herv. i. Orig.)? Empirisch können wir sagen: Trotz der oberflächlichen Differenziertheit des Organisationsphänomens zeichnet sich doch die Form Organisation durch etwas Gleiches, etwas Einheitliches aus, welches auch in der gesellschaftlichen Selbstbeschreibung von Organisation enthalten ist. Die Herstellung dieses Gleichen ist ein abstrakter Prozess im Sinne einer „gesellschaftlichen Konstruktion von Wirklichkeit" (Berger und Luckmann 1972 [1970]). Doch ein so entstandener Deutungsvorrat in Bezug auf das Phänomen Organisation muss stets aktualisiert werden, um in seiner Existenz Bestand zu haben. Dies geschieht diskursiv in Form eines politischen Arrangements von Themen, Argumenten, Zeichen und Teilnehmer:innen. So gelangt man zu der zentralen Frage, wie diese subjektivdiskursiv hergestellte Organisationswirklichkeit – ganz im Sinne Bergers und Luckmanns – zu „objektiver Faktizität" (ebd.) *wird*. Eine derartige Dekonstruktion von Organisation zu betreiben, bedeutet eben nicht zu bestreiten, dass im Denken und Handeln von Menschen so etwas existiert, was jene dann Organisation nennen; es heißt also etwa nicht, Organisation für scheinhaft zu erklären, sondern schließt ein anzuerkennen, dass Organisation als Ergebnis dieses Produktionsprozesses (aber eben nicht: qua ‚Natur der Sache') tatsächlich existiert. Auf diese Weise Organisation zu dekonstruieren, bestreitet nicht die Realität der Wirkmächtigkeit des Organisationsphänomens für Menschen, sondern zielt auf die Analyse der Schaffung und Aufrechterhaltung dieser – dann zu einer Selbstverständlichkeit gewordenen – Realität sui generis.

1.4 Organisation in der modernen Gesellschaft

(3) *Organisation wird im Alltag der meisten Menschen zumindest mit einer der drei folgenden Bedeutungen assoziiert* (vgl. Türk et al. ebd., S. 19 f.; zur historischen Formierung der Gebildedimension vgl. ausführlich Matys 2011a):
- als Tätigkeit des Organisierens, d. h. als Herstellung von Prinzipien der *Ordnung* (z. B. Zweckrationalität, Hierarchie, Formalität, Bürokratie);
- als ein Kollektiv von Personen – als *Vergemeinschaftung* (z. B. Wir: die Mitarbeiter:innen des Krankenhauses XY, Wir: die SPD-Mitglieder usw.) und
- als Ergebnis eines Organisationsprozesses, des Herstellens einer Einheit mit mehr oder weniger fester Struktur, eines *Gebildes* (eines korporativen Akteurs/Subjekts) (z. B. die Firma XY, die Krankenkasse Z, die Universität AB).

(4) *Organisation ist das zentrale Herrschaftsmittel der Moderne:* Nun soll zunächst darauf hingewiesen werden, dass im Rahmen dieser Einführung in erster Linie *marktvermittelte* – d. h. ökonomisch ausgerichtete – Organisationen von Relevanz sind (vgl. Vorwort zur 2. Aufl.). Warum geschieht das? Die Antwort führt zu einem weiteren soziologischen Basalbegriff, dem der *Herrschaft:* Organisation kann als typische Form von Herrschaft innerhalb der modernen kapitalistischen Gesellschaft begriffen werden, weil durch *den Modus* Organisation eine spezifisch kapitalistische Nutzungsform menschlicher Arbeit konstituiert wird. Das klingt kompliziert, meint aber im Wesentlichen: Die Argumentation, Organisation mit Herrschaft zu verbinden, speist sich aus dem „historisch (fast) ubiquitär zu beobachtende[n] Sachverhalt, daß bestimmte Menschengruppen systematisch, d. h. in Formen sozialer Muster, ihrer Arbeitsbedingungen und Arbeitserträge enteignet werden" (Türk 1995a, S. 38). An dieser Stelle können Verweise auf Karl Marx nicht ausbleiben. Man kann durchaus sagen, dass Marx die Organisationsförmigkeit der kapitalistischen Produktionsweise betont hat: Durch (den Modus) Organisation wird eine spezifisch kapitalistische Nutzungsform menschlicher Arbeit konstituiert. Marx spricht in diesem Zusammenhang von der „Organisation des kapitalistischen Produktionsprozesses" (Marx 1979b, S. 418). Seine historisch-materialistische Theorie einer „Kritik der politischen Ökonomie" interessiert sich „… für die historisch spezifische – und damit auch historisch wechselnde – Art und Weise, wie Menschen durch gesellschaftliche Formen ihre Ko-Operation regulieren und konfigurieren, welche Konzepte sie zur Gestaltung und Legitimation ihrer Beziehungen zueinander sowie ihrer Arbeit an der äußeren und ihrer „inneren Natur" verwenden" (Türk ebd.; Herv. i. Orig.). Eine derartige Sichtweise lenkt die Aufmerksamkeit auf die soziale Konstruiert-

heit gesellschaftlicher Verhältnisse – Marx führt hierzu aus: „Die Menschen machen ihre eigene Geschichte, aber sie machen sie nicht aus freien Stücken, nicht unter selbstgewählten, sondern unter unmittelbar vorgefundenen, gegebenen und überlieferten Umständen" (Marx 1979e, S. 115). Menschen produzieren und reproduzieren also die gesellschaftlichen Verhältnisse, unter denen sie leben, letztlich stets durch ihr konkretes Handeln. Und diese einmal geschaffenen Verhältnisse wirken dann wiederum konditionierend, strukturierend und restringierend auf die Bedingungen des menschlichen Handelns zurück. Wenn also Organisation als typische Form von Herrschaft – im Sinne eines eben beschriebenen wechselseitigen Strukturierungsprinzips – konzipiert wird, gelangt man im Grunde zu einer notwendigen Erweiterung des Marx-Diktums der „Kritik der politischen Ökonomie": Man kommt zu einer Perspektive der „Kritik der politischen Ökonomie der Organisation" (Türk 1995a). Diese analysiert – an einen historisch-materialistischen Theorierahmen anschließend – die historisch spezifische Art und Weise, in welcher durch den Modus Organisation der gesellschaftliche Lebensprozess von Menschen „interpunktiert, konfiguriert, strukturiert sowie auf vielfältige Weise zerschnitten und zusammenfügt, ausgebeutet und beherrscht, entmutigt und ermutigt wird" (Türk ebd.).

Dass also die Herrschaftsstruktur ‚Organisation' (auf der Ebene der Gesellschaft) die materielle Basis der Menschen (auf der Ebene der Interaktionen konkreter Menschen) strukturiert, lässt Türk für diese Ebene der materiellen Basis den Begriff der Ko-Operation verwenden: Ko-Operation meint die reale Ebene faktischer gesellschaftlicher Praxis (vgl. Türk ebd., S. 96 f.). Die Schreibweise mit Bindestrich soll andeuten, dass es sich bei Ko-Operation nicht notwendig um herrschaftsfreie, konsensuell-kommunikativ abgestimmte soziale Praxisformen handelt (vgl. ebd., S. 287). Die Unterscheidung von Organisation und Ko-Operation findet sich auch im Term der ‚politischen Ökonomie' wieder: Der Begriff des Politischen verweist auf die Analyse der formierenden Seite menschlicher Sozialität, d. h. auf die je besonderen Formen der Regulation, Strukturierung und (Fremd-)Nutzung menschlicher Ko-Operation (vgl. Bruch 2000, S. 53); der Begriff der Ökonomie soll demgegenüber den real-materiellen Lebens- und Aneignungsprozess benennen, durch den Menschen sich ko-operativ in ihrem sozial und natural-ökologischen Kontext reproduzieren (vgl. Türk ebd., S. 38 f.).

Die organisations-induzierte Herrschaftsförmigkeit von Gesellschaft wird allerdings auch von anderen Klassikern gestützt: Max Weber ist die direkte Verbindung zwischen Organisation und Herrschaft (vgl. Kap. „Break 1") gelungen. Ihm zufolge ist Herrschaft ein „zentrales Phänomen alles Sozialen" (Weber 1980 [1922], S. 539),

1.4 Organisation in der modernen Gesellschaft

das nicht an bestimmte Teilsysteme gebunden ist oder sich auf die Sphäre staatlich-politischen Handelns beschränkt, sondern auch bei den „ökonomisch relevantesten sozialen Gebilden der Vergangenheit und der Gegenwart: der Grundherrschaft einerseits, dem kapitalistischen Großbetrieb andererseits, die entscheidende Rolle" (ebd., S. 541) spielt. Man kann nun Webers Begriff der ‚Bürokratie' als modernen Proto-Begriff von Organisation begreifen und mit Weber die Grundlage für die Herrschaftsförmigkeit von Bürokratie (sprich: Organisation) herausarbeiten, denn Weber charakterisiert Bürokratie als „… *das* spezifische Mittel, … ‚Gemeinschaftshandeln' in rational geordnetes ‚Gesellschaftshandeln' zu überführen" (ebd., S. 569 f.; Herv. i. Orig.). Hier kommt nun noch etwas Entscheidendes hinzu: Mit Herrschaft haben wir es dann zu tun, wenn wir (verfestigte oder institutionalisierte) gesellschaftliche Verhältnisse beobachten können, mit deren Hilfe systematische Asymmetrisierungen zwischen Menschen erzeugt werden (vgl. Türk et al. 2006, S. 40 f.). Wir können also nur deshalb von einer herrschaftsförmigen Gesellschaft sprechen, weil wir Organisation *als Mittel* der Herrschaftsausübung begreifen können (vgl. Weber 1980 [1922], S. 128). Organisation ist das Medium, welches die systematisch-strukturellen Chancen des Zugriffs auf bzw. der Verfügung über gesellschaftliche Ressourcen konditioniert (vgl. Türk 1995a).

(5) *Max Weber ist es auch, dem wir verdanken, dass Organisationen nicht unabhängig von der Gesellschaft existieren, sondern erst innerhalb einer spezifischen Gesellschaftsformation ihre Besonderheiten ausbilden. Organisation sind nicht einfach ‚Teile' von Gesellschaft, sondern – als Modus – praktisch deren (angewandter) ‚Fall' bzw. ihr Vollzug.* Das Interesse an der vorn thematisierten gesellschaftlicher Realkategorie Organisation könnte zunächst zur Frage führen, was denn überhaupt ‚Gesellschaft' sei. Nun soll an dieser Stelle nicht die in den Sozialwissenschaften sehr umfangreiche Debatte über die Bestimmung des Phänomens ‚Gesellschaft' rezipiert werden (vgl. dazu Ritsert 2000). Dieser Einführungstext soll eher in Richtung einer *konstruktivistisch-systemtheoretisch* geprägten Sichtweise sensibilisierend wirken: Die moderne komplexe – das meint vielschichtige und vernetzte – Gesellschaft kann als *System* begriffen werden (etwa bei Luhmann 1997, 1994, 1984). Dessen Funktionsweisen und Strukturen greifen auf mehreren Ebenen ineinander. Alle Elemente eines Systems (im Falle des Systems ‚Gesellschaft' z. B. die verschiedenen Kommunikationen bzw. Sinnproduktionen der gesellschaftlichen Akteure) hängen zwar miteinander zusammen, je komplexer sie allerdings werden, desto instabiler wird das Gesamtsystem. Aufgrund dieser übermäßigen Komplexität bildet das System ‚Gesellschaft' somit *Subsysteme* (z. B. ‚Politik', ‚Kultur', ‚Wirtschaft', ‚Wissenschaft' o. a.) heraus, die zusammen-

genommen die Stabilität des Gesamtsystems gewährleisten (vgl. Abschn. 3.2.2 in Teil 2). Dieser Sachverhalt bestimmt einen in der modernen Soziologie als Allgemeinplatz geltenden Begriff, nämlich den der *funktional differenzierten* Gesellschaft. Für die gesellschaftlichen Akteure werden nun obige Subsysteme ihrerseits zu ‚Leitdifferenzen', d. h. zu Unterscheidungsrahmen mit eigenen Codes, mit eigenen Semantiken – entsprechend bspw. Luhmann'scher Systemtheorie stellen diese Codes Arten und Weisen dar, unter Zuhilfenahme derer in einem jeden Subsystem verstehbar kommuniziert werden kann: Für das Subsystem ‚Recht' ist z. B. ‚Wahrheit' der entsprechende Code, für ‚Politik' ist es ‚Macht', für ‚Ökonomie' ist es ‚Geld'.

Diese Vorüberlegungen dienen dazu, nicht zu schnell einer Darstellung Glauben zu schenken – richtet man einen einfachen Blick in die Tageszeitungen –, innerhalb derer permanent von Teilbereichen wie Politik, Kultur, Wissenschaft, Wirtschaft *und* Gesellschaft gesprochen wird. Gesellschaft wird dort als Teilbereich neben anderen gefasst. Die obigen Ausführungen sollten verdeutlichen, dass dies mitnichten so einfach ist, sondern Gesellschaft als ein komplexes und ausdifferenziertes System bezeichnet werden muss, was sodann die Frage erlaubt, in welcher *Relation Organisation und Gesellschaft* zueinanderstehen. Nun ist es wohl nicht ganz so einfach, eine Organisation, bspw. eine Aktiengesellschaft, schlicht dem Funktionssystem ‚Ökonomie' zuzuordnen – und ‚Gesellschaft' lediglich als ‚Umwelt' der Organisation zu begreifen. In der Tat: Organisationen sind *in* der Gesellschaft, somit finden sich gesellschaftliche Strukturmerkmale stets auch automatisch in Organisationen wieder. Am besten konzipieren wir daher Organisationen wohl innerhalb einer Teil-Ganzes-Beziehung als den ‚Vollzug von Gesellschaft' angesichts der „Gesellschaft als Umwelt" (Türk 1999a, S. 45; Herv. i. Orig.), sozusagen als „Fall von Gesellschaft" (ebd.). Organisation ist nicht nur stets *in* der Gesellschaft, Organisation *ist* immer auch Gesellschaft.

(6) *Organisationen sind strukturationstheoretisch eine rekursive Verknüpfung mindestens zweier Meta-Muster, nennen wir sie zum einen ‚Handlung' und zum anderen ‚Struktur':* Die ebenfalls in moderner Soziologie mittlerweile durchgesetzte und anerkannte *Strukturationstheorie* – bspw. die Giddens' oder die Bourdieus – geht von einer notwendigen Aufhebung des klassischen Gegensatzes von Objektivismus einerseits und Subjektivismus andererseits aus; auf die Frage der Relation Gesellschaft – Organisation angewendet, bedeutet dies: Gesellschaftliche und organisationale Strukturen – und somit immer auch organisationales Handeln – befinden sich nicht in einer mechanistischen Ursache-Folge-Beziehung, etwa dergestalt, dass auf der gesellschaftlichen Ebene irgendetwas ausgelöst würde (Struktur/Objektivismus), was dann

1.4 Organisation in der modernen Gesellschaft

auf organisationaler Ebene nachvollzogen bzw. interpretiert werden müsse (Handeln/Subjektivismus). Vielmehr meint moderne Strukturationstheorie, dass Struktur *und* Handlung in einem *rekursiven Konstitutions- und Abhängigkeitsverhältnis* stehen, *relational* zueinander sind, sich somit einander gegenseitig bedingen, sich stets einschwingen, penetrieren.

Zusammengefasst spielen also sowohl klassische bedeutende *sozialwissenschaftliche Gesellschaftstheorien, etwa die Weber'sche Herrschaftstheorie* oder die *Marx'sche Kritik der politischen Ökonomie* ebenso eine implizite basale Rolle in diesem Einführungsbuch, wie auch ‚modernere', wie bspw. die *Luhmann'sche Systemtheorie oder die Türk'sche „Kritik der politischen Ökonomie der Organisation"*. Der Hinweis auf Gesellschaftstheorie macht dann auch schon auf einen weiteren zentralen Aspekt aufmerksam, den man im Zusammenhang mit der Fragestellung dieses Buches passend herausarbeiten kann: Die Unterscheidung zwischen *Arbeits-/Organisationstheorie, Gesellschaftstheorie* und *Sozialtheorie*, die m. E. mehr ist als eine analytische Trennung: Selbstverständlich beziehen sich Organisationstheorien speziell auf Phänomene der Organisation. Doch, wie vorn dargelegt, Organisationen sind in der heutigen Verfasstheit Produkte der Moderne. Wenn nun Gesellschaftstheorie stets beinhaltet, einen jeweils behandelten Gegenstand in Relation seiner historischen Konstitutionsbedingungen zu analysieren, wird die häufige reale Verwobenheit von Organisationstheorie und Gesellschaftstheorie schnell deutlich: Die Bürokratie-Theorie Max Webers wäre ohne Bezugnahme auf historische Strukturveränderungen der modernen Gesellschaft wahrscheinlich kaum entstanden. Sozialtheorie setzt dagegen an einer bestimmten Art Ubiquität bzw. Universalität an. Sozialität an sich steht bei Sozialtheorien (z. B. Colemans Handlungs-/Austauschtheorie – vgl. Abschn. 4.3 in Teil 1) entsprechend verschiedenen Analyseeinheiten (z. B. individuelle, kollektive oder korporative Akteure) im Fokus des Interesses (vgl. zu den Theorie-Unterscheidungen Ortmann et al. 1997). Dass auch die Arbeitssoziologie mit ihrem Theorieangebot unter ähnlichen analytischen Vorzeichen zu begreifen ist, zeigt Teil 2 dieses Buches (vgl. speziell zur gesellschaftstheoretischen ‚Unterfütterung' der Arbeits-, Betriebs- und Industriesoziologie Kühl 2004; Deutschmann 2002).

Obige hier knapp skizzierten Ausführungen zum zugrunde liegenden Organisationsverständnis sollen im Rahmen dieses Textes zu den im Folgenden zu abstrahierenden *Grundcharakteristika* organisationaler Macht-, Kontroll- und Entscheidungstheorien in Beziehung gesetzt werden. Dieses wird in der Zusammenfassung des 1. Buchteils erfolgen. Für weitere, tiefer gehende, Einführungsfragen einer Soziologie der Organisation sei das Buch von Türk/Lemke/Bruch (2006 s. Literatur) empfohlen. Da aber auch die Trennung von Arbeit und Organisation nie ganz trennscharf eingehalten werden kann, steckt selbstverständlich in denen in

Teil 2 ausgeführten eher arbeitssoziologischen Diskursen (in Bezug auf Macht, Kontrolle und Entscheidungen) stets auch eine gehörige ‚Portion' Organisationssoziologie, was man ja nicht zuletzt am viel verwendeten Terminus ‚Arbeitsorganisation' erkennen kann.

1.5 Macht, Kontrolle und Entscheidungen – in Organisationen?

An dieser Stelle möchte ich zunächst festhalten: Die drei ausgewählten Phänomene – Macht, Kontrolle und Entscheidungen sind nicht willkürlich ausgewählt worden. Gerade die Analyse von Organisationen als Herrschaftszusammenhang birgt immanent die These einer *strukturellen Asymmetrie zwischen Arbeit und Kapital*. Die Unbestimmtheit des Arbeitsvertrages zwischen Käufer und Verkäufer der ‚Ware' Arbeitskraft begründet die Notwendigkeit von Herrschaft und Kontrolle und deren Widersprüchlichkeit zugleich: Einerseits ist das *Management* gezwungen, seine Herrschaft über den Produktionsprozess und die Disziplinierung der Arbeitenden durch Marktmechanismen, Kontrollstrategien, Technisierung, Arbeitszerlegung etc. durchzusetzen und aufrechtzuerhalten; andererseits ist es auf die kreativen und produktiven Potenziale der lebendigen Arbeit angewiesen, um Gebrauchswerte produzieren zu können, was zugleich Kooperation und Konsenssuche erforderlich macht. Doch auch für die *arbeitenden – ‚ausführenden' – Subjekte* ist die Situation höchst zwiespältig: Einerseits versuchen sie, auf mannigfaltige Weise gegen den Herrschaftsanspruch des Managements und ihre Behandlung als Ware Widerstand zu leisten; andererseits geht mit ihrem Interesse am Erhalt des Arbeitsplatzes auch ein Interesse am Überleben ‚ihres' Unternehmens einher, was sie dazu bringt, sich mit den Vorgaben und Zumuten zu arrangieren (vgl. Wolf 1999, S. 55). Diesem doppelt widersprüchlichen Spannungsfeld,[3] als das sich der Arbeitsplatz in kapitalisti-

---

[3] Bereits hier – ohne vorgreifen zu wollen – könnte man in Annäherung an einen Zentralbegriff dieses Buches, dem Begriff der *Macht,* problemlos eine erste Systematik anbringen: Mit Etzioni (1961) kann man obiges Dilemma durchaus als eine Art von Macht kennzeichnen: *Zwangsmacht* auf der einen Seite (sie wirkt entfremdend, erzwungen, man tut nur das, was einem gesagt wird und was kontrolliert wird); auf der anderen Seite eine Art *Belohnungsmacht* (kalkulierend, Kosten/Nutzen abwägend, eine Gegenleistung erwartend). Während Etzioni die Zwangsmacht eher in Gefängnissen und Arbeitslagern verortet, weist er der Belohnungsmacht verstärkt den Unternehmungen und Verwaltungen zu. Als dritten Machttyp identifiziert er noch die *Normative Macht* (wertorientiert, die Zwecke der Organisation gerne teilend), die Etzioni vor allem bei religiösen und ideologischen Organisationen sieht. Dass diese Zuordnung entlang – quer – zu den hier vorgestellten Ansätzen verläuft und im Prinzip in Elementen ohnehin in mehreren Ansätzen kategorisch Bestandteil hat, soll im Verlauf des Textes deutlich werden (vgl. Etzioni 1961).

schen Organisationen somit darstellt, macht die Analyse von Phänomenen wie Macht, Kontrolle und Entscheidungen zum *Kernfanliegen* moderner Arbeits- und Organisationssoziologie und spiegelt – im Anschluss an die „Labor Process Debate" (vgl. Abschn. 3.1.2 in Teil 1) und Diskurs um „neue Produktionskonzepte" (vgl. Abschn. 2.2 in Teil 2) – die so genannte ‚akteurstheoretische Wende' innerhalb der Arbeits-, Betriebs- und Industriesoziologie wider.

Um nun zu analysieren, inwieweit die Grundthese eines (heute noch bestehenden?) Widerspruchs zwischen Arbeit und Kapital sich anhand ausgewählter Macht-, Kontroll- und Entscheidungstheorien, die sich auf Organisationen beziehen, zeigen lässt, wird – wie oben dargestellt – dieses Einführungsbuch in *zwei Teile* geteilt: In *Teil 1* geht es um Grundlegungen, die sowohl den klassischen Widerspruch zwischen Arbeit und Kapital beinhalten, als auch im Allgemeinen den historisch gewachsenen Manifestationen organisationaler Macht-, Kontroll- und Entscheidungsphänomene nachspüren. Hierbei wird vor allem zu zeigen versucht, dass Arbeit und Kapital nicht mehr ausschließlich als Entitäten, die in einem kausalen Abhängigkeitsverhältnis zueinanderstehen, begriffen werden können, sondern zunehmend die Figur eines *Machtverhältnisses* (im Sinne Foucaults – vgl. Kap. Break 2) etablieren. Das Wort ‚organisational' lässt schnell die Frage aufkommen, ob Macht, Kontrolle und Entscheidungen *in* Organisationen oder *von* Organisationen (als korporative Akteure) dargestellt werden sollen – die Antwort lautet: natürlich beides! Um hier die notwendige analytische Trennung vorzunehmen – was bedeutet, dass es sich um eine *künstliche, konstruierte Trennung* von etwas handelt, was eigentlich zusammengehört –, soll der im Folgenden dargestellte *Analyserahmen* gewählt werden, der am Schluss von Teil 1 zwecks Einordnung der theoretischen Ansätze erneut aufgegriffen wird (vgl. Zusammenfassung).

1.6 Der Analyserahmen: Trennen, was zusammengehört

Die folgende Tabelle zeigt den in diesem Buch vorgeschlagenen *Analyserahmen*[4] auf. Die vorgestellten Ansätze werden gemäß diesem Schema eingeordnet – wie dies auch an der Struktur des Buchteils 1 zu erkennen ist. Dass allerdings Über-

---

[4] Die Unterscheidung in derartige „Emergenzebenen" (Luhmann) ist durchaus üblich, jene sind z. B. bei Türk (1989) in Bezug auf Organisationstheorien oder bei Sandner (1990) zu finden. Allerdings benutzt Sandner sie, um „sozialwissenschaftliche Theorien der Macht" (Sandner 1990, S. 8) zu differenzieren. Somit umfasst seine Aufstellung logischerweise weit mehr als die hier sich auf Organisationen beziehenden Theorien. In diesem Buch kommen zudem noch die Phänomene ‚Kontrolle' und ‚Entscheidungen' dazu, was eine Kompatibilität zum Sandner-Schema zusätzlich erschwert. Das macht aber nichts!

Tab. 1.1 Macht, Kontrolle und Entscheidungen in Organisationen – ein Analyserahmen

Thema des Buches	Macht, Kontrolle und Entscheidungen in Organisationen. Eine Einführung in organisationale …		
	MIKRO-Politik	MESO-Politik	MAKRO-Politik
Gegenstandsbereich	Zentrale Fragen: • Welches sind die Ansätze, die über die konkrete Darstellung und Analyse von handelnden Akteur:innen in Organisationen hinausgehen? • Was sind die Gegenstände dieser Ansätze? • Was unterscheidet meso- und makropolitische Ansätze von mikropolitischen?		
‚Beziehungsebene'	• Welche Analyseebenen (z. B. Individuen, Organisationen, Gesellschaft) lassen sich ausmachen? • In welcher Beziehung stehen die Merkmale der entsprechenden Ansätze zu den Analyseebenen?		
Politik-Modus	• Was bedeutet der Begriff ‚Politik' eigentlich im Zusammenhang mit dem Thema dieses Buches? • Lassen sich verschiedene Politik-Modi jeweils der Mikro-, Meso- und Makro-Ebene zuordnen?		

Quelle: eigene Zusammenstellung

schneidungen der verschiedenen Ansätze selbstverständlich und unvermeidbar sind, liegt auf der Hand – darauf wird auch an einigen Stellen des Buches hingewiesen. Es handelt sich eben um analytische Trennungen, die ihre jeweilige Grundsystematik den Merkmalen der verschiedenen Ansätze schuldet. Um herauszuarbeiten, um welche Merkmale es sich handelt, wird am Ende eines jeden Hauptkapitels zusammengefasst. Gegen Ende des Teil 1 wird diese Tabelle erneut mit den eingepflegten Zusammenfassungen aufgegriffen. Bevor man allerdings zu Ergebnissen kommt, müssen entsprechende *Fragen* gestellt werden – diese sind in Tab. 1.1 enthalten.

Teil I

Stein des Anstoßes? – Das Paradigma tayloristisch-fordistisch organisierter Arbeit

Frederick W. Taylor gilt als Begründer des „Scientific Management" (Taylor 1911), was im Deutschen mit ‚Wissenschaftliche Betriebsführung' übersetzt wurde. Taylor stand für die Rationalisierung der Produktionsorganisation, innerhalb derer nicht mehr nur die Gewinninteressen der Unternehmer im Vordergrund standen, sondern auch technisches Rationalisierungsinteresse sowie eine effizientere Arbeitsteilung und -durchführung (vgl. Mikl-Horke 1995, S. 56 ff.).

Ganz allgemein verfolgt der Taylorismus folgende *Methoden:*

- Wissenschaftliche Arbeitsanalyse: z. B. Auswahl der optimalen Schaufel für Erdarbeiten;
- Pensum und Bonus: Erreichung einer vorgegebenen Tagesleistung führt zu Prämienzahlung;
- Formalisierung und Zentralisierung der Anweisungs- und Kontrollstrukturen: Zuweisung der Arbeitsaufgaben und detaillierte Anweisung zur Durchführung; Fixierung des neuen Systems in Arbeitsanweisungs- und Zeitkarten („Arbeitsbüro");
- Verantwortung für die Arbeitsgestaltung bei spezialisierten Funktionsmeistern.

Kieser bemerkt daran anschließend:

„Er [Taylor] brachte das ‚wissenschaftliche Experiment' in die Managementlehre ein und verhalf ihr damit zu einer dramatischen Steigerung ihrer Lösungsmächtigkeit. Weber hat den Prozeß der Rationalisierung beschrieben, den Taylor im Bereich der Arbeitsorganisation vorangetrieben hat" (Kieser 2001, S. 75; Herv. i. Orig.).

Die *Wesensmerkmale* des Scientific Management als arbeitsorganisatorische Rationalisierung können wie folgt beschrieben werden (vgl. Taylor ebd., S. 4; Kieser ebd., S. 75 ff.; Mikl-Horke ebd.):

- Die Loslösung des Arbeitsprozesses von den Fertigkeiten des Arbeiters (seinen Traditionen, individuellen Kenntnissen und handwerklichen Fähigkeiten);
- Die Trennung von Planung und Ausführung (das Management soll die Planung für den Arbeiter übernehmen);
- Entwicklung einer Wissenschaft (Zeit- und Bewegungsstudien), die an die Stelle der alten ‚Faustregel-Methoden' tritt (suboptimales, unökonomisches Arbeiten auf Basis bisheriger Erfahrungen der Arbeiter);
- Die Betriebsleitung ist verantwortlich für die sorgfältige Auswahl, Anleitung und Schulung der Arbeiter (Ziel ist die Schaffung eines erstklassigen Arbeiterstamms);
- Die Betriebsleitung arbeitet im herzlichen Einvernehmen mit den Arbeitern, die rationale Wissenschaft macht Tyrannei der Arbeitgeber und Widerstand der Arbeiter überflüssig – Integration und Konfliktlösung werden zur neuen ‚Machtform';
- Die Verwendung des Wissensmonopols des Managements, jeden Schritt des Arbeitsprozesses und seiner Ausführungsweise mit dem Zweck einer fortwährenden Vorgabe und Kontrolle („Pensum", „Bonus" und persönliche Überwachung durch den Meister werden zu neuen Steuerungsformen).

Damit ist organisationsstrukturell ein großer Schritt getan, dass diese Merkmale zu allgemeinen und strategischen Strukturprinzipien für viele Organisationen werden können.

Die wissenschaftliche Betriebsführung verspricht eine ‚gute' Organisation, wenn folgende Kriterien erfüllt sind: Hohe Spezialisierung, hohe Standardisierung, ergonomische Gestaltung der Arbeitsmittel, exakte Planung, hohe Formalisierung, aufgabenbezogene Auslese und Schulung der Arbeiter und individuelle, monetäre Leistungsanreize. In welcher Weise nun das tayloristische System eine Basis für eine neue Macht- und Kontrollkonfiguration in Organisationen konstituierte, erschließt sich durch die *Trennung von disponierender und ausführender Arbeit* (siehe Abb. 1).

Dieses systemisch aufeinander abgestimmte Maßnahmenbündel sollte den Betrieb in ein transparentes, kontrollierbares und steuerbares Gebilde transformieren. Das tradierte, über die verschiedenen Arbeiter[1] verteilte technische Wissen – die berühmten ‚Daumenregeln' – wird zentral erfasst, optimiert und neu organisiert, um dann in Form von Arbeitsanweisungen zu den Arbeitern zurückzukehren. Die Arbeit etwa der Hilfsarbeiter, die für den Materialtransport zu den Maschinen zuständig waren, aber auch die Maschinenarbeitsplätze selbst, konnten mit Hilfe dieser Analyse- und Organisationselemente an den gesteigerten Maschinentakt angepasst werden und somit den Maschinenpark optimal ergänzen. Durch diese Fokussierung auf

---

[1] Es waren seinerzeit eben Männer, die derart arbeiteten, so dass sich hier ein Gendern nicht anbietet.

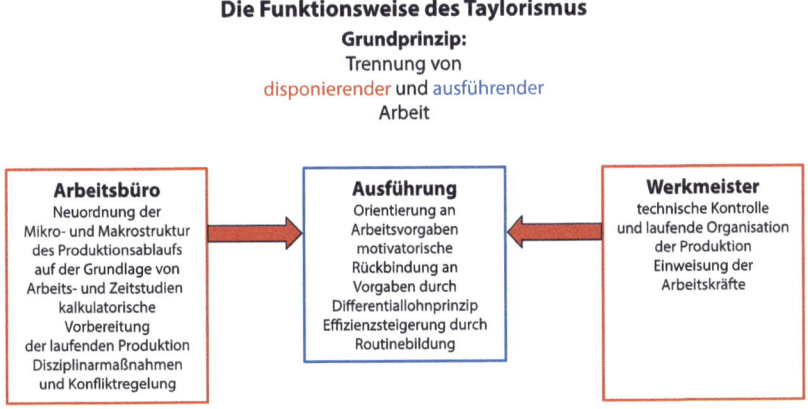

Abb. 1 Die Funktionsweise des Taylorismus. (Quelle: Kuchenbrot 2000)

die zentral geleitete Neuorganisation der Arbeitsplätze vernachlässigte Taylor allerdings die Frage der Koordination und Kontrolle des Gesamtbetriebes (vgl. Chandler 1977, S. 276 f.). Erst der Automobilproduzent Henry Ford, der sich stark an Taylor anlehnte, kam hier durch sein Konzept technischer „Fließsysteme" (Ford 1926), die durch automatische, zeitgetaktete Transporteinrichtungen (Fließband) verknüpft sein sollten, zu einer wirklichen Lösung des Problems.

Der Taylorismus wurde zum Sammelbegriff für Methoden der *Rationalisierung der systematischen Optimierung der Arbeitsorganisation*. Taylors System, so könnte man zusammenfassen, basiert auf einer vorher nicht dagewesenen Steigerung des Prinzips der *Arbeitsteilung,* speziell der Teilung zwischen disponierender und ausführender Arbeit. Der Taylorismus verfolgt abstrakt gesehen das Ziel der Ökonomisierung und Entsubjektivierung des Arbeitsprozesses. Und entgegen Taylors Annahme, die Betriebsleitung arbeite in herzlichem Einvernehmen mit den Arbeitern, muss aus macht- und kontrolltheoretischer Perspektive festgehalten werden: Taylor neutralisiert durch seine Annahme der friedlichen Kooperation zwischen Arbeit und (durch Managementmacht verkörpertes) Kapital die innerbetrieblichen Herrschaftsbeziehungen durch vorgebliche wissenschaftliche Objektivität. Ohne sich über den strukturellen Charakter dieser Herrschaftsbeziehungen klarzuwerden, entwickelt Taylor eine Methode zu ihrer Verobjektivierung und Stabilisierung, die sich zugleich den *Anschein der Egalisierung* gibt (vgl. Wachtler 1979, S. 114). So gilt heute als nahezu unbestritten, dass die Anwendung der Methoden Taylors zum Ausbau der Kontrolle des Managements über die Arbeiter und zu deren Disziplinierung führte.

Der Taylorismus diente als eine Ideologie, die sich durch praktische Erfolge bestätigte. Fords T-Modell erzielte durch systematische Rationalisierung der Arbeitsorganisation eine erhebliche Produktivitätssteigerung, bei gleichzeitiger Verdoppelung der Löhne. So formte sich in den USA eine Art Weiterentwicklung des Scientific Managements: der so genannte „*Fordismus*" (Hirsch und Roth 1986, S. 46 ff.). Dieser Fordismus bedeutete gleichsam eine Umwälzung des industriell-kapitalistischen Systems: „In der Folge, insbesondere nach dem 2. Weltkrieg, transformierten sich auch die anderen Industriegesellschaften nach amerikanischem Vorbild. Kern dieser Transformation war die Intensivierung der industriellen Produktion und Kapitalakkumulation durch tayloristische Arbeitsorganisierung einerseits, die Massenproduktion von Konsumgütern andererseits" (Mikl-Horke ebd., S. 65). Zu fordistischen Gestaltungsprinzipien zählen:

- Optimierung des Arbeitsflusses durch Material-Transportsysteme (Fließband),
- Standardisierung der Teile und der Produkte (Modell T),
- starke Mechanisierung und
- Verrichtungsspezialisierung.

In Deutschland wurde der Verein Deutscher Ingenieure (VDI) zum wichtigsten Promoter des Taylorismus. Etwas später wurde der ‚Reichsausschuß für Arbeitszeitermittlung' (REFA) gegründet, der sich mit Arbeits- und Zeitstudien beschäftigte. Noch heute veranstaltet der REFA Kurse zur Ausbildung von Ingenieuren und veröffentlicht Leitfäden zur Rationalisierung.

Das tayloristisch-fordistische Kontrollparadigma kann als dermaßen einflussreich bezeichnet werden, so dass sich ganze Generationen von Arbeits- und Organisationsforschern an ihm abarbeiteten. Dieser Ansatz wird den drei Hauptkapiteln dieses Buches vorgeschaltet, weil die *tayloristisch-fordistische Grundformation* lange Zeit für ein *gesellschaftliches Arbeitsparadigma* gestanden hat, welches durch seine Entwicklungsannahmen (vgl. Lutz 2001) für viele in diesem Teil I des Buches behandelten Ansätze von grundsätzlicher Relevanz sind. Inwieweit dieses Paradigma allerdings in Zeiten einer Dienstleistungs-, Wissens- oder Informationsgesellschaft einerseits seine konstitutive Wirk- und Einflussmächtigkeit verliert, andererseits ‚Roll-back'-Bewegungen ausgemacht werden können, wird in Teil II des Buches behandelt.

Mikropolitische Ansätze 2

"Organisationen sind durchwirkt von Politik. Ihre Entscheidungsprozesse sind politische Prozesse, ihre Akteure Mikropolitiker. Ihre Vernunft kann nicht errechnet werden, nicht als one best way gegeben sein. Auf der Strecke bleibt sie, solange die Rationalität der Organisation wie die Effizienz einer Maschine erwartet wird; solange sie nicht als kontingentes Resultat politisch-praktischen Handelns und andauernder Kommunikation unter Mikropolitikern aufgefasst wird." (Küpper und Ortmann 1988a, S. 9)

2.1 Verhaltenswissenschaftliche Ansätze

2.1.1 Die Human-Relations-Bewegung

Nachdem die so genannten *Hawthorne-Experimente* von Mayo u. a. die Existenz informeller Gruppen und ihre Bedeutung für das Betriebsklima und den Arbeitseinsatz bzw. die Arbeitsmotivation nachwiesen, gilt seit den 1930er-Jahren in der industriesoziologischen Forschung der Begriff *human relations* für Gesamtheit der ‚menschlichen', spontanen, nicht von der Betriebsorganisation vorgeschriebenen Sozialbeziehungen eines Betriebes (vgl. Kieser und Walgenbach 2003; Kieser 2001; Pries 1998 [1991]). Neben Industrie- und Betriebssoziologie nahm sich vor allem die Organisationspsychologie der Thematik der menschlichen Beziehungen an. Dieser ur-verhaltenswissenschaftliche Ansatz richtet seinen Fokus auf informelle Sozialbeziehungen. Diese zeigen sich bspw. – positiv – in freundlicher, kooperativer und vertrauensvoller Führung. Damit ist die Grundlage geschaffen, Entscheidungsprozesse in Organisationen – so die Grundannahme der verhaltenswissenschaftlichen Ansätze – hauptsächlich als Resultat menschlichen Verhaltens zu begreifen. Natürlich muss an dieser Stelle auf eine Selbstverständlichkeit aufmerksam gemacht werden: Die Human-Relations-Bewegung hat mit ihrem Fokus auf informelle Sozialbeziehungen zu erklären versucht, welche sozialen Faktoren zu beachten seien, die scheinbare Selbstverständlichkeit, nämlich ein von eingekauften Arbeitskräften geleistetes Output zu erhalten, zu optimieren. Welche weiteren relevanten Ableitungen und Fortentwicklungen in Bezug auf Macht, Kontrolle und Entscheidungen in Organisationen ausgehend vom Human-Relations-Ansatz analysiert werden können, werden die folgenden Unterkapitel zeigen.

2.1.2 Verhaltenswissenschaftliche Entscheidungstheorie

Diese einflussreiche Organisationstheorie bildete sich Ende der 1930er-Jahre. Sie wählt *Entscheidungsprozesse* zum Ansatzpunkt der Organisationsanalyse und ist insofern als *verhaltenswissenschaftlich* zu bezeichnen, als dass die Entscheidungsprozesse nicht als Entscheidungslogik,[1] sondern als Ausdruck empirisch zu beobachtenden Entscheidungsverhaltens begreift, dessen Merkmale und Bestimmungsgründe es zu analysieren gilt. Das Erkenntnisinteresse dieser Theorie gilt eher schwächer der Frage, wie Entscheidungen in Organisationen durch interne Aspekte erklärt werden können, wie z. B. durch etablierte Regeln („Das haben wir schon immer so gemacht!") oder eben „Regeln der Angemessenheit" (March und Olsen 1989; Übers. T. M.). Ein stärkeres Interesse dieser Theorierichtung widmet sich dem Komplex, wie Organisationen ihren Bestand durch Anpassung an eine komplexe und veränderliche Umwelt sichern. Organisationen – so eine der Kernaussagen dieses Ansatzes – versetzen den Entscheidenden in eine Umwelt, in der

---

[1] Im Unterschied dazu beschäftigen sich vor allem in der Betriebswirtschaft verortete entscheidungslogische Ansätze eher mit der Entstehung von organisatorischen Regeln sowie den Aufgabenerfüllungsprozessen (mentale und physische Arbeit) der Organisationsmitglieder. Einige Autor:innen neigen zu einer starken Formalisierung und mathematischen Ausrichtung. Durch ihre Annahme des Rationalitätsprinzips gehören sie zu einer – so könnte man im Unterschied zur obigen deskriptiven verhaltenswissenschaftlichen Entscheidungstheorie formulieren – zu einer Gruppe präskriptiver Entscheidungstheoretiker:innen. Ein wichtiger betriebswirtschaftlicher Autor ist Eugen Schmalenbach (vgl. Thom 2004). Dass mit dieser Unterscheidung noch nicht gänzlich der Fokus Entscheidungen in Organisationen abgedeckt ist, dürfte sich hoffentlich im Verlauf des Buches erschließen.

die Komplexität und die Unsicherheit, die Entscheidungen in Organisationen anhaften, reduziert werden (vgl. Kieser und Walgenbach 2003, S. 40 ff.). Die Theorie baut – in Absetzung zur Neoklassischen Theorie, die von einem vollkommen informierten, rationalen Entscheider ausgeht – auf zwei Prämissen auf: Erstens verfügen Menschen nur über begrenzte Informationsverarbeitungskapazitäten. Zweitens: Ihre Bereitschaft, sich in Organisationen zu engagieren, ist begrenzt. Dieser Theoriestrang spürt somit im Kern der Frage nach, wie rationale Organisationsentscheidungen von Individuen mit begrenzter Informationsverarbeitungskapazität unter der Bedingung komplexer und veränderlicher Umwelten, d. h. unter Unsicherheit, möglich sind. Die wichtigsten Teilstränge der Verhaltenswissenschaftlichen Entscheidungstheorie (zusammenfassend Berger und Bernhard-Mehlich 2004) bilden die Ansätze von Barnard (1970) sowie von Simon und March (March 1994; Cyert und March 1963; March und Simon 1958; Simon 1981).

Anreiz-Beitrags-Theorie (Barnard)/Koalitionstheorie (Cyert und March)
Ausgangsthese Barnards ist, dass Organisationen nicht aus Menschen, sondern aus *Handlungen* bestehen (vgl. Neuberger 1995, S. 176). Organisationen sind für ihn (in ihrer Existenz ständig prekäre) Systeme bewusst koordinierter persönlicher und sozialer Handlungen (vgl. Barnard 1970, S. 70). So sind bspw. *Entscheidungen* der Organisationsmitglieder[2] derartige Handlungen.[3] Um die Funktionalität aller Handlungssysteme – somit die Funktionalität der Organisation – aufrecht zu erhalten, müssen die Mitglieder, deren Motive für Zusammenarbeit nicht individueller Natur sind (vgl. Lueger 2023, S. 32), vermittels *Anreize* zu ausreichenden *Beiträgen* an die Organisation motiviert werden: Die Organisation macht potenziellen Teilnehmer:innen Angebote („inducements"), die diese verlocken sollen, in die Organisation einzutreten, in ihr zu bleiben und vor allem: nützliche Beiträge („contri-

---

[2] Zu den Teilnehmer:innen zählen alle Individuen, die koordinierte Beiträge zum Organisationsbestand leisten, also Beschäftigte, aber auch Aktionär:innen, Kreditgeber:innen, Kund:innen, Lieferant:innen etc.

[3] An dieser Stelle soll deutlich betont werden, dass dieses Einführungsbuch schon sehr dicht gedrängt angelegt ist und selbst macht- und kontrolltheoretische Fragen, die innerhalb dieses Buches besonders im Fokus stehen sollen, verkürzt behandelt werden müssen. Dies geschieht, um dem Charakter eines einführenden Werkes gerecht werden zu können. In Bezug auf Begriff und Diskurs des organisationalen Entscheidens gilt das noch einmal in besonderem Maße: Es können an dieser Stelle, auch nicht wie an weiteren Stellen dieses Buches, vollends zum Tragen kommende Diskursbestände zum Komplex ‚Entscheidungen' wiedergegeben werden. Zur Vertiefung und zu möglichen Verknüpfungen organisationaler Entscheidungen mit teilweise hier ebenfalls behandelten Theoriesträngen sei Wilz 2010 empfohlen.

butions") als Gegenleistung zu erbringen (vgl. Lueger ebd.).[4] Mit dieser so genannten *Anreiz-Beitrags-Theorie* wird die *Umwelt* in der historischen Entwicklung der Organisationstheorien erstmals thematisiert. Das Gleichgewicht der Organisation gegenüber der Umwelt oder das externe Gleichgewicht der Organisation wird dementsprechend als Gleichgewicht zwischen den von der Organisation angebotenen Anreizen und den Beiträgen der Teilnehmer:innen als *Anreiz-Beitrags-Gleichgewicht* beschrieben. Die Theorie postuliert, dass Organisationsmitglieder nur so lange Beiträge leisten, wie sie die gebotenen Anreize als mindestens gleich groß oder größer als ihre Beiträge wahrnehmen (vgl. Barnard 1970). Überlebensfähigkeit oder Vitalität der Organisation bedeutet also die Fähigkeit, diese Balance von Befriedigung und Belastung bei den Teilnehmer:innen zu erzeugen. Diese Balance muss durch die Fähigkeit zur Veränderung ständig neu geschaffen werden. Organisationen müssen versuchen, die Bedürfnisse und Nutzenfunktionen ihrer Mitglieder (bzw. deren Handlungssysteme) so zu beeinflussen, dass diese die angebotenen Vergütungen, und zwar vor allem die, die über die bloße sich aus dem Arbeitsvertrag ergebende Lohn-/Gehaltszahlung hinausgehen, als ausreichende Anreize wahrnehmen. Gleich, ob wir diese Theorie ursprünglich der Gruppe der (psychologisch-motivierten) Austauschtheorien zuordnen wollen oder nicht, können wir einen angestrebten Ausgleich zwischen Erwartungen und Verhalten der Organisationsmitglieder als zentral festhalten (vgl. Mikl-Horke ebd., S. 119), was dann ja durchaus relativ bald wieder durch die entstehende Strukturhaftigkeit als ‚soziologisch' bezeichnet werden kann.

---

[4] Leicht ist die/der Leser:in an dieser Stelle geneigt zu fragen: warum nützliche Beiträge? Wie ausgeführt wohl zwecks Bestands der Organisation. Aber woher rührt die Motivation des Handelnden? Anders gefragt: Woher kommt die Grundfähigkeit, Anreize habituell zu verspüren? An dieser Stelle kann nur auf allgemeine soziologische, grundlagentheoretische Forschungen verwiesen werden: Soziale Beziehungen sind nicht zuletzt Austauschbeziehungen. Dieses Faktum untersuchen so genannte tauschtheoretische Ansätze (vgl. bspw. Cook 1987 oder Coleman 1991). Diese gehen im Wesentlichen davon aus, dass Menschen nicht autonom sind, sondern bestimmter ‚Dinge' bedürfen (z. B. Geld, Zuneigung, Anerkennung usw.). Deswegen treten Menschen in Austauschbeziehungen ein und bieten für das, was sie wollen, aber nicht haben, etwas, was sie haben und von dem sie hoffen, dass andere daran interessiert sind (vgl. Nienhüser 2003; auch Abschn. 3.3) – insofern entsprechen sich tauschtheoretische und Anreiz-Beitrags-theoretische Modelle. Nienhüser führt nun weiter aus, dass sich tauschtheoretische Ansätze im Kern auf die Macht-Abhängigkeits-Theorie von Emerson (1962) bezögen, die im Kern davon ausgeht, dass die Macht darauf beruht, dass der, der etwas besitzt, was der andere unbedingt möchte, seinen Willen durchsetzen kann (vgl. Nienhüser ebd.). Dass sich diese Grundthese in Bezug auf Macht, Kontrolle und Entscheidungen in kapitalistischen Arbeitsorganisationen höchst komplizierter gestalten kann, wird hoffentlich durch dieses Buch deutlich!

2.1 Verhaltenswissenschaftliche Ansätze

Das Konzept der „begrenzten Rationalität" (Simon und March)/Das Mülleimer-Modell (March und Olsen)

Das Konzept der „bounded rationality" (Simon 1981), also der *begrenzten Rationalität,* ist der zentrale Ausgangspunkt bei den Überlegungen zum Entscheidungsverhalten von Individuen und legt damit einerseits das Augenmerk auf die Frage, *wie* Organisationsmitglieder *Entscheidungen* treffen.[5] Nach Simon handeln Individuen zwar intentional rational, jedoch verhindern kognitive Grenzen der Informationsaufnahme, dass objektiv rationale Entscheidungen getroffen werden können. Es besteht immer ein fragmentarisches Wissen über die Entscheidungsalternativen. Ebenso sind Bewertungen zukünftiger Ereignisse schwierig und es besteht eine begrenzte Auswahl an Entscheidungsalternativen. Entscheidungen werden immer getroffen im Hinblick auf ein begrenztes, angenähertes, vereinfachtes Modell der wirklichen Situation (vgl. March und Simon 1958, S. 139).

Individuen trachten daher in den meisten Entscheidungssituationen nach befriedigenden Lösungen (satisficing), nicht nach optimalen. Da Suchkosten in Entscheidungsprozessen nicht berechnet werden, bricht das Individuum die Suche ab, sobald es eine befriedigende Lösung für ein Problem gefunden hat. Das Anspruchsniveau (Befriedigungsniveau) gibt den Ausschlag für das Empfinden, was eine befriedigende Lösung ist. Das Anspruchsniveau ist nicht statisch, sondern variiert mit den Erfahrungen der Individuen. Es liegt wahrscheinlich meist sehr nahe an der zuletzt erbrachten Leistung. Das Individuum widmet seine Aufmerksamkeit bevorzugt den Dingen, die in seinen subjektiven Bezugsrahmen passen (selektive Wahrnehmung).

Andererseits bildet das Konzept der begrenzten Rationalität auch den Kern der *Theorie der Organisations-Entscheidungen.* Das zentrale Problem lautet, wie trotz

---

[5] Mit dem Fragewörtchen WIE im Zusammenhang von organisationalen Entscheidungen wird die sozialwissenschaftliche Fragerichtung dieser beiden Buchteile deutlich. Es sind die Arten, Weisen, Formen und Strukturen organisatorischer Macht-, Kontroll- und Entscheidungsprozesse, die – auf Mikro-, Meso- und Makroebene – von Interesse sind. Wenn also Entscheidungen speziell thematisiert werden, geht es nicht um das Erreichen von ‚erfolgreichen', ‚effizienten', ‚effektiven', ‚produktiven' usw. Entscheidungen, sondern eher um Konstitutions- und Wirkungszusammenhänge von als ‚erfolgreich', ‚effizient' usw. bezeichneten Entscheidungen und oftmals genau um das Gegenteil: um Techniken und Formen des Verhinderns derartiger Entscheidungen. Das bringt es mit sich, dass ein Großteil streng betriebswirtschaftlicher Literatur (als Beispiel sei nur das Buch des Organisationstheoretikers Alfred Kieser (als Hg. zus. m. W. A. Oechsler) „Unternehmenspolitik" genannt) hier nicht weiter behandelt werden kann. Problematisierungen allerdings vieler bspw. der von Kieser/Oechsler genannten Punkte (Politik, Strategie, Konzept, Ziel, Führung u. a.) – das werden die Leserinnen und Leser hoffentlich schnell merken – durchziehen qua Themenstellung dieses Buch.

der im Verhältnis zur komplexen und unsicheren Umwelt beschränkten kognitiven Ausstattung der Individuen rationales organisationales Handeln möglich wird. Im Kern dieses Ansatzes stehen also Reduktion von Komplexität und Unsicherheit zentral. Die Organisation entwickelt zu diesem Zweck „radikale Vereinfachungen" (ebd., S. 164): Vereinfachte Entscheidungssituationen entstehen bspw. durch Arbeitsteilung, standardisierte Verfahren (Routinen), Herrschaft und Hierarchie, Kommunikation oder Indoktrination (psychologische Mittel zur Beeinflussung Einzelner oder Gruppen).

Einen weiteren Aspekt begrenzter Rationalität – im Prinzip im Sinne begrenzten Wissens – stellen Organisationsentscheidungen in mehrdeutigen Situationen dar. Für eben diese stellt das „Mülleimer-Modell" („Garbage Can Model of Decision Making") von March und Olsen (1976) einen anschlussfähigen Beitrag dar. Die beiden Autoren gehen davon aus, dass sich Entscheidungs- und Lernprozesse in Organisationen selten durch Eindeutigkeit und Klarheit kennzeichnen lassen. Typisch sind vielmehr Situationen der Mehrdeutigkeit und Unklarheit. Wesentliche *Komponenten* dieser Mehrdeutigkeit/Unklarheit sind:

- *Beschränktes Wissen, unvollkommene Technologien:* mangelndes Wissen über Umwelt und entscheidungsrelevante Kausalbeziehungen.
- *Inkonsistente und/oder unoperationale Ziele:* Ziele sind schlecht definiert und/ oder inkonsistent. Ziele sind instabil und ändern sich im Verlauf von Entscheidungsprozessen in Abhängigkeit vom jeweiligen Wissensstand oder von der Interaktion der Organisationsteilnehmer. Ziele sind daher nicht notwendigerweise der Entscheidung vorausgesetzt, sie werden manches Mal erst nachträglich gefunden oder regelrecht erfunden.
- *Wechselnde Teilnehmer, wechselnde Aufmerksamkeit:* Individuen nehmen gleichzeitig an mehreren Entscheidungsprozessen teil, umgekehrt sind an einzelnen Entscheidungssequenzen zu unterschiedlichen Zeitpunkten unterschiedliche Individuen beteiligt. Unter anderem aus diesem Grund bleibt bei einzelnen Entscheidungen die Aufmerksamkeit der Teilnehmer:innen nicht stabil, sie fluktuiert vielmehr in unvorhersehbarer Weise.

Unklar und nicht vorhersehbar ist, welche Lösungen zu welchen Problemen passen, welche Probleme bei welcher Entscheidungsgelegenheit behandelt werden und welche Personen für die Entscheidung zuständig sind – es herrschen quasi Bedingungen ‚organisierter Anarchie'. Die Kopplung von Lösungen, Problemen und Entscheidungsgelegenheiten wird vor allem beeinflusst durch den jeweiligen Kontext des Entscheidungsprozesses und hier wiederum vor allem durch die (zufällige)

2.1 Verhaltenswissenschaftliche Ansätze

Gleichzeitigkeit von Problemen, sich anbietenden Lösungen, jeweils maßgeblichem Teilnehmerkreis und dessen Aufmerksamkeit und Zeitbudget. Wie in einem *Mülleimer,* so der Grundgedanke dieses Konzepts, werden

- Probleme,
- Lösungen,
- Teilnehmer:innen und
- Entscheidungsgelegenheiten

in einem *organisatorischen Entscheidungsstrom* zusammengeworfen. Diese Elemente sind (vgl. hierzu auch Kieser 2001, S. 148 ff.):

- *Probleme:* Probleme werden von verschiedenen Personen innerhalb und außerhalb der Organisation hineingetragen. Sie können allen möglichen Organisations- und Lebensbereichen entstammen und z. B. mit Arbeitszufriedenheit, Familienangelegenheiten, Karriere, Geld, Status oder den von den Massenmedien gerade artikulierten Menschheitskrisen zu tun haben.
- *Lösungen:* Lösungen sind nicht nur Antworten auf Probleme, sondern auch Angebote, die Nachfrage suchen. Sie tauchen daher unter Umständen vor den Problemen, für die sie eine Lösung sein können, in der Organisation auf. So sind z. B. Computer in manchen Fällen nicht Lösungen für ein die Organisation bedrängendes Problem, sondern vorhandene Angebote, für die ein passendes Problem erst gesucht werden muss.
- *Teilnehmer:innen:* Wie viel Zeit und Aufmerksamkeit verschiedene Teilnehmer:innen einer Entscheidung widmen, hängt nicht nur von den Merkmalen dieser Entscheidung, sondern auch von der Zahl und den Merkmalen anderer, gleichzeitig stattfindender Entscheidungsprozesse ab.
- *Entscheidungsgelegenheiten:* In Organisationen gibt es regelmäßig Anlässe, bei denen Entscheidungen erwartet werden, so z. B. der Abschluss von Verträgen, die Einstellung, Beförderung oder Entlassung von Arbeitskräften oder die Beschaffung neuer Technologien. An diese Anlässe können sich viele Probleme, Lösungen oder Teilnehmer:innen ‚anlagern', die nur bedingt mit der Sache zu tun haben: Die Entscheidung kann z. B. zum Anlass genommen werden, alte Rechnungen zu begleichen, die Verteilung von Status oder Macht zu verändern oder zu zementieren, die eigene Bedeutung oder Fähigkeit zur Schau zu stellen oder sich am Mitentscheiden zu erfreuen. Entscheidungen sind also nicht nur als Anlässe zur Lösung von Problemen zu verstehen, sondern bieten viele andere Gelegenheiten: „Decisions are a stage for many dramas" (March und Olsen 1976, S. 12).

Zur ausführlichen Kritik, ob Entscheidungen in Organisationen gemäß Mülleimer-Modell eher zu pragmatischen Verbesserungen oder zu innovationshemmenden Prozessen führen, fehlt es hier an Platz – es sei auf Kieser (ebd.) verwiesen. Anschlussfähig wären auch noch eine Reihe weiterer – im Wesentlichen eher wirtschaftswissenschaftlicher – Theoriestränge gewesen, die heute vor allem unter der Sammelbezeichnung *„Neue Institutionenökonomik"* (NIÖ) firmieren (z. B. „Principal-Agency-Theory", „Transaktionskostentheorie" oder „Theorie der Verfügungsrechte"). Die NIÖ geht davon aus, dass ökonomische Entscheidungen in Organisationen ausschließlich von Individuen getroffen werden, die vielfältige Präferenzen, Ziele, Zwecke und Ideen haben und dass diese Entscheidungssubjekte eine unvollkommene individuelle Rationalität besitzen (vgl. oben) und damit auch nur unvollständig informiert sind. In Bezug auf die Darstellung und Kritik dieser Theorien möchte ich mich der Argumentation Türks (1996b) anschließen, die im Grunde besagt, dass die Theorien der NIÖ im Kern nichts Neueres präsentieren als das, was klassische ökonomische Verhaltenstheorien schon seit mehr als 200 Jahren behaupten (vgl. Türk 1996b) – so bringen sie auch in Bezug auf Macht, Kontrolle und Entscheidungen nichts weiter Nennenswertes.

2.2 Spieltheoretische Ansätze

2.2.1 Die strategische Organisationsanalyse von Crozier und Friedberg

Als zentraler spieltheoretischer Ansatz kann die „strategische Organisationsanalyse" (Bogumil und Schmid 2001) von Crozier und Friedberg gelten: Die beiden Autoren haben eine neue Sichtweise über die Bedingungen, Probleme und Zwänge kollektiven, d. h. organisierten Handelns von Menschen vorgelegt. Im Mittelpunkt ihrer Untersuchungen steht vor allem die Analyse von *Machtbeziehungen in Organisationen*.[6] Die Analyse von Machtbeziehungen zwischen den Akteuren, so Crozier/Friedberg, ermöglicht erst eine realistische Sicht von bzw. auf Organisationen. Ziel ist es, eine zweite *Machtstruktur* – die *informelle,* sozusagen – aufzudecken, eine Struktur, die quer zu offiziellen Organigrammen, hierarchischen Anweisungs-

---

[6] Hierzu bemerken Pongratz und Trinczek (2003), dass man Ansätze, die das Verhältnis zwischen den Strategien der Arbeitgeber und den organisierten Interessen der Arbeitnehmer untersuchen, als machtanalytische Ansätze charakterisieren könne (vgl. Pongratz und Trinczek 2003, S. 6).

strukturen und Stellenbeschreibungen liegt. Die Autoren verdeutlichen, dass es weder einen rationalen Entscheider noch eine Determination durch die Organisation gibt. Entscheidend bei diesem Ansatz sind die Herausarbeitung von innerorganisationalen *Machtquellen* (Expertenwissen, Kontrollinstanzen, die Weitergabe wichtiger Informationen sowie die Benutzung organisatorischer Regeln) sowie die These, dass Macht Freiheit und Zwang zugleich darstellt.

Was ist nun das *Besondere* des Ansatzes von Crozier/Friedberg? Zunächst einmal mag folgendes Zitat weiter verdeutlichen, warum der spieltheoretische Ansatz der beiden Autoren aus machttheoretischer Sicht zuallererst in die mikropolitischen Ansätze eingeordnet werden soll:

„Jede ernstzunehmende Analyse kollektiven Handelns muß also Macht in das Zentrum ihrer Überlegungen stellen, denn kollektives Handeln ist im Grunde nichts anderes als tagtägliche Politik. Macht ist ihr ‚Rohstoff‘." (Crozier und Friedberg 1979, S. 14; Herv. i. Orig.)

Schnelle (2004) hebt bspw. hervor, dass die Autoren mit ihrem Ansatz eine Brücke schlagen von der Mikrosoziologie (das ist die Soziologie der kleinen Gruppe) zur Makrosoziologie (dazu zählen die Soziologie der Organisation sowie die Soziologie der Gesellschaft). Die US-amerikanischen Kleingruppenforscher – insbesondere sei hier G. Homans genannt – haben gezeigt, dass die Interaktionen zwischen Menschen einfachen Regeln unterliegen. Aber die Übertragung dieser Erkenntnisse auf die komplexe Realität in größeren Systemen misslingt. Andererseits führte die makrosoziologische Forschung zu einem Determinismus, als ob das Handeln des Individuums kausal von klassifizierenden Kategorien bestimmt sei, wie etwa Erziehung, Einkommen oder Alter (vgl. Schnelle 2004, S. 1). Crozier und Friedberg schlagen die Brücke zwischen dem Akteur (Mikrosoziologie) und dem System (Makrosoziologie) durch den Begriff des *strukturierten Handlungsfeldes* und durch den Begriff des *Spiels*. „Das Spiel" (Crozier/Friedberg ebd., S. 4), schreiben sie im Vorwort, „erscheint so als grundlegendes Instrument kollektiven Handelns, das die Menschen erfunden haben, um ihre Zusammenarbeit und die damit unweigerlich verbundenen Macht- und Abhängigkeitsverhältnisse zu strukturieren und zu regeln und sich dabei doch ihre Freiheit zu belassen" (ebd.). Und wenn auch Crozier/Friedberg im Kern davon ausgehen, dass Organisationen keine zweckrationalen, strikt an ökonomischen Effizienzkriterien ausgerichteten Gebilde sind, sondern eher *Arenen mikropolitischer Aushandlungsprozesse und Kämpfe,* kann das Handeln der Akteure als Verfolgung von Strategien angesichts bestimmter Spiele, Spielsituationen, Spielregeln und Ressourcen („Trümpfe") rekonstruiert werden.

Crozier und Friedberg verfolgen einen akteurszentrierten Ansatz, in dem die Akteure bestimmten rationalen Strategien nachgehen. Das Verhalten der Organisationsmitglieder wird als Ausdruck einer individuellen *Strategie* gedeutet. Der Strategiebegriff wird also (zunächst) auf individuelles Verhalten bezogen. Diese – gemäß Küpper und Felsch 2000 – dem *methodologischen Individualismus* verpflichtete Sichtweise impliziert, dass kollektive Verhaltensweisen (kollektive Strategien, Strategien der Organisationen) aus Interdependenzen individueller Strategien zu rekonstruieren sind (vgl. Küpper und Felsch 2000, S. 15). Bei der Einordnung von Strategien wird auf ein Modell ‚begrenzter Rationalität' (gemäß Simon, vgl. oben) der Subjekte zurückgegriffen: Verhaltenseinflüsse, die aus der Persönlichkeitsentwicklung eines Menschen stammen, gehen in diese Perspektive zwar als Handlungsorientierungen (Werte, Interessen, Einstellungen) ein, werden aber nicht weiter analysiert. Diese subjektivistische Sichtweise relativiert Sozialisations- bzw. gesellschaftliche Einflüsse.[7] Doch diese Interpretation subjektiven Verhaltens als begrenzte Rationalität aufgrund individueller kognitiver Beschränkungen sind ja im Prinzip bereits durch March und Simon (vgl. oben) aufgezeigt worden. Die Einschränkung von Rationalität bei Crozier/Friedberg bekommt eher eine klassisch *sozialpsychologische* Note: Die „Anwesenheit Anderer" (Allport 1968), d. h. die Vorstellung über das Denken und Handeln Anderer, beeinflusst das Denken und Handeln – und in Bezug auf das Thema dieses Buches von besonderer Bedeutung: somit auch das Entscheiden – eines jeden Organisationsmitgliedes. Es wird das gesamte Beziehungs- und Machtgeflecht in Organisationen strukturiert. Das Klassifizieren von Handlungen der Organisationsmitglieder als Ausdruck strategisch motivierter Machtbeziehungen macht innerorganisatorisches Handeln gemäß Crozier/Friedberg stets zu politischem Handeln und begründet m. E. erneut deren mikro*politische* Verortung (vgl. auch Wilz 2010, S. 97 f.).

Man kann darüber streiten, ob der Begriff des Spiels einerseits unglücklich gewählt und andererseits auch wieder sehr geeignet erscheinen mag: Unglücklich deshalb, weil er an die Spieltheorie mit dem beliebten Beispiel des *Prisoners' Dilemma/Gefangenendilemmas*[8] denken lässt, jenes Beispiel, das die Mathematisier-

---

[7] Zu nötigen Weiterungen dieser Sichtweise, die eine Aufhebung des klassischen Gegensatzes von subjektiven Dispositionen einerseits oder objektiven Gegebenheiten andererseits aufzeigen können, wird das nächste Unterkapitel – vor allem in Bezug auf Giddens und Bourdieu – Aufschluss geben. An die Stelle eines Oder soll dann eher ein Sowohl-als-auch treten.

[8] Als Gefangendilemma bezeichnet man das folgende Paradoxon: Ein Gefängnisdirektor verspricht zwei Gefangenen, die man nur für ein geringfügiges Delikt bestrafen konnte, die aber ein nicht nachweisbares größeres Verbrechen begangen haben, dass derjenige Straferlass erhält, der allein gesteht, während der andere um ein Mehrfaches sitzen muss. Gestehen sie

2.2 Spieltheoretische Ansätze

barkeit von Entscheidungen in gewissen Situationen erlaubt. Und hiervon halten sich Crozier/Friedberg frei. Geeignet allerdings ist der Begriff des Spiels vor allem deshalb, weil er die Freiheit der Akteure andeutet, so oder anders zu ‚spielen‘, jedenfalls nicht volldeterminiert handeln zu müssen (vgl. Crozier/Friedberg ebd., S. 9).

Das Spiel ist für die Autoren „ein konkreter Mechanismus, mit dessen Hilfe die Menschen ihre Machtbeziehungen strukturieren und regulieren und sich doch dabei Freiheit lassen" (ebd., S. 68). „Es vereint Freiheit und Zwang. Der Spieler bleibt frei, muß aber, wenn er gewinnen will, eine rationale Strategie verfolgen, die der Beschaffenheit des Spiels entspricht, und muß dessen Regeln beachten. Das heißt, dass er zur Durchsetzung seiner Interessen die ihm auferlegten Zwänge zumindest zeitweise akzeptieren muß." (ebd.) Die „Spieler" beziehen ihre Macht aus der Beherrschung von *Zonen der Ungewissheit,* die für andere wichtig sind. Crozier/Friedberg definieren daher *Macht* als die Kontrolle relevanter betrieblicher Unsicherheitszonen:

„Macht ist weder die einfache Widerspiegelung und das Produkt einer Autoritätsstruktur, sei diese nun organisatorisch oder sozial, noch ist sie eine Eigenschaft, ein Besitzstand, den man sich aneignen könnte, wie man sich früher die Produktionsmittel durch Verstaatlichung aneignen zu können glaubte. Sie ist im Grunde nichts weiter als das immer kontingente Ergebnis der Mobilisierung der von den Akteuren in einer gegebenen Spielstruktur kontrollierten Ungewissheitszonen für ihre Beziehungen und Verhandlungen mit den anderen Teilnehmern an diesem Spiel. Macht ist also eine *Beziehung,* die, als spezifische und autonome Vermittlung der widersprüchlichen Ziele der Akteure, immer an eine Spielstruktur gebunden ist: Diese Struktur umschreibt und definiert die Relevanz der ‚natürlichen‘ und ‚künstlichen‘ Ungewissheitsquellen, die diese kontrollieren können." (Crozier/Friedberg ebd., S. 17; Herv. i. Orig.)

Crozier und Friedberg verweisen insbesondere auf die folgenden *Ungewissheitsquellen,* die in Organisationen zu *Machtquellen* werden können:

- *erstens* solche, die aus der Beherrschung eines spezifischen Expertenwissens und der funktionalen Spezialisierung herrühren – aus diesem ‚Monopol‘ lassen sich Vorteile und Privilegien aushandeln;

---

beide nicht, will der Direktor dagegen erwirken, dass ihre bisherige Strafe um das Doppelte verlängert wird. Es ist paradox, dass es zu dem denkbar schlechtesten Ergebnis für beide Gefangenen führt, wenn sie jeder für sich das scheinbar Rationale tun, nämlich zu gestehen, statt zu schweigen (vgl. Esser 1999).

- *zweitens* solche, die an die Beziehungen zwischen der Organisation und ihrer Umwelt gebunden sind (hier denkt man an Akquisiteure in den Beziehungen zu den Kunden, aber auch an Personen oder Instanzen, die die Beziehungen zu Banken oder zur Öffentlichkeit kontrollieren) – ihnen kommt eine zentrale Machtposition in der Organisation zu;
- *drittens* solche, die aus der Kontrolle von Informationen und Kommunikationskanälen herrühren – die Weitergabe (oder eben gerade die Verhinderung, Verzögerung oder Verfälschung) von Informationen kann vor allem als Machtmittel der Untergebenen angesehen werden;
- *viertens* solche, die sich aus dem Vorhandensein organisatorischer Regeln ergeben – diese sollen vor allem Ungewissheits- und Unklarheitsquellen (bzw. „-zonen" – vgl. unten) ausschalten helfen (vgl. ebd., S. 50 f.).

Die Autoren führen aus, dass man Zonen der Ungewissheit, die man als Machtquellen nutzen kann, nicht nur vorfindet, sondern sie auch selbst schaffen oder zumindest vergrößern kann, um daraus Macht zu beziehen. Aber diesem Bestreben sind engere Grenzen gezogen als man zunächst glauben mag. So werde zum Beispiel jede Führungskraft mit Hilfe einer geschickt dosierten Mischung von Geheimhaltung und Öffentlichkeit versuchen, die Herrschaft über das Informationswesen zu benutzen, um künstliche Ungewissheitszonen für andere zu schaffen und dadurch auf die Ausrichtung ihrer Strategien Druck auszuüben. Dann werde sie bestimmte Informationen zurückhalten, andere verbreiten und im Allgemeinen deren Inhalt manipulieren, wenn sie sie ihren Mitarbeitern zugänglich macht. Würde sie die Informationen jedoch zu sehr manipulieren, folgern die Autoren weiter, so würde sie diesen Informationen schließlich jede Bedeutung nehmen (vgl. ebd., S. 74 f.).

Zusammenfassend ist festzuhalten, dass Crozier/Friedberg sich keine innerorganisatorische Handlung vorstellen können, die *nicht* als Macht bezeichnet werden kann.[9] Macht ist eine Art *Tauschbeziehung*, innerhalb derer der eine immer mehr herausholen kann als der andere, aber niemand irgendjemandem völlig ausgeliefert ist. Somit ist Macht *kontingent*. Die Spieltheorie ist eine Kontingenztheorie. Die Autoren verweisen auf ein fälliges Abschiednehmen von der Vorstellung, Macht sei als bloßer top-down-Prozess zu konzeptualisieren. Zwischen

---

[9] Türk (1990) weist darauf hin, dass Crozier/Friedberg offenbar einen ubiquitären Macht-Begriff verwenden, der sich in etwa wie folgt fassen lasse: Immer, wenn jemand überhaupt handelt und mit diesem Handeln in seinem Sinne Erfolg hat, hat er auch Macht. Eine gewisse Verschwimmung des Macht-Begriffs als integraler Bestandteil des Handlungsbegriffs ist damit nicht zu leugnen (vgl. Türk 1990, S. 61).

top-down-Befehlen und bottom-up-Befolgungen liegen unsichtbare, informelle, implizit-strategische, aber auch widersprüchliche, kontingente *Verhaltensmuster.* Beide Seiten, Management und ausführendes Personal, so sind die Autoren wohl zu interpretieren, unterliegen in einer politischen Arena – sowohl Gegenmacht als auch Ohnmachtsstrategien – wobei Strategien nicht vollends auf eine bewusste Planung und Steuerung von Verhalten hindeuten sollen, sondern eher auf ein Variablenset potenzieller strategischer Verhaltensoptionen *aller* Mitarbeiter:innen.

2.2.2 Weiterentwicklungen von Mintzberg und Giddens/Ortmann

Als Weiterentwicklungen in Bezug auf spieltheoretische Ansätze sollen sich Implikationen von Ortmann und Giddens' *Strukturtheorie* – in puncto einer stärkeren Betonung von Strukturaspekten und der Präzisierung von Machtquellen und des Spielbegriffs – *anschließen.* Auch die *„Konfigurationsanalyse"* von Mintzberg, die Aktivitäten und Rollen von Manager:innen, ihr Entscheidungsverhalten entlang der Pole Routine und Innovation sowie die Konfigurationen ‚interner' und ‚externer' Spieler untersucht, ist in ihren Wesensmerkmalen darzustellen.

Die Autoren, die sich mit einer Weiterentwicklung des Ansatzes von Crozier/Friedberg beschäftigen, sind vor allem an der Einführung von Strukturtheorie interessiert. Nicht eine Einseitigkeit bzw. eine dualistische Gegenübersetzung – dort Variable A ‚Organisationsstruktur', hier Variable B ‚Verhalten' (oder umgekehrt) – lässt Machtphänomene in Organisationen erklären, sondern strukturtheoretisch ist in Anlehnung an Giddens die „Dualität von Struktur" (Giddens 1988, S. 77) in den Blick zu nehmen: Handeln wirkt auf Struktur und umgekehrt. Im Folgenden werden zwei dieser Ansätze vorgestellt.

Mintzberg

Wie Crozier/Friedberg lässt sich auch der Ansatz von Mintzberg als auf innerorganisationaler Praxis fußend charakterisieren: Mintzberg entwirft – von empirischen Beispielen inspiriert – Idealtypen von so genannten *Konfigurationen.* Die Entitäten für mögliche Konfigurationen – im Sinne von Gestalt oder Typus – in Organisationen sind *Struktur, Strategie* und *Verhalten,* die in einem gegenseitigen Wechselverhältnis stehen. Mintzbergs Konfigurationsanalyse (vgl. hierzu ausführlich Bogumil und Schmid 2001, S. 71 ff.), geht zwar ebenfalls von politischen Aktionen und Strategien aus, konzentriert sich dabei aber auf die Rolle des Managements, also auf eine top-down Perspektive. Da das Mintzberg'sche Werk so dermaßen umfangreich erscheint, ist vor den Ausführungen bezüglich spiel- und machttheoretischer Weiterungen eine kurze Nachzeichnung seines Organisationsverständnisses unerlässlich (die folgenden Ausführungen beziehen sich im Wesentlichen auf die Darstellungen von Küpper und Felsch 2000 sowie von Neuberger 1995 – diese Autoren seien auch für tiefergehende Mintzberg-Studien sehr empfohlen).

Mintzbergs Interesse an Macht lässt ihn zunächst fünf Machtformen voneinander unterscheiden: individuelle Macht, internen und externen Einfluss sowie bürokratische Macht (vgl. Mintzberg 1983, S. 389). Er legt seinen Fokus auf Macht-Konzentrationen in Organisationen, die durch Koalitionen abgesichert werden (vgl. Miebach 2007, S. 82). Zusätzlich führt er die Meritokratie als Machtkonstellation für Organisationen ein, in denen Professionen wie Ärztinnen und Ärzte, Anwältinnen und Anwälte, Psycholog:innen oder Unternehmensberater:innen klientenorientiert arbeiten. Im Gegensatz zu klassischen Machttypen ist in Meritokratien Macht nicht konzentriert, sondern auf Expert:innen verteilt (vgl. ebd.). Mintzberg beschreibt in seinem Modell Organisationen anhand von *fünf Elementen* (vgl. Mintzberg 1983, 1992, S. 28 ff.). Bei diesen handelt es sich um die folgenden:

1) die *strategische Spitze,* die zur Einfachstruktur führt: hiermit ist die Organisationsführung gemeint,
2) die *Technostruktur,* die die Maschinenbürokratie bestimmt: hier sind die Analytiker angesiedelt, die administrative und Kontrollaufgaben haben,
3) den *betrieblichen Kern,* der die Basis einer Profibürokratie darstellt: Dies ist der operative Kern der Organisation – hier wird die ‚eigentliche' Leistung der Organisation erbracht,
4) die *Mittellinie,* die zur Bildung einer Spartenstruktur führt: sie stellt in Form des mittleren Linienmanagements die Vermittlungsebene zwischen strategischer Spitze und betrieblichem Kern dar; die Stellen sind mit Professionals besetzt und
5) den *Hilfsstab* (Cafeteria, Poststelle, Rechtsberatung usw.), der die Adhocratie widerspiegelt.[10]

Zusätzlich verfügt jede Organisation noch über eine *Ideologie* – damit ist das gemeint, was man seit geraumer Zeit mit Organisationskultur (vgl. Abschn. 3.2.1 in Teil 1) bezeichnet –, die sich um die ganze Konfiguration schmiegt.

---

[10] Diese Differenzierungen lassen sich – sozusagen quer-liegend – einsortieren in klassische Machtformen: individuelle Macht, internen und externen Einfluss sowie bürokratische Macht (vgl. Mintzberg 1983, S. 389).

2.2 Spieltheoretische Ansätze

Interessant ist, dass Mintzberg jedem oben genannten Organisationselement einen bestimmten „primären Koordinationsmechanismus" (Mintzberg 1991, S. 120), womit er eine Art und Weise von Kontrolle eines jeden Elements meint, zuordnet:

1) die *strategische Spitze* kann *direkte Kontrolle* ausüben;
2) die *Technostruktur* kontrolliert über Standardisierung der Arbeitsabläufe;
3) das *mittlere Linienmanagement* kontrolliert über *Standardisierung des Outputs;*
4) die *Hilfsstäbe* nehmen eine Kontrolle durch *gegenseitige Abstimmung* vor;
5) die *Ideologie,* sprich: die Organisationskultur, ‚kontrolliert' die *Normen und Werte;*
6) selbstredend, dass der *betriebliche Kern keine* Kontrollmöglichkeit hat, er ist ja selbst der Gegenstand der Kontrolle.

Kennzeichnend für den Ansatz von Mintzberg ist seine Konzentration auf die Frage des *Managements:* Hieraus ergeben sich wesentliche Erkenntnisse für die Struktur einer Organisation und deren Politik, denn in modernen Organisationen sind es insbesondere Manager, die die Organisation, ihre Prozesse und Strategien wesentlich bestimmen. Wer hat nun welche Macht in Organisationen? Grob unterscheidet Mintzberg Macht in *legitime* und *illegitime Einflusssysteme.* Legitime Einflusssysteme sind Autorität, Ideologie und Expertise. Ein illegitimes Einflusssystem kommt hinzu: ‚Politik'. Warum Politik als illegitim verstanden wird und in ihrer Grundbedeutung zu einer Definition von Mikropolitik passt, die innerhalb dieses Teilabschnitts erarbeitet wird, erschließt sich aus Folgendem (vgl. ausführlich: Bogumil und Schmid 2001, S. 73 f.):

- Einerseits bildet Politik die Quelle von Unordnung und Desintegration und es gilt: „Politik hat mit Macht zu tun, nicht mit Struktur" (Mintzberg 1991, S. 245) – und ist damit das Gegenteil von Kooperation.
- Andererseits ist die „politische Macht in der Organisation … (anders als bei Regierungen) weder formal autorisiert noch weitgehend akzeptiert noch offiziell zertifiziert. Das Resultat davon ist, dass Einzelne oder Gruppen gegen die legitimen Einflusssysteme kämpfen und … sich gegenseitig bekämpfen" (ebd.).

Somit kann festgehalten werden, dass Mintzberg *mikropolitische* Sichtweisen in Bezug auf sein Machtverständnis inspirieren: Neben anderen (vgl. Bogumil/ Schmid ebd., S. 79) beschäftigt Mintzberg die Frage, wie all die persönlichen Ziele, Zwecke, Bedürfnisse und Erwartungen der individuellen Akteur:innen in organisationale *Entscheidungen und Handlungen transformiert* werden, wie also

Macht operationalisiert wird bzw. worauf ihr Gebrauch beruht. Und der Gebrauch von Macht hängt für Mintzberg davon ab, ob der/dem handelnden Akteur:in in einer Organisation eine oder mehrere der folgenden Machtquellen zu Verfügung steht bzw. stehen und nicht zuletzt davon, ob sie/er diese Quellen anwenden kann und will:

- Kontrolle von Ressourcen,
- Kontrolle über technisches Geschick,
- Kontrolle über Wissen,
- Rückgriffmöglichkeit auf exklusive Rechte,
- Rückgriffmöglichkeit auf formale Privilegien.

Ähnlich Crozier/Friedberg können die Akteure in Organisationen auch als *Spieler* begriffen werden: Interne Spieler (Top-Management, Arbeiter:innen, Linienmanager:innen, Stäbe, Mitarbeiter:innen aus dem unterstützenden Bereich, die ‚Ideologien') sowie externe Spieler (Eigentümer:innen, Geschäftspartner:innen, Gewerkschaften, Öffentlichkeit und u. U. auch Vorstandsmitglieder) entwickeln neben ihrer Eigenschaft als jeweilige Organisationselemente mit entsprechenden Kontrollaktivitäten auch verschiedene *Spielformen* (vgl. hierzu ausführlicher Mintzberg 1983, S. 187), z. B. Widerstandsspiele, Spiele gegen Widerstandsspiele oder Spiele zum Aufbau von Macht (Bündnis-, Sponsor-, Budget-, Dominanzspiele u. a.). Mintzberg definiert explizit das illegitime Einflusssystem ‚Politik', womit auch klar wird, warum er obigen – so könnte man formulieren – ‚Spielarten' die Bezeichnung „politische Spiele" (ebd.) gibt. Von besonderem mikropolitischen Interesse ist Mintzbergs Ansatz auch deshalb, und darauf sei abschließend hingewiesen, weil Mintzberg hinter obigen Spielpraktiken motivierende und implizite *Strategien* ausmacht, nämlich u. a.: Geplante Strategien (sie beruhen auf formaler Planung), ideologische Strategien (sie beruhen auf gemeinsamen Werten und Überzeugungen), prozessuale Strategien (die im Prozess entstehen) oder unternehmerische Strategien (die aus einer zentralen Vision entstehen) (vgl. Mintzberg und Waters 1985, S. 270).

Die Ausführungen von Crozier und Friedberg lassen sich in folgender Weise pointieren: Strukturen, Strategien und Verhalten in Organisationen stehen in einem Wechselverhältnis. Bei den so entstehenden Konfigurationen kommt dem Management eine zentrale Rolle zu: Es kontrolliert auf allen betrieblichen Ebenen und sorgt dafür, dass alle Instanzen einander kontrollieren (mit Ausnahme des betrieblichen Kerns, der selbst Gegenstand der Kontrolle ist). Insbesondere Manager:innen können Macht und Einfluss ganz direkt (z. B. durch Autorität) oder indirekt (als politische Spiele, z. B. Bündnisspiele, Widerstandsspiele oder Dominanz-

2.2 Spieltheoretische Ansätze

spiele) ausüben. Wichtig ist, so lässt sich ergänzen, dass diese oft individuellen – impliziten – Bedürfnisse, Erwartungen und Ansprüche in offizielle Organisationsregeln umgewandelt, mithin öffentlich und transparent werden.

Giddens/Ortmann
Giddens' Perspektive ist für Organisationen deshalb interessant, weil es ihm um den Blick auf organisationale Praktiken reflexiv handelnder Akteure geht (vgl. Lueger 2023, S. 36). Eine derartige Analyse kann gemäß Giddens nur gelingen, wenn man neben *Handeln* ‚die andere Seite' gesellschaftlicher Realität, nämlich *Strukturen*, mit hinzunimmt. Das Konzept der „Dualität von Struktur" ermöglicht zu verdeutlichen, dass Strukturen zugleich Handlungen ermöglichen und behindern. Elementarer Bestandteil einer jeden Organisationsstruktur stellt Macht dar. „Macht kommt dabei deshalb eine umfassende Bedeutung zu, weil sowohl kognitive Ordnungen mit ihren interpretativen Schemata als auch legitimierte Sanktionen mit Herrschaft untrennbar verbunden sind." (Lueger ebd., S. 37) Nach Giddens stellt *Macht* eine „transformatorische Fähigkeit menschlichen Handelns" (Giddens 1984, S. 135) dar; sie existiert als eine potenzielle Fähigkeit auch, wenn sie nicht ausgeübt wird. Das ist wichtig für die Beziehung von Macht und Politik bzw. Macht und Konflikt: sie ist *kontingent*. Der Machtbegriff von Giddens setzt nicht in jedem Fall Konflikt voraus. Macht kann sich ebenso auf Konsens stützen (vgl. ebd.). Dies begründet Giddens' strukturtheoretische Haltung, dass nämlich ein einfacher Gegensatz zwischen Anweisung einerseits und Befolgung andererseits eine zu einfache Sichtweise unterstellt: *Macht ist nicht notwendig mit Zwang verbunden.* Bei aller Gegensätzlichkeit der Akteure, die aus dem Bestreben resultiert, die jeweilige Handlungsautonomie gegen Versuche der Fremdbestimmung zu behaupten, beinhaltet jede Machtbeziehung ein gewisses *Einverständnis* seitens beider Beteiligten. Dieser konsensgestützte Aspekt von Macht findet sich bereits in der Definition von Macht durch Max Weber:

> „Macht bedeutet jede Chance, innerhalb einer sozialen Beziehung den eigenen Willen auch gegen Widerstreben durchzusetzen, gleichviel worauf diese Chance beruht" (Weber 1980 [1922], S. 28).

Als ‚Rohstoff des Politischen' ist Macht dann unerlässlich, wenn es in der Weber'schen Formulierung gilt, „innerhalb einer sozialen Beziehung den eigenen Willen auch gegen Widerstreben durchzusetzen" (Weber ebd., S. 38). Giddens betont aber, dass das *auch* in diesem Weber-Zitat darauf hindeute, dass der Konfliktfall nur eine Anwendungsmöglichkeit des Machtbegriffs beinhalte. Dieser konsensuale Aspekt kann in der hier verwandten Machtkonzeption in zweifacher Hinsicht begründet werden: Macht wird nie als *absolut* betrachtet. Der/dem in einem Machtkampf unterlegenen Akteur:in bleibt immer die Möglichkeit, sich zu verweigern (vgl. Giddens 1979). Dies ist der Kerngedanke der von Giddens so genannten „dialectic of control" (Giddens ebd., S. 145 ff.). Verweigert die/der Unterlegene sich nicht, so kann von einer gewissen Zustimmung der/des unterlegenen Akteurin/ Akteurs zur Machtausübung ausgegangen werden. Wenn sich auch diese Zustimmung einfach aus dem Mangel besserer Alternativen ergeben kann, hier synonym zu verwendende Begriffe wie Willfährigkeit und Fügsamkeit nur sehr vage definiert sind und dementsprechend der Begriff des Konsenses in Machtbeziehungen vorsichtig gehandhabt werden sollte, so zeigt die ‚dialectic of control' doch, dass Machtausübung immer ein gewisses Maß an Konsens beinhaltet.

Ortmann und Becker (1995) präzisieren die *Ungewissheitszonen* von Crozier und Friedberg dahingehend, als dass sie ein Schema entwerfen, welches die Dimensionierung des Sozialen gemäß Giddens berücksichtigt (Abb. 2.1).

	Analytische Leitdimension (Strukturebene): **Herrschaft**			
Struktur-dimensionen	Signifikation	Legitimation	Herrschaft	
Arten von Regeln und Ressourcen	Regeln der Konstitution von Sinn	Regeln der Sanktionierung von Handeln	Autoritativ-administrative Ressourcen	Allokative Ressourcen
	↕	↕	↕	↕
Modalitäten	Interpretations-schemata	Normen	Autoritativ-administrative Machtmittel	Ökonomische und technische Machtmittel
Beispiele für Modalitäten	Wahrnehmungs-muster Organisations-vokabular Leitbilder	Rechtliche Normen organisationale Regeln	Arbeits-organisation Verwaltungs-apparat Planungs-instrumente	Geldmittel Investitions-budgets Rohstoffe Technik
	↕	↕	↕	↕
Dimensionen des mikropoliti-schen Handelns	Kommunikatives Handeln	Sanktionieren-des Handeln	Autoritativ-administratives Handeln	Wirtschaftliches und technisches Handeln
	Analytische Leitdimension (Handlungsebene): **Macht/Mikropolitik**			

Abb. 2.1 Dimensionen des Sozialen unter der Leitdimension Macht/Herrschaft. (Quelle: eigene Darstellung in Anlehnung an Ortmann und Becker 1995, S. 60)

2.2 Spieltheoretische Ansätze

Die in der Rechtsordnung, der Ökonomie, der Technik und den autoritativen und administrativen Strukturen inhärenten Möglichkeiten zur Kontrolle von Ungewissheitszonen anderer Akteur:innen werden hier stärker betont. Die *analytische Leitdimension* ist ‚Macht/Herrschaft', das heißt, sie betrachtet auch Signifikation/Kommunikation und Legitimation/Sanktionierung vornehmlich unter der Fragestellung, welche Aus- und Wechselwirkungen diese Dimensionen mit Herrschaftsstrukturen und Möglichkeiten der Machtausübung haben.

Unter diesem Gesichtspunkt erscheinen zum Beispiel dann in der Signifikationsdimension Wahrnehmungsmuster als kausale Texturierungen einer an sich möglicherweise wesentlich ungeordneteren Welt, die dieser dann in Folge der wahrgenommenen Ordnung auferlegt werden – „The map is the territory if people treat it as such" (Weick 1979, S. 45). Diese Sichtweise verdeutlicht die Wirkung von Fach- und Organisationsvokabular auf Wahrnehmungen und Handlungen der Akteur:innen und enthüllt die auf Herrschaftsansprüchen aufsetzenden und diese unterstreichenden Funktionen bestimmter Formen der Kommunikation.

Die Wahl der *Dualität* Herrschaft/Macht als analytischer Leitdimension hilft auch, die machtvolle Wirkung (professioneller) Leitbilder auf das Handeln und die Handlungsmöglichkeiten der Akteur:innen zu erkennen oder die – zum Teil sicher nicht intendierte – *herrschaftliche Wirkung organisationaler Regelwerke* zu entschlüsseln. Gelesen werden kann obiges Schema wie folgt: Organisationale Akteur:innen beziehen sich in ihrem kommunikativen Handeln auf die bestehenden *Regeln der Sinnkonstitution,* indem sie bestimmte *Wahrnehmungsmuster* benutzen oder sich auf bestimmte *Leitbilder* beziehen, dadurch *reproduzieren* sie in ihrem kommunikativen Handeln diese Regeln, wenn auch nicht notwendigerweise in identischer Form. Gleichzeitig mit der Bezugnahme auf die Regeln der Sinnkonstitution nehmen sie aber auch Bezug auf die mit diesen verwobenen *Herrschaftsstrukturen* und reproduzieren durch ihr Handeln diese Strukturen wieder. Gleiches gilt für die Dimension der Normen und die Verfügung über und Nutzung von Ressourcen der unterschiedlichsten Art. Die von Giddens postulierte Dualität von Struktur lässt noch eine zweite Lesart zu, die weniger auf das institutionelle Element, die Reproduktion bestehender Strukturen durch das Handeln der Akteur:innen abhebt, sondern den Schwerpunkt mehr auf den strategischen Umgang der Akteur:innen mit den Regeln und Ressourcen legt, die es ihnen erlaubt, diese in und durch ihr Handeln zu verändern. Akteur:innen können versuchen, ihre Macht auszuweiten oder zu festigen, in dem sie neue Wahrnehmungsmuster oder Leitbilder etablieren oder auch alte durch Nutzung revitalisieren.

Ähnliches gilt für *Normen* und *Ressourcen.* Auch hierbei nehmen sie Bezug auf bestehende Regeln und Ressourcen. Doch diese Bezugnahme ist eine strategische zum Zwecke der Sicherung und des Ausbaus des eigenen Handlungsspielraums, der eigenen Macht. Vorhandene strukturelle Gegebenheiten – und damit auch Machtverhältnisse – sind selbstverständlich auch bei einer solch strategischen Betrachtung des Handelns von Akteur:innen nicht ohne Bewandtnis. Die Nutzung von der Herrschaftsdimension als Leitdimension verweist jedoch darauf, dass sich Machtpotenziale eben nicht nur in den klassischen Dimensionen, die sich auf die Verfügung über Ressourcen beziehen, finden lassen, sondern auch in der Signifikations- und Legitimationsdimension. Die Macht, die aus einem geschickten strategischen Umgang mit Signifikations- und Legitimationsregeln abgeleitet werden kann, muss dabei durchaus nicht geringer sein als die, die aus der Verfügung über und der Nutzung von Ressourcen resultiert. Verstärkt wird dieser Umstand durch die rekursiven Beziehungen, die zwischen den einzelnen Dimensionen bestehen. So können mit Ortmann et al. (1990) vier *Strukturdimensionen von Macht,* die durch konkrete Modalitäten und Interaktionen (re-)produziert werden, herausgefiltert werden:

- *Interpretationsschemata* (Deutungsschemata) konstituieren symbolische Ordnungen, Sinnsysteme. Sie werden durch Kommunikation erzeugt;
- *Normen* werden aus einer legitimen Ordnung abgeleitet und durch Sanktion aufrechterhalten,
- *Autoritätsstrukturen* werden durch autoritatives und administratives Handeln reproduziert und
- *ökonomische und technische Strukturen* werden durch ökonomisches und technisches Handeln und entsprechenden Ressourcenbesitz im Betrieb determiniert (vgl. Ortmann et al. 1990, S. 27).

Auch die Deutungsschemata und das Routinewissen der Organisation ist in dieser Perspektive also Gegenstand nicht nur von kognitiven Prozessen, sondern auch von Machtprozessen.

Fazit mikropolitische Ansätze
Im Rahmen dieser Einführung in mikropolitische Theorieansätze können folgende *Thesen* in Bezug auf Macht, Kontrolle und Entscheidungen in Organisationen *zusammengefasst* festgehalten werden:

- Mikropolitische Konzepte stellen jene Konzepte, die Organisationen als *frei von Werten oder Interessen* beschreiben, in Frage und betonen den *Eigensinn* der Subjekte, der nie vollends unterdrückt werden kann.

2.2 Spieltheoretische Ansätze

- *Handlungen* der arbeitenden Subjekte werden in Organisation analysiert, z. B. als Formen des Arrangements und des Widerstands.
- *Politisches Handeln* ist ein wesentlicher und unausweichlicher Bestandteil organisierten sozialen Handelns in Organisationen.
- Menschliche Verhaltensweisen, vor allem *informale Praktiken,* generieren Macht- und Entscheidungskonfigurationen.
- Die *Art und Weise,* wie individuelle Akteure angesichts von Machtquellen ihre Normen, Ressourcen, Wahrnehmungsmuster, persönlichen Ziele, Zwecke, Bedürfnisse und Erwartungen in organisationale Entscheidungen und Handlungen transformieren, ist *kontingent* und kennzeichnet die Wirkung organisationaler Regelwerke: individuelles Handeln *aggregiert* bestimmte *Macht- und Kontrollformen* und (re-)produziert damit zugleich *herrschaftsförmige Handlungs-Struktur-Typen* in Organisationen – Dieser Umstand verweist in besonderem Maße auf die grundsätzliche Herrschaftsförmigkeit von Organisationen.

▶ (1) **Kieser, Alfred. Hg. 2001. *Organisationstheorien.* Stuttgart (und Folge-Auflagen).**
Ein sehr gutes Einführungsbuch, in dem vor allem die mikropolitischen Ansätze umfangreich dargestellt werden.

(2) **Crozier, Michel und Erhard Friedberg. 1979. *Macht und Organisation. Die Zwänge kollektiven Handelns.* Königstein/Ts.**
Ein Klassiker der mikropolitischen Spieltheorie, der das ‚Spiel' facettenreich als konkreten Mechanismus darstellt, mit dessen Hilfe die Menschen ihre Machtbeziehungen strukturieren und regulieren und sich doch dabei Freiheiten lassen.

(3) **Mintzberg, Henry. 1983. *Power in and around organizations.* Englewood Cliffs, N. Y.**
Eine gute Einführung in Mintzbergs Machtformen, Machtkonstellationen und Machtkonfigurationen.

Mesopolitische Ansätze 3

3.1 Konflikt- bzw. kontrolltheoretische Ansätze,[1,2]

3.1.1 Das Marx'sche Transformationsproblem

Die von Karl Marx (und Friedrich Engels) begründete historisch-materialistische Theorie kann im besten Sinne als *Gesellschaftstheorie* (vgl. ‚Übersicht') bezeichnet werden: Die Denkweise von Marx und Engels verknüpft eine bestimmte *Geschichtsauffassung* mit *materiellen gesellschaftlichen Verhältnissen,* um daraus das gesellschaftliche Geschehen – mit Fokus auf den sozialen Wandel – und individuelle Handeln herleiten zu können. Marx stellt fest, dass es im Verhältnis zwischen *Produktivkräften* und der mit ihr verbundenen *Produktionsweise* im histori-

---

[1] Zu einer derartigen Gliederungsordnung wie der hier vorgestellten bemerken Pongratz und Trinczek (2003), dass Konflikttheorie eher das hier behandelte Marx'sche Transformationsproblem, also den ‚Strukturkonflikt' zwischen Arbeit und Kapital betone (vgl. Abschn. 3.1.1). Im Mittelpunkt der kontrolltheoretischen Analysen – auf konflikttheoretische aufbauend – steht die Frage, wer in welcher Weise Kontrolle über die Ressource Arbeitskraft erlangt: die/der Arbeitnehmer:in als ihre/ihr personale/r Eigner:in oder das betriebliche Management als per Arbeitsvertrag berechtigter Nutzer (vgl. Pongratz und Trinczek 2003, S. 3). Hierunter fallen die Ansätze von Braverman und die hieran anschließenden Ansätze (vgl. Abschn. 3.1.2.).

[2] An dieser Stelle kann nicht auf die allgemein-konfliktsoziologischen Diskurse eingegangen werden, die sich sehr wohl oft an den Marx-Grundlegungen gerieben haben (womit zugleich angezeigt werden muss, dass auch die hier dargelegten Marx-Aspekte gesamtgesellschaftliche Bezüge haben, hier aber speziell in ihren macht- und kontrolltheoretischen Relevanzen dargelegt werden sollen). Vgl. zu Anschlüssen bspw. Dahrendorf 1972 oder Matys und Brüsemeister 2012.

schen Prozess unterschiedliche Konstellationen gibt: Nach Urgesellschaft, Sklavenhalterordnung und Feudalismus folgt die (vorerst) letzte Stufe, die *kapitalistische Gesellschaftsformation*. Das *Wesen des Kapitalismus* zeichnet sich für Marx wie folgt ab:

> „Der Kapitalismus ist eine Produktionsweise, in der die Warenproduktion sich so sehr verallgemeinert hat, daß nicht nur die meisten materiellen Güter als Waren angeboten werden, sondern in großem Umfang auch die Arbeitskraft persönlich freier und produktionsmittelloser Arbeiter als Ware ge- und verkauft und im Produktionsprozeß zur Schaffung von Mehrwert angewendet wird" (Hauck 1984, S. 59).

Aufgrund der unterschiedlichen Verfügungsgewalt über die Produktionsmittel (Grund und Boden, Werkzeuge etc., also im eigentlichen Sinne Arbeitsmittel) bilden sich zwei gesellschaftlichen Klassen, deren Interessen zueinander in Widerspruch stehen: Es kommt zum *Klassenkampf* zwischen der herrschenden, besitzenden auf der einen und der ausbeutenden Klasse auf der anderen Seite. Geraten *Produktivkräfte* (menschliche Arbeitskraft und Arbeitsmittel) und *Produktionsverhältnisse* (Arbeitsmethoden und Eigentum) zueinander in Widerspruch, wird die nächste Stufe gesellschaftlicher Entwicklung erreicht. Marx geht davon aus, dass der Prozess des Klassenkampfes zwangsläufig zur Aufhebung der Klassenunterschiede führt.

An dieser Stelle kann nur ein kleiner, aber wichtiger Einschub erfolgen: Marx zufolge gehört zu den wesentlichen Konstitutionsmerkmalen der kapitalistischen Gesellschaftsformation – neben freien Arbeitsmärkten und dem Fabriksystem – das institutionalisierte *Lohnarbeitsverhältnis*. Und natürlich kann unter Macht- und Kontrollaspekten nicht uninteressant sein, dass dieses Lohnarbeitsverhältnis zur Generierung der kollektiven Akteure führte, die so viele Macht-, Kontroll- und Entscheidungsphänomene in kapitalistischen Arbeitsorganisationen erst sichtbar werden lassen konnten: Arbeitgeber- und Arbeitnehmervertreter (in Gestalt ihrer Verbände) konstituieren geronnene Interessenkonstellationen, die das System der so genannten *Industriellen Beziehungen* bzw. des *Dualen Systems* etablierten (vgl. allgemein und zu umfangreichen weiteren Literaturempfehlungen Müller-Jentsch 2000).

Im Weiteren soll anhand der Marx'schen *Arbeitswerttheorie* erläutert werden, wie das Ziel der kapitalistischen Produktion, nämlich die Erwirtschaftung von Profit, erreicht werden kann – und zwangsläufig von einem Machtungleichgewicht zugunsten des ‚Kapitals' über die ‚Arbeit' gekennzeichnet ist (vgl. auch Wachtler 1983, S. 26 ff.):

3.1 Konflikt- bzw. kontrolltheoretische Ansätze

„(…) In den bisherigen Gesellschaften hatten die herrschenden Klassen den Beherrschten ihr Mehrprodukt – also das, was sie mehr erzeugten, als sie zum Leben brauchten – mit Drohung und Gewalt weggenommen (…). Davon konnte im Kapitalismus keine Rede sein. Die Menschen waren formal frei, niemand war gezwungen, irgendwem etwas abzugeben. Die Vertragsfreiheit erlaubte es jedoch den Stärkeren, den Schwächeren ihre Bedingungen aufzuzwingen. An die Stelle politischen Zwangs trat ökonomischer: wer über die Produktionsmittel verfügte, konnte den auf Arbeit Angewiesenen den Arbeitsvertrag diktieren. (…) Danach (nach der Arbeitswerthypothese; Anm. des Verfassers) ist jedes Produkt auf doppelte Weise ‚wertvoll': zum einen besitzt es einen gewissen *Gebrauchswert* (für den, der es nutzen kann) zum anderen bekommt es auf dem Markt einen *Tauschwert*, weil und wo es mit gleichen oder anderen Waren verglichen wird. Beides basiert nach Marx letztlich auf dem objektiven Wert eines Produkts, welcher sich aus der Arbeit ergibt, die notwendig ist, um es herzustellen. Die *Arbeit* ist also das *objektive Maß des Wertes* – und wer über die Arbeitskraft verfügt, kann sich deren Ertrag aneignen. Im Sinne dieser Überlegung war der Kapitalismus nicht ‚ungerecht'. Jede Ware, auch die Ware Arbeitskraft, erzielt den Preis, den ihr Tauschwert am Markt ermöglicht. Marx kritisiert nicht, daß Arbeit zu schlecht bezahlt wird. Er weist stattdessen darauf hin, daß *jeder* Arbeitslohn insofern zu gering sein muß, weil er nicht den Leistungen der Arbeitskraft entsprechen kann. Denn nur wenn der Kapitalist den Arbeitern einen Teil ihres Arbeitsertrages vorenthält, macht es Sinn, sie zu beschäftigen" (Schülein und Brunner 1994, S. 161; Herv. i. Orig.).

Diese Grundannahme, dass zwischen Arbeit und Kapital eine *strukturelle Machtasymmetrie* zugunsten der Vermögensbesitzer:innen (des Kapitals) – manifestiert in Arbeitsmarktmacht – besteht, ist kennzeichnend für die kapitalistische Produktionsweise und somit auch für eine Organisation. Zusammengenommen bilden nämlich drei Modi, *kapitalistische Produktionsweise, funktionale Differenzierung* und *Organisation* die drei Grundpfeiler, die die Gegenwartsgesellschaft von früheren Gesellschaftsformationen absetzen. Doch genau oben genannte Machtasymmetrie stellt die/den Arbeitgeber:in grundsätzlich vor das von Marx im Weiteren beschriebene *Transformationsproblem:* Der Arbeitgeber kann nicht direkt auf den Gebrauchswert seiner eingekauften Arbeitskraft zugreifen, der Gebrauchswert muss erst aktualisiert werden (vgl. auch Minssen 2019, S. 25 ff.). Das Transformationsproblem geht im Kern drei Teilfragen nach, wie eingekaufte Arbeitskraft in konkrete Arbeit umgewandelt wird, wie diese konkrete Arbeit in geldwerte Arbeit umgewandelt wird und – äußerst relevant für unser Thema – wie Eigensinn in Konformität umgewandelt wird (vgl. Türk 1995a).

Diese Ausführungen zur Rahmung des Marx'schen Transformationsproblems führen zu einem Verständnis darüber, wie der *Arbeitsprozess,* als konkrete Form innerorganisationaler Machtasymmetrie, begriffen werden kann. Zum *Arbeitsprozess* führt Marx wie folgt aus:

„Die Arbeit ist zunächst ein Prozeß zwischen Mensch und Natur, ein Prozeß, worin der Mensch seinen Stoffwechsel mit der Natur durch seine eigene Tat vermittelt, regelt und kontrolliert." (Marx 1979b, S. 192)
„Die einfachen Momente des Arbeitsprozesses sind die zweckmäßige Tätigkeit oder die Arbeit selbst, ihr Gegenstand und ihr Mittel." (ebd., S. 193)

„Im Arbeitsprozeß bewirkt also die Tätigkeit des Menschen durch das Arbeitsmittel eine von vornherein bezweckte Veränderung des Arbeitsgegenstandes. Der Prozeß erlischt im Produkt. Sein Produkt ist ein Gebrauchswert, ein durch Formveränderung menschlichen Bedürfnissen angeeigneter Naturstoff. Die Arbeit hat sich mit ihrem Gegenstand verbunden. Sie ist vergegenständlicht, und der Gegenstand ist verarbeitet." (ebd., S. 195)

Das Wichtige an der Deutung des Marx'schen Transformationsproblems, so könnte mit Deutschmann (2002) gefolgert werden, ist, dass das Transformationsproblem nicht durch die Teilung von geistiger und körperlicher Arbeit gelöst wird, sondern durch Differenzierung der *Geistigkeit und Körperlichkeit der Arbeit selbst*. Die Einheit von kreativen und mechanistisch-repetitiven Leistungen wird aufgehoben (vgl. Deutschmann 2002). Dieser Umstand führt zu einem weiteren zentralen Begriff dieses Buches: der *Kontrolle*. Mit der Mechanisierung erwirbt das Kapital, wie Marx unterstellt, die Kontrolle über die „geistigen Potenzen" (Marx ebd., S. 382) des Produktionsprozesses. Marx lässt keinen Zweifel daran, dass es sich bei der Technisierung der Produktion um einen objektiven Prozess handelt, der der Arbeiterschaft von außen aufgezwungen wird. Den Widerstand der Arbeiter gegen die Maschinen nimmt er durchaus zur Kenntnis, hält ihn jedoch für aussichtslos (vgl. Marx ebd., S. 461 ff.).

Eine andere Art von Transformation könnte mit dem Aufgreifen der „Labor Process Debate" erreicht werden, nämlich der Transformation des Marx'schen Gedankenguts in Bezug auf das Transformationsproblem angesichts mechanischer Produktion des 19. Jahrhunderts in das Zeitalter moderner Computer- und Managementsysteme. Diesem Versuch ist das nächste Kapitel gewidmet.

3.1.2 Die „Labor Process Debate": Von der reellen Subsumtion des Arbeitsprozesses zur Managementkontrolle

Vorbemerkung
Die im Folgenden dazulegenden Ansätze von Braverman, Edwards, Friedman und Burawoy legen – im Gegensatz zu den zuvor behandelten – ihren Fokus eher auf *formale* denn auf informale Strukturen in Organisationen. Es gehört zum Wesen

3.1 Konflikt- bzw. kontrolltheoretische Ansätze

soziologischen Denkens, dass natürlich in allen formalen auch informale Strukturanteile beinhaltet sind. Analytisch lädt das Folgende zunächst zur Trennung ein.

Braverman

Die marxistische Analyse des Arbeitsprozesses unter Bedingungen des Privateigentums, die vor allem vom Doppelcharakter warenproduzierender Arbeit als Arbeits- und Verwertungsprozess des Kapitals, auf die Spezifik der Ware Arbeitskraft sowie den Gegensatz von Kapital und Arbeit eingeht, bildet die Basis für die vornehmlich in England geführte *Arbeitsprozessdebatte* (*„Labor Process Debate"*) in der neueren Soziologie und Organisationstheorie. Anschlüsse an Marx liefert vor allem Braverman. Seine Forschungen („Labour and Monopoly Capital", 1974) inspirierten sehr wesentlich die Arbeitsprozessdebatte: Diese Debatte setzt sich mit den *Veränderungen im Verhältnis von Kapital und Arbeit* auseinander, die durch z. B. neue *Technologien oder Steuerungs- bzw. Kontroll-Strategien des Managements* erfolgten. Technologie und Kontrollstrategie werden dabei nicht als externe ‚unabhängige Variablen' eingeführt, sondern als widersprüchliche und Widerspruch erzeugende Antworten auf Probleme, die die Konfrontation von Kapital und Arbeit mit sich bringt (vgl. Türk 1995a).

Somit beschäftigt sich also auch Braverman mit dem Transformationsproblem. Braverman entwickelt eine Analyse der Arbeitsorganisation in marxistischem Bezugsrahmen. Er bezieht als erster konsequent die Imperative des Kapitalismus auf die Entwicklung der (Arbeits-)Organisation (vgl. Neuberger 1995, S. 226). Das Transformationsproblem unter Management-Bedingungen in modernen kapitalistischen Arbeitsorganisationen inspiriert Braverman zu folgenden *Thesen* über die *Ursprünge der kapitalistischen Arbeitskontrolle:*

- Schließt ein Kapitalist mit einem Arbeitnehmer einen Arbeitsvertrag ab, so sind die Leistungen des Arbeitgebers relativ klar festgelegt. Die vom Arbeitnehmer zu erbringenden Leistungen bleiben jedoch nur sehr allgemein gehalten. Mit dem Arbeitsvertrag hat sich der Arbeitnehmer verpflichtet, nur für eine bestimmte Zeit Arbeit einzubringen, die konkrete Leistung bleibt jedoch vergleichsweise vage.
- Der Arbeitgeber kann sich daher nicht vollkommen sicher sein, dass er für das von ihm bezahlte Arbeitsvermögen auch tatsächlich eine entsprechende Arbeitsleistung bekommt. Daher entwickelt er entsprechende Kontrollprozeduren und -strukturen (vgl. Braverman ebd.).

Die Arbeitsprozess-Debatte basiert auf der These des Übergangs von der *formellen zur reellen Subsumtion*, die ebenfalls Marx eingeführt hatte. Dieser historische Prozess ist für den klassischen Marxismus ein deterministischer Prozess, in dem die Phasen der Entwicklung des Kapitalismus (einfache Kooperation, Manufaktur, große Industrie) streng aufeinander folgen und jeder Phase eine bestimmte Kontrollform entspricht. Der Übergang von der formellen zur reellen Subsumtion wird als grundlegende Änderung des Arbeitsprozesses angesehen: In den *vorindustriellen Stadien* waren die Arbeitskräfte nur formell von den Produktionsmitteln getrennt *(formelle Subsumtion)*. Der Eigentümer der Produktionsmittel übt nur formell Herrschaft aus, weil er bestimmen kann, was mit den Produktionsmitteln geschieht. Den eigentlichen Produktionsprozess beherrscht er jedoch nicht, da die Arbeiter bei der konkreten Arbeit aufgrund ihrer Erfahrungen und ihres Wissens Gestaltungsmöglichkeiten haben und diese in ihrem Interesse nutzen können.

Mit der Einführung der *Maschinerie* erfolgt die *reelle Subsumtion*. Der eigentliche Produktionsprozess wird nicht mehr von den Arbeiter:innen beherrscht. Durch maschinisierte, fremdgesteuerte Abläufe und unpersönliche Organisationsregeln werden sie den Kapitalinteressen unterworfen und diszipliniert. Ihnen werden die Grundlagen ihres Widerstandes gegen Ausbeutung genommen (vgl. Neuberger ebd., S. 229 ff.).

Dequalifizierung und *Degradierung* der Arbeitskräfte sind nach Braverman allgemeine Erscheinungen eines kapitalistischen – und tayloristisch organisierten – Arbeitsprozesses. Der Einfluss der Arbeitnehmer auf den Produktionsprozess wird zunehmend reduziert. Der Taylorismus stellt für Braverman die Form der Arbeitskontrolle dar, die dem Spätkapitalismus adäquat ist. Die Unbeherrschbarkeit der Arbeitskräfte soll durch stärkere Kontrolle, zunehmende Wissensenteignung (Trennung von Hand- und Kopfarbeit) sowie stärkere Fragmentierung der Arbeit in ihre Schranken gewiesen werden. Zudem geht Braverman innerhalb der Beurteilung dieses Prozesses sogar so weit, Gruppen zur Arbeiterschaft zu zählen, die klassischerweise eben nicht dazugezählt wurden, nämlich Angestellte, Manager, Ingenieure, Lehrer, Kleingewerbetreibende u. a. (vgl. Mikl-Horke ebd., S. 172).

Um aufzuzeigen, dass Braverman die Labor Process Debate sozusagen initiiert hat und warum er so viele Anschluss-Debatten ausgelöst hat (s. weiter unten), sollen hier die wichtigsten *Kritikpunkte* aufgeführt werden (vgl. hierzu ausführlich Neuberger ebd.), zunächst die *positiven:*

- In der Debatte wurde anerkannt, dass das Transformationsproblem besteht, solange unter kapitalistischen Verhältnissen Menschen am Produktionsprozess beteiligt sind.

3.1 Konflikt- bzw. kontrolltheoretische Ansätze

- Menschliche Subjektivität ist nicht auszuschalten, sondern zu nutzen. Deshalb muss der Widerstand der Arbeitskräfte kontrolliert und ihre Potenzen genutzt werden. Dazu dienen Kontroll- und Lenkungsstrategien des Managements.

Negative Kritik an Braverman formuliert Neuberger wie folgt (zu Widersprüchen der Kritik s. Türk 1995a):

- Bravermans Auffassung des *Wandels von der formellen zur reellen Subsumtion* wurde als deterministisch und undialektisch kritisiert. Seine grundlegende Konzeption, in der er von einem weitgehend linearen Entwicklungsprozess des Kapitalismus und einer sich universell vollziehenden Entwicklungslogik ausgeht, wurde zurückgewiesen.
- Nach Braverman zwingt die (kapitalistische) Umwelt den Betrieben eine ganz bestimmte *(Kontroll-)Struktur und Strategie* auf. Das ist nach Meinung seiner Kritiker eine deterministische und mechanistische Argumentation, die die Autonomie der Betriebe nicht beachtet. Den Phasen der Entwicklung des Kapitalismus entsprechen keine bestimmten Kontrollformen. Vielmehr sind schon immer verschiedene Kontrollstrategien der Eigentümer möglich gewesen und auch realisiert worden.
- Außerdem wurde Braverman entgegengehalten, dass im Zuge der Einführung des Taylorismus und durchgesetzter *Dequalifizierung* neue Kontrollprobleme entstehen (mangelnde Substitutionsmöglichkeiten der Arbeitskräfte bei Umstellungen, Homogenisierung der Arbeitskräfte, Interessenidentität, Förderung des Klassenbewusstseins, gewerkschaftlicher Machtgewinn, erhöhte Streikgefahr). Daher sind weniger konfliktträchtige Kontrollformen notwendig.
- Braverman bietet für seine Dequalifizierungsthese breiter Massen keine *Bezugsbasis* an, von der aus das Ausmaß der Dequalifizierung beurteilt werden kann. Wirtschaftswissenschaftliche Analysen im Rahmen der Debatte kamen zu dem Befund, dass nur ein geringer Anteil der Arbeitskräfte in den USA vor Beginn des Taylorismus als hoch qualifiziert und selbstständig handelnd gelten können.
- An Bravermans Dequalifizierungsthese wurde kritisiert, dass er von einem *idealisierten romantischen Bild handwerklicher Tradition* der Arbeit (Ganzheitlichkeit, Selbstbestimmung, hohes Qualifikationsniveau) ausgeht. Von dieser Sichtweise aus muss tayloristische Arbeit als Niedergang erscheinen.
- Mit seiner Betonung der *objektiven Verhältnisse* blendet Braverman die Subjektivität aus und vernachlässigt damit auch die ideologische Reproduktion objektiver Verhältnisse. Seine Argumentation geht von einem unausweichlichen Gang der Geschichte aus. Er stellt die Entwicklung als objektive Tendenz dar und nicht als ungesichertes Ergebnis eines Kampfes rivalisierender Gruppen.

Die Subjekte erscheinen als ‚blinde Marionetten' eines deterministischen Prozesses. Weil Braverman an der deterministischen und gesetzmäßigen Abfolge bestimmter Phasen der Entwicklung des Kapitalismus festhält, hat er die Bedeutung des Klassenkampfes nach Meinung seiner Kritiker nicht erkannt. Ihrer Meinung nach kommt es auf die Entwicklung des Klassenbewusstseins an. Eine Klasse muss sich ihrer Interessen bewusstwerden, um zu dominieren (vgl. Neuberger ebd.).

Damit unterstellt Braverman insgesamt offensichtlich einen *linearen* Verlauf der Taylorisierung und Kontrollintensivierung, da er kein Konzept über Lenkungsstrategien des Managements hatte (vgl. Neuberger ebd., S. 245). Friedman und Edwards gehen an diesem Punkte weiter, wie im Folgenden ausgeführt wird.

Friedman und Edwards
Friedman geht davon aus, dass sich *nicht bestimmte Kontrollformen* mit Notwendigkeit durchsetzen. Er bezweifelt, dass der Taylorismus wirklich die einzig praktizierte und wirksame Form der Kontrolle ist. Seiner Meinung nach gibt es Wahlmöglichkeiten. Das Management hat zum Zwecke der Kontrolle nicht ein universell gültiges Mittel, sondern nutzt direkte Kontrolle und „verantwortliche Autonomie" (Friedman 1987) als unterschiedliche Strategien. Friedman erkennt damit im Gegensatz zu Braverman die Subjektivität und die Rolle des Arbeitswiderstandes an, der nicht durch direkte Kontrolle gebrochen werden kann (vgl. ebd., S. 99 ff.).

Ebenfalls anschlussfähig erscheinen die Arbeiten von *Edwards* in diesem Zusammenhang, wenn er einen *Formwandel von einfacher zu bürokratischer Kontrolle* ausmacht: Formen der Ordnung, Kontrolle und damit von Herrschaft werden seit dem 19. Jahrhundert immer weniger den Arbeitenden einfach oktroyiert, sondern sind Resultate von impliziten oder expliziten Arbeitskämpfen und Aushandlungen. Und gerade weil die Kapitalseite auf die selbstständige und mitdenkende Kooperation der Arbeitnehmer angewiesen ist, muss sie deshalb eine kooperative Integration anstreben. Die *verantwortliche* bzw. *kontrollierte Autonomie* betont die Formbarkeit und ideologische Bindung des Arbeitsvermögens und versucht, die *Loyalität* der Beschäftigten zu erreichen. Würden allerdings alle stets unbegrenzt ohne Widerstreben loyal sein, wäre ja überhaupt keine Kontrolle nötig! So geht auch Edwards von der These vom *Arbeitswiderstand* aus. Das Management versucht seiner Ansicht nach, diesen Widerstand mit verschiedenen Strategien zu überwinden. Dabei unterscheidet Edwards drei historisch aufeinander folgende Strategien der Managementkontrolle (vgl. Edwards 1981, S. 28 ff.):

3.1 Konflikt- bzw. kontrolltheoretische Ansätze

- *Einfache und direkte Kontrolle:* Darunter versteht man die unmittelbare ‚despotische' Beaufsichtigung und Intervention durch die Eigentümer:innen bzw. deren Agent:innen (Vorgesetze, Meister:innen etc.). Die Beherrschung und Disziplinierung der Arbeitnehmer erfolgt durch einen exakten Aufgabenzuschnitt, durch Reduzierung von Verantwortung, Wissensenteignung und strenge Überwachung. Dies erfordert genau definierte Autoritätsstrukturen und einen hohen Verwaltungsaufwand.
- *Technische Kontrolle:* Sie erfolgt durch den Sachzwang der installierten Maschinen, durch Planung des Arbeitsflusses und der Arbeitsgestaltung – also durch Integration der Kontrollen in die stoffliche Struktur des Arbeitsprozesses. Sie beseitigt jedoch nicht das Transformationsproblem. Vor allem bei fortgeschrittener Technologie benötigt das Management kreative und verantwortliche Mitarbeiter. Hieraus resultiert die bürokratische Kontrolle.
- *Bürokratische Kontrolle:* Hier wird durch formale Regeln, wie Tarifgruppen- und Lohndifferenzierung, Gehalts-, Arbeitsbewertungs-, Personalbeurteilungs-, Karriere- und Personalentwicklungssysteme sowie durch Tarifvereinbarungen usw. Kontrolle ausgeübt – also durch eine Integration der Kontrolle in die soziale Struktur des Arbeitsprozesses.

Dabei vertritt Edwards die These, dass in den späten Entwicklungsphasen des Kapitalismus Macht nicht mehr offen und direkt ausgeübt wird, sondern *versteckt* über *strukturelle Kontrollformen* (Arbeitsstrukturen, Technologieanwendung). Das System der einfachen, persönlichen Kontrolle behandeln die Arbeitenden eher als ‚bloße Natur', als externe Ressource. „Bürokratische Formen der Kontrolle dagegen setzen voraus, daß die Arbeitenden das soziale System selbst nicht nur materiell, sondern auch kognitiv mitreproduzieren, also in dessen Reproduktion strukturativ eingeschlossen sind." (Türk 1995a, S. 79)

Indem sowohl Friedman als auch Edwards aufzeigen, dass es unterschiedliche *Typen von Kontrolle* gibt, nehmen sie eine historische Differenzierung der Kontrollkonzeption vor. Sie verbleiben dabei in der Tradition der marxistischen Strukturtheorie, wonach aus dem Zwang der objektiven Verhältnisse der Gang der Dinge und eine Übermacht der Kapitalseite bzw. des Managements resultieren.

Burawoy
Auch Burawoy (1985) leugnet diese Übermächtigkeit und die grundsätzlichen Klassengegensätze nicht, aber er versucht sie in ihrer *Brüchigkeit und Widersprüchlichkeit* zu verstehen, indem er einen genaueren Blick auf ihre Erscheinungsformen im Prozess des Arbeitens wirft. Burawoy kritisiert insbesondere die strukturdeterministische Position der bisherigen Debatte. Er wen-

det sich gegen die einseitige Betrachtung der Kontrolle nur durch das Management. Bisher wurde im Rahmen der Debatte angenommen, dass Arbeiter:innen als Klasse unter kapitalistischen Verhältnissen einem ausbeuterischen Diktat unterworfen sind und nur durch Druck ihrer Arbeit nachgehen. Er geht also nicht der Frage nach, *warum* Arbeiter:innen bei der Arbeit *Widerstand leisten* (Bummelei, Sabotage) und auf *welche Art und Weise* das Management den Arbeitsprozess *kontrolliert,* um Leistung und Leistungssteigerungen der Beschäftigten zu sichern. Burawoy fragt eher, warum leisten Arbeiter:innen in Anbetracht von Repression und Ausbeutung freiwillig so viel? Warum wirken sie aus freien Stücken an ihrer eigenen Ausbeutung mit? Burawoy diskutiert somit, wie sich organisatorische Kontrollformen von „despotischen" zu „hegemonialen Fabriksystemen" (Burawoy 1985, S. 21 ff.) gewandelt haben. Ein hegemoniales System besteht darin, dass es über Mechanismen der Erzeugung von Konsens Konformität hervorbringt (vgl. Türk ebd., S. 82).

Burawoy betont neben der Kontrolle die *Produktion von Einverständnis und Kooperation.* Damit hat er einen wichtigen Anteil an der Erweiterung der Perspektive der Arbeitsprozesstheorie. Allerdings wurden auch *Kritiken* an Burawoys Arbeit geltend gemacht:

Positiv wurde an Burawoy gesehen, dass er mit seinen empirischen Untersuchungen und der konkreten Beobachtung von Spielen in Unternehmen ein Korrektiv zu praxisfernen marxistischen Abstraktionen vorgenommen. Und: das Transformationsproblem (vgl. Abschn. 3.1.1 in Teil 1) bekommt eine Weiterung insofern, als hegemoniale Kontrollformen eine veränderte Konfiguration und legitimatorische Fundierung des organisationalen Herrschaftsmodus markieren, kurz: der konsensuelle Mechanismus, Eigensinn in Konformität umzuwandeln, muss verstärkt in den Blick genommen werden (vgl. Türk ebd., S. 83). *Kritisiert* wurde, dass er die beobachteten Erscheinungsformen der Kooperation, der Einwilligung und des Mitspielens in Betrieben zu schnell verallgemeinerte. Dabei hat er Konflikt und Widerstand zu wenig Bedeutung beigemessen. Einverständnishandeln der Arbeiter sei nur eine zeitweilige, immer widerrufbare Form des Umgangs mit dem Basiskonflikt zwischen Kapital und Arbeit (vgl. Neuberger ebd., S. 260 f.).

Ein gewisses Einverstandensein konstituiert auch für den Theoretiker, der ich jetzt dazwischenschalten möchte, eine Macht-Konstellation generell. Es handelt sich um Max Weber.

3.1 Konflikt- bzw. kontrolltheoretische Ansätze

Break 1: Max Webers Analyse moderner Bürokratie – Herrschaft als „Sonderfall von Macht"

Max Webers *historisch-herrschaftssoziologische Bürokratieanalyse* innerhalb der kontingenztheoretischen Ansätze zu verorten, ist richtig *und* falsch zugleich: richtig deshalb, weil Herrschaft für Weber für jene von Macht steht, die eine bestimmte *institutionelle Form* angenommen hat (vgl. Weber 1980 [1922], S. 541). Wenn also kontingenztheoretische Ansätze Strukturen thematisieren, war Weber Kontingenztheoretiker, als er Herrschaftsstrukturen in modernen Bürokratien analysierte. Falsch ist die Einordnung deshalb, weil Weber natürlich nicht, wie des Öfteren in verkürzender Weber-Beschreibung zu finden ist, etwa nach der effizientesten Organisationsstruktur gesucht hatte. Als relativ sicher muss wohl gelten, dass für Weber die Begrenzung von Verwaltungswillkür (vgl. Miebach 2007, S. 74) ein starkes Motiv war. Weber fragt eher danach, wie *Herrschaft* zum *typischen Organisationsmerkmal* wird. Und da die späteren („wirklichen') kontingenztheoretischen Ansätze die These durch empirische Forschungen zu stützen suchen, dass die Annahme von *dem einen* bürokratischen Typus nicht länger haltbar sei, sehe ich deshalb Weber als eine Art Vorläufer kontingenztheoretischer Ansätze und möchte ihn daher an dieser Stelle des Buches verorten. Zum einen deshalb, um besser verständlich zu machen, warum sich spätere Kontingenztheoretiker so umfangreich an effizienten Organisationsstrukturen abgearbeitet haben. Zum anderen deshalb, um spätere Ansätze nach Unterschieden/Weitereinwicklungen in Bezug auf Macht/Kontrolle in Organisationen zu befragen. Und nebenbei: Weber wäre auch leicht als Makro- denn als Meso-Theoretiker einzuordnen, da er eine Art ‚Gesellschaftsgeschichte' zum Thema hat, die Bürokratie – heute könnte man den *Bürokratie*-Begriff getrost in *Organisation* transformieren – in ihren zentralen und vor allem *verallgemeinerbaren Prinzipien* analysiert, sodass sich dadurch im Grunde erst so etwas wie eine *Organisation als Akteur* (vgl. ausführlich Matys 2011a) denken lässt (und das ist, soviel kann bereits an dieser Stelle vorweggenommen werden, der Bezugspunkt der Makro-Fragerichtung).

Gehen wir also zunächst in medias res, damit die besondere Relevanz Webers für das Thema dieses Buch deutlich wird. Zunächst: Weber ging es um die „… Auswirkungen des Übergangs von einer feudalen Gesellschaftsordnung zu einer legalen Herrschaftsform" (Lueger 2023, S. 23). Mit der Ablösung des Feudalsystems gewannen bürokratische Strukturen mit klaren Aufgabenverteilungen, die Rationalisierung des Rechtswesens, Aktenmäßigkeit sowie die eindeutige Regelung der Befugnisse und Entscheidungskompetenzen mittels Autoritätsstruktur an Bedeutung (vgl. ebd.). Warum hatte Weber überhaupt den

Begriff der *Herrschaft* dem der Macht vorgezogen? In der politischen und soziologischen Theorie ist kaum eine zweite Definition von Macht und Herrschaft so einflussreich wie die von Max Weber vorgeschlagene gewesen (vgl. Lemke 2007, S. 24). *Macht* bezeichnet für Weber „jede Chance, innerhalb einer sozialen Beziehung den eigenen Willen auch gegen Widerstreben durchzusetzen, gleichviel worauf diese Chance beruht." (Weber ebd., S. 28) Demgegenüber ist für ihn *Herrschaft* „die Chance, für einen Befehl bestimmten Inhalts bei angebbaren Personen Gehorsam zu finden" (ebd.). Wichtig ist in diesem Zusammenhang: Wenn es bei der Macht-Definition heißt „… auch gegen Widerstreben …", muss Weber eine besondere Weitsicht unterstellt werden: Denn Widerstand ist in Webers Machtbegriff nicht automatisch mitgedacht. Es bedeutet, dass Weber durchaus mit Macht rechnet, die sich ohne Widerstand entfaltet, ja sogar auf *Konsens* stützt. Mitglieder in Organisationen *können* also Widerstand leisten, *müssen* aber nicht, sie können sogar eine Art von Macht etablieren, die sich auf Konsens[3] stützt (vgl. Ortmann et al. 1990, S. 13).

Im Unterschied zu Macht bezieht sich *Herrschaft* nicht nur auf die bloße Möglichkeit der Durchsetzung des eigenen Willens. Bei Herrschaft als „Sonderfall von Macht" (Weber ebd.) tritt ein qualifizierendes Moment – und wir kommen auf oben Angedeutetes zurück – hinzu: Herrschaft steht für jene Übermächtigung, die eine bestimmte *institutionelle Form* angenommen hat und bei den Betroffenen Anerkennung findet (vgl. Weber ebd., S. 541). An das „aktuelle Vorhandensein *eines* erfolgreich *andern* Befehlenden" (ebd., S. 29; Herv. i. Orig.) geknüpft, ist Herrschaft nicht in der Lage, Widerstand zu überwinden, und braucht dies in der Regel auch nicht: kann sie doch mit bestimmten „Motiven der Fügsamkeit" (ebd., S. 122). Ein bestimmtes Minimum an Gehorchen*wollen*, also: *Interesse* (äußerem oder innerem) am Gehorchen" so Weber, „gehört zu jedem echten Herrschaftsverhältnis" (ebd.; Herv. i. Orig.).

Weber arbeitet *Herrschaft als institutionalisierte Macht* heraus und verknüpft das Herrschaftsphänomen direkt – und das ist von hoher Relevanz für unser Thema – mit *Organisation*. Denn für Weber spielt Herrschaft auch bei den „ökonomisch relevantesten sozialen Gebilden der Vergangenheit und der Gegenwart: der Grundherrschaft einerseits, dem kapitalistischen Großbetrieb andererseits, die entscheidende Rolle" (ebd., S. 541).

Weber hatte also weder die Absicht, normative Vorschriften und Empfehlungen für die vorbildliche, nachahmungswerte, rationale Organisationsgestaltung zu liefern, wie dies das erklärte Ziel der Autoren des Scientific Management

---

[3] Insofern ist das Foucault'sche Macht-Verständnis (vgl. Kap. Break 2) eines Macht-Verhältnisses m. E. auch stark durch Weber inspiriert.

3.1 Konflikt- bzw. kontrolltheoretische Ansätze

(s. Teil I) war, noch sollte sein Verwaltungsmodell als Beschreibung des tatsächlichen Verhaltens in Organisationen dienen. Vielmehr sollte es helfen, sich in *historisch vergleichenden* Analysen *gesellschaftlicher Ordnungs- und Herrschaftsformen* einer solchen Beschreibung anzunähern, indem man die Wirklichkeit gerade an den Abweichungen vom ‚reinen Typus' herausarbeiten kann. Nur vor diesem Hintergrund sind Webers Ausführungen angemessen zu verstehen.

Unter dem Titel ‚*Typen der Herrschaft*' bezeichnet Weber (vgl. ebd.) moderne Bürokratien als legitime Ordnungen kraft Satzung. *Bürokratische Organisationen* sind demnach Herrschaftsgebilde, in denen im Idealfall der Legitimitätsanspruch der Herrschenden und der Legitimitätsglaube der Beherrschten aufeinander abgestimmt und gemeinsam auf die Legalität und formale Korrektheit der Satzung hin bezogen sind. „Im Falle der satzungsmäßigen Herrschaft wird der legal gesatzten sachlichen unpersönlichen Ordnung und dem durch sie bestimmten Vorgesetzten kraft formaler Legalität seiner Anordnungen und in deren Umkreis gehorcht." (ebd., S. 124) Der anordnende und befehlende Vorgesetzte gehorcht seinerseits der unpersönlichen Ordnung.

Damit bindet Weber die Organisationstheorie von ihrem Ansatz her nicht mehr so sehr an Probleme der sachlichen Kompliziertheit des Gegenstandes oder an Fragen der technischen Koordinationsmöglichkeiten funktional spezialisierter Teileinheiten, sondern weist die Begründbarkeit und Einsehbarkeit der *Herrschaft als typische Sozialbeziehung in Organisationen* als das *Grundproblem einer bürokratischen Organisation* aus. Weber stellt zunächst die Frage, wie es möglich ist, Befehl-/Gehorsamsbeziehungen so zu institutionalisieren, dass Befehle mit hoher Wahrscheinlichkeit Gehorsam finden. Neben der Möglichkeit, sie über *Tradition* („traditionale Herrschaft"; ebd., S. 124) oder *Charisma* („charismatische Herrschaft"; ebd.) zu begründen und einsichtig zu machen, sieht Weber die typisch moderne Möglichkeit, sie über ‚Rationalität', ‚Legalität', ‚formale Korrektheit der Satzung' zu legitimieren („legale Herrschaft"; ebd.). Hierzu merkt Luhmann (1968) an, dass Weber eine *kausal-orientierte Zweck-Mittel-Auffassung* vertrete und dass (legale, sprich: rationale) Herrschaft ein generelles Mittel sei, jeweilige Zwecke innerhalb von sozialen Systemen – in unserem Zusammenhang: Organisationen – zu erfüllen (vgl. Luhmann 1968, S. 37).

Die Grundkategorien der ‚*rationalen*' Herrschaft sind:

1) „ein kontinuierlicher regelgebundener Betrieb von Amtsgeschäften, innerhalb:

2) einer Kompetenz (Zuständigkeit), welche bedeutet: einen kraft Leistungsverteilung sachlich abgegrenzten Bereich von Leistungspflichten, mit Zuordnung der etwa dafür erforderlichen Befehlsgewalten und mit fester Abgrenzung der eventuell zulässigen Zwangsmittel und der Voraussetzung ihrer Anwendung. (...)
3) das Prinzip der Amtshierarchie, d. h. die Ordnung fester Kontroll- und Aufsichtsbehörden für jede Behörde mit dem Recht der Berufung oder Beschwerde von den nachgeordneten an die vorgesetzten. (...)
4) Die ‚Regeln', nach denen verfahren wird, können
   a) technische Regeln,
   b) Normen sein." (Weber ebd., S 125 f.; Herv. i. Orig.).

Diese Prinzipien werden *idealtypisch* durch *Beamte* in einem bürokratischen Verwaltungsstab realisiert (vgl. ebd.), die sich nach Weber durch folgende Merkmale auszeichnen:

1) Sie gehorchen, persönlich frei, nur sachlichen Amtspflichten.
2) Sie sind in einer festen Amtshierarchie,
3) mit festen Amtskompetenzen,
4) kraft Kontrakts, also (prinzipiell) auf Grund freier Auslese angestellt.
5) Die Auslese erfolgt nach Fachqualifikation – im rationalsten Fall: durch Prüfung ermittelter, durch Diplom beglaubigter Fachqualifikation.
6) Sie werden entgolten mit festen Gehältern in Geld, meist mit Pensionsberechtigung.
7) Sie behandeln ihr Amt als einzigen oder Hauptberuf.
8) Sie sehen vor sich eine Laufbahn und können je nach Amtsalter oder Leistungen oder beiden, abhängig vom Urteil der Vorgesetzten ‚aufrücken'.
9) Sie arbeiten in völliger Trennung von den Verwaltungsmitteln und ohne Appropriation der Amtsstelle.
10) Beamte unterliegen einer strengen einheitlichen Amtsdisziplin.

Das Bürokratiemodell, das Weber idealtypisch zeichnet, ruft insofern das Bild eines reibungslos funktionierenden technischen Apparates hervor, dessen Rationalität eine formale ist (vgl. Bardmann 1994, S. 280). In diesem Sinn ist Bürokratie ein generalisiertes Herrschaftsmittel, das unabhängig von spezifischen Zwecken ist:

„Die rein bürokratische, also: die bureaukratisch-monokratische aktenmäßige Verwaltung ist nach allen Erfahrungen die an Präzision, Stetigkeit, Disziplin, Straffheit und Verlässlichkeit, also Berechenbarkeit für den Herrn wie für die Interessierten, Intensität und Extensität der Leistung, formal universeller Anwendbarkeit auf alle Aufgaben, rein technisch zum Höchstmaß der Leistung vervollkommenbare, in all diesen Bedeutungen: formal rationalste, Form der Herrschaftsausübung." (Weber ebd., S. 128)

Der Grad der Rationalisierbarkeit ist einzig begrenzt durch die *Legitimität* dieser Form der Herrschaft, durch die Grenze von Anspruch und Glaube an die Legalität und formale Korrektheit des Geschehens. Anders formuliert: Solange der Rahmen gesatzter Rechtmäßigkeit nicht überschritten wird, kann die Bürokratie – und dies meinte er nicht normativ! – ihre innere, durch Fach- und Sachlichkeit gekennzeichnete Rationalität frei entfalten und zur optimalen Form finden.[4]

Aus einem rein technologischen Blickwinkel heraus begreift Weber die bürokratische Verwaltung, die die Verwaltungsangelegenheiten sachlich, präzis und seelenlos, wie jede Maschine erledigt, als die effizienteste Herrschaftsform: „Die technische Überlegenheit des bürokratischen Mechanismus steht felsenfest, so gut wie die technische Überlegenheit der Arbeitsmaschine gegenüber der Handarbeit." (ebd., S. 413) Auch Weber vergleicht den bürokratischen Herrschaftsapparat mit einer Maschine, doch im Unterschied zu den klassischen Vertretern des technomorph-mechanistischen Ansatzes behält Weber sich massive soziologische Bedenken vor, wenn es darum gehen soll, die Verwaltung nach dem Bild der Maschine zu gestalten.

Bürokratische Organisationen beruhen nach Weber auf dem *Befehl-/Gehorsamsprinzip,* sie erzwingen *Disziplin* und *Selbstdisziplinierung.* Die rationale Disziplin ist „inhaltlich nichts anderes als die konsequent rationalisierte, d. h. planvoll eingeschulte, präzise, alle eigene Kritik bedingungslos zurückstellende, Ausführung des empfangenen Befehls und die unablässige innere Eingestelltheit ausschließlich auf diesen Zweck. (…) Entscheidend ist die rationale Uniformierung des Gehorsams einer Vielzahl von Menschen" (Weber 1980 [1922], S. 681). Das bedeutet aber zugleich, und Weber hat dies sehr wohl gesehen, die *Institutionalisierung der Angst vor Ungehorsam* und seinen Kon-

---

[4] Jedes Gesellschaftsmitglied weiß im Grunde, dass es sich um eine idealtypische Figur handelt: Bürokratismus ist zum Schimpfwort geworden, weil allzu oft starre und aufgeblähte Strukturen mit schematisch agierenden Mitarbeiter:innen, denen die Kundenorientierung fehlt, zum Alltag im Umgang mit Verwaltungen zu gehören scheinen. Zahlreiche Hierarchisierungen sowie übertriebene Foki auf Internes zeigen Bürokratismus auch in ökonomischen Organisationen (vgl. Miebach 2007, S. 75). Insofern liegen manche der in Teil 2 dargelegten Konzepte sicher quer zu bürokratistischen Strukturen in Organisationen bzw. bemühen sich implizit um deren Eindämmung.

sequenzen, die Angst vor abweichendem Verhalten schlechthin (vgl. Bosetzky und Heinrich 1994). Bei Weber heißt es weiter: „Die ‚Disziplin' im allgemeinen, wie ihr rationalstes Kind: die Bürokratie im speziellen, ist etwas ‚Sachliches' und stellt sich in unbeirrter ‚Sachlichkeit' an sich jeder Macht zur Verfügung, welche auf ihren Dienst reflektiert und sie zu schaffen weiß." (Weber ebd., S. 682; Herv. i. Orig.) Damit deutet Weber an, dass er nicht nur die Gefahr des Aufkommens eines wenig liebenswerten Menschentypus ahnt, sondern die Gefahr einer unkontrollierbaren Instrumentalisierung des Apparates zu jedweden Zwecken der Herrschaftsausübung deutlich vor Augen sieht. Anders als die Vertreter des Scientific Management sieht Weber die *Janusköpfigkeit* der *rationalen Organisation*. Sie birgt in sich im wahrsten Sinne des Wortes ‚ungeheure Möglichkeiten'. Sie stellt – bei allen Chancen, die sie eröffnet – eine entpersönlichte, „verwaltete Welt" (Adorno et al. 1989) in Aussicht. ◄

3.2 (Organisations-)Kulturalistische Ansätze

3.2.1 Von rationalistischer Einheitskultur zu funktionalistischen Subkulturen

Ganz generell gilt wohl das Phänomen der *Kultur* als eines der umstrittensten innerhalb der Sozialwissenschaften. Von *Organisationskultur* wird viel geredet, v. a. natürlich in Organisationen selbst. Für dieses Konzept gilt, dass es mannigfaltige Definitionen in Theorie und Praxis gibt, die hier innerhalb dieses Lehrbuches nicht alle aufgezeigt werden können (vgl. Kühl 2018). Unter macht- und kontrolltheoretischer Perspektive stellt sicher die Durchsetzung einer Organisationskultur-Definition, die eine lange Zeit vorherrschende Auffassung von Kultur transportierte, selbst ein machtvolles – dirskurs-dominierendes – Faktum dar. Als Ausgangspunkt finden wir in der Literatur oft Definitionen wie die folgende:

> „Heute versteht man unter Kultur die raum-zeitlich eingrenzbare Gesamtheit gemeinsamer materieller und ideeller Hervorbringungen, internalisierter Werte und Sinndeutungen sowie institutionalisierter Lebensformen von Menschen" (Schäfers 1995, S. 174).

> „[S]ozialer Zusammenhalt wird durch Werte befördert und ist somit kulturabhängig. Gesellschaft ist nicht ohne Kultur denkbar; aber auch umgekehrt gilt: Werte und Kultur schweben nicht im gesellschaftsfreien Raum!" (Vester 2009, S. 38)

3.2 (Organisations-)Kulturalistische Ansätze

Gerade die letzte Einlassung deckt sich mit der an einigen Stellen innerhalb dieses Einführungsbuches geäußerten These, dass Organisationen sich zwangsläufig in – und nicht etwa außerhalb – der Gesellschaft befinden. Generell Kultur als organisationssoziologisches Phänomen in Organisationssoziologie und Organisationspsychologie einführen zu können, ist die Folge eines Bruchs mit einer rationalistischen, mechanistischen Vorstellung von Organisation in diesen Disziplinen (vgl. Burell und Morgan 1979; Scott 1992).

Bevor diese Vorstellung von einer rationalistischen und nicht-rationalistischen Organisationskultur weiter ausgeführt werden kann, soll die Voraussetzung erläutert werden, die dieser Unterscheidung zugrunde liegt. Diese Voraussetzung besteht im Wesentlichen aus einer weiteren Unterscheidung, nämlich einer solchen, die die *Organisationskultur* als neues Paradigma der Organisationsforschung von dem bisherigen Paradigma der *Organisationsstruktur* unterscheidet (vgl. Dollhausen 1997, S. 104 ff.; teilweise auch Miebach 2007). Wie nun diese Ausgangsunterscheidung zu fassen ist, sei an Abb. 3.1 verdeutlicht.

Diese Unterscheidung ist wichtig, weil jede Organisation mit der Grundparadoxie konfrontiert ist, dass sie gleichermaßen für *Stabilität* sorgen muss, indem sie eine gewisse zeitüberdauernde Gültigkeit und Verlässlichkeit von Festlegungen verbürgt (,Struktur'), aber auch *Anpassung* und *Erneuerung* ermöglicht, indem sie gleichzeitig immer auch dafür sorgen muss, dass genau diese Festlegungen

Struktur(en)

Explizite Dimension
- Organisatorische Festlegungen
- Reglemente, Vorschriften, Handbücher
- örtliche und räumliche Festlegungen
- informationstechnische Festlegungen

Kultur(en)

Implizite Dimension
- Identität, kollektive Erwartungen, Denkmuster und Hintergrundüberzeugungen („lokale Theorien")
- Werte und Normen
- Einstellungen und Haltungen in der Führung und Zusammenarbeit im Inneren und gegenüber Anspruchsgruppen
- Sprachregelungen und Argumentationsmuster

Abb. 3.1 Der strukturell-kulturelle Eisberg. (Quelle: Rüegg-Stürm 2004/Änderungen: T. M.)

veränderbar und entwicklungsfähig bleiben (,Kultur'). Deshalb lassen sich Organisationen und organisationales Geschehen zum einen durch eine explizite Dimension und zum anderen durch eine implizite Dimension beschreiben (vgl. dazu Rüegg-Stürm ebd.).

Als *explizit* wird all das bezeichnen, was eine materialisierte und personenunabhängige Form aufweist, d. h. sämtliche Formen von schriftlich kodierten Festlegungen wie Leitbilder, Handbücher, Organigramme, Reglemente, Verordnungen, Vorschriften usw.

Als *implizit* können wir demgegenüber all das bezeichnen, was nirgends festgehalten ist, historisch gewachsen, uns aber gar nicht oder kaum bewusst ist, im Vollzug unseres Denkens, Kommunizierens und Handelns eine selbstverständliche Gültigkeit aufweist und dementsprechend eine zentrale Wirkung entfaltet[5] (vgl. ebd.). Besonders sind hier Mythen, Geschichten und Legenden (vgl. Klatetzki und Ortmann 2023) zu nennen.

Jetzt wird es möglich, auf unsere Anfangsunterscheidung von rationaler und nicht-rationaler Organisationskultur zurückzukommen. Mit Schultz (1994) lässt sich diese Differenzierung weiter *präzisieren* (Tab. 3.1).

Auf die Darstellung des *rationalistischen* Ansatzes soll hier aus Platzgründen verzichtet werden – Organisationskultur als Werkzeug zu verstehen, passt zu entsprechenden Ansätzen, die weiter vorne im Zusammenhang des tayloristisch-fordistischen (Rationalitäts-)Paradigmas abgehandelt worden sind. Auch die sich darauf beziehenden Ansätze (bspw. Simons Ansatz der „bounded rationality" – vgl. Abschn. 2.1.2 in Teil 1 – oder der Ansatz des Neo-Institutionalismus – vgl. Abschn. 3.3.3 in Teil 1) zeigen die Überholtheit rationalistischer Konzeptualisierungen.

Die *funktionalistische* Perspektive beschreibt im Allgemeinen, welche Funktionen die organisationale Kultur innerhalb einer Organisation ausbildet.[6] Eine solche Perspektive fragt danach, welche Funktion eine Kultur innerhalb einer Organisation erfüllt. Es kommt hier besonders das Schein'sche Organisationskultur-Verständnis (vgl. Schein 1985) zum Tragen, welches Organisationskultur auf drei Ausprägungsebenen ausmacht:

---

[5] Eine ganz klare Trennung scheint allerdings vor dem Hintergrund, dass zunehmend zahlreiche Organisationen ihre Organisationskultur bzw. die Leitsätze der Organisationskultur explizit bzw. öffentlichkeitswirksam darstellen, schwierig. M. E. muss man analytisch dann diese Darstellungen auch wieder als ,Organisationsstruktur' fassen.

[6] Sie fühlt sich durchaus dem Parson'schen Strukturfunktionalismus verbunden, innerhalb dessen die Frage zentral steht, welche Funktionen erfüllt sein müssen, um bestimmte gesellschaftliche (hier: organisationale) Strukturen Bestand haben bzw. erhalten. Organisationskultur ist hier auch als eine ,Struktur' zu verstehen.

3.2 (Organisations-)Kulturalistische Ansätze

Tab. 3.1 Organisationskulturelle Perspektiven und Paradigmen

Perspektive	Organisationales Paradigma	Organisationale Kultur	
Rationalismus	Die Organisation ist ein Mittel zur effektiven Leistungserbringung.	Die Kultur ist ein „Werkzeug" für die Ausführung von organisationalen Zielen.	Die Organisation *hat* eine Kultur
Funktionalismus	Die Organisation ist ein Kollektiv, das Fortbestand in der Ausführung der nötigen Funktionen sucht.	Kultur ist ein Muster/Netz für geteilte Werte und Grundhypothesen, die Funktionen darstellen betreffend äußerer Anpassung und Integration.	Die Organisation *ist* eine Kultur
Symbolismus	Die Organisation ist ein menschliches System, welches komplexe Muster von symbolischen Handlungen ausdrückt.	Kultur ist ein Netz bestehend aus gesellschaftlich konstruierten Symbolen und Bedeutungen.	

Quelle: eigene Darstellung in Anlehnung an Schultz 1994

- *Artefakte:* Sie umfassen sichtbare organisationale Strukturen und Prozesse, die manchmal schwer auszumachen sind.
- *Normen/Werte:* Hier handelt es sich um Strategien, Ziele, Philosophien, Antworten und Fragen der Wichtigkeit der Ebene des Bewusstseins.
- *Grundannahmen:* Das sind unbewusst bestehende Ansichten, Gewohnheiten, Gedanken und Gefühle/unbestimmte Quellen von Werten und Taten.

Organisations- und machttheoretisch interessant wird der funktionalistische Ansatz Scheins dann, wenn man bedenkt, dass Schein nicht von einer einzigen organisationsübergreifenden Kultur ausgeht, sondern von *Subkulturen* in Organisationen, die für die Organisationsmitglieder verbindlich scheinen (vgl. Raeder 2000, S. 15). Diese Argumentation wird durch die Vorstellung geleitet, dass eine *starke* Organisationskultur, im Unterschied zu einer *schwachen,* die „eigentlich treibende Kraft für herausragende Organisationsleistungen" (Schreyögg 1996, S. 441) darstellt. Mit der Idee starker Organisationskulturen verknüpft ist die Vorstellung einer mehr oder weniger stimmigen Ganzheit, eines integrierten kohärenten Gebildes. Im Gegensatz dazu steht das Bild von Organisationssubkulturen, welches vielfältige kulturelle Orientierungsmuster in Organisationen ausmacht (vgl. ebd., S. 443; Jochheim 2002; Schottmayer 2003). In dieser Perspektive tritt zumeist Diversität an die Stelle von Homogenität. Die Unterschiede und potenziellen Widersprüche zwischen Subkulturen geraten in den Blick: Bspw. zwischen den verschiedenen hierarchischen Ebenen (Arbeiterkultur, Angestelltenkultur, Managerkultur o. ä.) oder zwischen unterschiedlichen Funktionsbereichen und Professionen (Marketingkultur, F&E-Kultur, Buchhaltungskultur etc.). Hierzu existieren eine Menge empirischer Studien (vgl. ausführlich Schottmayer ebd., S. 185 ff.). Diese Studien zeigen, dass kulturelle Besonderheiten abgegrenzter funktionaler Einheiten in Organisationen eindeutig hervortreten, z. B. dergestalt, dass unterschiedliche Aufgabenbereiche mit ihren je eigenen Technologien und Prozeduren bereichsspezifische Erlebniskulturen der dort tätigen Personen herausbilden (vgl. ebd., S. 201). Diese Wirklichkeitskonstruktionen (vgl. Jochheim ebd., S. 198) können ‚mächtig' beeinflusst werden. Der Einfluss der Wirklichkeitskonstruktionen der Organisationsmitglieder innerhalb einer Subkultur und der Subkulturen auf andere Subkulturen ist jedoch nicht gleich groß: Werte, Ziele, Themen, Codes, Vokabular ‚mächtiger' Organisationsmitglieder schlagen mehr durch als andere (vgl. ebd., S. 198 f.). Hier benennt Jochheim bestimmte *Quellen von Macht:*

- Formelle Struktur/Hierarchie
- Monopolwissen/Monopolfähigkeiten (spezifisches Wissen oder fachliche Fähigkeiten)
- Charakter (genetische oder sozialisationsbedingte Fähigkeiten)
- Sympathieträger (besondere soziale Fähigkeit)

Neben dieser funktionalistischen Sicht auf macht-relevante Organisationsstrukturen gibt es wie angeführt (s. Tab. 3.1) noch eine weitere, die ihren Fokus im Prinzip auch auf Strukturen richtet: auf Bedeutungs- und Symbolstrukturen.

3.2.2 Von interaktionistischer zur Systemtheorie (Luhmann)

Sowohl die funktionalistische sowie die nun darzulegende symbolistische Perspektive haben etwas gemein – sie gehen von folgender Grundunterstellung aus: Organisationen haben nicht schlicht eine Kultur, sie *sind* förmlich selbst eine solche. Damit ist allerdings kein statischer – unhistorischer – Begriff von Kultur gemeint, sondern einer, der Veränderung, Dynamik anzeigt. Wir müssen vor diesem Hintergrund eine interaktionistische Grundprämisse als für Organisationskultur erzeugend ausgehen: Interaktionen – als ‚Sinnkonstruktionen'– verfolgen das Ziel der Verfestigung organisationaler Strukturen, „… in die Sinn gegossen wird" (Miebach ebd., S. 57). Damit ist ein vollkommen Einklang mit der Ur-Definition von

3.2 (Organisations-)Kulturalistische Ansätze

Soziologie als der Wissenschaft von der Erforschung sozialen Handelns (Max Weber; vgl. Break 1) hergestellt.

Interaktion und *Handeln* sind die Wegweiser für die hier darzulegende Perspektive: Die moderne Kultursoziologie assoziiert den Kultur-Begriff nicht, wie viele Jahrzehnte in der Soziologie üblich, mit vorn thematisierten gesellschaftlich (vorgängig-existenten) Normen und Werten, sondern möchte – erneut wird der Sinn-Begriff zentral – eher zu einer Perspektive ermuntern, die auf Sinnzusammenhänge, symbolische Ordnungen sowie Praktiken der Aufrechterhaltung bzw. Veränderung dieser Ordnungen abstellt. So betrachtet etwa der *symbolistische* bzw. *interpretative* Ansatz eine Organisation als ein von allen Organisationsmitgliedern geteiltes System an Werten, Normen, Denkmustern und Überzeugungen, das sich in organisatorischen Symbolen, Bräuchen, Ritualen und Mythen manifestiert. Dieser Ansatz versucht zu zeigen, in welcher Weise Symbole organisatorischen Handlungen Bedeutung verleihen, wie sie auf die öffentlich zum Ausdruck gebrachten Handlungen der Akteure in einem Organisationssetting bezogen sind, wie ein Symbolsystem (z. B. sprachliches Symbolsystem) ‚Organisation' konstituiert, welche Strukturierungsprozesse es leistet und – für die Fragestellung dieses Buches relevant – welche symbolischen Vermittlungsprozesse der Schaffung, Aufrechterhaltung und Auflösung von *Machtstrukturen* zugrunde liegen (vgl. Franzpötter 1997, S. 27). Kern dieser Organisationskuluransätze ist es, an Stelle von direkter Kontrolle und Machtausübung, eine eher auf Konsens beruhende, aber dennoch durch das aktive Prägen von Unternehmenswerten und Verhaltensnormen eine innere Führung zu erlangen, die bei den Mitarbeiter:innen eine unternehmenskonforme Selbststeuerung induziert. Wenn Kontrolle und Macht in Form organisationsstruktureller Hierarchie- und Anweisungsebenen als Mittel der betrieblichen Auseinandersetzung ausgedient haben sollten und an deren Stelle ein höheres Maß an Autonomie tritt, wird die/der einzelne Mitarbeiter:in stärker gefordert, sich zu beteiligen und durch stärkeres Engagement ihren bzw. seinen Arbeitswillen unter Beweis zu stellen. Um hier eine – subtilere – neue Macht- und Kontrollform zu installieren, betrachten es vor allem ökonomisch orientierte Organisationen als zunehmend wichtig, die Muster von symbolischen Diskursen in Organisationen zu kennen und den Zusammenhang, den ‚fit', zwischen Werthaltungen, Überzeugungen, Deutungen, Wissenselementen einerseits und den beobachteten Handlungs-, Ausdrucks- und Interpretationsformen eines Organisationssettings andererseits zu kennen und entsprechend der Organisationsziele einzusetzen.[7]

---

[7] Etwas grob könnte man die meisten der unzähligen Beratungsführer aus Betriebswirtschaftslehre und Managementlehre zum Thema ‚Unternehmenskultur' hier subsumieren.

Die Systemtheorie Luhmanns, die im Folgenden angeschlossen werden soll, macht einige Vorbemerkungen nötig: Luhmann nimmt *soziale Systeme* (Interaktions-, Organisations- und Gesellschaftssysteme) in den Blick, die sich (unter Beteiligung psychischer Systeme) im Medium des Sinns via *Kommunikation* gegen eine Umwelt und andere Systeme in ihrer Umwelt (etwa technische Systeme, lebende Systeme und Psychen) abgrenzen, intern differenzieren und evaluieren. Soziale Systeme sind *autopoietische* Systeme, d. h., sie erzeugen die Elemente, aus denen sie bestehen, durch Verknüpfung zwischen den Elementen selbst. Unter sozialen Systemen versteht Luhmann einen Sinnzusammenhang von sozialen Handlungen, die aufeinander verweisen und sich von einer Umwelt nicht dazugehöriger Handlungen abgrenzen lassen (vgl. Luhmann 1984).

Organisationen werden innerhalb der Systemtheorie Luhmanns als nichttriviale Systeme im Sinne Heinz von Foersters begriffen, die sich durch ihre Komplexität, ihre prinzipielle Intransparenz und ihren Eigensinn auszeichnen. Organisation ist – ebenso wie *Interaktion* und *Gesellschaft* – ein Typus *sozialer* Systeme. Eine Organisation ist kein ‚natürliches', sondern ein ‚geschaffenes', ‚gestaltetes', eben ‚organisiertes' System. Der Begriff ‚Organisation' hat eine doppelte Bedeutung: Er bezeichnet einerseits das System und andererseits die Strukturierung des Systems. Seinen Erhalt stellt das System durch den Dreiklang von drei Selektionsweisen her, das Ergebnis ist *sinnhafte Kommunikation.* Diese kommt über die Selektion von Information (Inhalt), der wirksamen Übermittlung (Mitteilung) an andere und die erfolgreiche Rezeption (Verstehen) des Mitgeteilten zustande. Diese drei Selektionen müssen erfüllt sein, wenn Kommunikation entstehen soll. Allein schon aus der o. g. ‚Dreiteilung' von Kommunikation ergibt sich, dass jene eben nicht weder in Ausgabe noch in Verstehen eindeutig oder kontextlos ist. Kommunikation in sozialen Systemen ist immer mit Kontingenz, also Unsicherheit und Vieldeutigkeit, verbunden. Macht hilft, diese Kontingenz zu bewältigen, indem sie klare Entscheidungs- und Handlungsoptionen vorgibt. Machtstrukturen geben der Kommunikation Richtung und reduzieren die Komplexität (vgl. Luhmann 1997).

Neben der Ermöglichung von Kommunikation über Selektion und Reduktion von Komplexität können Systeme – so auch Organisationssysteme – die Basis der Kommunikationsmöglichkeiten erweitern. Dazu ist der evolutionäre Prozess der internen Differenzierung, welcher das Selektionsvermögen und damit die Entscheidungsfähigkeit der Systeme steigert, notwendig. Interne Differenzierung, d. h. Ausdifferenzierung funktionsspezifischer Subsysteme (Wissenschaft, Kunst, Ökonomie, Politik, Bildung usw.) erweitern also den Bestand an verstehbaren Informationen. Diese Subsysteme kommunizieren vermittels *symbolisch generalisierter Kommunikationsmedien* (z. B. Wahrheit, Liebe, Geld, Macht, Recht, Glaube usw.) miteinander und generieren dabei neue Strukturen – das heißt die

3.2 (Organisations-)Kulturalistische Ansätze

Kommunikationsverhältnisse sozialer Systeme sind (selbst-)emergent, sie entwickeln sich aus sich selbst heraus weiter. Der jeweilige Code strukturiert die Kommunikation im jeweiligen System, indem er definiert, was als relevante Information gilt und wie Entscheidungen getroffen werden. In der oben genannten Definition von sozialen Systemen wird mit dem Fokus auf Handlungen, die innerhalb eines Systems erfolgen, der ‚link' zu uns hier interessierenden macht- und entscheidungstheoretischen Aspekten der Luhmann'schen Systemtheorie hergestellt: Organisationsspezifische Kommunikationen nenn Luhmann *Entscheidungen* (vgl. Luhmann 2000). Sie bilden für ihn die kleinsten Einheiten in Organisationen. In Organisationen müssen Informationen verarbeitet werden und – das geht über das eher übliche Verständnis hinaus, dass für Entscheidungsanfertigung Informationen benötigt werden – für weitere Entscheidungen selektive Informationen bereithalten. Indem vorherige Entscheidungen später informieren, d. h. als ein Unterschied aufgefasst werden, der einen Unterschied macht, kann es zur *rekursiven Schließung* von Entscheidungen und somit zur *Systembildung* kommen (vgl. Drepper 2003, S. 141). Der offene Bereich von Möglichkeiten von Handlungen in Organisationen wird mit dem Begriff der *Kontingenz* umschrieben – was im Prinzip auch mit einer bestimmten Form der Ungewissheit übersetzt werden kann. Der Überschuss der wählbaren über die gewählten Möglichkeiten wird als *Komplexität* bezeichnet. Komplexität könnte auch als eine Art Verzweigungs- und Vernetzungsstruktur verstanden werden. Da jede Organisation in der Regel stets mehr mögliche als realisierbare Handlungen tätigen kann, besteht die Notwendigkeit der *Reduktion von Komplexität*. Dieses geschieht auch deshalb, um die Struktur eines Systems aufrecht zu erhalten – in Organisationen als Sozialsysteme werden aufrechtzuerhaltende Strukturen durch erwartbare Handlungen dargestellt. Luhmann greift nun den o. g. interaktionistischen Sinn-Fokus auf und beschreibt die Sinndimension als zentral für zustande kommende Interaktion in Organisationen.

Erfolgreiche Komplexitätsreduktion in Organisationen kann laut Luhmann in Organisationen nur gelingen durch die relevante Konstituierung von *sinnhaften Handlungen*. Mit *Sinn* sind in diesem Zusammenhang kognitive Inhalte gemeint, die von Systemen erzeugt werden, um Relevanzstrukturen zu ermöglichen, also zu unterscheiden zwischen wichtig/unwichtig, wahr/falsch, gut/schlecht etc. Wir können also jetzt Luhmann weiter spezifizieren: *Entscheidungen* sind für ihn sinnhaft anschließbare Kommunikationen in Organisationen. Dass, was Organisationen zu Organisationen macht, diese grundsätzliche Unterscheidungsfähigkeit, also die Bedingung der Möglichkeit, Entscheidungen treffen zu können – das ist Sinn. Das Reflexions- und Selbstständigkeitspotenzial von Organisationen – als Konstitutionsmerkmal von Organisationen im Unterschied zu anderen autopoietischen Systemen – kann für Luhmann nur im Begreifen von Unterscheidungen von Entscheidungsprämissen und Entscheidungen verstanden werden. Er formuliert: Organisationen seien „Systeme, die aus Entscheidungen bestehen und die Entscheidungen [sic!] aus denen sie bestehen, durch die Entscheidungen, aus denen sie bestehen, selbst anfertigen." (Luhmann 1988b, S. 166). Aber die oben beschriebene Komplexität der Welt nötigt jeder Organisation auch eine Entscheidungsnotwendigkeit ab. Festzuhalten ist hier: In systemtheoretischer Perspektive gemäß Luhmann „… ist eine Entscheidung also a) nicht an einen Akteur gebunden, sondern eine von Akteuren unabhängig bestehende Form der Kommunikation, b) ein Ereignis, das an Erwartungen [und nicht – logisch, wenn Prämisse a) gelten soll – automatisch und stets an bewussten und zielgerichteten Nutzenkalkülen; Anm.: T. M.] ausgerichtet ist und das Kontingenz thematisiert und transformiert und c) das zentrale Struktur bildende Element von Organisationen" (Wilz 2010, S. 97). In arbeitsteiligen Organisationen müssen Entscheidungen ein Minimum an Kohärenz aufweisen, d. h. zusammenpassen und aneinander anschließen können, und dies deshalb, um Organisationen – als Systeme verstanden – funktionsfähig zu halten (vgl. Luhmann 1984, 1988a).

Für die Ausprägungen von Strukturen in Organisationen, v. a. von Erwartungsstrukturen, spielen nun o. g. Entscheidungsprämissen eine große Rolle: Sie sind auf der sog. ‚Innenseite' entscheidbar. Zu ihnen gehören bspw. Programme (z. B. Regelwerke, Arbeitspläne oder technisierte Abläufe). Sie legen fest, was in Organisationen als richtig und was als falsch verstanden wird. Daneben zählen Kommunikationswege (z. B. Hierarchien, Abteilungen, Mitzeichnungsberechtigungen oder Projektgruppen) dazu. Sie verhindern, dass jedes Mitglied jederzeit mit jedem anderen Mitglied reden kann (oder darf oder muss). Alternativ zu Programmen und Kommunikationswegen können Entscheidungen auch über Personen strukturiert werden. Das meint das Antizipieren von Entscheidungen einer Person aufgrund der Tatsache, dass man diese kennt. Zentral ist, dass all diese Entscheidungsprämissen die Art, wie Entscheidungen gefällt werden, strukturieren, sie aber nicht endgültig determinieren – aber sicher Auskunft darüber geben können, was für die Organisation in Zukunft wichtig werden, was überhaupt in den entscheidungsrelevanten Kreis gelangen wird. Verknüpft mit einem zentralen Grundbegriff der Soziologie kann man formulieren: Entscheidbare Entscheidungsprämissen entsprechen *Erwartungen*, über die entschieden werden kann; dagegen sind unentscheidbare Entscheidungsprämissen Erwartungen, die sich höchstens durch Wiederholungen (langsam) festigen, institutionalisieren (vgl. Kühl ebd.). Passend zum Thema dieses Unterkapitels: Neben dieser Innenseite einer jeden Organisation existiert für Luhmann auch eine unbestimmbare ‚Außenseite' von unentscheidbaren Entscheidungsprämissen (das *Informelle* beinhaltend), die Luhmann Organisations-

3.2 (Organisations-)Kulturalistische Ansätze

kultur nennt (vgl. Miebach ebd.: 62; Kühl ebd.). Ergänzend zu den bis hierhin angeführten rationalistischen, funktionalistischen und symbolistischen Perspektiven liefert uns die Systemtheorie Luhmanns eine weitere, nämlich eine *strukturelle* – Organisationskultur ist elementarer Bestandteil einer jeden Organisationsstruktur.[8]

Relevant ist für den roten Faden dieses Buches: Zum *einen* kommt (wirkvolle) Kommunikation – und damit die Entfaltung eines Machtverhältnisses – erst dann zustande, wenn der Empfangende eine Mitteilung verstanden hat und in der Lage ist, daran weitere Operationen anzuschließen. Zum anderen: Wenn Luhmann grundsätzlich die Notwendigkeit zur Festlegung auf bestimmte Entscheidungsprämissen für Akteure in Organisationen unterstellt, mithin Entscheidungen als die kleinsten Einheiten von Organisationen bestimmt, eben diese Notwendigkeit auch als Möglichkeit der Machtausübung verstanden werden kann.

Macht innerhalb Luhmanns Systemtheorie ermöglicht es vor allem zu zeigen, wie der Machtbegriff in Bezug auf Organisation von anderen Formen der *Beeinflussung, z. B. durch Geld, Liebe, Wahrheit* abzugrenzen ist. Macht erbringt ihre Übertragungsleistung dadurch, dass sie die *Selektion* von Handlungen (oder Unterlassungen) angesichts anderer Möglichkeiten zu beeinflussen vermag. Damit hat Macht in Organisationen Die- bzw. Derjenige, die/der Entscheidungen fällen kann. Die Macht ist umso größer, je mehr die entsprechenden Entscheidungen sich auch gegenüber attraktiveren Alternativen das Handelns oder Unterlassens durchzusetzen vermögen. Und sie ist steigerbar nur zusammen mit einer Steigerung der Freiheiten auf Seiten Machtunterworfener (vgl. Luhmann 1988a, S. 8 f.). Hier kommt also eine erste wichtige Differenzierung ins Spiel. Nämlich die zwischen Macht und *Zwang*. Beim Zwang werden die Wahlmöglichkeiten des Gezwungenen auf null reduziert. Im Grenzfall läuft Zwang auf Anwendung physischer Gewalt hinaus. Zwang bedeutet Verzicht auf die Vorteile symbolischer Generalisierung und Verzicht darauf, die *Selektivität* des Partners zu steuern. Derjenige, der den Zwang ausübt, muss die Selektions-Entscheidungslast selbst übernehmen (vgl. ebd., S. 9). Bei Macht geht es im Wesentlichen gerade nicht darum, den anderen zu einer ganz bestimmten Handlung zu bringen, sondern seinen Selektionsspielraum einzugrenzen; was natürlich konkrete Anweisungen nicht ausschließt. Machtausübung in diesem Sinne setzt eben nicht voraus, dass es beim anderen immer schon eine konkrete Entscheidung geben muss, die dann durch die Machtausübung ge-

---

[8] Um keine Irreführung zu betreiben: Damit setzt sich Luhmann eben dezidiert ab von funktionalistischen Perspektiven à la Talcott Parsons: Die Funktion soll nicht länger die Struktur bestimmen, sondern es verhält sich genau umgekehrt: Strukturen, also in diesem Fall aneinander anschließende Entscheidungen, prägen bestimmte Funktionen erst.

brochen wird. Macht bedeutet ja gerade auch, dass der andere um diese wissend sein Verhalten und seine Orientierung nur in einem bestimmten Selektionsraum ausübt. Die Kausalität der Macht besteht in der Neutralisierung des Willens nicht unbedingt in der Brechung des Willens des Unterworfenen. Macht ist somit eine Chance, die Wahrscheinlichkeit des Zustandekommens unwahrscheinlicher Selektionszusammenhänge zu steigern (vgl. ebd., S. 9 ff.). An dieser Stelle gerät man deutlich auf die funktionalistische Spur Luhmanns[9]: Organisationen sind Systeme, und Macht sichert das Funktionieren des Systems Organisation:

„Und gerade darin besteht die Funktion von Macht. Sie stellt mögliche Wirkungsketten sicher unabhängig vom Willen des machtunterworfenen Handelnden – ob er will oder nicht." (Luhmann 1988a, S. 11)

Neben dieser direkten machtförmigen Kommunikation begegnen uns in Organisationen

„Substitute für diese Kommunikation:

1) *Hierarchien:* Hierarchien postulieren eine asymmetrische Machtverteilung. In ihnen spiegeln sich einerseits die (offizielle) Ordnung des Systems und die offizielle Machtverteilung. Der Vorgesetzte hat mehr Macht als sein Untergebener. Dass dies durch andere Strukturen, wie informelle Macht, Gewerkschaften, Unkündbarkeit usw. häufig in nicht unerheblichem Maße unterlaufen wird, macht schon deutlich, dass die Macht in Organisationen nicht eindeutig verteilt ist. Dies hat nicht unerhebliche Auswirkungen für die Aufstellungsarbeit. Wenn wir hier von den Ordnungen der Macht sprechen, in Analogie zu den Ordnungen der Liebe in der Familientherapie, dann stellt sich bei der Frage nach der guten Lösung natürlich sofort die Frage, wie allein diese beiden gegenläufigen Machtströme sinnvoll zu vermitteln sind.

2) Das Hierarchieprinzip scheitert in dem Maße, wie es um machtverändernde Konflikte geht. Hier gilt eher das *Summenkonstanzprinzip* der Macht. Das, was der eine an Macht gewinnt, verliert der andere. Es handelt sich hier also um ein Nullsummenspiel.

---

[9] Diese Spur ist sicherlich sehr an einem weiteren bedeutenden Systemtheoretiker, Talcott Parsons, orientiert, dessen Macht-Definition – weniger organisationstheoretisch, dafür mehr allgemein-soziologisch – geradezu grundbegriff-artig aufgegriffen wurden ist: „Macht ist das Medium, mit dessen Hilfe allgemeine Autorität in wirksames kollektives Handeln umgesetzt wird. Machtausübung zwingt die betreffenden Gruppenmitglieder dazu, den für die Erfüllung der Gruppenziele notwendigen Rollenverpflichtungen nachzukommen." (Parsons 1964: 39; Herv. i. Orig.). Parsons betont Macht als Kapazität, bindende Entscheidungen zu treffen und durchzusetzen (vgl. Miebach 2007: 88). Hier wird der Unterschied zu Luhmann (vgl. Fußnote 8) sehr deutlich: Funktionen (hier: Machtausübungen) müssen erfüllt werden, um Strukturen (hier: Gesellschaft; in Bezug auf dieses Lehrbuch: Organisationen) zu erhalten.

3) *Systemgeschichte:* In jedem System gibt es eine Geschichte von erfolgreichen oder gescheiterten Versuchen, Konflikte machtförmig zu lösen. Diese hat Auswirkungen auf die Erwartungen zukünftiger Machtproben. Sie produziert gleichzeitig so etwas wie den Machtstatus jedes Einzelnen, der im Einzelfall von seiner Position in der Hierarchie weit entfernt sein kann.

4) *Vertragsartige Regelungen:* Durch solche Reglungen versuchen übermächtige Partner, sich mit denen zu arrangieren, die sich zurückziehen oder illoyal werden könnten" (Grochowiak 2013, S. 25 f.; Herv. i. Orig.).

Damit eine erfolgreiche Ausübung von Macht stattfinden kann, so führt dann Luhmann weiter aus, muss gleichzeitig eine bestimmte Beziehung zwischen den *Präferenzstrukturen* der Beteiligten existieren.

„Die Grundstruktur des Kommunikationsmedium Macht, jene – man kann es leider nicht einfacher formulieren – invers konditionalisierte Kombination von relativ positiv bewerteten Alternativkombinationen, ist die Grandlage dafür, daß Macht als *Möglichkeit* (Potenz, Chance, Disposition) erscheint und als solche *wirkt.*" (Luhmann ebd., S. 24; Herv. i. Orig.).

Das Vermeiden-Wollen von möglichen und möglich bleibenden Sanktionen ist für die *Funktion* von Macht *unabdingbar.* Komplexe Sozialsysteme können nur existieren, wenn die Macht sich durch eine lange Kette hindurch bis ins letzte Glied möglichst unabgeschwächt fortsetzen kann – es entstehen *Machtketten.* Kettenbildung hat für Luhmann die Funktion, mehr Macht verfügbar zu machen, als ein/e Machthaber:in ausüben kann (vgl. ebd., S. 41).

Wenn in einer Organisation eine Anweisung gegeben wird, dann muss sichergestellt sein, dass sie auch tatsächlich befolgt wird. Dass dies durchaus nicht immer gewährleistet ist, zeigt, wie wenig selbstverständlich, wie problematisch die Prozessualität der Macht ist. Mehr noch: es scheint für Machtketten typisch zu sein, dass sie eine gegenläufige Macht erzeugen. Diese Differenz wird allgemein als der Gegensatz von formaler und informaler Macht bezeichnet. Luhmann spricht hier auch von *Neben-Code* (vgl. ebd., S. 42). Versucht man eine komplexe Interaktionslage als Einheit erlebbar zu machen, spricht man vom *symbolischen Code* (vgl. ebd., S. 32): So sind in ökonomische Organisationen z. B. die Positionsbezeichnung ‚Abteilungsleiter:in' oder der Stempel unter einem Dokument Beispiele für derartige Codes.

Im *logischen Code* dagegen wird z. B. durch die Negation jeder wahren Aussage eine falsche zugeordnet. Der Machtcode ordnet jedem Wollen eines Machthabers das Nichtwollen eines der Machtunterworfenen zu. Dies eröffnet dann zwei Verlaufsrichtungen: Zustimmung, Widerstand.

Eine weitere Ausdifferenzierung des Machtcodes liegt für Luhmann in der Differenzierung zwischen *Amt und Person*. Die Personen mit ihren inhaltlich unterschiedlichen Präferenzen können ausgewechselt werden, aber das Amt und damit die diesem zugehörige Macht bleiben. Machthaber:innen können so leichter ausgewechselt werden, ohne dass dadurch ein Machtvakuum entstehen würde. Diese Trennung setzt Organisationen voraus; nur in Organisationen kann es Ämter geben.

Anhand dieser Ausführungen zur Ausdifferenzierung des Kommunikationsmediums Macht wird deutlich, dass Macht als Einflussfaktor in Organisationen von den Motivlagen der zu Beeinflussenden viel unabhängiger ist. Aber nie ganz unabhängig, wenn nicht auf Zwang zurückgegriffen werden soll. Ein wesentlicher Vorteil von Macht in Form der Hierarchie ist die leichte Austauschbarkeit von Führungskräften. Stützen diese sich allerdings allein auf ihre Position und vernachlässigen die anderen Einflussfaktoren, dann erzeugen sie allzu leicht informelle Gegenmacht.

„Organisationen zeichnen sich für Luhmann nun nicht zuletzt dadurch aus, dass der *Eintritt und Austritt* auf beiden Seiten *kontingent* ist. Niemand muss Mitglied sein bzw. bleiben. Ist man Teil einer Organisation, gibt es Regeln für die Mitglieder in Abhängigkeit von ihrer Rolle/Stelle in der Organisation. Auch diese Regeln sind kontingent. D. h. sie sind von der Organisation gesetzt und können auch anders sein. Beide Kontingenzen beeinflussen sich gegenseitig. Da niemand Mitglied sein muss, wird er sich sein Eintreten u. a. danach aussuchen, ob ihm die dort zu erwartenden Rollenregeln zusagen oder nicht. Und umgekehrt kann die Organisation sich neue Mitglieder aussuchen nach Maßgabe der zu erwartenden Rollenkonformität." (Grochoviak ebd., S. 38)

Der Grad dieser Freiheit hängt bei Unternehmen für beide Parteien stark von der jeweiligen Situation des Arbeitsmarktes ab. Hier allerdings muss man m. E. aufpassen, die strukturelle Asymmetrie zwischen Arbeit und Kapital (vgl. Überblick und Abschn. 3.1.1) nicht zu sehr zu relativieren.

„Während die *förmliche Organisationsmacht* auf der Kompetenz zu dienstlichen Weisungen beruht, deren Anerkennung Bedingung der Mitgliedschaft ist und so durch Entlassung sanktioniert werden kann, hängt die *faktische Macht* in Organisationen weit mehr vom Einfluss auf Karrieren ab. Sie beruht also nicht so sehr auf der Disposition über Mitgliedschaften, als vielmehr auf der Disposition über Stellenbesetzungen – auf den Befugnissen, die man im öffentlichen Dienst „Personalhoheit" nennt. Um kurze und griffige Termini verwenden zu können, wollen wir Organisationsmacht von Personalmacht sprechen" (Luhmann ebd., S. 104; Herv.: T. M.).

Für Luhmann ist Macht nun ein Medium, das Kommunikation ermöglicht und strukturiert. Macht entsteht und wirkt durch Kommunikation. Sie wird nicht als

Besitz einzelner Akteur:innen betrachtet, sondern als eine Funktion in sozialen Systemen, die durch Kommunikation erzeugt und aufrechterhalten wird. Dabei stabilisieren kommunikative Prozesse Machtverhältnisse (die stets ausgehandelt und anerkannt werden). Anders formuliert: Kommunikation ermöglicht es, Machtverhältnisse zu hinterfragen, neu auszuhandeln und anzupassen. Die Erwartungen der Teilnehmenden innerhalb dieser Machtverhältnisse werden durch Kommunikation geregelt und reduzieren grundsätzlich Unsicherheit (vgl. ebd.). Und weil Macht der Legitimation bedarf, um dauerhaft akzeptiert zu werden, wird sie durch kommunikative Prozesse hergestellt. Legitimität entsteht, wenn die von Machtverhältnissen Betroffenen diese Verhältnisse als gerechtfertigt anerkennen, was durch kontinuierliche Kommunikation über Normen, Werte und Regeln erreicht wird. An dieser Stelle möchte ich die Ausführungen zur Organisationskultur beschließen[10] und mit Max Weber einen *break* setzen. Weber hat nämlich ermöglicht, Kultur und Organisation aufeinander zu beziehen. Die folgenden Ansätze konzentrieren sich besonders auf die ‚Außen' einer Organisation. Relativ leicht ahnen wir, dass jene auch die Organisationskultur im Innern beeinflussen.

3.3 Kontingenztheoretische Ansätze

3.3.1 Die ‚Aston-Gruppe': Entscheidungsdezentralisation und Hierarchieebenen

Die Darstellung der *kontingenztheoretischen* Ansätze, die für die hier verfolgte Fragestellung relevant sind, macht einige allgemeine Vorbemerkungen erforderlich. Seit den 1960er-Jahren gehören kontingenztheoretische Ansätze – auch situative Ansätze genannt – in der Organisationstheorie zu den beherrschenden Para-

---

[10] Auch die *diskursanalytischer* Sicht *Foucaults* (vgl. Break 2) kann für Fragen der Bildung von Organisationskultur fruchtbar gemacht werden: Foucault begreift *Diskurse* als Klassifikationsinstrumente, um Argumentationsformen in einem bestimmten Feld der Auseinandersetzung mit einem Gegenstand zu beschreiben (vgl. Foucault 1976). Es gehen nun gesellschaftliche Grundannahmen der Produktivität, Effektivität und Effizienz in einer Art und Weise in die Alltags- oder (halb-)wissenschaftliche Beschreibung einer Organisation ein, z. B. wird in einer Organisation Wissen über Wesen, Funktion und Wirkungen von Organisationskultur angehäuft, um diese ‚erfolgreich' umzusetzen. Damit sind diese Erkenntnisse über die Kultur von Organisationen Mittel der Macht, der Kontrolle und Steuerung, um Faktoren der Performanz (wie gesagt z. B. Produktivität, Effektivität oder Effizienz) von Organisationen festzustellen oder besser: herzustellen und im Sinne von Management und Führung zu verstärken (vgl. May 1997: 149; teilweise auch Opitz 2004).

digmen (vgl. Kieser 2001; Miebach 2007); sie versuchen *Kontingenzen*, eindeutige Zusammenhänge zwischen allgemeinen Umweltmerkmalen und der *Gestalt der Organisationsstruktur* nachzuweisen (Burns und Stalker 1961; Lawrence und Lorsch 1967; Pugh und Hickson 1976). Das Umweltkonzept bleibt dabei vage. Meyer/Rowan (1977) greifen den Einfluss von *Institutionen* als besonderes Element einer Organisationsumwelt heraus und zeigen u. a. deren strukturprägende Wirkungen für die Organisationen (vgl. vertiefend Abschn. 3.3.3). Pfeffer/Salancik 2003 [1978] betonen die Prägung von Organisation durch diejenigen äußeren Faktoren („Ressourcen"), von denen sie besonders abhängig sind (vgl. vertiefend Abschn. 3.3.2). Die verschiedenen Ansätze eint zumindest die *Grundannahme, ein komplexeres, realitätsangemesseneres Verständnis von Organisationen* zu entwickeln, als es das einfache Zweck-Befehls-Modell zu leisten in der Lage ist. Hatten große Teile der Managementlehre (vgl. Teil I) noch die Behauptung aufgestellt, dass es ‚one best ways' gebe bzw. die klassische Bürokratietheorie[11] zumindest implizit nahegelegt, dass Organisationen recht homogene – eben bürokratische – Strukturmuster aufweisen, die sich aus Zweck- und Befehlslogiken ergeben, versuchen nun situative Ansätze, empirisch vorfindbare Organisationen aus solchen Prinzipien heraus zu erklären (vgl. Türk 1996b).

Kontingenztheoretische Ansätze im *mesopolitischen* Bereich zu verorten, zeigt die Schwierigkeit des Balanceaktes auf, welche innerhalb dieses Einführungsbuches zu meistern ist: Was heißt in diesem Zusammenhang Mesopolitik? Selbstverständlich thematisiert die Kontingenztheorie in der Hauptsache *Strukturen:* Wie können Organisationsstrukturen beschrieben und operationalisiert werden? Welche situativen Faktoren oder Einflussgrößen erklären eventuell festgestellte Unterschiede zwischen Organisationsstrukturen? Welches sind die Strukturen, die sich in bestimmten Situationen bewähren? Das sind zentrale Fragen situativer Ansätze. Daher möchte ich in Bezug auf die Kernfragen dieses Buches die kontingenztheoretischen Ansätze zuallererst bei der Mesopolitik ansiedeln: Die Frage, welche Auswirkungen unterschiedliche Situation-Struktur-Konstellationen auf das Verhalten der Organisationsmitglieder und die Zielerreichung (Effizienz) der Organisation haben, stellt m. E. einen Versuch dar, einer Formentsprechung organisationaler und subjektkonstitutionaler (Deutungs-)Strukturen nachzuspüren. Situative Ansätze fragen also nicht mikropolitisch, wie Formstrukturen Formen des Arrangements *und des Widerstands der arbeitenden Subjekte konstituieren, sondern die Formalstrukturen selbst* werden in ihrer politischen Funktion analysiert, d. h. als

---

[11] Zu vertiefenden Ausführungen in Bezug auf die Wurzeln der kontingenztheoretischen Ansätze in Managementlehre und Bürokratietheorie s. Kieser 2001; Kieser und Walgenbach 2003; Türk 1996a.

3.3 Kontingenztheoretische Ansätze

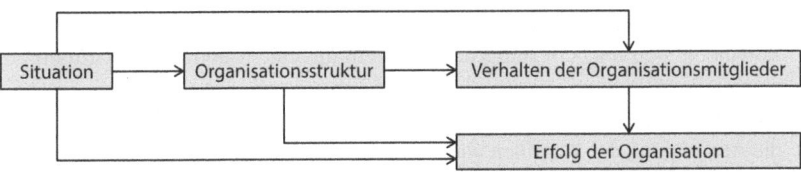

Abb. 3.2 Kontingenztheoretisches Grundmodell der organisatorischen Gestaltung. (Quelle: Kieser 2001)

Produkte von Interessen und Strategien (vgl. Türk 1989). Strukturen sind also Definitionsleistungen der Subjekte, wobei die Definitionsmacht in der Regel ungleich verteilt ist. Das ‚situative' Grundmodell verdeutlicht Abb. 3.2.

Der so genannte *Aston-Ansatz* ist in der Literatur besonders gut dokumentiert. Er versucht, *mehrere Kontextvariablen* mit Dimensionen der *Organisationsstruktur* zu korrelieren. Zu den Kontextvariablen gehören der Gründungsmodus und die historische Entwicklung der Organisation, die Eigentumsverhältnisse, die Betriebsgröße, das Leistungsprogramm und die Leistungspolitik, die Fertigungstechnologie, die geografische Streuung der Betriebseinheiten und die Abhängigkeit von einer Muttergesellschaft. Zu den untersuchten Dimensionen der Organisationsstruktur gehören das Ausmaß der Spezialisierung, der Standardisierung, der Formalisierung, der Entscheidungszentralisation und der Konfiguration; mit Konfiguration ist das äußere Bild des Stellen- und Kompetenzgefüges gemeint, z. B. also die Anzahl hierarchischer Ebenen und die Leitungsspanne der Unternehmensführung (vgl. Türk 1996b). Das Ergebnis der Untersuchungen von Pugh et al. (1971) – Weber modifizierend – unterstreicht in Bezug auf die ‚Amtshierarchie' zwei organisationsstruktur-beeinflussende Aspekte: die *Struktur der Über- und Unterordnungen,* die als Leitungssystem oder Konfiguration bezeichnet wird, und die *Verteilung der Entscheidungskompetenzen* in diesem Leitungssystem (vgl. Kieser 2001, S. 173). Im Hinblick auf den Einfluss der Kontextvariablen ‚Hierarchieebene' und ‚Entscheidungskompetenz' – so könnte man sie generalisierend bezeichnen – folgert die Aston-Gruppe: Je mehr Entscheidungen auf den höheren Hierarchieebenen gefällt werden, desto höher ist die Entscheidungszentralisation (vgl. ebd., S. 174).

Türk (1996b) merkt an, dass die umfangreiche empirische Forschung insgesamt zu keinen konsistenten Ergebnissen geführt habe, sodass der amerikanische Organisationsforscher Starbuck (1981) ironisch resümiert habe: „Die Aston-Forscher brachen auf, um den heiligen Gral zu finden und kehrten heim mit einer zerbrochenen Teetasse". Im Einzelnen kritisiert er – gleichsam in Form endogener und exogener Kritik – Folgendes:

- das Verhalten von Menschen in den Organisationen werde gar nicht untersucht;
- es handelt sich um rein statische Analysen, die eine Stabilität von Strukturen unterstellen (Problem von Kausalität und Zeit);
- die Validität und Bedeutung vieler Variablen seien unklar;
- die Ausprägung der Variablen würden vermittels Befragung von Managern eingeschätzt; diese Perspektivität selbst werde aber nicht zum Thema gemacht;
- viele Variablen seien nicht trennscharf, d. h. sie überlappen sich;
- die Index- und Skalenbildung sei häufig nicht nachvollziehbar;
- die Wahl der Kontextvariablen wie auch der Strukturvariablen bleibe unbegründet;
- es würden Forschungsartefakte konstruiert.

Insgesamt bezieht sich die Kritik darauf, dass dieser Ansatz theorielos arbeite (vgl. Türk ebd.).

3.3.2 Ressourcenabhängigkeitsansatz: „The External Control of Organizations"

Der *Ressourcenabhängigkeitsansatz* – auch Resource Dependence Theorie – zielt auf die Erklärung des Verhaltens von Organisationen und organisationalen Subsystemen (vgl. auch die Darstellung in Schreyögg 1996 und bei Knyphausen-Aufseß 1997). Das Verhalten von Organisationen unter Rückgriff auf machtorientierte Austauschtheorien erklären zu wollen, ist vor allem Pfeffer/Salancik und ihrer Publikation „The External Control of Organizations. A Resource Dependence Perspective" (1978) zu verdanken. Sie betrachten Organisationen aus einer externen Perspektive und gehen explizit von den Annahmen von Emerson (1962) aus und betrachten Austauschbeziehungen zwischen Organisationen, aber auch zwischen Subsystemen in einer Organisation.[12] Die Resource Dependence-Theorie postuliert als zentrale These, dass die Abhängigkeit von ‚kritischen', wichtigen Ressourcen das Handeln von Organisationen beeinflusst und sich daher Entscheidungen und Handlungen von Organisationen aus der jeweiligen Abhängigkeitssituation erklären lassen: „… in general, organizations will tend to be influenced by those who control the resources they require" (Pfeffer und Salancik 2003 [1978], S. 44). Eine Organisation hat also Macht, wenn sie den Erwerb und die Nutzung der kritischen Ressourcen kontrolliert (vgl. Pfeffer und Salancik 2003, S. 45 f.). Diese ressourcenbedingte Macht erzeugt Unsicherheit

---

[12] Vgl. Kap. 2, Fußnote 4.

3.3 Kontingenztheoretische Ansätze

(siehe auch Crozier und Friedberg 1979 – vgl. Abschn. 2.2.1 in Teil 1): Je abhängiger eine/ein Akteur:in ist, desto schwieriger ist es für ihn, vorauszusagen, ob die von ihm benötigten Ressourcen beschafft werden können. Solche Unsicherheit wollen die Akteure reduzieren. Und Macht hat eine eindeutige handlungstheoretische Note (vgl. Miebach 2007): „Macht ist definiert ... als die potenzielle Fähigkeit, Verhalten zu beeinflussen, den Verlauf von Ereignissen zu verändern und Personen dazu zu bringen, Dinge zu tun, die sie sonst nicht tun würden" (Pfeffer 1994, S. 30; Übers. T. M.).

Die mächtigen externen und internen Anspruchsgruppen[13] (stakeholder) beeinflussen also die Entscheidungsergebnisse zu ihren Gunsten. Die Entscheidungen führen zu Ergebnissen (z. B. Organisationsstrukturen), die die Macht-, aber auch die Effizienzinteressen der dominanten Koalition (der Kerngruppe) befriedigen. Die Effizienz der Organisation ist jedoch (nur) Mittel zum Zweck – zum Zweck der Machterhaltung.

Anders als in vielen austauschtheoretischen Konzepten wird bei Pfeffer/Salancik (2003 [1978]) *begrenzte Rationalität* (vgl. March 1978 – vgl. Abschn. 2.1.2 in Teil 1) unterstellt. Folgerichtig weisen sie auch Wahrnehmungs- und Interpretationsvorgängen eine größere Bedeutung zu. Wahrnehmungsprozesse, so wird angenommen, leiten Entscheidungen und Handlungen: Das Management muss zum einen die Umwelt interpretieren, zum anderen kann es auch Macht ausüben, indem es Wahrnehmungs- und Interpretationsprozesse derjenigen, die wichtige Ressourcen kontrollieren, beeinflusst. Das Spektrum der *Beeinflussung der Machtrelation* (d. h. das Spektrum der Balancierungsoperationen) ist in der Resource Dependence-Theorie wesentlich breiter als bei den oben genannten Ansätzen von Emerson und Coleman, in denen Wahrnehmung keine große Rolle spielt.

Die Resource Dependence-Theorie verdeutlicht zusammengefasst die Bedeutung externer Kontrolle von Organisationen; die Notwendigkeit allerdings, oben beschriebenen Reduktion einer Unsicherheit, die von der Organisationsumwelt ausgeht, zu betonen, ist allerdings nicht neu: bereits Cyert und March (1963) hatten dieses Phänomen beschrieben. Bemerkenswert an diesem Ansatz ist vor allem, dass er auf die Entstehung und Bedeutung *emergenter* organisatorischer Prozesse und deren Bedeutung für die Funktionstüchtigkeit von Organisationen (als Systeme) aufmerksam macht (vgl. Schreyögg 1996).

Es gibt aber noch einen weiteren Theoriestrang, der Ähnliches auf ganz andere Weise thematisiert. Dem wollen wir uns im Folgenden zuwenden.

---

[13] Zu Anspruchsgruppen/‚stakeholdern' vgl. Abschn. 7.3 in Teil 2 dieses Buches.

3.3.3 Neo-Institutionalismus 1: Rationalitätsmythen und struktureller Isomorphismus

Auch *Institutionalisten* beziehen sich auf emergente Phänomene, aber vor allem im Prinzip auch auf die Arbeiten Max Webers (vgl. Kap. *Break 1*) und dessen Grundunterstellung der gesellschaftlichen Eingebundenheit von Organisationen (vgl. Lueger 2023), bei ihnen liegt jedoch der Fokus auf der Legitimität formaler Strukturen. Die Umwelt einer Organisation besteht für die Institutionalisten aus Kultursystemen, durch die organisationale Strukturen definiert und legitimiert werden (vgl. Kieser und Walgenbach 2003, S. 46). Die kulturelle oder institutionelle Umwelt der Organisation umfasst eine Vielzahl von Bereichen, in denen jeweils verschiedene Vorstellungen von ‚Rationalität' bzw. ‚richtiger' Organisationsgestaltung stehen. So genannte institutionensoziologische Ansätze ordnen sich nun in einen Entwicklungstrend ein, der von Türk (1989) als „Entmythologisierung der Organisationstheorie" gekennzeichnet werden kann. Eine Institutionen-Konfiguration organisationssoziologisch im Anschluss an ‚ältere Soziologie' (Durkheim, Parsons, Berger und Luckmann) *neu* zu denken als gesellschaftlich eingebettet, konstituiert eine Reihe von Ansätzen, die dann als Neo-Institutionalismus beschrieben werden kann (vgl. Türk 2004, S. 923). Im Kern vereint die Ansätze, dass sie gegenüber dem lange Zeit dominierenden Paradigma der Rationalität von Organisationen eine kritische Position einnehmen, die spezifischen Funktionen von rationalem Handeln aufdecken und den Blick auf nichtrationale Handlungsmuster lenken. Sie bestreiten die These der rationalen Intention und lehnen eine grundsätzliche Effizienz- und „Survival of the fittest"-These als – zusammengenommen – kontrafaktisch ab und entwickeln eine eher kulturalistische Perspektive. Klassischerweise werden in der Soziologie Institutionen als handlungsentlastend angesehen – eine tiefe Skepsis dieser Grundannahme vereint die Neo-Institutionalisten.

Der Teil der hier behandelten Ansätze betrachtet die (ökonomische Zweck-Mittel-)Rationalität als Legitimationsfassade (Perrow, Starbuck, Meyer/Rowan). Daneben können strukturelle Angleichungsprozesse in Organisationen (DiMaggio/Powell) ausgemacht werden. Gehen wir nun in Anlehnung an Türk (2004) diese beiden wichtigen Ansätze durch.

(a) *Interner Institutionalismus:* Hier sind vor allem Ansätze zu nennen, die sich mit evolutionären Strukturbildungen in den einzelnen Organisationen befassen und in der Regel auf kulturalistische (vgl. Abschn. 3.2 in Teil 1) und verhaltenswissenschaftliche (vgl. Abschn. 2.1.2) Organisationstheorien rekurrieren. Routinen, Muster von Kooperations- und Kommunikationsformen, Hand-

3.3 Kontingenztheoretische Ansätze

lungsstile etc. bilden innerhalb dieser Ansätze die Institutionen als informelle Organisationsstrukturen. In Absetzung zu den weiter vorne behandelten Ansätzen gehen bspw. March und Olsen (1989) davon aus, dass nicht jedes Handeln und somit auch nicht jedes Entscheiden einem Motiv einer optimierenden Rationalität geschuldet ist, sondern in vielen Fällen einer „Logik der Angemessenheit" (March und Olsen 1989; Übers. T. M.) folgen. Bereits Perrow (1986) geht von einer Vielzahl heterogener und zum Teil widersprüchlicher Output-, Input- und Funktionserwartungen seitens der Organisationsteilnehmer aus. Daraus leitet er ab, dass eine rationelle Handlungssteuerung nicht mehr realisierbar ist. Als Konsequenz postuliert er die genetische Nachrangigkeit von Zielen, Zwecken, Werten und Motiven gegenüber Handlungen. Das bedeutet, das genetische Verhältnis von Ziel und Handlung bzw. Organisationsmittel, z. B. Verfahren, Regeln, Strukturen wird umgekehrt: Dargelegte Ziele werden als Handlungsprodukte analysiert, im Sinne nachträglicher Rechtfertigung (Legitimation) vollzogener Handlungen, realisierter Strukturen und investierter Mittel. So legitimieren bspw. Organisationen ihre getroffenen Entscheidungen nachträglich als rationale Entscheidungen (z. B. vermittels Rechenschaftsberichte), obwohl die Entscheidungen eigentlich etablierten Regeln vergangener organisationsinterner Prozeduren folgten (vgl. Türk 2004, S. 926).

Starbuck (1983) entwickelt diesen Ansatz in seiner Theorie von Organisationen als „action generators" (Starbuck 1983) weiter. Organisationen bringen seiner Meinung nach, wenn sie einmal geschaffen wurden, permanent Handlungen, Strukturen Lösungen und Entscheidungen hervor, für die im Nachhinein erst Ziele und Probleme gefunden werden müssen. Diese Funktionsweise nennt er „action generating mode" (ebd.) und stellt sie dem gleichfalls, aber wesentlich seltener, in Organisationen anzutreffenden Problemlösungs- oder Innovationsmodus gegenüber, bei dem ausgehend von klar definierten Zielen gehandelt wird.

(b) *Umweltbezogener Institutionalismus:* Viele der hier zu nennenden Ansätze beziehen sich auf die in Abschn. 3.3 dargestellte Kontingenztheorie: Während die in Abschn. 3.3.1 bzw. 3.3.2 dargestellten kontingenztheoretischen Ansätze im Kern zwischen den Strukturen der Organisation und denjenigen ihrer relevanten Umwelt eine gleichsam systemtechnische Entsprechungsbeziehung behaupten (vgl. Türk 2004, S. 926), richtet der umweltbezogene Institutionalismus sein Augenmerk auf Passungsverhältnisse auf der soziokulturellen Ebene *standardisierter* und *allgemein akzeptierter Praktiken und Regeln.* Es geht also um die Frage, woran sich Organisationen orientieren und welche Bedeutung aus dieser Perspektive den üblicherweise in das Zentrum gestellten Rationalitätsanforderungen oder der Effizienzsicherung zukommen (vgl. Lueger 2023) bzw., inwiefern Organisationen tatsächlich rationale Ziele verfolgen und ob dabei die Zielerreichung wirklich aufgrund der formalen Strukturen sichergestellt werden kann (vgl. Meyer und Scott 1992; Scott 2014). Meyer/Rowan (1977) haben dabei mit ihrem Aufsatz über „Institutionalized Organizations: Formal Structure as Myth and Cermony" eine Vielzahl von Analysen ausgelöst und Forschungsbemühungen stimuliert, die bis in die Gegenwart reichen. Sie gehen davon aus, dass *Rationalität* als ein in der Gesellschaft akzeptiertes und *institutionalisiertes Muster* der Handlungsorientierung und Situationsdeutung („Rationalitätsmythos") zu betrachten sei. Sie wenden sich gegen voluntaristische Erklärungsmodelle rationalen Handelns und gehen stattdessen davon aus, dass Organisationen in hochgradig institutionalisierten Kontexten von Vorstellungen operieren, auf welche Weise bestimmte Güter und Dienstleistungen ‚rational' zu produzieren sind (vgl. Meyer und Rowan 1977, S. 303 f.). Organisationen sind genötigt, solche Praktiken und Verfahren zu implementieren, die vorgängig als rationale Konzepte definiert wurden. Auf diese Weise zeigen sie Aktivität in Bezug auf gesellschaftliche Rationalität an und sie steigern ihre Legitimität sowie ihre Überlebenschancen unabhängig von der unmittelbaren (dies meint hier: kurzfristigen) Effektivität solcher Praktiken und Verfahren. Institutionalisierte Produkte, Dienste, Techniken, Strategien und Programme in den Umwelten der Organisationen fungieren als machtvolle Mythen, und viele Organisationen übernehmen sie bloß rituell (vgl. Türk 1997a, S. 131). Die gesellschaftlichen Erwartungen sind dabei mehr oder weniger ausgeprägt, je nach Spezifik des Umfeldes, in dem Organisationen agieren. Zur Bewältigung der Anforderungen aus der Umwelt entwickeln die Organisationen eine kontextuelle Doppelstruktur, die zum einen den materiellen („relationalen") Kontext des faktischen Handelns beschreibt, die sog. ‚action'-Ebene, und zum anderen einen symbolischen („institutionellen") Kontext der Darstellung des Handelns, die sog. ‚talk'-Ebene, markiert. Beide Kontexte beanspruchen unterschiedliche Ziele: materielle Effizienz und symbolische Legitimation. Zur Sicherung des Überlebens muss eine Organisation beiden Ansprüchen genügen, um Legitimität und Ressourcenzugang zu sichern. Zur Bewältigung der Inkonsistenzen zwischen beiden Kontexten und Zielen entwickeln Organisationen spezifische Strategien. Darauf, dass organisationale Entscheidungen aus dieser Perspektive längst nicht mehr als absichtsvolle, rationale Abwägungsergebnisse begriffen werden können, macht die These der *Entkopplung von materiellem und symbolischem Kontext* („decoupling"; ebd.) klar: Häufig wird in Organisationen das Ziel verfolgt, die symbolische Repräsentation zu verselbstständigen, zu zeremonialisieren, Verfahren der Selbstdarstellung zu entwickeln und so Einsicht in reales Geschehen von außen zu vermeiden, gleichsam „undurchdringliche Legitimitätsfassaden" (vgl. Meyer/Rowan ebd.) aufzubauen.

Entscheidungen in Organisationen können aber auch durch strukturelle Angleichung, so genannte *Isomorphie*, der Entscheidungsprozesse motiviert sein. DiMaggio/Powell (1983) gehen davon aus, dass Organisationen, die mit den gleichen Umweltbedingungen konfrontiert sind, dazu bewegt sind, institutionelle Mechanismen zu generieren, sich einander anzugleichen. Die Autoren unterscheiden drei *Varianten:*

- *Zwangsweiser* Isomorphismus: Kulturell bedingte Erwartungen der Gesellschaft und rechtliche Vorgaben, z. B. Vertrags-, Steuer- oder Aktienrecht oder Buchführungsnormen.
- *Normativer* Isomorphismus: abgeschwächte Normen durch Professions-Sozialisation in Form normativer Organisationsmuster ‚guten bzw. richtigen Organisierens', z. B. einheitliche, ‚durchgesetzte' Verfahren der Selektion in Bezug auf Ausbildung/Personalwahl (bspw. die Entscheidung für Assessment Center).
- *Imitationaler* Isomorphismus: Nachahmung erfolgreicher oder legitime Organisationspraktiken, z. B. Entscheidung nach Gefühl (vgl. DiMaggio und Powell 1983).

Ein dritter neo-institutionalistischen Ansatz wird in Abschn. 4.1 unter ‚Makropolitische Ansätze' dargestellt, da dieser einen eher gesellschaftstheoretischen Anspruch verfolgt, indem er die Organisation zum korporativen – institutionengenerierenden – Akteur macht.

An dieser Stelle wird es Zeit für Break Nr. 2.

Break 2: Die ‚Außenseiter' Bourdieu und Foucault

Kampf um Kapital bei Bourdieu
Die Arbeiten des französischen Soziologen Pierre Bourdieu weisen zwar keine expliziten organisationstheoretischen Konzepte aus. Dennoch sind die von ihm behandelten Fragen der Formierung eines *Habitus*, also einer überindividuellen Struktur des Denkens und Handelns, welches moderne Subjekte ausprägen, nicht nur von allgemeinsoziologischem Interesse. Gerade wenn wir argumentieren, dass Arbeits- und Organisationssoziologie auf der Ebene der Allgemeinen Soziologie angesiedelt sind, weil sie nicht einfach irgendwelche

Spezifika, sondern ganz grundsätzliche gesellschaftliche Phänomene behandeln, dann können Bourdieus Arbeiten als Fundierung für Macht- Prozesse in Organisationen verstanden werden. Bourdieu war Theoretiker der *sozialen Ungleichheit*, aber auch Kultursoziologe. Er verdeutlichte, dass z. B. die Art und Weise, sich zu verhalten, zu sprechen, zu entscheiden, zu urteilen, Unterschiede zu machen, Geschmäcker auszubilden und sich abzugrenzen von Anderen, stets ein Prozess ist, der in Wechselwirkung mit Gesellschaft erfolgt (vgl. Hillebrandt 2011; Florian und Hillebrandt 2006). Eine *individuelle Struktur* (= Muster des Denkens und Handelns) steht also einer *gesellschaftlichen Struktur* (= durchaus von Organisationen geschaffene Muster des Denkens und Handelns; sozusagen die äußeren materiellen, kulturellen und sozialen Existenzbedingungen – als Erwartungen an die Individuen gerichtet) gegenüber. Die individuelle Struktur nennt Bourdieu *Habitus;* die gesellschaftliche Struktur *Feld.* Der Habitus wird im Laufe der Sozialisation durch Erfahrung erworben. Feld meint zum einen die gesamtgesellschaftliche Struktur, zum anderen kennzeichnet der Plural Felder gesellschaftliche Teilbereiche, z. B. Politik, Ökonomie, Kultur oder Gesundheit. Was Bourdieu nun zum für uns bedeutenden Macht-Theoretiker werden lässt, ist seine Annahme, dass innerhalb der jeweiligen Felder machtvoll gekämpft wird, und zwar um Positionen und Prestige zum Zwecke der Unterscheidung – oder, wie Bourdieu es nennt: Zwecks Distinktion. Dies geschieht je nach Ausstattung mit bestimmten *Kapitalien* eines jeden Spielers in einem Feld, sodass man den Feld-Begriff – verstanden als Gesellschaft – als die Summe aller Machtbeziehungen bzw. aller Unterschiedsbeziehungen (vgl. Papilloud 2003, S. 35) bezeichnen kann. Doch zunächst: Um welche Kapitalien handelt es sich, wegen derer die Akteure in verschiedenen gesellschaftlichen Feldern – auch verkörpert in Organisationen des Gesundheitssystems als Austragungsorte – machtvoll kämpfen?

Bourdieu unterscheidet *drei Arten von Kapital*, nennt zudem noch eine *Sonderform* (vgl. Bourdieu 1983; Schwingel 1998, S. 83 ff.):

- *Ökonomisches Kapital:* die verschiedenen Formen des materiellen Reichtums (also nicht nur der Besitz von Produktionsmitteln). Es ist mehr oder weniger direkt in Geld umtauschbar und durch das Eigentumsrecht institutionalisiert.
- *Kulturelles Kapital* liegt in drei Formen vor:
  a) *in objektiviertem Zustand* (z. B. in Form von Büchern, Gemälden, Kunstwerken, Maschinen oder technischen Instrumenten usw.),

3.3 Kontingenztheoretische Ansätze

b) *in inkorporiertem Zustand* (z. B. sämtliche kulturelle Fähigkeiten, Fertigkeiten und Wissensformen, die man durch Bildung erwerben kann (die nicht geerbt werden können) – wozu neben dem Wissen, wie man sich in einer bestimmten Position oder Situation zu kleiden hat, auch die gemutmaßte Wirkung der Kleidung, die jemand (absichtsvoll) trägt, gehört und

c) *in institutionalisiertem Zustand* (in Form von Bildungstiteln). Durch die Vergabe eines Titels, z. B. Schulabschluss, Universitätsdiplom usw., gekürt, Mitglied des Bildungsadels geworden, verfügt eine Person nicht allein über inkorporiertes, sondern über *legitimes* kulturelles Kapital (vgl. ebd.).

- *Soziales Kapital:* bezeichnet das Netzwerk an institutionalisierten Beziehungen gegenseitigen Kennens oder Anerkennens. Aus sozialem Kapital kann man z. B. schöpfen, wenn man Mitglied einer Gruppe ist (Bsp.: Familie, Adelsgruppe, politische Partei) (vgl. ebd.).
- Als Sonderform nennt Bourdieu das *symbolische Kapital:* dies bezeichnet die Fähigkeit der Akteure, in Räumen zu denken, sich abzugrenzen und damit sich einzuordnen – das Wissen des Akteurs um seine Stellung im sozialen Raum (z. B. offiziell legitimiertes Kulturkapital in Form von Titeln), das sich in der Logik des Kennens und Anerkennens bewegt (vgl. ebd., S. 88). Anders formuliert: Symbolisches Kapital ist nichts Anderes als ökonomisches, kulturelles oder soziales Kapital, sobald es bekannt und anerkannt bzw. erkannt ist entsprechend den von ihm selbst durchgesetzten Wahrnehmungskategorien (vgl. Bourdieu 1992, S. 149). Bourdieu setzt die symbolische Macht dieser Kapitalart mit symbolischer Gewalt gleich.

Die Verfügung über Kapital gründet auf der Verteilung von und dem Zugang zu Macht bzw. Gütern (zu denen auch Eigentum, Wissen und soziale Kompetenzen gehören), die Überlegenheit gegenüber anderen Gruppen gewähren. Symbolische – so also auch im Prinzip alle anderen Machtarten – basiert für Bourdieu auf der Verinnerlichung der Machtbeziehung durch den Machtunterworfenen (vgl. Miebach 2007, S. 90). Die Ordnung eines Feldes (wie o. g.) ist durch die „Kapitalverteilung" (Bourdieu ebd., S. 246) bestimmt.

Die Ausstattung mit Kapitalien und deren Verteilung konstituiert ein soziales Feld als das objektive Korrelat eines Habitus. Die Logik des Feldes ist durch die Eigenart des Kapitals bestimmt, durch sein Gesamtvolumen und seine Verteilung auf einzelne soziale Klassen sowie durch die Transformierbarkeit anderer Kapitalarten. In Bourdieus Worten: „Gleich Trümpfen in einem Kartenspiel determiniert eine bestimmte Kapitalsorte die Profitchancen im entsprechenden Feld" (Bourdieu 1985, S. 10).

Die Teilnehmenden am Feld sind daran interessiert, mit dem ihnen verfügbaren Kapital den besten Einsatz herauszuholen. Die Struktur der Kapitalverteilung, die ein soziales Feld konstituiert, ist für Bourdieu stets das *Ergebnis historischer Kämpfe* und Konkurrenzen von Gruppen um Macht und Zugang zu knappen Gütern, die nicht zum Stillstand kommen (vgl. Bourdieu 1982, S. 379 ff.). Entsprechend gilt: „Die Struktur des Feldes gibt den Stand der Machtverhältnisse zwischen den am Kampf beteiligten Akteuren und Institutionen wieder bzw. (…) den Stand der Verteilung des spezifischen Kapitals, das im Verlauf früherer Kämpfe akkumuliert wurde und den Verlauf späterer Kämpfe bestimmt" (vgl. Bourdieu 1993, S. 108). Der moderne Klassenkampf vermittels symbolischer Macht vollzieht sich für Bourdieu auf „Spielfeldern" (ebd.) als ein Kampf um Klassifikationen: „Eine Sicht der Trennungen und Gliederungen erfolgreich durchsetzen zu können, das heißt die Macht, die impliziten sozialen Trennungen und Gliederungen sichtbar und explizit zu machen, stellt die politische Macht par excellence dar: die Macht, Gruppen zu schaffen, die objektive Struktur der Gesellschaft zu manipulieren" (ebd., S. 153). Das Zusammentreffen von Feld (der Kapitalstruktur) und dem passenden Habitus ist demnach durch folgende Bedingungen erklärbar:

- Das Feld besteht in der *asymmetrischen Verteilung* von sozialen Gütern, die als Kapital angehäuft werden. Die Verfügung über Kapital bietet den Gruppenangehörigen, die Zugang zu relevanten Kapitalformen haben, Gratifikationen, vor allem auch Überlegenheit über andere Gruppen.
- Die Verteilungsstruktur selbst ist das Ergebnis vergangener und gegenwärtiger sozialer *Kämpfe um die Verteilung* des verfügbaren Kapitals.
- Zur Kapitalstruktur gehört auch das *systematische Verkennen* der Quellen der Kapitalstruktur selbst, die durch Verklärung und Legitimation unsichtbar gemacht werden.
- Die Akteure in den jeweiligen Feldern handeln nicht chaotisch und von einer Vielfalt individueller Motive bestimmt, vielmehr kommt in ihren Handlungen eine *„allgemeine Ökonomie praktischer Handlungen"* (Bourdieu 1976, S. 356; Herv.: T. M.) zum Ausdruck, die auch in Hinblick auf nichtökonomische Kapitalsorten auf die Akkumulation von Gewinn gerichtet ist.
- Der Habitus, dessen Ursprung in der Verteilung des Kapitals in einem Feld liegt, besteht in der *Übernahme und Verinnerlichung von Dispositionen und Einstellungen,* die mit der *Position aufgrund der Verfügung oder Nichtverfügung über Kapitalformen* gegeben sind. Das Streben nach Gewinn findet

3.3 Kontingenztheoretische Ansätze

in einem Handlungskontext und mit Hilfe von Ressourcen statt, die durch die vorgegebene Verteilungsstruktur determiniert sind (vgl. Balog ebd., S. 186 f.).

Die beiden Begriffe Habitus und Feld sind also *relational*. Habitus und Feld werden von Bourdieu auch als zwei Existenzweisen des Sozialen bezeichnet: Leibgewordene und dinggewordene Geschichte, objektiviert in Sachen, in Gestalt von Institutionen – dafür steht der Begriff Feld –, inkorporiert, leibhaftig geworden in Gestalt eines Systems dauerhafter, übertragbarer Dispositionen – dafür steht der Begriff Habitus (vgl. Bourdieu und Wacquant 1996). Dadurch versucht Bourdieu auch, einen alten Gegensatz zwischen Subjektivismus (der Mensch ist frei und erschafft sein Leben) und Objektivismus (die Umstände prägen, ja bestimmen, den Menschen) zugunsten einer integrativen Perspektive zu überwinden.

Die Ausführungen zu Bourdieu lassen sich in folgender Weise *resümieren*: Alle Mitglieder in Organisationen sind Spieler, die auf Feldern um Ressourcen, Macht, Anerkennung und Abgrenzung kämpfen. Bourdieu spricht von ökonomischem, sozialem, kulturellem und symbolischem Kapital, womit neben finanziellen auch Netzwerkbeziehungen und Wissen über Netzwerke oder Kultur gemeint sind. Es kämpfen alle Mitglieder zum Zwecke der Maximierung ihrer Ressourcen. Dabei treffen die Denk-, Wahrnehmungs- und Beurteilungsmuster der Beschäftigten (= Habitus), etwa dieses oder jenes auf eine bestimmte Weise zu erledigen oder einzuschätzen, regelmäßig auf die Muster, also auf ebenfalls machtvoll strukturierte Erwartungen, der Organisation. So haben beide Einheiten, Individuum und Organisation, die Aufgabe, ihre jeweilige Integrität nicht zu Gunsten des Anderen zu opfern. Da Bourdieu die radikale „Umgestaltung der gesellschaftlichen Produktionsbedingungen" (Bourdieu 2005, S. 77) forderte, womit nicht weniger gemeint wäre, als Organisation als Herrschaftsmittel abzuschaffen, muss man wohl – mit deutlicher Marx-Analogie – sagen: Das ist sicherlich ein starker Grund, warum ihn die Organisationstheorie im Prinzip *nicht* aufgegriffen hat (vgl. Miebach 2007, S. 91). Gleichwohl bleiben seine Analysen m. E. dennoch prägend und richtungsweisend – sind es doch Menschen aus Fleisch und Blut, mit ihren Habit*us*, die in Organisationen handeln bzw. denen jenes zumindest zugeschrieben wird.

Organisation als Macht-Dispositiv bei Foucault

Häufig wird bestritten, Foucault sei Konstruktivist. Dabei zeichnet sich doch gerade seine Theorie durch die folgende erkenntniskritische (eigentlich triviale) Sichtweise aus: Die Dinge benötigen immer einen *Beobachter*, der über seine *Perspektiven*, seine *Blicke*, eine *Ordnung herstellt* – eben *konstruiert* (vgl. Reich

1998). Foucaults Studien stellte er v. a. die *Disziplinierungsmechanismen* von totalen Institutionen, wie bspw. psychiatrischen Anstalten, in den Mittelpunkt. Auch soll hier für eine Verortung seiner *Diskurstheorie* als Machttheorie innerhalb der mesopolitischen Ansätze plädiert werden: Zwar setzt Foucaults *Mikrophysik* der Macht voraus, dass Macht nicht als Eigentum, sondern als Strategie aufgefasst wird, dass ihre Herrschaftswirkungen nicht einer ‚Aneignung' zugeschrieben werden, sondern *Dispositionen, Manövern, Techniken und Funktionsweisen* (vgl. Foucault 1976) – dieser Tatbestand würde ihn auch leicht als mikropolitischen Ansatz ‚durchgehen' lassen –, allerdings macht gerade die Betonung von Dispositionen, Funktionsweisen und Techniken in ihrer von den Subjekten losgelösten Existenz Foucaults Machtanalyse zu einem mesopolitischen Theoriestrang. Zur Vertiefung der Foucault'schen Begrifflichkeit sei an dieser Stelle auf Lemke (1997, 1999, 2007), Moldaschl (2002) oder Opitz (2004) verwiesen.

Die *zentrale Frage,* warum Foucault wichtige Beiträge geliefert hat, die verstehen helfen können, wie Macht-, Kontroll- und Entscheidungsphänomene in Organisationen zu analysieren sind, lautet: „Wie werden Subjekte in postfordistischen Arbeitsverhältnissen genutzt, und welche Subjektivität wird durch Praktiken organisationaler Subjektivierung produziert?" (Moldaschl 2002, S. 135) Bevor wir uns dieser Frage nähern, müssen wir einige Grundbegrifflichkeiten Foucaults in den Blick nehmen, z. B. *Macht.* Zunächst: *den* Macht-Begriff gibt es für Foucault nicht. Foucault übersetzt Macht in die physikalische Formel eines Kräfteverhältnisses (vgl. Opitz 2004, S. 27). Das heißt, Macht ist kein Substanz- sondern ein Prozessbegriff. Bezogen auf moderne Arbeitsorganisationen kann dieses Foucault'sche prozesshafte Machtverständnis beispielhaft präzisiert werden: „Was es [mit Foucault] zu erklären gilt, ist die Frage nach der Präsenz, der Existenzformen und Wirkungsweisen von *Macht* in mehr oder weniger *„zwanglosen Verhältnisse",* in denen formelle Über- und Unterordnungsrelationen zwischen den Arbeiten keine konstitutive Rolle spielen." (Moldaschl ebd., S. 136; Herv. i. Orig.) Nimmt man mit diesem Beispiel die – in Teil 2 dieses Buches vertieft behandelten – Formveränderungen der Subjektivität innerhalb postfordistischer Arbeit in den Blick, wird deutlich, dass Foucault über typische, übliche Macht-Dualismen (Arbeit – Kapital; Überordnung – Unterordnung; Anweisen – Befolgen) hinausgeht. Macht ist immanent und durchzieht alle Lebensbereiche. Macht ist für Foucault nicht statisch, daher macht es auch keinen Sinn, ‚Machtblöcke' o. ä. zu identifizieren.[14] Macht ist *relational,* daher sollte besser von *‚Machtverhältnissen'* gesprochen werden. Um

---

[14] Vielleicht wäre auch der Begriff „Machtfiguration" (Sofsky und Paris 1991) angemessen.

3.3 Kontingenztheoretische Ansätze

das Foucault'sche Macht-Verständnis zu begreifen, geht das nicht ohne den Konnex zum *Diskurs*-Begriff: Der Diskurs kann als eine Praxis, die in einem andauernden Prozess wahre von falschen Aussagen unterscheidet (vgl. Kleiner 2001, S. 92). Wahrheits- und Falschheitsurteile sind auf *Wissen* zurückzuführen. Und Wissen ist Macht: Macht steckt in jedem Wissensprozess, in jeder Sinngebung, in jeder Entscheidung über wahr oder falsch – eine Grenzziehung, die Foucault als „Wille zur Wahrheit" bezeichnet. Und „die Wahrheit selbst ist Macht" (Foucault 1978, S. 54). Foucaults diskurstheoretische Perspektive zielt darauf ab, die diskursiven Herstellungsweisen geltender Wahrheiten ans Licht zu bringen und die *Diskurspraktiken* als (historisch spezifische) Machtpraktiken erscheinen zu lassen; der Diskurs wird in diesem Zusammenhang nicht nur durch seine – Machteffekte erzeugende – Ordnung bzw. Regelhaftigkeit bestimmt, sondern gleicherweise durch sein machtvolles Wuchern, seine Materialität und Streuung, die durch gesellschaftliche Prozeduren kontrolliert und kanalisiert werden müssen (vgl. Kleiner ebd., S. 93 f.). Nun bilden die *diskursiven Praktiken* zusammen mit den *nicht-diskursiven Praktiken,* also jene Hintergrundpraktiken (politische, institutionelle oder technische Praktiken der Gesellschaft), so genannte „*Dispositive der Macht*" (Foucault 1978) – Dispositive meinen die Form des ‚Zusammenspiels' von diskursiven und nicht-diskursiven Praktiken (vgl. Kleiner ebd., S. 72 ff.). Je nach Beobachtungsgegenstand leiten sich aus verschieden konstituierbaren Machtdispositiven unterschiedliche *Machtformen* ab: So konstituiert bspw. die ‚pastorale Macht'-Form einen ständigen modernen Geständniszwang (vgl. Koch 2003, S. 164) – was man vielleicht mit ‚Beicht-Dispositiv' umschreiben könnte. Das Dispositiv der *Biomacht* beschreibt das moderne Subjekt in den produktiven Zwängen der Disziplinierung und Normalisierung (vgl. ebd.).

Wenn wir nun die Verbindung zu organisationaler Arbeitskraftnutzung herstellen wollen und oben Ausgeführtes in Rechnung stellen wollen, muss schnell klar werden, dass Foucault nicht irgendwelche objektiven Bedingungen, z. B. Marx'sche Produktionsverhältnisse, zum Ausgangspunkt nimmt und aus ihnen Machtverhältnisse ableitet. Wenn es also für ihn keine objektivierenden Kräfte der Vergesellschaftung – etwa den Weber'schen Typ der Rationalisierung – gibt und somit auch kein Objektivierungsmodus, der einfach (kausal) Subjektivierung erzeugt, muss an dieser Stelle mit Foucault die Aufmerksamkeit auf die Praktiken, die Techniken der *Subjektivierung* innerhalb der Arbeit gerichtet werden (vgl. Moldaschl ebd., S. 137). Subjektivierung soll hier verstanden werden als Prozesse, Formen und Techniken der Nutzbarmachung der

Subjektivität der Arbeitenden für Zwecke der Arbeit.[15] In diesem Sinne moderne subjektivierende Arbeitsverhältnisse als Machtverhältnisse in Foucault'scher Lesart zu charakterisieren, bedeutet nun, sich von gängigen Vorstellungen, z. B. Macht als Repression, als Herrschaft durch Gewalt oder Ideologie, zu trennen. Macht stellt für Foucault eher etwas Strukturelles dar, dessen Erscheinungs*formen in* unterschiedlichen Verhältnissen (z. B. Arbeitsverhältnissen) beobachtet werden können (vgl. ebd., S. 142). Das *Machtsystem* ist für Foucault ein System, „taktischer Anordnungen" (Foucault 2015 [1973–74], das das „allgemeine Vorschriftenprinzip verbiegt" (ebd.). Innerhalb dieses Systems stellt sich die Disziplinarmacht als eine „totale Vereinnahmung des Körpers" (Foucault 2015, S. 77) sowie des „Verhaltens des Individuums" (ebd.) dar. Die Disziplinarmacht unterwirft das Individuum im Gegensatz zur politischen Macht einer kontinuierlichen „Kontrollprozedur" (ebd., S. 78),

Doch bevor wir nun nach dem Nutzen der Foucault'schen Theorie für die Frage der Strukturierung und Etablierung von Macht-, Kontroll- und Entscheidungsprozessen in modernen Arbeitsorganisationen fragen, muss noch ein weiterer kleiner Schritt in die begriffliche und analytische Denkwelt Foucaults gemacht werden. Foucault hat nämlich wichtige Grundpfeiler gesetzt, die heute noch in Arbeitsorganisationen relevanten Phänomene Disziplin und Kontrolle verstehen zu helfen. Foucault beschreibt, wie die *Disziplinierung* der Menschen seit dem 18. Jahrhundert beständig zunimmt und zur dominanten Form der Machtausübung in der modernen Gesellschaft geworden (z. B. Schule oder Militär) ist.

Charakteristisch für die Disziplinierung ist, dass kleinste individualisierte Einheiten überwacht werden (sich also niemand in einer Gruppe verstecken kann), sie in erster Linie auf Körper zugreift und jeder Einzelne durch ein Sich-Halten-Müssen an als ‚normal' geltende Standards zur Konformität gezwungen wird. Und um diese Konformität zu überprüfen, wird die Kontrolle eingeführt, z. B. durch den ‚zwingenden Blick' des Aufsehers in Zuchthäusern (vgl. Moldaschl ebd., S. 144). Somit setzt sich durch die Ablösung des Feudalismus durch den Industriekapitalismus eine neue Machtform durch: die *Disziplinarmacht.* Das Neue an ihr ist: Macht ist in jedem Einzelnen individualisiert. Erst jetzt wird es möglich, „Techniken der Individualisierung" (ebd., S. 145) in modernen Arbeitsorganisationen zu identifizieren, z. B.

- Praktiken der Personalauswahl und Prüfung,
- Assessment Center,

---

[15] Gleichwohl Foucault natürlich untersucht, wie sich Techniken und Praktiken einer vollständigen Subjektivierung (also nicht nur die innerhalb der Arbeit) vollziehen.

3.3 Kontingenztheoretische Ansätze

- die Karrieresysteme,
- die Institution der Mitarbeitergespräche,
- das Instrument der Zielvereinbarungen und die individualisierte Gratifikation (vgl. ebd.).

Opitz (2004) macht allerdings deutlich, dass die modernen Arbeitsorganisationen, die im Rahmen dieses Buches von Relevanz sind, eher den ‚Stempel' Kontroll- denn Disziplinargesellschaft verdienen: Wie oben ausgeführt hatte sich Disziplin bereits vor Beginn der Moderne zu etablieren begonnen. Doch damalige Disziplinar- und Sanktionsmodi der Internierung können in fordistischen oder gar postfordistischen Organisationen nicht mehr als Mittel der Ausschließung der sich ‚abnorm' verhaltenden arbeitenden Subjekte funktionieren (vgl. Opitz 2004, S. 91). Moderner ökonomischer Produktions- und Dienstleistungsarbeit ist permanente unmittelbar Kontrolle und unmittelbare Kommunikation immanent (vgl. ebd.). An dieser Stelle sollen weitere Nuancen einer Unterscheidung zwischen Disziplin und Kontrolle nicht weiterverfolgt werden. Wichtiger ist, dass man erkennt, dass sich Disziplinar- und Kontrollmodi ebenso ändern, wie dies die Arbeitsorganisationen selbst tun.

Gehen wir einen Schritt weiter: der Foucault'sche *Erkenntnisgewinn* in Bezug auf die Analyse von Machtverhältnissen in Organisationen gewinnt seinen Reiz dadurch, gängige arbeits- und organisationssoziologische Topoi in Frage zu stellen, bspw. den der *Führung*. An dieser Stelle kommen wir nicht umhin, einen weiteren Grundbegriff Foucaults in die Diskussion einzuführen, den der *Gouvernementalität*. Dieser Begriff meint eine Art und Weise des Führens und Geführtwerdens[16] – als Form, nicht als Substanz gemeint! –, deren verschiedene Modi er gleichsam kontinuums-artig beinhaltet: Einerseits die Fremdführung von Regierungen, Konzernstrategien, Medien o. ä., aber auch die von Vorgesetzten in Betrieben, andererseits die ‚Selbstführung' in Form von Machtwirkungen der neuen ‚Imperative' postfordistischer Arbeitswirklichkeit, z. B. Flexibilisierung, Selbstökonomisierung, Vermarktlichung, Ergebnisorientierung, Eigenverantwortung oder lebenslanges Lernen etc. Hierfür entwickelt Foucault den Begriff der *Selbsttechniken* bzw. *Selbsttechnologien* – diese erlauben es den Individuen,

---

[16] Zusammengenommen können die Selbst- und Fremdtechnologien des Führens und Geführtwerdens auch als „Regierungstechnologien" (Foucault 1985 zit. nach Lemke 2007: 36 f.) bezeichnet werden.

„… selbst eine Reihe von Operationen mit ihrem Körper, ihrer Seele, ihren Gedanken, ihrem Verhalten vorzunehmen, sie auf diese Weise zu verwandeln oder zu verändern und einen bestimmten Zustand der Vollkommenheit, des Glücks, der Reinheit oder der übernatürlichen Macht zu erreichen" (Foucault 2005 zit. nach Lemke 2007, S. 37).

Im Foucault'schen Verständnis sind also nicht jene Techniken gemeint, die Subjekte ‚einsetzen' oder ‚anwenden', um sich den wechselnden gesellschaftlichen Anforderungen und Normen anzupassen, vielmehr kann auf dieser begrifflichen Grundlage umgekehrt das Subjekt als eine historisch situierbare Technologie des Selbst betrachtet werden (vgl. Lemke ebd.).

Zusammenfassend können wir von Foucault mit Blick auf die Fragestellung dieses Buches Folgendes lernen: *Erstens* legt die Perspektive der Gouvernementalität eine Umkehrung der ‚klassischen' Untersuchungsrichtung nahe. ‚Herrschaft' bezeichnet innerhalb dieser Konzeption weniger die Quelle von Ausbeutung und Unterwerfung, sondern verweist im Gegenteil auf Effekte von Führungspraktiken – Selbst- und Fremdführungstechniken –, die Machtbeziehungen in einer Weise systematisieren und stabilisieren, dass sie schließlich die Form von *Herrschaftszuständen* annehmen. *Zweitens* wird durch die Perspektive der Gouvernementalität möglich, ein neues Verhältnis von *Macht und Subjektivität* zu denken: Eines, dass weniger durch Repression und den Dualismus von Macht auf der einen und Machtunterworfenheit auf der anderen Seite ausgeht; eines, dass weniger Machtlosigkeit lediglich in Marginalisierung und Ausschluss, in Nicht-Handeln und Nicht-Entscheidung, sondern auch in der Förderung von Strukturierung von Handlungsoptionen und Subjektivierungsformen begreift, die sozialen Machtverhältnissen immanent sind (vgl. Lemke 1997, 2007). *Drittens* kann festgehalten werden, dass Organisation ein historisch spezifisches *Machtverhältnis* konstituiert, das sich durch eine Machtausübung auszeichnet, die quer zur staatlich-juridischen und ökonomischen Machtausübung liegt. Auf dieser Basis kann Organisation als ein historisches Regierungsdispositiv rekonstruiert werden (vgl. Bruch und Türk 2007).

Diese Begriffe lassen bei vielen Leser:innen wahrscheinlich direkt Assoziationen zu arbeitssoziologischen Diskussionen aufkommen – das ist auch gewollt. Da es sich bei Teil 1 dieses Buches um eine Einführung in die Grundlagen organisationstheoretischer Macht- und Kontrollthematiken handelt, werden diese Assoziationen in Teil 2 wieder aufgegriffen. Dies geschieht in Form der Darstellung weiterer Subjektivierungs- und Kontrolltechniken anhand ausgewählter arbeits- und organisationssoziologischer Debatten. Dort wird versucht werden, aus hier dargestellten Foucault'schen Grundlagen Anschlüsse moderner Macht- und Kontrollphänomene in Organisationen herzustellen. ◄

3.3 Kontingenztheoretische Ansätze

Fazit mesopolitische Ansätze
Als zentrale Bezugspunkte können trotz ihrer Heterogenität und grundsätzlichen kontingenten Einordnung zumindest folgende Aspekte mesopolitischer Ansätze in Bezug auf organisationale Macht-, Kontroll- und Entscheidungskonfigurationen festgehalten werden:

- Mesopolitische Ansätze analysieren die organisationalen *Formalstrukturen selbst* in ihrer politischen Genese und Funktion, und zwar als Produkte von Interessen und Strategien, die ihrerseits wieder zur Reproduktion gesellschaftlicher Verhältnisse beitragen. Strukturen sind also *Definitionsleistungen der Subjekte*, wobei die Definitionsmacht in der Regel ungleich verteilt ist.
- Trotz dieser scheinbaren Gemeinsamkeit mesopolitischer Analyse von Formalstrukturen bestimmt die *Vielschichtigkeit mesopolitischer Ansätze* eben genau die *Heterogenität* dessen, was jeweils als Formalstrukturen bezeichnet werden kann: Arbeit, Kapital, Subsumtionsmodi, institutionalisierte bürokratische Kontrollformen, Disziplin, Kultursysteme, Typen von Herrschaft, Hierarchieebenen, Ressourcenkontrolle, Regeln, nicht-rationale Handlungsmuster, Dispositionen, Manöver, Techniken, Funktionsweisen, Codes, Semantiken, generalisierte Kommunikationsmedien, Machtketten u. v. a. m.

▶ (1) **Marx, Karl. 1979b [1859]. *Das Kapital. Kritik der politischen Ökonomie. Bd. 1 (MEW Bd. 23).* Berlin.**
Auch wenn „Das Kapital" als ein Buch – dabei sind es mehrere Bücher! – mit ‚sieben Siegeln' erscheint: Vielleicht lässt man sich einfach mal beeindrucken von diesem Werk und schlägt dann neben den angegebenen Textstellen auch mal andere Aspekte nach?

(2) **Neuberger, Oswald. 1995. *Mikropolitik. Der alltägliche Aufbau und Einsatz von Macht in Organisationen.* Stuttgart.**
Nicht nur ein Klassiker in ‚mikropolitischen Fragen', sondern auch geeignet, um die Mikro-/Meso-/Makro-Differenzierung zu verstehen.

(3) **Weber, Max. 1980 [1922]. *Wirtschaft und Gesellschaft. Grundriß der verstehenden Soziologie.***
Hier gilt im Prinzip das über Marx Gesagte.

(4) **Kieser, Alfred und Peter Walgenbach. 2003. *Organisation*. Stuttgart.**
Dieses Lehrbuch ist ein „Muss" für alle angehenden Arbeits- und Organisationssoziologen. Aber auch für alle anderen interessant!

(5) **Türk, Klaus. 1997. *Organisation als Institution der kapitalistischen Gesellschaftsformation*. In: Günther Ortmann et al. Hg. Theorien der Organisation. Die Rückkehr der Gesellschaft. Opladen. 124–176.**
Bei diesem Grundaufsatz zur soziologischen neo-institutionalistischen Theorie lernt der Studierende nicht nur etwas über Neo-Institutionalismus, sondern auch sehr viel über Organisation und Soziologie im Allgemeinen.

(6) **Moldaschl, Manfred. 2002. *Foucaults Brille*. Eine Möglichkeit, die Subjektivierung von Arbeit zu verstehen? In: Moldaschl, Manfred und Gern Günter Voß. Hg. Subjektivierung von Arbeit. München/Mering. 135–176.**
Um Foucault mit Arbeit und Organisation kompatibel zu machen, empfehle ich den Aufsatz. Es lohnt aber das ganze Buch, weil es die arbeitssoziologischen Debatten um „Subjektivierung von Arbeit" bündelt.

Makropolitische Ansätze 4

4.1 Neo-Institutionalismus 2: Organisation(en) als Institutionen

Neben der in Abschn. 3.3.3 behandelten neo-institutionalistischen Ansätze (Interner Neo-Institutionalismus; Umweltbezogener Neo-Institutionalismus) gibt es noch solche, die den Fokus der Analyse der Beziehungen von Organisation und *gesellschaftlicher Umwelt* verstärkt in den Blick nehmen. Eine Ausrichtung nordamerikanischer Provenienz beansprucht, die Organisationstheorie wieder stärker gegenüber gesellschaftstheoretischen Überlegungen zu öffnen (vgl. Gergs et al. 2000, S. 184 ff.). So könnte man von einem „[g]esellschaftstheoretischen Neo-Institutionalismus" (Türk 2004, S. 929) sprechen. Gesellschaftliche Modernisierung, so die Basisthese, führt zum Vorherrschen institutionalisierter Regeln der Rationalität in der Gesellschaft und zugleich zu einer Zunahme der Komplexität sozialer Organisation und des ökonomischen Austausches. Beide Faktoren tragen zur Schaffung und Weiterentwicklung von formalen Organisationsstrukturen bei.

Für den hier behandelten Zusammenhang von Macht, Kontrolle und Entscheidungen in Organisationen, markiert gerade das Wörtchen *in* eine Perspektivenerweiterung, der für die makropolitischen Ansätze typisch ist: Die Macht – zum Beispiel – *in* Organisationen ist in vielen mikro- und mesopolitischen Ansätzen weiter vorne in diesem Buch thematisiert worden. Aber die Macht *von* Organisationen zu analysieren, also die Organisation in den Status eines *korporativen Akteurs* (vgl. ausführlich Matys 2011a) zu heben, macht es möglich, die hier behandelten Ansätze von den vorigen zu unterscheiden. Für neo-institutionalistisches Denken kann dies gemäß Zucker (1983) bedeuten, dass Organisationen die bedeutendsten *institutionellen Formen* in modernen Gesellschaften darstellen, die gewaltige Macht über die natürlichen Personen ausüben. Zu wenig Aufmerksamkeit sei bislang auf die Macht von Organisationen gelenkt worden, diejenigen Kräfte zu verändern, die auf sie wirken, seien es interne oder solche der Umwelt (vgl. Zucker 1983, S. 1 f.). Zucker will deshalb Quellen organisationaler Macht untersuchen, Quellen, die nicht in der Kontrolle über Ressourcen im engeren Sinne begründet liegen, sondern in der Kontrolle basaler institutioneller Strukturen und Prozesse. Dabei wird weniger die Perspektive vertreten, dass Organisationen von sie umgreifenden Institutionen bedingt sind, vielmehr werden Organisationen selbst als Institutionen betrachtet (vgl. Türk 1997a).

In dem maßgeblich vom Stanforder Soziologen John W. Meyer entwickelten Ansatz der *„world polity"*, später: der *„Weltkultur"* (in der Übersetzung) (Meyer 1987, 2005), wird gesellschaftliche Entwicklung als umfassender Rationalisierungsprozess verstanden. Unter ‚world polity' ist in den Worten Meyers eine „broad cultural order with explicit origins in western society" (Meyer 1987, S. 41) zu verstehen. Damit steht der Ansatz in der Tradition von Theoretikern der „okzidentalen Rationalisierung" wie Max Weber und Werner Sombart. In Übereinstimmung mit ihnen werden Fortschrittsglaube, Säkularisierung und Zweckrationalität als Grundprinzipien der modernen Gesellschaft identifiziert. Darüber hinaus und in deutlicher Erweiterung des klassischen rationalisierten handlungstheoretischen Bezugsrahmens werden auch weitere Grundprinzipien benannt. Hierzu zählen Individualismus, universalistische Gerechtigkeitsnormen, freiwillige und selbst organisierte Handlungsfähigkeit, oder Weltbürgertum.

Gegenstand der ‚world polity'-Forschung ist die weltweite Diffusion all dieser Prinzipien und hierauf bezogener *Strukturformen,* die vormoderne kulturelle Orientierungen und Organisationsformen des Sozialen verdrängen. Mit dieser Ausrichtung stellt der Neo-Institutionalismus einen ebenso distinkten wie umstrittenen Ansatz in der sozialwissenschaftlichen Globalisierungs- und Modernisierungsforschung dar. Als besonderes Grundelement dieses Ansatzes ist die Konstitution von Akteuren hervorzuheben (grundlegend Meyer und Jepperson 2005). Es sind nicht Akteure und ihre Interessen, die Gesellschaft konstituieren (‚bottom up'), sondern es verhält sich umgekehrt: In fortwährenden Rationalisierungsprozessen erzeugt die Gesellschaft – hier verstanden als überindividuelle Vorstellungswelt der ‚world polity', die sich aus den kulturellen Grundprinzipien der westlichen Moderne zusammensetzt – die sie bevölkernden Akteure (‚top down'). Akteure sind also nicht ontologisch vorauszusetzen. Die

4.1 Neo-Institutionalismus 2: Organisation(en) als Institutionen

Moderne kennt *drei Typen von Akteuren:* Individuen, Organisationen, Staaten. Diese setzen sich auf Kosten anderer Formen der Organisierung von Handlungsfähigkeit (Clans, Familien, Gruppen etc.) durch. Der neo-institutionalistischen Argumentation zufolge lässt sich einerseits eine Vervielfältigung individueller, organisationaler und staatlicher Akteure beobachten. Dass Individuen als selbstständige Handlungsträger und nicht vornehmlich als Teile übergreifender sozialer Einheiten in Erscheinung treten, wird als langfristiger und historisch unabgeschlossener Prozess verstanden. Somit rückt die Forschungsgruppe um Meyer zunehmend die Analyse der Bedeutung des organisationalen Institutionensystems auf der globalen Weltebene in den Blick und konstituiert den korporativen Akteur ‚Organisation', dem Rationalität als ein Konzept der Zurechnung von Verhalten und Ergebnissen zugerechnet werden kann (vgl. Türk ebd., S. 929 f.).

Macht- und entscheidungstheoretisch fällt nun Folgendes auf: Organisationen als Akteure können über ihre Mittel und Zwecke nicht nach Belieben verfügen, sondern gelten als ‚scripted', das heißt sich dem externen gesellschaftlichen Drehbuch der ‚world polity' entsprechend verhaltend. Organisationen werden nur dann als legitime Akteure anerkannt, wenn sie sich dem gesellschaftlichen Konformitätsdruck unterwerfen (vgl. hierzu die Stakeholder-/Accountability-Thematik in Teil 2 des Buches).

Wie allerdings die Überschrift der makropolitischen Ansätze „... Organisation(en) als Institutionen" bereits andeutet, ist ein weiterer Indikator für makropolitische Ansätze neben der Konstituierung von Organisationen als korporative Akteure die Institutionalisierung eines Modus, den man Organisation nennen kann, von Bedeutung: Der *Modus Organisation* wird zur *Institution!* Woraus besteht nun diese Institution? Entsprechend bestimmter Grundannahmen Foucaults (vgl. Kap. Break 2) ließe sich die Institution Organisation vielleicht wie folgt charakterisieren: Organisation kann als ein allgemeines *gesellschaftliches Dispositiv* der *Orientierung, Motivierung, Evaluation von Praktiken* sowie als ein *Arsenal von Wissensbeständen, Deutungen und scripts* verstanden werden (vgl. Bruch und Türk 2007). Organisation ermöglicht *Exklusion* und *Inklusion,* konfiguriert allgemein anerkannte *Wahrheits-, Effektivitäts- und Legitimitätsnormen* – Organisation ist zu einem kaum mehr hinterfragten Wert an sich geworden (vgl. ebd.). Organisation ist eine *Regulationsform,* eine Institution. Ein weiterer – m. E. ebenso makropolitischer Ansatz – trägt zwar den Topos ‚Regulation' im Namen, bezieht sich aber explizit fast gar nicht auf den Regulationsmodus Organisation. Diesem Ansatz ist das folgende Unterkapitel gewidmet.

4.2 Regulationstheorie: Das (Macht-)Verhältnis Staat – Organisation

Ein weiterer Ansatz, der die Bedeutung von Organisationen als korporative (Macht-)Akteure analysiert, ist der der *Regulationstheorie* – auch wenn sie dies nicht explizit tut. Neben Organisation kommt aber noch ein weiterer korporativer Akteur hinzu: der *Staat*.

Die Regulationstheorie, die zuerst von einer Gruppe französischer Soziologen um Aglietta und Lipietz (Aglietta 1979; Lipietz 1985) entwickelt wurde, verstand sich als ein Konzept für die Analyse der „Transformation sozialer Beziehungen, die sowohl ökonomische wie nicht-ökonomische Formen neu produziert, in Strukturen organisiert und ihrerseits eine determinierende Struktur reproduzieren, die Produktionsweise" (Aglietta 1979, S. 16). Im Mittelpunkt des regulationstheoretischen Erkenntnisinteresses stand also – in den Worten von Alain Lipietz – die Frage nach der *historischen Kontinuität des Kapitalverhältnisses,* nach der „Art und Weise, in der sich dieses Verhältnis trotz und wegen seines konfliktorischen und widersprüchlichen Charakters reproduziert" (Lipietz 1985, S. 109).

Die Regulationstheorie nimmt im Grunde eine radikale *Historisierung der Marx'schen Theorie* vor: als theoretisches Konzept zur Analyse historischer Phasen in der Entwicklung kapitalistischer Gesellschaftsformationen stellen regulationstheoretische Konzepte im Kern die Marx'sche Verelendungsthese umgekehrt – wie es denn möglich sei, dass eine Gesellschaft, die auf Tausch und Reproduktion angewiesen sei, sich trotzdem integrativ weiterentwickeln könne. Regulationstheorie schließt wirtschaftliche, soziale und politische Perspektiven mit ein und befasst sich ihrem Kern nach mit dem Dualismus aus Akkumulationsregime und Regulationsweise. Das *Akkumulationsregime* wird durch die jeweils vorherrschenden technologischen Paradigmen, durch die daraus resultierende Arbeitsteilung und die Konsummuster sowie die verschiedenen sozialen Einflussgrößen wie Kultur und Einkommensverteilung bestimmt. Die *Regulationsweise* bezieht sich auf die Lohnübereinkünfte, das Finanz- und Wirtschaftssystem, die Rolle des Staates, den internationalen Handel, Forschung und Technologie, Verkehr, Umwelt und Siedlungsstrukturen. Die Akkumulationsregimes lassen sich in *vier Phasen* einteilen: *manufacture, machinofacture, fordism* und *neo-* bzw. *post-fordism.* Eine fünfte Phase der *flexible specialization* scheint sich abzuzeichnen (vgl. Steinbach 1999, S. 40 ff.).

Nach der Regulationstheorie ist die *fordistische Formation* (vgl. Teil I vorn) in die Krise geraten. Für Hirsch (1995) ist Fordismus das mit der Vorherrschaft der USA verbundene Akkumulationsregime auf der Basis der tayloristischen

4.2 Regulationstheorie: Das (Macht-)Verhältnis Staat – Organisation

Massenproduktion, das durch große Produktivitätsreserven und beständiges Wirtschaftswachstum zum ersten Mal in der Geschichte des Kapitalismus eine andauernde Steigerung der Löhne und des Massenkonsums ermöglicht hatte (vgl. Hirsch 1995).

Diese Merkmale sind stark generalisierend. Laut Elam (1994) lassen sich vier die *Krise des Fordismus verursachende Tendenzen* feststellen (vgl. Elam 1994, S. 64):

- Die wachsende *Arbeitsteilung* (Taylorisierung) innerhalb der Unternehmen wurde zunehmend kontraproduktiv. Die gestiegene Kapitalintensität konnte nicht mehr durch eine wachsende Produktivität aufgefangen werden *(productivity slow-down)*.
- Die unter Ausnutzung immer größerer Skaleneffekte ständig ausgeweitete und *globalisierte Produktion* bzw. Marktdurchdringung intensivierte den Wettbewerb und erschwerte das Management.
- Durch die im Verhältnis zur gesamtwirtschaftlichen Leistung stark gestiegenen Sozialausgaben wurde die *Inflation* angeheizt *(stagflation)*.
- Die Konsummuster verschoben sich in Richtung einer differenzierteren *Nachfrage*.

Wie diese *Krisenanzeichen* überwunden werden können, ist umstritten. Vielleicht durch etwas, was man Post-Fordismus nennen könnte? Krätke (1990) unterscheidet hier den *Post-Fordismus* vom *Neo-Fordismus:*

- Der *Post-Fordismus* zeichnet sich durch eine verstärkte Partizipation der Arbeitnehmer am Produktionsprozess sowie einer Aufwertung komplexer Qualifikation und flexibler Spezialfertigung aus.
- Im *Neo-Fordismus* werden die Arbeitsverhältnisse flexibilisiert sowie der Produktionsapparat weiter vertikal aufgespalten und in Billiglohngebiete verlagert. Der Post-Fordismus zeichnet sich lediglich in Konturen ab, allgemeine Prognosen lassen sich nicht abgeben, da die Regulationstheorie durch ihren historisch-empirisch selektiven Zugang eine Übertragung von Fallstudien auf andere Staaten nicht erlaubt. Jessop (1992, S. 28) sieht den Post-Fordismus gegenwärtig auf den Arbeitsprozess und die Regulationsweise beschränkt und erkennt nur wenige Hinweise auf grundlegende Änderungen im Akkumulationsregime.

Unter Aspekten der Macht, Kontrolle und Entscheidungen von – wie gesagt: in makropolitischen Ansätzen *von!* – Organisationen ist nun interessant, dass bereits

Marx Folgendes sinngemäß analysierte: Im Wandel der Produktionsweise und der Strukturen der Kapitalreproduktion werden der Regulationsweise – also bspw. die Entscheidung einer Organisation, internationale spezifische Flexibilisierung vorzunehmen, bestimmte Merkmale „aufgeherrscht" (vgl. Röttger 2003, S. 28). Welches sind nun diese Merkmale?

Zum einen ist der Aspekt der *industriellen Beziehungen* zu nennen, der im Prinzip das Verhältnis zwischen Arbeitgebern und Arbeitnehmern in bspw. ökonomischen Organisationen beinhaltet. Die gewerkschaftliche Konfliktfähigkeit der Arbeitnehmer verändert sich: Der Ansprechpartner kollektiv organisierter Arbeitskraft verschwindet tendenziell. Vertikal integrierte Großorganisationen (z. B. Unternehmen/Konzerne) werden in der Neustrukturierung der Weltarbeitsteilung radikal desintegriert. An die Stelle der für die fordistische Formation charakteristischen Generalisierbarkeit von Regeln über Betriebs- und Branchenebenen hinaus ist ein Prozess der Verbetrieblichung und Privatisierung des Systems industrieller Beziehungen getreten. Damit aber werden die durch Eigentums- und Aneignungsverhältnisse vorgegebenen *strukturellen Machtasymmetrien zwischen Kapital und Arbeit* (vgl. Abschn. 3.1.1 in Teil 1) (wieder) tendenziell uneingeschränkt in den Rang einer strukturbildenden Kraft gehoben (vgl. ebd., S. 29). Mit anderen Worten: Obiger Umstand kann bedeuten, dass z. B. ein global agierendes Unternehmen eine Eigenschaft im Rahmen seines korporativen Akteurscharakters herausbildet, die mit ‚Konfliktunfähigkeit' des Produktionsfaktors ‚Arbeit' umschrieben werden kann.

Zum anderen bedingt das Prinzip der Reorganisation von global organisierter Arbeit, dass den Organisationen gewandelte, abstraktere, *markvermittelte Kontrollmodi* zugerechnet werden können (vgl. ebd., S. 30). Diese *Organisationsweisen* entwickeln sich in Korrespondenz zu spezifischen Regulationsweisen des Marktes: Beide zusammen bilden dann das aus, was die Regulationstheorie *Akkumulationsregime* (s. o.) nennt. Auch wenn dieser explizite Zusammenhang von fast keinem Regulationstheoretiker vorgenommen wird, so bleibt vielen wahrscheinlich gerade unter macht- und kontrolltheoretischen Aspekten dringend zu raten, die erwähnten organisationssoziologischen Forschungen vermehrt in ihre Analysen mit einzubeziehen. Dies könnte auch durch Forschungen gelingen, die anlässlich der globalen Finanzmarktkrise vermehrt finanzialisierte Formen der Akkumulation bzw. Herrschaftsaneignung in den Fokus der Analyse geschoben haben (vgl. Atzmüller et al. 2013; allg. zu „Rating" Matys 2023).

4.3 Der „strukturell-individualistische" Ansatz Colemans

Kritik, warum denn an dieser Stelle die Theorie *Colemans* (Coleman 1986, 1991, 1992) angeführt wird, lasse ich gerne gelten: Wie an einigen Stellen des Buches ausgeführt, könnte man Coleman doch getrost als – in unserem Sinne – Mikropolitiker durchgehen lassen, denn das Werk Colemans transportiert im Wesentlichen ein *sozialtheoretisches Modell,* welches versucht, als Basis für eine *Sozialtheorie* eine tragfähige *individualistische Handlungstheorie* zu entwerfen (vgl. Jäger und Meyer 2003, S. 106). Bevor ich jedoch zeige, dass Coleman sehr wohl brauchbaren *makropolitischen* Gehalt aufweist, werde ich kurz mit Hilfe von Nienhüser (1998, S. 242) einige hier interessierende *Wesenszüge* der *strukturellindividualistisch* inspirierten Theorie Colemans vorstellen. Coleman geht von folgenden *Grundannahmen* aus:

- Individuen versuchen ihre *Eigeninteressen* zu realisieren; ein großer Teil der Handlungen ist das Resultat von bewussten Entscheidungen; die Handlungsergebnisse sind das Resultat des Zusammenwirkens unterschiedlicher Handlungen und insofern keineswegs immer intendiert.
- Eigeninteressen können oftmals nur im *Austausch* mit anderen Akteuren realisiert werden: In Organisationen sind die Akteure aufeinander angewiesen, wenngleich in unterschiedlichem Ausmaß, d. h. jeder verfügt über bestimmte Ressourcenmengen, an denen andere Akteure ein mehr oder weniger großes Interesse haben. Da *Tausch* auch bei einer unterschiedlichen Ressourcenausstattung stattfinden kann, ist die relative Macht der Akteure mitzubetrachten.
- Austauschverhältnisse können sich unter bestimmten Bedingungen zu (u. U. komplexen) *Strukturen* stabilisieren; diese Strukturen und die *Verteilung von Ressourcen* wirken auf die Austauschverhältnisse zurück.
- Akteure können sowohl *Individuen* als auch *kollektive Akteure (wie Organisationen)* sein (vgl. ebd.).

Die Theorie Colemans setzt also im Prinzip auf Annahmen aus der *Rational-Choice-Theorie* (vgl. Jäger/Meyer ebd.; Braun 2009): Individuen wählen diejenige Handlungsalternative mit dem höchsten Erwartungswert. Um ihren Nutzen zu realisieren, müssen die Akteure in der Regel mit anderen in Tauschprozesse eintreten. Coleman formuliert auf dieser Basis einige *Aussagen* über einfache *soziale (Austausch-)Systeme:*

„Die Elemente [einer solchen Theorie sozialer Systeme, T. M.] sind Akteure und Dinge, über die sie Kontrolle ausüben und an denen sie irgendein Interesse haben. Ich nenne diese Dinge, je nach ihrem Wesen, Ressourcen oder Ereignisse. Die Beziehungen zwischen Akteuren und Ressourcen sind, wie bereits impliziert, Kontrolle und Interesse." (Coleman 1991, S. 34)

Und weiter:

„Eine einfache strukturelle Tatsache bewirkt nun, daß man es nicht nur mit einer Menge von Individuen zu tun hat, die zur Wahrung ihrer Interessen unabhängig voneinander Kontrolle über bestimmte Aktivitäten ausüben, sondern daß ein soziales System entsteht. Akteure kontrollieren die Aktivitäten, die ihre Interessen befriedigen können, nicht völlig, sondern müssen erleben, daß einige dieser Aktivitäten teilweise oder vollständig von anderen Akteuren kontrolliert werden. Somit erfordert das Verfolgen von Interessen in einer solchen Struktur, daß man Transaktionen irgendeiner Art mit anderen Akteuren eingeht." (Coleman 1991, S. 35 f.)

Gerade weil Colemans Sozialtheorie sich Stück für Stück aufbaut, sozusagen von Abstraktionsniveau zu Abstraktionsniveau, ist sie für *makropolitische* Fragestellungen interessant: Wie obiges Zitat zeigt, gelangt Coleman von *Handlungen* (Mikropolitik) zu *Handlungsstrukturen* (Mesopolitik), aber zu solchen *in Organisationen?* Aber selbstverständlich! Denn Organisationen bestehen, und dieses müsste eigentlich das Buch bis hierher gezeigt haben, aus Handlungen und Handlungsstrukturen (die wiederum selbstverständlich von Menschen hervorgebracht werden). Coleman gelangt in seiner Logik der stufenweisen Aggregation zur *Organisation* über einen uns auch bereits aus anderen Zusammenhängen bekannten Begriff, und zwar den der *Herrschaft*. Eine Herrschaftsbeziehung besteht für Coleman dann, wenn ein Akteur das Recht, seine Handlungen zu kontrollieren, an einen anderen Akteur überträgt, und ein rationaler Akteur tauscht ein Kontrollrecht über seine Handlungen freiwillig nur gegen eine andere Ressource ein, wenn ihm dies eine bessere Befriedigung seiner Bedürfnisse ermöglicht. Somit ist Herrschaft für Coleman *eine asymmetrische Kontrollbeziehung* (vgl. Jäger/Meyer ebd., S. 114 f.). Und an dieser Stelle wird es entscheidend: Uns interessieren jetzt nicht Herrschaftsbeziehungen, die auf Komplementarität (z. B. gleichwertige Rechte) oder Gemeinsamkeit (gleiche Interessen) beruhen, sondern gerade die, die sich auf *Heterogenität* der Interessen im Rahmen des ‚Tauschgeschäftes' stützen (z. B. der ‚Tausch' ‚Recht auf Freizeit' gegen ‚Gehaltszahlungen für Arbeit'). Derartige Herrschaftsbeziehungen nennt Coleman *Organisation* (vgl. Coleman ebd., S. 90 ff.).

Coleman interessiert sich also ausdrücklich „für die Frage, wie Organisationen als Gebilde, als „korporative Akteure", entstanden sind bzw. worin ihre gesellschaftliche Macht begründet liegt und wie sie ausgeübt wird" (Türk 1995a, S. 58; Herv. i. Orig.). Auch muss gerade seine *macht- und herrschaftskritische* Analyse („Die asym-

4.3 Der „strukturell-individualistische" Ansatz Colemans

metrische Gesellschaft", 1986) hier hinzugedacht werden: Coleman geht davon aus, dass individuelle Akteure, die nun eine Sozialbeziehung mit einem korporativen Akteur, also einer Organisation, eingehen, in der Regel wesentlich *machtloser* und in größerem Maße *abhängig* von der Organisation sind als umgekehrt – es herrscht also eine *Asymmetrie* vor (vgl. Jäger/Meyer ebd., S. 125). Wird ein derartiges Prinzip auf gesellschaftlicher Ebene strukturbildend, kann man mit Coleman von einer „asymmetrischen Gesellschaft" (Coleman 1986) sprechen.

Durchaus gängige und im Alltag geläufige Bezeichnungen wie ‚juristische Personen' oder ‚Körperschaften' bekommen durch Coleman eine wichtige sozialtheoretische Fundierung, aber auch Positionsstrukturen und individual-entlastende korporative Verantwortungsstrukturen rücken macht-, kontroll- und entscheidungstheoretisch in ein geschärftes Blickfeld.

Ich verweise in Bezug auf weitere Überlegungen auf Türk (1995a) und Türk et al. (2006) und Matys (2011a), die bei der Entwicklung der (historischen) Machtgenerierung vermittels der „Gebilde-Dimension" von Organisationen Colemans machttheoretische Bezüge explizit und fruchtbar gemacht haben.

Die drei letzten hier im Rahmen der makropolitischen Ansätze dargestellten Theoriepositionen haben sicherlich relativ schnell Assoziationen zu anderen Diskursen, z. B. Weltsystemtheorie, Globalisierung, global governance, ‚Empire' oder Accountability geweckt. Gerade der zuletzt behandelte Aspekt, Organisationen als korporative (Macht-)Akteure zu begreifen, scheint in den meisten der obigen Anschluss-Diskurse eine zentrale Rolle einzunehmen. Da dieser erste Teil allerdings eine Grundlageneinführung sein soll, sollen obige Assoziationen in Teil 2 ‚bedient' werden. Streng genommen könnte man bspw. die Regulationstheorie auch als Globalisierungstheorie bezeichnen. Derartigen Bezügen zwischen eher klassischen und neuen Ansätzen, die Macht, Kontrolle und Entscheidungen in Organisationen thematisieren, soll in Teil 2 ebenfalls nachgegangen werden.

Fazit makropolitische Ansätze
Als wichtigste Aspekte makropolitischer Ansätze können hier folgende abstrahiert festgehalten werden:

- Ansätze, die den Fokus der Analyse in Bezug auf die Beziehungen von Organisation und *gesellschaftlicher Umwelt* verstärkt in den Blick nehmen, könnte man als „Gesellschaftstheoretischen Neo-Institutionalismus" bezeichnen.
- Organisationen erhalten einen eigenen *Subjekt-Charakter*. Sie sind als *korporative Akteure* zu begreifen, die ihrerseits eigene Strukturen (Institutionen) ausbilden.

- *Organisationen als Institutionen* üben die Kontrolle über basale gesellschaftliche Strukturen und Prozesse aus.
- Organisationen produzieren als korporative Akteure *sozialtheoretisch asymmetrische Herrschaftsbeziehungen.*
- Der *Modus Organisation* wird als ein allgemeines *gesellschaftliches Dispositiv* der Orientierung, Motivierung, Evaluation von Praktiken sowie als ein Arsenal von Wissensbeständen, Deutungen und scripts selbst zur Institution. Der Regulationsmodus Organisation ermöglicht Exklusion und Inklusion, konfiguriert allgemein anerkannte Wahrheits-, Effektivitäts- und Legitimitätsnormen.

▶ (1) **Türk, Klaus. 2004. Neoinstitutionalistische Ansätze. In: Georg Schreyögg und Axel von Werder. Hg. *Handwörterbuch Unternehmensführung und Organisation*. Stuttgart 923–931.**
In diesem Beitrag werden die Ansätze noch einmal komprimiert dargestellt. Es lohnt, den 1997er Aufsatz von Türk (in Ortmann et al.) dazuzunehmen.

(2) **Hirsch, Joachim. 1995. *Der nationale Wettbewerbsstaat. Staat, Demokratie und Politik im globalen Kapitalismus*. Berlin.**
Ein Einstieg in die zwar teilweise komplizierte, aber wichtige Regulationstheorie.

(3) **Coleman, James S. 1986. *Die asymmetrische Gesellschaft. Vom Aufwachsen mit unpersönlichen Systemen*. Weinheim/Basel.**
Dieses Buch Colemans ist sicherlich etwas einfacher zu lesen als seine Sozialtheorie-Bände. Vor allem sollten sich Studierende hier eine Perspektive verschaffen können, was Sozialtheorie im Unterschied zu Gesellschaftstheorie meint!

(4) **Matys, Thomas. 2011. *„Legal Persons" – Kämpfe um die organisationale Form*. Wiesbaden.**

Hier erlangen Leser:innen grundlegende Kenntnisse über die historische Genese und den kampfreichen Prozess der Herausbildung der „Gebildedimension" von Organisation, besonders bezogen auf die Unterschiede USA – Europa.

Tab. 4.1 sei noch einmal als *Zusammenfassung* für den *Teil 1* dieses Buches gesetzt.

4.3 Der „strukturell-individualistische" Ansatz Colemans

Tab. 4.1 Zusammenfassung Teil 1

	MIKRO-Politik	MESO-Politik	MAKRO-Politik
Gegenstandsbereich	• Handeln in Organisationen ist nicht frei von Werten Interessen oder Strategien • Der Eigensinn der Subjekte kann nie vollends unterdrückt werden • Formen des Arrangements und des Widerstands werden analysiert • Handeln und Verhalten in Organisationen ist stets politisches Handeln und Verhalten • Nicht zuletzt informale Handlungspraktiken generieren Macht- und Entscheidungskonfigurationen • Die Art und Weise, wie individuelle Akteure angesichts von Machtquellen ihre Normen, Ressourcen, Wahrnehmungsmuster, persönlichen Ziele, Zwecke, Bedürfnisse und Erwartungen in organisationale Entscheidungen und Handlungen transformieren, ist kontingent. Organisationale Regelwerke lassen individuelles Handeln zu bestimmten Macht- und Kontrollformen aggregieren. Es werden damit herrschaftsförmige Handlungs-Struktur-Typen in Organisationen produziert und reproduziert	• Mesopolitische Ansätze analysieren die organisationalen *Formalstrukturen selbst* in ihrer politischen Genese und Funktion, und zwar als Produkte von Interessen und Strategien, die ihrerseits wieder zur Reproduktion gesellschaftlicher Verhältnisse beitragen. Strukturen sind also *Definitionsleistungen der Subjekte,* wobei die Definitionsmacht in der Regel ungleich verteilt ist • Trotz dieser scheinbaren Gemeinsamkeit mesopolitischer Analyse von Formalstrukturen bestimmt die *Vielschichtigkeit mesopolitischer Ansätze* eben genau die *Heterogenität* dessen, was jeweils als Formalstrukturen bezeichnet werden kann: Arbeit, Kapital, Subsumtionsmodi, institutionalisierte bürokratische Kontrollformen, Disziplin, Kultursysteme, Typen von Herrschaft, Hierarchieebenen, Ressourcenkontrolle, Regeln, nicht-rationale Handlungsmuster, Dispositionen, Manöver, Techniken, Funktionsweisen, Codes, Semantiken, generalisierte Kommunikationsmedien, Machtketten, verschiedene „Kapitalien" u. a. m.	• Ansätze, die den Fokus der Analyse in Bezug auf die Beziehungen von Organisation und *gesellschaftlicher Umwelt* verstärkt in den Blick nehmen, könnte man als „gesellschaftstheoretischen Neoinstitutionalismus" bezeichnen • Organisationen erhalten einen eigenen Subjekt-Charakter. Sie sind als korporative Akteure zu begreifen, die ihrerseits eigene Strukturen (Institutionen) ausbilden • Organisationen als Institutionen üben die Kontrolle über basale gesellschaftliche Strukturen und Prozesse aus • Organisationen produzieren als korporative Akteure sozialtheoretisch asymmetrische Herrschaftsbeziehungen • Der Modus Organisation wird als ein allgemeines gesellschaftliches Dispositiv der Orientierung, Motivierung, Evaluation von Praktiken sowie als ein Arsenal von Wissensbeständen, Deutungen und scripts selbst zur Institution. Der Regulationsmodus Organisation ermöglicht Exklusion und Inklusion, konfiguriert allgemein anerkannte Wahrheits-, Effektivitäts- und Legitimitätsnormen
‚Beziehungsebene'	Handlung – Organisation	Handlungsstruktur – Gesellschaft	Gesellschaft – Organisation
Politik-Modus	Politik *in* Organisationen	Organisation *der* Politik	Politik der *Organisationen*

Quelle: eigene Zusammenstellung

Teil II
Vorbemerkungen: Arbeitsorganisationen

Teil II spürt den Anknüpfungspunkten der *arbeits- und organisationssoziologischen Diskurse,* die sich seit den 1990er-Jahren bis heute herausgebildet haben, überblicksartig nach und versucht, aus ihnen die relevanten organisationalen Macht-, Kontroll- und Entscheidungskontexte herauszuarbeiten. Hierzu wird eine integrierte Schreibweise gewählt: Das bedeutet, wenn angestrebt ist, die nachfolgenden Ansätze neuer bzw. mittlerweile mehr oder weniger etablierter Formen der Arbeitsorganisation vorzustellen, so ist es bei vielen Ansätzen mit dieser Vorstellung automatisch eine Bezugnahme zu Macht, Kontrolle und Entscheidungen in (Arbeits-)Organisationen verbunden. Es soll also explizit nicht um eine Darstellung aller relevanten Aspekte der jeweiligen Ansätze gehen – dazu sei auf andere – grundsätzliche – Literatur zur Arbeitssoziologie verwiesen (bspw. Bohn et al. 2023).

Auch zum Topos *Arbeitsorganisation* soll an dieser Stelle eine Bemerkung gemacht werden: Wenn in Teil I ausgeführt wurde, dass Macht-, Kontroll- und Entscheidungsphänomene in ökonomischen Organisationen behandelt werden sollen, so ist als Startpunkt die *strukturelle Asymmetrie zwischen Arbeit und Kapital* in kapitalistischen Organisationen gewählt worden. Wenn trotz einer sich verändernden Bedeutung von Arbeit immer noch davon ausgegangen werden kann, dass Arbeit eine zentrale Kategorie in ökonomischen Organisationen darstellt, so ist es m. E. nur logisch, unter Einbeziehung der in Teil I dargestellten Grundlagen, arbeitssoziologische Diskurse auf ihren ‚Gehalt' in Bezug auf macht-, kontroll- und entscheidungsrelevante Aspekte darzustellen und zu analysieren. Und wenn weiter aufgrund obiger Ausführungen von einem Fortbestand des *Transformationsproblems* ausgegangen werden muss, was ja, zur Erinnerung, stets eine Grauzone meinte, innerhalb derer die arbeitenden Subjekte mit der Enteignung der Ergebnisse ihres Arbeitsprozesses ‚fertigwerden', dann lässt sich die Arbeitsorganisation als ‚Arena' der Auseinandersetzung um die Transformation von Arbeitsvermögen in Arbeit verstehen (vgl. Türk 1995a; Minssen 2019). Ohne vorwegnehmen zu wollen, wie sich nun die ‚Kämpfe' in der ‚Arena' moderner Arbeitsorganisationen im Einzelnen gestalten, sei für die/den eilige(n) Leser/in ein erster Blick in die Zusammenfassung (Abschn. 12.1) empfohlen (was natürlich die Lektüre der Teile dazwischen keineswegs obsolet macht!).

Soziologie der Arbeit und Soziologie der Organisation verweisen also *rekursiv* aufeinander. Dieser Tatsache ist das Aufteilen eines vermeintlich Ganzen in zwei Buchteile geschuldet.

Background: Wandel des Arbeitsparadigmas 5

5.1 Die Ablösung des Arbeitsparadigmas industrieller Gesellschaften

Struktur- und Entwicklungsannahmen des Arbeitsparadigmas in industriellen Gesellschaften

Burkart Lutz (bereits 2001) geht davon aus, dass man sich einen „essentiellen Paradigmenwechsel" (Lutz 2001) in der sozialwissenschaftlichen Sicht von organisierter Erwerbsarbeit in Erinnerung rufen müsse: Das bisherige Paradigma von Arbeit in industriellen Gesellschaften sei einem neuen gewichen, welches seit Beginn der 1980er-Jahre zahlreiche Veränderungen beinhaltete, die mit den grundlegenden Annahmen der herkömmlichen Sicht von Arbeit in Industriegesellschaften – gemeint sind Formen tayloristisch-fordistischer Produktion – nicht mehr in Einklang zu bringen seien (vgl. Lutz ebd., S. 2 ff.).

Doch zunächst skizziere ich die *Struktur- und Entwicklungsannahmen*[1] *des Arbeitsparadigmas in industriellen Gesellschaften*,[2] in der das Leitbild der wissenschaftlichen

---

[1] Diese Annahmen sind nicht solche im Sinne von Hypothesen bzw. Vermutungen, sondern haben eher deskriptives Niveau, d. h., viele Annahmen gelten ja bereits bzw. konstituieren das Arbeitsparadigma industrieller Gesellschaften.

[2] Baethge (2001) kennzeichnet das Arbeitsparadigma industrieller Gesellschaften als „Industrialismus" – diesen wiederum definiert er als „institutionelle Verfasstheit von Arbeit" (Baethge 2001, S. 30), die in einer für Deutschland typischen Ausprägung spezifische Merkmale sowohl auf der Unternehmensebene als auch auf gesellschaftlicher Ebene aufweise. Die Merkmale habe ich in obige Auflistung integriert.

Betriebsführung, also des *Taylorismus* (vgl. Teil 1) *vorgeherrscht* hat (vgl. zu beidem ebd. und Minssen 2019 sowie zu Ersterem auch Baethge 2001). Die grundlegenden *Strukturen* sind vor allem:

- Auf *hierarchische* und *funktionale Arbeitsteilung* gegründete Formen der *Betriebsorganisation* sichern die weitaus höchste Effizienz bei der Produktion von Gütern und der Bereitstellung von Leistungen; sie sind insofern essenzielle Voraussetzungen von Prosperität.
- *Vertikal hochintegrierte* und stark *hierarchisch organisierte Groß- und Mittelbetriebe* sind hoch autark und von anderen Betrieben oder Organisationen weitgehend unabhängig.
- *Ein Produktionskonzept der Standardisierung von Produkten* und der *Rationalisierung von Prozessen* mit den entsprechenden Anforderungen an Disziplin und Ordnung, um die economics of scale[3] zu nutzen, herrscht vor.
- *Lohnarbeit* – in der statistischen Definition ‚abhängiger Beschäftigung' – ist als der *Normalfall von Erwerbsarbeit institutionalisiert*; untrennbar damit verbunden ist eine strikte Trennung zwischen Arbeit und Nicht-Arbeit (Familie, Freizeit o. ä.).
- Die *Berufsbildung* orientiert sich am *Facharbeiterprofil* bzw. am *Profil des Fachangestellten,* sie ist im Wesentlichen durch ihre Einbindung in die betrieblichen Arbeitsprozesse bestimmt. Hierdurch entsteht bereits in früher Jugend eine Sozialisation – in Gestalt betriebsförmiger Ausbildung – in das Arbeits-, Organisations- und Normengefüge industrieller Arbeit. Zudem definiert auch die *Stellung des Individuums* in der betrieblichen Struktur funktional-hierarchischer Arbeitsteilung seine Position und zumindest seine *materiellen Chancen* (und die seiner Familie) in allen anderen gesellschaftlichen Lebensbereichen und Sphären.
- Der *Arbeitsmarkt* ist das zentrale Medium, das über die Vermittlung der von Individuen angebotenen und von den Betrieben nachgefragten Arbeitsbefähigung zugleich rationale, das heißt ökonomisch effiziente, und dem Prinzip der Chancengleichheit entsprechende Form der Arbeitskräfteallokation und der Zuweisung von Lebenslagen sichert.
- *Erziehung, Bildung* und *Ausbildung* in den hierfür spezialisierten Institutionen haben die Aufgabe, die Arbeitsbefähigungen des Individuums so weit wie möglich zu entwickeln, um ihm auf diese Weise optimale Voraussetzungen zur Wahrung der sich am Arbeitsmarkt bietenden Chancen zu sichern.

---

[3] Selten ist für diesen in der Literatur viel zitierten Begriff eine Definition zu finden: Am Ehesten trifft es wohl ein Einhalten der unternehmerischen Erfolgskennzahlen.

5.1 Die Ablösung des Arbeitsparadigmas industrieller Gesellschaften

- Der *Staat* hat hauptsächlich die Aufgabe, durch normative Regelungen gleiche Handlungschancen für alle Arbeitsmarktpartner sicherzustellen und dafür zu sorgen, dass ausreichende Subsistenzmittel bereitstehen, wenn kein zur Sicherung des Lebensunterhalts ausreichendes Arbeitseinkommen erzielt werden kann. Öffentliche Arbeitsmarktpolitik bleibt im Wesentlichen auf Versuche zur indirekten Beeinflussung ökonomischer Parameter des Arbeitsmarktes (z. B. durch Investitionsförderung, Subventionen etc.) beschränkt.
- Der *Familientypus* industrieller Gesellschaften weist einen *männlichen Hauptverdiener* und eine *klare Rollenteilung* zwischen Mann und Frau auf: der Mann verdient das Geld, die Frau ist für Haus und Familie zuständig.
- Das *Sozialversicherungssystem,* das die Höhe der Renten an die geleistete Arbeitszeit bindet und Vollzeitarbeit begünstigt, ist an das (Normal-)Arbeitsverhältnis gebunden.

Die zentralen *Entwicklungsannahmen* lassen sich in zwei Thesen resümieren:

- *Technischer Fortschritt* ist der zentrale Entwicklungs- und Veränderungsimpuls von Arbeit, und zwar in doppelter Hinsicht: *einerseits* direkt durch die mit technischem Fortschritt verbundenen Innovationen von Produkt und Produktionsverfahren; *andererseits* indirekt über die ökonomischen Wirkungen der von ihnen ermöglichten Steigerungen von Produktivität und Wohlstand, die ihrerseits einen tiefgreifenden Wandel von Nachfrage- und Produktionsstruktur (z. B. wachsende Bedeutung des ‚tertiären Sektors') verursachen.
- Die oben skizzierten Annahmen über die charakteristischen Strukturen von Arbeit setzen sich im Prozess gesellschaftlicher Modernisierung sukzessive gegen zunächst noch starke, dann aber zunehmend residualisierte Strukturen durch, die den Produktions- und Lebensweisen früherer historischer Stadien entsprechen. Erst am Ende einer längeren Übergangszeit sind die typischen Merkmale von Arbeit in industriellen Gesellschaften in reiner, unvermischter Form zu beobachten.

Der Aspekt der gesellschaftstheoretischen Unterlegung der hier ausgeführten arbeits- und industriesoziologischen Entwicklungen (vgl. Teil 1: ‚Überblick') kann hier nicht weiterverfolgt werden (vgl. hierzu ausführlich Kühl 2004 und die Einzelbeiträge in Böhle et al. 2018). Der Frage, ob und wie sich ein neues ‚postindustrielles' Paradigma herausgebildet hat, soll im nächsten Kapital nachgegangen werden.

Ein neues, „post-industrielles" Paradigma gesellschaftlicher Erwerbsarbeit
Die Veränderungen, die verantwortlich sein könnten, ein *neues – post-industrielles'– Paradigma gesellschaftlicher Erwerbsarbeit* zu konstituieren, machen im Weiteren Lutz (ebd.), aber auch Moldaschl/Sauer (2000), Sauer et al. (2001), Pries (1998), Schmidt (1999), Baethge (2001) und Minssen (2019) – wiederum in Form von Annahmen – deutlich, indem sie die *gravierenden Umbruchprozesse* in den Unternehmen benennen (zur allgemeinen Flankierung bzw. begrifflichen und theoretischen Spezifizierung vgl. auch Littek et al. 1983; Böhle et al. 2018; Bohn et al. 2023):

- Mit der organisatorischen *Dezentralisierung* großer Unternehmen auf der einen und der *unternehmensübergreifenden Vernetzung, der zunehmenden organisatorischen Verselbständigung und Auslagerung* – verstärkt durch das Globalisierungsphänomen – auf der anderen Seite erodieren die Grenzen zwischen Unternehmen und ihrem Umfeld, was der These von der „Auflösung des Unternehmens" entspricht.[4] Somit wird ein neues Verhältnis von „Innen" (Moldaschl und Sauer 2000, S. 205) und „Außen" (ebd.) definiert. Entgrenzungsphänomene treten zutage (vgl. Minssen ebd., S. 79 ff.). Zumindest die innerbetrieblichen Integrations- und Vernetzungstendenzen sind im Laufe der 1980er-Jahre, vor allem in den Versuchen einer zunehmenden datentechnischen Beherrschung gesamtbetrieblicher Abläufe (CIM-Systeme), klarer hervorgetreten und haben den *systemischen* Charakter betrieblicher *Rationalisierung* – welche auf eine nachhaltige Reorganisation tendenziell aller inner- und überbetrieblichen Prozesszusammenhänge zielt – weitgehend bestätigt (vgl. Sauer und Döhl 1994; Sauer et al. 2001, S. 183).
- Es entstehen zunehmend *Käufermärkte; Innovationszyklen* werden kürzer: Hierdurch verändert sich das strategische Gewicht der betrieblichen Funktionsbereiche zueinander; die Innovation generierenden und die den Markt organisierenden Abteilungen treten in den Vordergrund und aus dem „Schlepptau" (Baethge 2001, S. 33) der Produktion. Dies erfordert eine höhere Spezialisierung und Professionalisierung dieser Bereiche (vgl. ebd.).
- Die Struktur von Markt und Hierarchie, von Kooperation und Wettbewerb gestaltet sich neu: *einerseits* durch den Einzug marktlicher Prinzipien in die planwirtschaftliche Binnenstruktur der Unternehmen *(Internalisierung des Marktes; Vermarktlichung); andererseits* werden in den sich herausbildenden Produktions- und Dienstleistungsnetzen die bislang zwischen den Unternehmen

---

[4] Hierzu bemerkt Funder (2000), dass die vollständige „Auflösung" organisationaler Grenzen fraglich erscheine, wohl aber könne von einer Neuordnung gesprochen werden (vgl. Funder 2000, S. 21).

5.1 Die Ablösung des Arbeitsparadigmas industrieller Gesellschaften

vorherrschenden externen, marktförmigen Austauschbeziehungen durch hierarchisch strukturierte Formen der Steuerung und Kontrolle abgelöst (vgl. Moldaschl/Sauer ebd., S. 206).

- Die Formen der *Nutzung von Arbeitskraft* und der *Gestaltung von Arbeitsverhältnissen* verändern im Rahmen einer Neubestimmung des Verhältnisses zwischen Arbeit und Kapital das Ziel moderner arbeitskraftbezogener Rationalisierungsstrategien: Das Ziel ist, unter den Stichworten Flexibilisierung und Selbstorganisation, ein grundsätzlich erweiterter Zugriff auf das Arbeitsvermögen. Es kommt damit zusätzlich zu der o. b. Erosion von Organisationsgrenzen zu einer inhaltlichen, zeitlichen und sozialen *Entgrenzung* von Arbeit, mit der auch die Scheidelinien zwischen der Nutzung von Arbeit im Arbeitsprozess sowie der individuellen und gesellschaftlichen Reproduktion von Arbeitskraft („Arbeit und Leben") neu gezogen werden (vgl. ebd. sowie Minssen ebd.) – Sogar ein neuer Beschäftigungstyp als eigenverantwortlicher Akteur mit unternehmerischen Qualitäten wird eingefordert (vgl. Boltanski und Chiapello 2003 [1999].
- Unabweisbar scheint die qualitative Veränderung der inhaltlichen Aufgabenbestimmung (,vom Produkt zum Projekt'). Vor allem aufgrund des Vordringens *mikroelektronischer Informations- und Steuerungstechnik* in Fertigung, Verwaltung und Dienstleistung werden zunehmend *neue Formen der Arbeitsorganisation* eingeführt, die eine jahrzehntelange Tendenz zu vertiefter horizontaler, funktionaler und hierarchischer Arbeitsteilung zumindest partiell rückgängig machen (vgl. Lutz ebd.; Matys 2014a).
- Der *Großbetrieb*, der bisher als Prototyp effizienter Nutzung von Technik und rationeller Organisation galt, beherrschte die bisherige Sicht von Arbeit in Industriegesellschaften. Allerdings wird mehr und mehr deutlich, dass sich zunehmend eine neue Art von Betrieben mit deutlich vom großbetrieblichen Modell abweichenden Organisationsformen herausbildet (vgl. Lutz ebd., S. 4 f.).
- Ein weiterer Fokus muss auf die Veränderungen der *Tätigkeitsanforderungen* und *Qualifikationsstrukturen* gerichtet werden: Wandelt sich das Verhältnis zwischen körperlicher und geistiger Arbeit grundlegend und besteht die Tendenz bzw. Chance einer umfassenden *Reprofessionalisierung* von Industriearbeit (vgl. Pries 1998, S. 26)? Und was nützt diese, wenn bei Zunahme geistiger Tätigkeit Stress und Pathologien ebenfalls enorm zunehmen (vgl. Schmidt 1999; Böhle et al. 2018)?
- *Kontrollansprüche* und *Herrschaftsstrukturen* wandeln sich: aus Zwang und Not wird Option, allerdings: Versachlichen sich die betrieblichen Kooperationsbezüge durch den Einsatz neuer Informations- und Steuerungstechniken, oder steuern wir auf die totale Verhaltenskontrolle Orwell'schen Zuschnitts zu (vgl. ebd. und Schmidt 1999)?

- Die Frage, wer die *„Rationalisierungsgewinner"* (Pries ebd., S. 27; Herv. T. M.) und die *„Rationalisierungsverlierer"* (ebd.; Herv. T. M.) sind, rückt in den Vordergrund: Erleben wir eine generelle Entwertung körperlicher Arbeit, z. B. sensumotorischer Fertigkeiten sowie der hiermit verbundenen Berufe, wird Ingenieursarbeit immer mehr zur normalen Sachbearbeiter:innen-Tätigkeit (vgl. ebd.)?
- Es gibt kaum Zweifel, dass auch in Deutschland spätestens seit den 1980er-Jahren der *tertiäre Sektor* der *wirtschaftlich dominierende* ist (vgl. Baethge ebd., S. 24). Zudem waren in Deutschland bereits 1996 71 % der Tätigkeiten Dienstleistungstätigkeiten (vgl. ebd., S. 26; vgl. Minssen 2019, S. 93 ff.).
- Im Gefolge des *demografischen Sprungs* im letzten Jahrhundert und des demografischen Übergangs Anfang der 1970er-Jahre ‚wandern' sehr unterschiedlich starke Kohorten durch die Alterspyramide – bei deutlicher *Alterung von Erwerbstätigen* und vor allem *von Nichterwerbstätigen* (vgl. Schmidt ebd., S. 37).
- Die *Pluralisierung von Haushalts- und Familienformen* führt zu *veränderten Reproduktionsbedingungen,* die nicht ohne Folgen im Erwerbssystem bleiben (z. B. Vordringen von Doppelerwerbstätigenhaushalten und weniger [männliche] Hauptnährer-Familien; mehr Alleinlebenden- bzw. Alleinerzieherhaushalte) (vgl. ebd.); insgesamt zeichnet sich ein komplette Neukonfiguration zwischen ‚Arbeit' und ‚Leben' ab, die eine neue „Work-Life-Balance" (Menz und Monz 2017) verlangt.
- Ein insgesamt deutlich *gestiegenes (Aus-)Bildungsniveau* führt neben veränderten Ansprüchen an Arbeit auch zu komplexeren gesellschaftlichen *Teilhabe- und Selbstentfaltungsansprüchen* (vor allem bei Frauen und Jüngeren) – gleichzeitig verstärken sich für die weniger leistungsfähigen Personen vielfältige *Exklusionsrisiken* (vgl. Schmidt ebd.).
- Mit den Emanzipationsansprüchen und dem gestiegenen Wohlstand gehen *Verschiebungen in den Bedürfnissen* einher, die bestehende institutionelle Arrangements zu überfordern drohen und Veränderungen derselben nahelegen (vgl. ebd.).
- Anstelle der beruflichen Erstausbildung rückt vermehrt das Paradigma des *lebenslangen Lernens:* einmal sicher geglaubtes Wissen bedarf nicht zuletzt durch die Erosion des Normalarbeitsverhältnisses bei gleichzeitiger Ausbreitung von Teilzeitarbeit ständiger Überprüfung (vgl. ebd.; Wilkesmann 1999; Wilkesmann 2019).
- Vermehrt rückt in den Organisationsalltagen das Paradigma ‚agilen Organisation' in den Vordergrund: Hiermit sind solche Organisationen gemeint, die sich durch ihre Fähigkeit auszeichnen, sich schnell und flexibel an sich ändernde technologische Entwicklungen, Marktbedingungen und Kundenanforderungen anzupassen (vgl. auch Weber et al. 2021).

Welche neuen Formen der Organisation von Erwerbsarbeit innerhalb des post-industriellen Paradigmas Macht-, Kontroll- und Entscheidungsgesichtspunkten in Arbeitsorganisationen von Bedeutung sind, wird im nächsten Kapitel gezeigt.

5.2 Die „neuen Produktionskonzepte"

Horst Kern und Michael Schumann etablieren mit den „neuen Produktionskonzepten" (Kern und Schumann 1984) (NPK) einen „… Gegenbegriff zu tayloristischen Formen der Arbeits- und Organisationsgestaltung" (Kuhlmann 2017, S. 236). Die beiden Autoren unterstellen für die 1980er-Jahre eine grundlegend gewandelte Rationalisierungssituation: Die Perfektionierung der *Mikroelektronik* – durch Entwicklung funktionsreicher, billig herstellbarer Mikroprozessoren, die sich durch vielfältige Verwendungsmöglichkeiten auszeichnen und die in der Fertigung für die verschiedensten Zwecke der Steuerung und Regelung eingesetzt werden können –, weist in eine neue Richtung. Durch die Mikroelektronik wird jene bereits in den 1950er-Jahren beginnende Automation, die zunächst nur für Großbetriebe mit Massenfabrikation Bedeutung gewinnen konnte – weil sie die große Serie, den durchstandardisierten Produktionsprozess und hohe Kapitalkraft voraussetzte – durch eine Lösung komplettiert, die *Automation und Flexibilität* zu kompatiblen Größen werden lässt (vgl. Kern/Schumann ebd., S. 15 f.). Durch die gegebene Flexibilität der neuen Systeme sind *Vernetzungen* mit ursprünglichen (tayloristischen) Prozessen möglich geworden, sodass die Funktionsbreite der Produktionsmittel sehr viel größer wird. Die neue „Technik kann in nicht standardisierte Prozesse vordringen … die wegen der geforderten Vielfalt und Variabilität bisher als Reservat menschlicher Arbeit galten" (ebd., S. 47).

In Bezug auf die *Organisationsstrukturen* ist anzuführen, dass die Veränderungen innerhalb der Produktionstechnologien mit der Zeit auch eine Debatte um die Auflösung der starren tayloristischen Trennung in die klassischen Funktionsbereiche von Produktion und Fertigung, Instandhaltung und Qualitätskontrolle und nicht zuletzt auch um die generell praktizierte Trennung von dispositiven und ausführenden Tätigkeiten ausgelöst hat. Nicht nur in den Bereichen der Technik soll modernisiert werden, auch die Organisationsphilosophie erfährt einen Wandel, sodass man von einem Trend weg von hochgradiger Arbeitsteilung und Spezialisierung hin zu einer *Integration* und *Ganzheitlichkeit* in den Arbeitsabläufen sprechen kann. Dies kommt auch darin zum Ausdruck, dass die Bildung von dezentralen, eher autonomen Produktionszentren, in denen integrierte Teams arbeiten sollen, die die Verantwortung für die Verfügbarkeit von Maschinen oder einer Produktionslinie übernehmen, gebildet werden. Diese Neuerung hat neben einem positiven Effekt auf die sozialen und beruflichen Kompetenzen der Arbeitnehmer auch Vorteile für die Unternehmen: sie versprechen sich hiervon eine Verkürzung der Standzeiten, z. B. im Falle eines Maschinenausfalls.

Mit Hilfe der reformierten Konzepte werden die Arbeiter:innen zum ersten Mal in deutlich feststellbarem Umfang wieder freier, denn durch Gruppenbildung, gruppendynamisches Training, Abbau von verkrusteten Hierarchien, stärkeren Blick auf die Qualifizierung der Arbeiter:innen – manifestiert durch „mehr Facharbeiter in der Produktion" (ebd., S. 50) –, der Entkopplung des Arbeitstaktes vom Fließband und nicht zuletzt den breiteren Zuschnitt der Arbeitsplätze verbessert sich die Lage der Arbeitnehmer sehr stark. Die Motivation für die Unternehmen ist nach Kern und Schumann dreifacher Art, da die Produktion mehr Flexibilität, mehr Produktivität und letztendlich auch mehr Qualität durch die integrierten Strukturen erbringen wird. Alle diese Entwicklungen stellen einen beachtlichen Wandel der Bedeutung und Verwertung menschlicher Arbeit innerhalb der Kernsektoren der deutschen Industrie dar.

Die beiden Autoren sprechen in diesem Zusammenhang der Reorganisation und Requalifizierung der Industriearbeit von der „Neoindustrialisierung" (ebd., S. 23) und einem entscheidenden „Paradigmenwechsel" (ebd., S. 24) innerhalb der Industrie – oftmals in der späteren Industriesoziologie als *Reprofessionalisierung der Industriearbeit* bezeichnet –, der im Credo der neuen Produktionskonzepte zum Ausdruck komme:

„Das Credo der neuen Produktionskonzepte lautet:

- Autonomisierung des Produktionsprozesses gegenüber lebendiger Arbeit durch Technisierung ist kein Wert an sich. Die weitestgehende Komprimierung lebendiger Arbeit bringt nicht per se das wirtschaftliche Optimum.
- Der restringierende Zugriff auf Arbeitskraft verschenkt wichtige Produktivitätspotentiale. Im ganzheitlichen Aufgabenzuschnitt liegen keine Gefahren, sondern Chancen; Qualifikationen und fachliche Souveränität sind auch Produktivkräfte, die es verstärkt zu nutzen gilt." (ebd., S. 19)

Die neuen Produktionskonzepte produzieren *drei Kategorien von Mitarbeiter:innen*: Zuerst können in erster Linie Produktionsfacharbeiter und Instandhaltungsspezialisten als „Rationalisierungsgewinner" (Kern/Schumann ebd., S. 22) bezeichnet werden: Ihre Arbeitsgrundlage ist nicht mehr die überkommene, am Taylorismus orientierte Arbeitsteilung, sondern es rücken zunehmend breiter zugeschnittene und Qualifikationen umfassender nutzende Arbeitsplätze in den Vordergrund. Mit ihnen zeigt sich ein verändertes Rationalisierungsverständnis:

5.2 Die „neuen Produktionskonzepte"

Die Arbeitskraft, bislang potenzieller Störfaktor, die über eine restriktive Arbeitsgestaltung zu ersetzen ist, gewinnt nunmehr eine herausgehobene Bedeutung mit Blick auf ihre besonderen Qualitäten (vgl. Raehlmann 1996, S. 111 f.). Die Gruppe der „Rationalisierungsdulder" (Kern/Schumann ebd.) ist aufgrund von Merkmalen wie fortgeschrittenes Alter, Fehlen polyvalenter Qualifikationen oder Zugehörigkeit zur Gruppe der Frauen und Ausländer den Herausforderungen, die von den neuen Rationalisierungsmustern ausgehen, nicht gewachsen. Sie verbleiben im Betrieb aufgrund gewisser Schutzmaßnahmen ohne inner- oder überbetriebliche Perspektive. Eine weitere Gruppe arbeitet in krisengeschüttelten Branchen, wo die Beschäftigungsperspektiven unsicher sind. Deutlicher noch als diese Gruppe sind die Erwerbslosen zu den Verlierern der Rationalisierung zu rechnen (vgl. Kern/Schumann ebd., S. 22 f.).

Festzuhalten ist, dass die NPK als ein wichtiger Beitrag innerhalb posttayloristischer, trendbestimmender Arbeitsorganisationen gelten können, ohne den spezialisiertere Anschlüsse, etwa zur Vermarktlichung (vgl. Abschn. 4.2 in Teil 2) oder „Subjektivierung von Arbeit" (vgl. Abschn. 6.2 in Teil 2) sich so wahrscheinlich nicht formiert hätten.

▶ (1) **Lutz, Burkart. 2001. Die Lösung aus einem bewährtem Paradigma: Herausforderungen und Schwierigkeiten (Teil der Einleitung). In:** *Deutsche Forschungsgemeinschaft (Hg. v. Burkart Lutz): Entwicklungsperspektiven von Arbeit. Ergebnisse aus dem Sonderforschungsbereich 333 der Universität München.* **Berlin. 2–9.**

Lutz gelingt hier eine hervorragende arbeitssoziologische und fast gesellschaftstheoretische Rahmung, innerhalb derer sich der Gegenstand dieses Einführungsbuches bewegt.

(2) **Kern, Horst und Michael Schumann. 1984.** *Das Ende der Arbeitsteilung? Rationalisierung in der industriellen Produktion: Bestandsaufnahme, Trendbestimmung.* **München.**

Dies ist eine sehr wichtige Studie, die sehr gut als Starter benutzt werden kann zu begreifen, dass die Entwicklung der tayloristischen Rationalisierung an einen Endpunkt gekommen war und damit die sog. ‚neuen Produktionskonzepte' erst möglich wurden.

(3) **Kuhlmann, Martin. 2017. Neue Produktionskonzepte/innovative Arbeitspolitik. In: Rainer Bohn et. al. Hg.** *Lexikon der Arbeits- und Industriesoziologie.* **Baden-Baden 2017. 236–240.**

Dieser Beitrag ist eine hervorragende grundsätzliche Einführung in die ‚neuen Produktionskonzepte' und behandelt auch den theoretischen Kontext, weitere arbeitssoziologische Anschlüsse (im historischen Verlauf) sowie den internationalen Bezug des Konzeptes.

Autonomie und Kontrolle 6

6.1 „Herrschaft durch Autonomie?"

Bis in die jüngste Zeit scheint das in der Überschrift thematisierte Begriffspaar in arbeitssoziologischen Diskursen ein besonderes Thema zu sein (vgl. Mader 2022). Die ebenfalls innerhalb dieses Buches thematisierten Aspekte, wie etwa ‚Lernen' (vgl. Abschn. 5.2 in Teil 2) oder ‚Subjektvierung' (vgl. Abschn. 6.2 in Teil 2) machen überdies deutlich, dass diese Thematik auch in andere eingelassen ist. Vor diesem Hintergrund interessiert nun Folgendes: Moldaschl (2001) stellt in Bezug auf die Reorganisation von Arbeit ein *neues Verhältnis zwischen Freiheit und Zwang* fest, welches wiederum ausschlaggebend für *‚neue' Widersprüche der Autonomie* sei: bspw. werde Handlungsautonomie erweitert, Verhandlungsautonomie zurückgedrängt. Kontroll- und Herrschaftsformen bestehen auch noch nach Einführung ‚neuer Produktionskonzepte' (vgl. Abschn. 2.2 in Teil 2) – doch wie wird mit affirmativen Formen des Umgangs mit Macht, Kontrolle und Entscheidungen umgegangen? Was bedeuten widersprüchliche Arbeitsanforderungen und ‚Konfliktpartnerschaften' für die Machtbalancen der industriellen Beziehungen?

Stellt man nun Moldaschls Überlegungen bezüglich der Bewertungen der sich aufgrund neuer Formen von Arbeitsorganisation ergebenen *Arbeitsanforderungen* an die Beschäftigten in einen Zusammenhang, so kann festgehalten werden, dass „moderne" (Moldaschl 2001, S. 133) Arbeit neue Verhältnisse von Freiheit und Zwang mit sich bringen, die sich den am Taylorismus geeichten arbeits- und sozialwissenschaftlichen Analysekategorien entziehen (vgl. ebd.). Dazu sei es notwendig, so der Autor weiter, sich der „neuen" (ebd.) *Widersprüche der Autonomie* bewusst zu werden, denn jahrelang, so z. B. in den Arbeiten von Kern/Schumann im Rahmen der „Reprofessionalisierungsdebatte" (ebd.; vgl. Abschn. 2.2 in Teil 2), sei ein Automatismus angenommen worden, der mit der Zunahme von Qualifizierung einen erweiterten Handlungsspielraum bzw. „selbstgesteuerte Kontrollbedingungen" für z. B. qualifizierte Automationsarbeiter unterstellte (vgl. ebd., S. 134). Die Analyse neuer widersprüchlicher Entwicklungen von Autonomie in neuen Arbeitsformen konzentriert sich auf folgende *Kritikpunkte* (vgl. ebd., S. 136 f.):

- Autonomie ist keine *absolute – anthropologische* – Kategorie, sondern sie ist stets kulturell-historisch, also *gesellschaftlich*, bedingt. Freiheit und Zwang ergeben sich für jedes Individuum aus diesem Kontext. Autonomie muss also stets bewertet werden unter Bezugnahme auf das konkrete Verhältnis von Handlungsanforderungen und Handlungsmöglichkeiten.
- Es ist zwischen *Handlungs-* und *Verhandlungs*autonomie zu unterscheiden: *Handlungsautonomie* in der Arbeit bezieht sich auf Möglichkeiten, eigene Ziele und Teilziele zu bestimmen, selbständig über Mittel und Wege zu entscheiden etc. (= Selbstbestimmung *in* der Arbeit) Verhandlungsautonomie bezeichnet das Ausmaß des Einflusses, den die Beschäftigten individuell und kollektiv auf Maßnahmen betrieblicher Arbeits- und Personalpolitik entfalten können. Moldaschls These ist nun, dass sich eine sehr widersprüchliche Entwicklung zwischen diesen beiden Autonomiefeldern feststellen lasse: Es sei nicht nur eine Tendenz der *Entkopplung* zwischen beiden Feldern zu beobachten, sondern sogar eine *Umkehrung:* Handlungsautonomie werde erweitert, während Verhandlungsautonomie schrumpfe. In bestimmten Kontexten (z. B. Dezentralisierung in Form von Outsourcing; vgl. Abschn. 4.2 in Teil 2) werde das zum Kennzeichen eines neuen Rationalisierungsmodus.
- Die Frage ‚Herrschaft *oder* Autonomie' ist ebenfalls umgekehrt zu stellen: Ist Herrschaft *durch* Autonomie möglich? Konzepte zunehmender Dezentralisierung und Vermarktlichung (vgl. Abschn. 4.2 in Teil 2) erfordern vermehrt Selbstregulation von den Beschäftigten auch auf unteren Hierarchieebenen. Arbeitskräfte sind mehr und mehr gezwungen, Unbestimmtheit zu reduzieren, das heißt, Ziele und Bedingungen permanent auszuhandeln. Somit findet eine Entgrenzung statt: bürokratische Koordinationsprinzipien werden durch Marktprinzipien ersetzt. Der Arbeitende wird Subjekt und Objekt der Rationalisierung zugleich. Die Forderung nach Selbstregulation tritt ihm als fremder Zwang entgegen, gleichsam als erzwungene Freiheit.
- Das spezifische Spannungsverhältnis von Fremdbestimmung und gewährtem Handlungsspielraum kennzeichnet „widersprüchliche Arbeitsanforderungen" (ebd.) als auslösendes Moment für *psychische Belastungen:* „Jemand muss, um seine Aufgabe zu erfüllen, etwas tun, was er oder sie „eigentlich" nicht tun darf,

6.1 „Herrschaft durch Autonomie?"

nicht tun soll oder (aufgrund äußerer Bedingungen) nicht tun kann." (ebd.; Herv. i. Orig.) Arbeitende werden also zunehmend autonomer *und* stehen *gleichzeitig* unter Druck (vgl. ebd.). Dieses Ambivalenzempfinden der Arbeitenden bezeichnet Moldaschl als „rekursiv instrumentalisierte" (ebd.) Autonomie .

Stolz und Türk (1992a) machen darauf aufmerksam, dass in Bezug auf die *Möglichkeitsbedingungen von Herrschaft* stets zu berücksichtigen sei, dass Herrschaft in *letzter Instanz* immer auf einer „gewaltförmigen *Trennung* der kooperativen Subjekte von der Kontrolle über Bedingungen und Resultate ihrer produktiven Lebenstätigkeit sowie der *Fremd*aneignung ihrer Arbeitsverträge durch die sich genau hierdurch *definierenden Herrschenden*" (Stolz und Türk 1992a, S. 132; Herv. i. Orig.) beruhe. Vor diesem Hintergrund würde ich also über das oben beschriebene Ambivalenzempfinden in Verbindung mit Herrschaft und Autonomie hinausgehen wollen: Es mag zwar sein, dass die arbeitenden Subjekte ein derart ambivalentes Gefühl bei der Ausübung ihrer Arbeit haben, so muss doch aber klar herausgestellt werden, dass sich vielleicht der Herrschaftsmodus, nicht aber der *Herrschaftscharakter* ändert – wenngleich an dieser Stelle angefügt werden muss, dass „bedauerlicherweise … die ganze Sache mit der Herrschaft aber noch etwas komplizierter" (Türk 1995a, S. 90) ist. Denn es kommt darauf an hervorzuheben, dass „gesellschaftliche Arbeit als organisierte Arbeit nicht nur Herrschafts*strukturen* reproduziert, sondern im Handeln Herrschaft auch vollzieht, (…) (ebd., S. 90 f.; Herv. i. Orig.)". Hierdurch soll deutlich werden, dass der Begriff der Herrschaft von Max Weber – als Chance auf Befehle bei einem angebbaren Personenkreis Gehorsam zu finden (vgl. Break 1) – an sich zu kurz greift: Ist nicht in empfundener Autonomie auch stets ein Stück *Affirmation* – eben der Herrschaftsförmigkeit des Arbeitsverhältnisses – enthalten? Vertieft nicht gerade ‚Autonomie' als „Differenzerfahrung" (ebd., S. 88) „zu irgendeiner Vorstellung, einem Empfinden, einer Intuition, einer Utopie oder schlicht einem Wunsch nach Nicht-Herrschaft" (ebd.) den Herrschaftscharakter von bspw. Betrieben? Mit dieser Frage wird der Bereich der „Dualität von Struktur" (Giddens) angesprochen, zu der Türk bemerkt:

> „Vielmehr verkörpert sich organisationale Herrschaft im ko-ordinierten Handeln der Akteure selbst; diese sind nicht bloß als Objekte, sondern als Subjekte in den Reproduktionsprozeß organisationaler Herrschaft involviert." (ebd., S. 90)

Wolf (2001) versucht mit Rekurs auf Marx (vgl. Abschn. 3.1.1 in Teil 1), Weber (vgl. *Break* in Teil 1) und Castoriadis zu zeigen, dass auch eine ‚andere' Seite des gesellschaftlichen Rationalisierungsprozesses zum Gegenstand gemacht werden muss: die Eigenlogik, die Sperrigkeit und der *Eigensinn* dessen, was rationalisiert werden soll. Die Selbsttätigkeit im Arbeitsprozess in Organisationen als imaginärer Gegenstrom eines Entwurfs der Autonomie belegt Wolf durch Mikrostudien der Selbsttätigkeit im Produktionsprozess.

Kennzeichnend für die neue Entwicklungsphase, so Wolf, in welcher der Kapitalismus sich befindet, ist nicht zuletzt ein deutlicher Wandel *der ‚materiellen Produktionsweise'*. Dieser Wandel hat für Wolf einige Merkmale – wie etwa die informationstechnologischen Umwälzungen der letzten Jahrzehnte und die neuartigen Konfigurationen der inner- und zwischenbetrieblichen Unternehmensorganisation (vgl. Wolf 2001). Mit Bezug auf Boltanski/Chiapello (2003) könnte man versuchen, von einem ‚neuen Geist des Kapitalismus' zu sprechen, der die kulturellen Orientierungen oder Leitbilder, die den entsprechenden Umbau von Unternehmens-, Technik- und Arbeitsstrukturen zugleich praktisch anleiten, rechtfertigen und ideologisch verhüllen, in den Blick nehmen. Diese Leitbilder sind: Netz, Projekt, Flexibilität, Selbstorganisation (vgl. ebd.). Das Gesicht der Arbeit scheint sich jedenfalls grundlegend zu verändern. Die kapitalistische Rationalisierungsdynamik, so Wolf weiter, verleiht der Frage nach dem *Verhältnis von Arbeit und Autonomie* heute einen besonderen Stellenwert. Boltanskis/Chiapellos Argumente beziehen sich zum einen darauf zu fragen, welches die Aspekte und Widersprüche der neuen Arbeits-Leitbilder sind; zum anderen ist nun gerade unter macht- und kontrolltheoretischen Blickrichtungen interessant, wie sich die Auswirkungen der neuen Leitbilder auf die bestehenden Arbeitsverhältnisse in Organisationen darstellen.

Als zentrales Organisationsleitbild, so führen Boltanski/Chiapello aus, erhebt der ‚neue Geist des Kapitalismus' das *Netzwerk*. Zwischen Markt und Hierarchie angesiedelt, verheißt diese Organisationsform dreierlei: Verschlankung der Betriebe, Verbesserung der Arbeit durch Teamwork, starke Kundenorientierung. Im derart ‚befreiten' Unternehmen wird *Kontrolle* als *dezentriert* vorgestellt: internalisiert von den Beschäftigten, die die ‚Vision' der Führung teilen, und externalisiert im Kunden und im Konkurrenzdruck. Klassische Bürokratie-Vorstellungen haben ausgedient, an ihre Stelle sind *Vertrauensmodi* getreten, und jede/r Mitarbeiter:in kann sich in immer neuen Projekten immer wieder selbst verwirklichen. Boltanski und Chiapello formulieren die These, dass dieser Diskurs sich Elemente neu-linker Kapitalismuskritik – etwa Spontaneität, Authentizität, Selbstverwaltung – einverleibe und sich auf diese wesentlich stütze. Das mache seine Attraktivität aus und lasse zugleich diese Form der Kritik ins Leere laufen (vgl. Boltanski und Chiapello 2003 [1999]).

Als *Kritik* zu dieser Leitbild-Vorstellung formuliert Wolf (2001), dass die These der Selbstorganisation, der „Mikroökonomisierung des Sozialen" (Wolf 2001) jedes arbeitende Subjekt als ein unmittelbar ökonomisch kalkulierendes und kalkulierbares Subjekt, als „homo oeconomicus" (ebd.) durch und durch konstru-

6.1 „Herrschaft durch Autonomie?"

iere. Die ‚Autonomie' eines derartigen Subjekts soll darin bestehen, dass er frei und isoliert seinen ‚Nutzen' und ‚Gewinn' maximieren kann. Faktische Grundlagen *reeller Subsumtion*, z. B. dergestalt, dass das Handeln vom Vollziehen eines arbeitenden Subjekts im Sinne der Autorenschaft des Unternehmers (Handeln) und der praktischen Ausführung des Arbeitenden (Vollziehen) zu unterscheiden ist (vgl. Türk 2004b), lassen schnell viele Autonomiespielräume als illusorisch erscheinen.

Das in Arbeitsorganisationen arbeitende Subjekt, das ‚Selbst', das sich da organisieren soll – so fasst Wolf die beiden obigen Autoren zusammen – werde zum Objekt. Dieses Objekt unterliege einer externen Beobachtungs- und Kontrollinstanz, welche gleichsam im Rahmen eines kybernetischen, ingenieurmäßig von außen steuerbarerem Prozess auf es einwirke. Ein externes Management bleibt als imaginiertes bürokratisches Subjekt vorausgesetzt, das die Arbeit der Anderen anders – durch Zulassen von Elementen dezentraler Selbstregulierung –, aber nicht weniger fremd-organisiert als früher (vgl. Wolf ebd.). Wolf macht darauf aufmerksam, dass Boltanski/Chiapello damit einer Pseudo-Rationalität von organisatorischen Abläufen – wie wir in Teil 1 gesehen haben, kann man von Rationalitätsmythen zwecks Legitimation sprechen (vgl. Teil 1, Abschn. 3.3.3) – aufsitzen (vgl. Wolf ebd.). Anders formuliert: aus einem (außengesteuerten) Selbstregulierungsprozess als Grundelement neuer Arbeitsorganisation erwachsen für die Arbeitenden nicht automatisch substanzielle Autonomieformen.

Boltanski/Chiapello stellen die Notwendigkeit der Legitimation und ideologischen Einbindung in den Vordergrund und sehen hier die Hauptfunktion des heutigen ‚Autonomie'-Diskurses. Sie unterschätzen (bzw. thematisieren nicht), dass die Managementideologie auch – und davon untrennbar – eine Antwort auf real widersprüchliche Erfordernisse der *Herrschaftssicherung* darstellt. Nicht nur die ideologische Einbindung, auch der reale Einschluss der Arbeitenden in Entscheidungen über ihre Arbeit ist in kapitalistischen Arbeitsorganisationen unerlässlich (vgl. Wolf ebd.).

Die faktische Beteiligung der Arbeitenden an Entscheidungen und ihre Selbstregulierung sind schlicht für das Gelingen ihrer Arbeit erforderlich. Wo die Organisation sie nicht vorsieht, entwickelt sich die Partizipation im Geheimen, als „brauchbare Illegalität" (Luhmann). Damit rückt regelverletzende bzw. -missachtende, aber für die Herrschaft brauchbare Partizipation in den Blick. Die uns bekannten Arten der Produktionsorganisation, folgert Wolf weiter, setzen alle – auch der konsequenteste Taylorismus – den *zumindest stillschweigenden Einschluss der Arbeitenden* voraus. Kapitalistische Arbeit ist also durch ein Spannungsfeld gekennzeichnet, eine *doppelte Institution*, die sich über Ausschluss- und Einschlussimpulse und das eigensinnige, z. T. widerständige, sich potenziell politisch artikulierende und formierende Mit- und Zutun der Beherrschten reproduziert. Arbeiten heißt, sich zwischen den damit gesetzten widersprüchlichen Anforderungen selbst zu behaupten – oder an ihnen zu zerbrechen.

Eine sich theoretisch erneuernde Industrie- und Arbeitssoziologie in kritischer Absicht müsse, so Wolf weiter, das Thema ‚Selbsttätigkeit in widersprüchlichen Herrschaftszusammenhängen' mit ins Zentrum rücken. Und sie muss die Problemkreise ‚Macht und Herrschaft' und ‚Ungleichheit und Unsicherheit' im modernen Produktionsprozess vordringlich behandeln – ohne Arbeit und Kapital gegeneinander auszuspielen (wozu Boltanski/Chiapello tendieren). Kapitalistisch organisierte Arbeit ist *heteronom*. Kritik, die diese Heteronomie in Frage stellt, kann sich nach wie vor auf die Widersprüchlichkeit des Herrschaftszusammenhangs, der zwischen Ausschluss und Einbindung der Beherrschten pendelt, und auf die ambivalenten Erfahrungen und den Eigen-Sinn der Arbeitenden stützen (vgl. Wolf ebd.). Doch die „Einbindung der Beherrschten" (ebd.) selbst ist ihrerseits ebenfalls mit Unsicherheit behaftet: Die Beschäftigten sind eigensinnig; sie können es – sogar kontingenz-bewusst! – so oder auch anders machen, ihnen bleibt allerdings stets ihr relativer Eigenanteil an der Strukturierung ihrer Arbeitsverhältnisse (vgl. Drinkuth 2007, S. 10), auch wenn dies insgesamt Teil eines gewandelten Herrschaftsverhältnisses bleibt (vgl. Minssen 2017). Wie ein erweiterter Autonomie-Spielraum bspw. in Gruppenarbeit zum Tragen kommt, zeigt folgendes Unterkapitel.

6.2 Gruppenarbeit

Moderne Arbeitsorganisationen zeichnen sich durch ein Nebeneinander unterschiedlicher Gestaltungslösungen und durch die versuchsweise Umsetzung ausgewählter Strukturelemente der *Gruppenarbeit* aus. Fakt ist, dass ca. 60 % der deutschen Unternehmen Gruppenarbeit in irgendeiner Form nutzen (vgl. Lay 2008, S. 22). Abb. 6.1 zeigt, welche *Merkmale* in Gruppenarbeitskonzepten üblicherweise auftauchen.

Je nach Branche und Betrieb finden sich unterschiedliche Vorstellungen, Begrifflichkeiten und Realisierungsformen der Gruppenarbeit. Das Aufsetzen des Konzeptes der Gruppenarbeit auf bestehende Strukturen der Arbeits- und Montageorganisation führt zu jeweils unterschiedlichen Varianten mit betriebsspezifischer Prägung. Das einzelne Unternehmen greift im Zuge seiner Umsetzungen aus dem allgemein geläufigen Merkmalsspektrum einzelne Faktoren heraus und realisiert diese im Rahmen seiner Zielsetzungen und seiner Veränderungsfähigkeit. Es erfordert also eine erhebliche Abstraktionsleistung, wenn man von ‚der' Gruppenarbeit spricht.

6.2 Gruppenarbeit

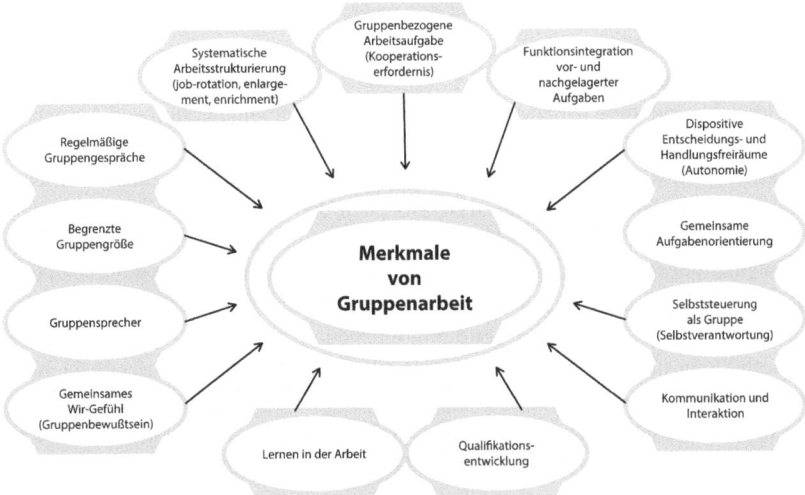

Abb. 6.1 Strukturmomente von Gruppenarbeit (Quer-liegend zu diesen Aspekten ist das Moment des Konflikts in Gruppen (nicht nur in Arbeitsorganisationen) zu sehen, der v. a. sozialpsychologisch früh untersucht worden ist (vgl. Lewin 1947). (Quelle: Buck 2004)

Minssen (2001) verweist zunächst darauf, dass Gruppenarbeit natürlich nicht grundsätzlich Hierarchien abschaffe, aber ihre Weise, so angelegt zu sein, die prinzipielle Form der *Steuerung* verändere (vgl. Minssen ebd., S. 185 ff.). Dabei ist hervorzuheben, dass auch neue Macht-Zuschnitte sich herausbilden, wenn Arbeit jetzt nicht mehr allseitig hierarchisch verordnet wird, sondern diskursiv, kontextabhängig koordiniert werden muss (vgl. ebd., S. 187 ff.). Zimolong/Windel kennzeichnen Gruppenarbeit als „Arbeitsorganisationskonzept" (Zimolong und Windel 1996) mit welchem in der Praxis primär wirtschaftliche, in zweiter Hinsicht erst humane Ziele verfolgt würden (vgl. ebd., S. 141).[1] Unter Macht-, Kontroll- und Entscheidungsaspekten interessieren hier natürlich vor allem die so genannten ‚humanen' Aspekte: Zum Beispiel stellen *teilautonome Arbeitsgruppen (TAG)* ein Konzept dar, das vornehmlich unter *humanen* Aspekten wie der Erweiterung des Handlungs- und Entscheidungsspielraums (= Partizipation), der personellen Flexibilität, Selbstregulation, Kooperation und Kommunikation, Qualifizierung sowie Motivation und Selbstbestimmung (*soziale Ziele* der Unternehmen) als sozialverträglich und positiv bewertet wird. Unter Leistungsgesichtspunkten sollen

---

[1] Häufig werden Reorganisationskonzepte der Gruppenarbeit zum Bereich der „operativen Dezentralisierung" (Minssen 2019, S. 59 ff.) gezählt (vgl. Abschn. 4.2 in Teil 2).

durch die Gruppenarbeit Mitarbeiterpotentiale besser genutzt und durch die interne Gruppensteuerung und -kontrolle Ressourcen in der Arbeitsgruppe effektiver ausgeschöpft werden. Durch Veränderung in der Ablauforganisation und die Integration von Aufgaben aus angrenzenden Bereichen lassen sich Personalkapazitäten einsparen und/oder Funktionen umwidmen (*ökonomische Ziele* der Unternehmen) (vgl. ebd.). In diesem Zusammenhang ist wichtig, dass zwischen den ökonomischen und sozialen Zielsetzungen eine Wechselwirkung besteht: So führt die Funktions- und Aufgabenintegration (ökonomisches Ziel) zu einer Bereicherung der Arbeit (soziales Ziel) und zu einer möglichen Ausweitung der Kommunikations- und Kooperationsbeziehungen. Auf der anderen Seite ermöglichen erst eine umfassende fachliche Weiterbildung und die Förderung außerfachlicher Kompetenzen (soziale Zielsetzung) die Nutzung vorhandener Mitarbeiterpotentiale (ökonomische Zielsetzung). Dass allerdings des Öfteren humane neben den ökonomischen Zielen zurückbleiben, zeigen Zimolong und Windel anhand verschiedener empirischer Ergebnisse – im *Produktionsbereich* – an, die sich in *drei Kategorien* einteilen lassen:

- *Auswirkungen auf die Leistungen:* Zusammenfassend zeigte sich, dass die Art der Einführung von Gruppenaktivitäten, die Partizipation der von der Maßnahme Betroffenen, die Art und Intensität von Trainingsmaßnahmen sowie die Einbindung in die Gesamtaktivitäten der Unternehmung die größte Bedeutung für die *Effizienz der Gruppenaktivitäten* hatte (vgl. ebd., S. 157).
- *Auswirkungen auf die subjektive Bewertung der Betroffenen:* Angestrebte Verbesserungseffekte, wie z. B. verbesserte horizontale und vertikale Zusammenarbeit aufgrund eines verstärkten Kooperationsbedarfs innerhalb von Gruppenarbeit, konnten nicht erzielt werden. Die Bewertung der Arbeit von Mitarbeitern der Gruppenarbeit-Schicht fiel sogar schlechter aus als die derer, die die gleiche Tätigkeit in Form von Einzelarbeit verrichteten (vgl. ebd., S. 158). In weiteren Studien wurde deutlich, dass sich Mitarbeiter hinsichtlich ihres Handlungsspielraums sowie hinsichtlich ihrer Arbeitszufriedenheit sehr wenig von Einzelmitarbeitern unterschieden. Die Gruppenmitarbeiter schätzten aber die soziale Struktur am Arbeitsplatz, die Bedeutung der Aufgabe und die Anwendbarkeit der eigenen Qualifikationen besser ein als ihre Kollegen an Einzelarbeitsplätzen (vgl. ebd., S. 159).
- *Auswirkung auf die Belastung und Beanspruchung:* Werden Einzelarbeiten z. B. am Fließband meistens in Form kritischer Beurteilungswerte, wie z. B. Ermüdung, Monotonie, Sättigung und Stress, gemessen, so zeigt sich nach Einführung von teilautonomen Arbeitsgruppen, dass die Mitarbeiter ihre Aufgaben als durchschaubarer und als weniger restriktiv charakterisierten, des Weiteren begrüßen sie erhöhte Denk- und Lernanforderungen, die an sie gestellt werden (vgl. ebd., S. 160).

6.2 Gruppenarbeit

Im *Angestellten-Bereich* der groß- und mittelständischen Unternehmen verweisen die Autoren darauf, dass die Belastungen bei Einzelarbeit nicht höher, sondern deutlich niedriger sind als bei Arbeit in Gruppenarbeit (vgl. ebd., S. 161). Ein Teil des deutlichen Unterschieds zwischen Einzel- und Gruppenarbeitern lasse sich aufgrund der *Erweiterung des Tätigkeitsspektrums* bei Gruppenarbeit erklären. Hierdurch steige die Notwendigkeit der Abstimmung, womit potenzielle Belastungen wie Missverständnisse und Meinungsverschiedenheiten verbunden seien. Die Mitglieder der Gruppenarbeit erklären weiterhin, so die Autoren, dass durch Abstimmungs- und Planungsprozesse Zeit benötigt werde, die bei der konkreten Aufgabenbearbeitung fehle und zu Zeitnot führe (vgl. ebd.).

So lässt sich insgesamt ein Dilemma in der Ausgestaltung von Gruppenarbeit auch und gerade bei Unterstellung von Partizipation ausmachen:

„In jedem Fall aber verändern partizipative Arbeitsformen die innerbetriebliche Hierarchie und das Statusgefüge. So steht Partizipation immer in einem Spannungsverhältnis: auf der einen Seite eine Steigerung und tendenziell betriebsweite Verbreitung eines kommunikativen, diskursiven Elements in Entscheidungsprozessen, auf der anderen Seite eine deutliche, vorgegebene Diskursorientierung. Partizipation zielt auf die Selbstaktivierung der Beschäftigten zum Zwecke der Prozessverbesserungen." (Minssen 2019, S. 67)

Als *Kritik* am *Konzept der Gruppenarbeit* hatte Kern bereits in den 1970er-Jahren das Diktum der „Selbstausbeutung der Ausgebeuteten" (Kern 1977) geprägt; nicht selten fiel auch die Formulierung, dass TAG bei gleichbleibenden organisationalen Herrschaftsstrukturen und bei anhaltendem bzw. verstärkten Leistungsdruck als geeignetes Instrument der Vermeidung offenen Herrschaftshandelns seitens der Organisation zu kennzeichnen seien (vgl. Schmidt 1983, S. 176). Später führt dann Vormbusch (1999) aus, dass Gruppenarbeit z. B. im Kontext von „lean production" (vgl. Abschn. 4.1 in Teil 2) nicht nur auf die Rationalisierung des individuellen Arbeitshandelns – also auf die kostengünstigere, flexible und fertigungsnahe Steuerung des Produktionsprozesses – ziele, sondern in einer spezifischen Weise auf die Gestaltung *betrieblicher Muster der sozialen Interaktion*. Letzteres manifestiere sich in der Erwartung an die Beschäftigten, sich kontinuierlich an Innovationen zu beteiligen. Gegenstände betrieblichen Lernens sind zunächst einmal Produkte und Produktionsprozesse: im Hinblick auf Design, Zuverlässigkeit, Instandhaltbarkeit, Einfachheit der Produktion, Robustheit und Marktgängigkeit. In dieser Perspektive richten sich die Lernanstrengungen vor allem auf einen den Individuen äußerlichen Fertigungsprozess (vgl. Vormbusch 1999, S. 263 ff.). Vormbusch fährt fort, dass auch das *Subjekt* dieses Lernprozesses selbst zunehmend zum *Objekt betrieblichen Lernens* werde. Es sei nun vonnöten, nach den inneren Widersprüchen partizipativen Managements anhand derartiger betrieblicher Lernprozesse zu fragen, die mit der Einübung einer ‚statusneutralen' Form der sozialen Interaktion am Arbeitsplatz neue Partizipationsmöglichkeiten eröffnen und zugleich Prozesse der *Exklusion* und der horizontalen Kontrolle durch die Arbeitsgruppe selbst in Gang setzen. *Statusneutrale Kooperation* wird als das *widersprüchliche Kennzeichen von Gruppenarbeit* begriffen: Einerseits wird Statusneutralität als Ausweis neuer Partizipationsmöglichkeiten begriffen. Im Rahmen einer gestiegenen Gruppenautonomie und -verantwortlichkeit stellt diese Form der gleichen Teilnahme Aller am kollektiven Entscheidungsprozess der Gruppe neuartige Emanzipationsmöglichkeiten dar. Andererseits ermöglicht die statusneutrale Kooperation in der Gruppe gleichzeitig eine neue Qualität von Rationalisierung (vgl. ebd.). Diese bedeutet nicht nur eine Beschleunigung prozessbezogener Innovationsarbeit, sondern ist für die Beschäftigten durch eine Dynamik der Exklusion und eine ausgeweitete Form gruppengestützter Kontrolle (peer group pressure) gekennzeichnet (vgl. ebd.). Der Autor formuliert weiter, dass die Gruppenarbeit auf der Ebene der sozialen Interaktion eine produktivitätsorientierte Form des Zusammenhandelns darstelle, in der der gruppengestützte Innovations- und Rationalisierungsprozess selbst thematisch, d. h. im engeren Sinne *reflexiv* werde (vgl. ebd.). Rationalisierungsergebnisse werden nicht lediglich zum Ausgangspunkt weiterer Rationalisierungsschritte; vielmehr wird der soziale Mechanismus ‚Gruppenarbeit', mittels dessen Rationalisierungserfolge erzielt werden, selbst zum Gegenstand betrieblicher Lernprozesse, die von der Human-Resources-Abteilung, aber auch von den Mitarbeitern strukturiert werden. Diese soziale Interaktion in Arbeitsgruppen ist sowohl Medium als auch Gegenstand betrieblichen Lernens. Vormbusch folgert als Konsequenz:

> „Auf der individuellen Ebene zielen die aktuellen Rationalisierungsstrategien auf die ‚ganze Person' der Beschäftigten. Damit wird die im Taylorismus noch funktionale Trennung zwischen der Berufsrolle und der persönlichen Identität zunehmend in Frage gestellt, und die Beschäftigten mit neuen, für sie selbst schwer eingrenzbaren Anforderungen konfrontiert, die gesellschaftlich etablierte Grenzziehungen zwischen beruflich und privat, ‚Arbeit und Leben' (Voß 1994), Produktion und Reproduktion zunehmend in Frage stellen ..." (Vormbusch ebd.)

In jüngster Zeit werden die Merkmale einer sog. ‚agilen Organisation', die sich ihrerseits besonders gut an Marktherausforderungen anpassen kann, auch auf neue Formen der Gruppenarbeit bezogen: Gemeint ist der Aspekt, dass Gruppenarbeit vermehrt in Form von selbstorganisierten Teams organisiert wird: Jenen soll mehr Autonomie, Entscheidungen selbst zu treffen und ihre Arbeit eigenverantwortlich zu organisieren, zugestanden werden – mit den Zielen, Engagement und Innovationskraft zu fördern. Allerdings bleiben m. E. die im vorherigen Abschn. 3.1 formulierten Kritikpunkte am Autonomie-Konzept erhalten. Unzweifelhaft dürfte sein, dass die Etablierung derartiger Strukturen auf neue Kommunikationsformen zwischen Führenden und Geführten setzen muss: Besonders den Führenden kommt vermehrt die Aufgabe zu, ihre machtvollen Positionen, innerhalb derer sie Empowerment und Ambiguitätstoleranz vermitteln, zu reflektieren (vgl. Möller und Giernalczyk 2023).

Neben der Organisation von Gruppenarbeit können auf der konkreten Betriebsebene auch bei Managementkonzepten macht- und kontrolltheoretische Verschiebungen ausgemacht werden, wie ich im Anschluss zeige.

6.3 Shareholder Value und „Finanzmarkt-Kapitalismus"

Mit der sog. *Shareholder Value-Orientierung* wird seit den 1990er-Jahren ein Managementkonzept bezeichnet, das auf die möglichst weitgehende *Realisierung der Renditeinteressen von Aktionären* zielt. Es wird bei der näheren Beschreibung des Shareholder-Value-Konzepts v. a. deutlich, dass die Unternehmensstrategien an ihrem voraussichtlichen ökonomischen Ertrag ausgerichtet werden sollen, den sie für Aktienbesitzer schaffen und der im Falle einer börsengehandelten Kapitalgesellschaft sich in Dividendenzahlungen und Kurswertsteigerungen der Aktien niederschlägt (vgl. Hirsch-Kreinsen 1998, S. 197). Das Konzept des Shareholder Value ist als Moment einer *Vermarktlichung* der Steuerungsprozessen von Unternehmen zu begreifen (vgl. ebd., S. 196). Es sollen Managemententscheidungen unmittelbar an die Bedingungen des Kapitalmarktes und die Interessen der Anleger gebunden werden (vgl. auch Kädtler 2010). Die Durchsetzung des Shareholder-Value-Konzepts hat zweifelsohne erhebliche *Konsequenzen* vor allem für das *Unternehmensmanagement*: Zunächst werden die bisherigen Autonomie- und Entscheidungsspielräume des Unternehmensmanagements stark eingeschränkt. Werden nämlich, wie oben ausgeführt, die Managemententscheidungen stärker an die Renditekriterien des Kapitalmarktes rückgebunden, fällt es den Managern schwerer, partikulare „strategische" bzw. allgemein-unternehmerische Ziele oder Visionen durchzusetzen (vgl. Hirsch-Kreinsen ebd., S. 202). Die zweite Konsequenz für die Manager:innen ist der Druck, dem sie seitens der Fond-Manager:innen zunehmend ausgesetzt werden: Letztere versuchen mit spektakulären Bestrafungsaktionen, die Manager:innen zu entsprechenden Kursänderungen zu bringen. „So sollen aus so genannten ‚Underperformern' endlich Wertschaffer werden" (Nöltig zit. nach Hirsch-Kreinsen ebd., S. 203; Herv. i. Orig.) Neu ist für die Manager auch, dass ihre Gehälter an die Entwicklung von Unternehmenswert und Anlagerendite gekoppelt werden: Hierdurch soll die Bindung der Manager an die Erfordernisse des Shareholder-Value-Konzepts sichergestellt werden.

In der Rückschau muss man sagen: Zweifellos verbanden sich in quantitativer Hinsicht mit Bezug auf den Personaleinsatz teilweise massive Freisetzungseffekte mit der Durchsetzung des neuen Konzepts. Hier ging es v. a. um Produktionsarbeiter:innen, aber auch um Büroangestellte, gut bezahlte technische Angestellte und vor allem Managementvertreter der unterschiedlichsten Hierarchieebenen, die mehrheitlich in früheren Jahren auf einen obligatorischen Aufstieg mit teilweise beträchtlichen Gehaltszuwächsen hätten bauen können (vgl. ebd., S. 207 f.).

Als *Kritik* am Shareholder Value-Konzept galt: „Frißt die Shareholder-Value-Ökonomie die Modernisierung der Arbeit?" (Schumann 1998, S. 19) Die Antwort liefert Schumann eingebunden in eine Argumentkette, die *Anzeichen* für die *Rückkehr zu tayloristischen Prinzipien* verdeutlicht: Eigeninitiative, Partizipation, Verantwortlichkeit und diskursive Zielfindung werden obsolet, Produktivitätszugewinn wird über die Wiedereinführung von Hierarchie, Kontrolle und Exklusion gesucht (vgl. ebd., S. 30). Schumann schlussfolgerte „Da im Kalkül der Kurzfrist-Ökonomen Investitionen in das Arbeitsvermögen nicht lohnen, hat bei ihnen eine Modernisierung der Arbeit, für die die Weiterbildung der Human Ressourcen konstitutiv ist, ihre Zukunft verspielt." (ebd.)

Nicht wenige Autoren gehen heute davon aus, dass das Organisationskonzept des Shareholder Value in seinen Leitlinien prinzipiell auf einen gesellschaftsweiten Diskurs über und die damit verbundenen Praktiken innerhalb eines „Finanzmarkt-Kapitalismus" (Windolf 2005; Minssen 2019) aufgegangen sei und im Rahmen einer „Soziologie der Finanzmärkte" (Kalthoff und Vormbusch 2012) erforscht werden müsse. Dieser Perspektive liegt ein zeitdiagnostischer Befund zugrunde. Gemeint ist, dass das übergreifende Konzept eines „Finanzmarkt-Kapitalismus" (vgl. Windolf ebd.; Minssen 2019; Faust et al. 2017) die Konturen der Gegenwartsgesellschaft relevant bestimmt. Damit ist eine aktuelle Epochenbezeichnung gemeint (wenngleich sich das Konzept wohl ebenfalls bereits in den 1990er-Jahren begann zu formieren), die sich 1) durch den Zwang zur Vermehrung des globalen Finanzkapitals sowie 2) die Dominanz finanzwissenschaftlicher Akteure auszeichnet (vgl. Vormbusch 2019), die ihrerseits eine „Herrschaft der Finanzmärkte" (Bischoff 2012) begründet.

Die Folgen von Shareholder Value-Orientierung und Finanzmarkt-Kapitalismus sind vielfältig und von zahlreichen Faktoren abhängig, wie der spezifischen Branche, der Wirtschaftspolitik des Landes und der individuellen Unternehmensstrategien.[2] Unter *Kontroll- und Machtaspekten* scheinen besonders die Heraus-

---

[2] Dazu, dass zahlreiche Debatten im Prinzip eine Frage der Zuordnung sind und man diese eben je nach Fokus nicht nur zur Arbeitssoziologie (bzw. Industriesoziologie), sondern auch zur Wirtschafts- oder Finanzsoziologie vornehmen kann, sei das Einführungsbuch von Vormbusch (2019) empfohlen.

6.3 Shareholder Value und „Finanzmarkt-Kapitalismus"

forderungen für die Arbeitenden zentral zu stehen, die seitens der Organisationen gefordert werden: Es geht um ein Aushalten-Können erneuter Hierarchisierungs-, Kontroll- und Exklusionstendenzen in Verbindung mit absoluter Bindung an finanzmarktlich dominierten Shareholder-Value und damit einhergehenden Finanzialisierungsstrategien, die sich v. a. in folgenden Punkten zeigen (vgl. auch Windolf 2006):

- Jobunsicherheit: Unternehmen im Finanzmarktkapitalismus neigen dazu, stärker auf kurzfristige Gewinnmaximierung zu achten, was oft zu Entlassungen und einer höheren Fluktuation der Arbeitskräfte führt. Restrukturierungen und Rationalisierungen sind häufig, um die Aktienkurse zu steigern und die Erwartungen der Investoren zu erfüllen.
- Lohndruck: Der Fokus auf Kostensenkung und Effizienz kann dazu führen, dass Löhne stagnieren oder sogar sinken. Arbeitnehmer haben oft weniger Verhandlungsmacht, besonders in Branchen, die stark dem internationalen Wettbewerb ausgesetzt sind.
- Arbeitsintensivierung: Mit der zunehmenden Bedeutung von Kennzahlen und Leistungsmessung wächst der Druck auf Arbeitnehmer, mehr in kürzerer Zeit zu leisten. Dies kann zu längeren Arbeitszeiten, höherer Arbeitsbelastung und stressbedingten Gesundheitsproblemen führen.
- Soziale Ungleichheit: Der Finanzmarktkapitalismus kann zur Vertiefung der Einkommens- und Vermögensungleichheit beitragen. Während die Gewinne und Boni in oberen Managementebenen und bei Aktionären steigen, bleiben die Einkommen der durchschnittlichen Arbeitnehmer oft hinter der allgemeinen wirtschaftlichen Entwicklung zurück (vgl. Piketty 2014).
- Erosion der Sozialleistungen: Um Kosten zu senken, könnten Unternehmen Sozialleistungen kürzen oder abbauen. Dies betrifft insbesondere Renten, Gesundheitsversorgung und andere betriebliche Sozialleistungen.

Wir wollen uns nun weiteren arbeitsorganisatorischen Konzepten zuwenden und aus ihnen weiteres Macht- und Entscheidungsrelevantes herausarbeiten.

▶ (1) **Minssen, Heiner. 2017. Herrschaft. In: Hartmut Hirsch-Kreinsen und Heiner Minssen. Hg.** *Lexikon der Arbeits- und Industriesoziologie.* **Baden-Baden. 160–163.**
Minssen fächert präzise das allgemeine Herrschaftsphänomen auf (relevant für den Grundtenor dieses Buches), um dann zu den „widersprüchlichen Arbeitsanforderungen" (vgl. Moldaschl in Abschn. 3.1) zu gelangen.

(2) **Wolf, Harald. 2001. Prokrustes-Revolutionen und das Gespenst der Autonomie. Über den „neuen Geist des Kapitalismus" und seine Widersprüche. In: *Express – Zeitschrift für sozialistische Betriebs- und Gewerkschaftsarbeit 3*. 2-3.**
Als Einstieg, grundsätzliche Widersprüche innerhalb organisierter Arbeit zu fassen, bestens geeignet!

(3) **Hirsch-Kreinsen, Hartmut. 1998. Shareholder Value: Unternehmensstrategien und neue Strukturen des Kapitalmarkts. In: Hartmut Hirsch-Kreinsen und Hans Wolf Hg. *Arbeit, Gesellschaft, Kritik: Orientierungen wider den Zeitgeist*. Berlin. 195–222.**
Hirsch-Kreinsen gelingt ein fundierter Anschluss des Shareholder-Value-Themas an die Arbeitssoziologie.

(4) **Windolf, Paul. 2005. Was ist Finanzmarkt-Kapitalismus? Finanzmarkt-Kapitalismus. Analysen zum Wandel von Produktionsregimen. In: Kölner Zeitschrift für Soziologie und Sozialpsychologie Sonderheft 45/2005. Ed. Paul Windolf. Wiesbaden. 20–57.**
Dieser Beitrag gilt gemeinhin als Start dieser – doch so richtungsweisenden – Zeitdiagnose, deren Strahlkraft auf nahezu sämtliche gesellschaftliche Bereiche im Prinzip nicht bestritten werden kann.

(5) **Kalthoff, Herbert und Uwe Vormbusch. Hg. 2012. *Soziologie der Finanzmärkte*. Bielefeld.**
Ein sehr guter Starter, die Bandbreite des „Finanzmark-Kapitalismus" zu erfassen.

Rationalisierung und (Selbst-) Qualifizierung 7

7.1 „Lean Production" und „flexible Spezialisierung"

Das Konzept der schlanken Produktionsweise: Lean Production
Schmidt (1996) führt aus, dass ‚lean' zunächst einmal unmissverständlich ‚schlank', und das bedeutet ökonomisch und ästhetisch etwas *Positives*, meine (vgl. Schmidt 1996, S. 124).[1] *Teamarbeit* und *Entscheidungsdezentralisierung* werden als Kernstücke von *lean production* in der Fertigung immer wieder genannt (vgl. ebd.), aus streng betriebswirtschaftlicher Sicht tauchen folgende Aspekte stets wieder auf, wie Abb. 7.1 zeigt.

Sozialwissenschaftlich beachtet und diskutiert wird dieses Konzept seit einer Studie des Massachusetts Institute of Technology (MIT) (Womack et al. 1991). Was ist das Besondere von lean production? Es geht um Folgendes: *Abbau von Hierarchie* und *Reduzierung von bürokratischer Kontrolle, Abstimmung* und *Interessenausgleich* durch formalisierte informelle Meetings, die Pflege von *Organisationskultur,* die Einführung von diversen *Beratungsformen,* Aufbau von multifunktionalen Entwicklungsteams und die Forcierung des so genannten ‚simultanen Entwickelns und simultaner Erforschung' sowie um die Institutionalisierung von *Prozessen permanenter Verbesserung* („KVP" = Kontinuierlicher Verbesserungsprozess; „Kaizen") (vgl. Schmidt ebd.). Und gerade der Verweis auf letzteres Konzept hatte erkennen lassen, dass Produktion in Japan nicht nur schneller vollzogen

---

[1] Wieland Jäger verdanke ich, stets auf die wörtliche etymologische Bedeutung des Begriffs, nämlich mager, verwiesen zu haben. Dann verliert der Begriff recht schnell seine positive Konnotation, wie ich finde.

Abb. 7.1 Kernelemente von Lean Production. (Quelle: GIDA 2004)

wurde, sondern sie wies auch einen reduzierten Wareneinsatz, weniger Fehler und mehr Vielfalt auf (vgl. Minssen 2019, S. 58). Somit bedeutet lean production also mehr als ein spezifisches Konzept der Arbeitsorganisation oder mehr als ein Fabrikmodell: Es zielt auf *innerorganisatorische Mechanismen und Regelungen von Arbeitskrafteinsatz und -nutzung,* auf *zwischenbetriebliche Modi* von *Kooperation* und *Distinktion* ab (vgl. ebd.). Diese Aspekte, die anzeigen, dass das Konzept lean production über den Bereich der Fertigung hinausreicht, belegt folgendes Zitat:

> „Lean production läßt sich jedoch gerade nicht als ein Produktionsmodell im engeren Sinne verstehen. Hier wird mindestens die gesamte betriebliche Wertschöpfungskette, also Marketing und Entwurf ebenso wie Entwicklung, Konstruktion und Produktion, Beschaffung und Absatz, zum Rationalisierungsobjekt. (…) Lean production greift auch die bereichs- und funktionsübergreifende Kooperation, die gesamtbetriebliche Steuerung sowie die Beziehungen zu Kunden und Lieferanten als Gestaltungsproblem auf." (Braczyk/Schienstock zit. nach Schmidt ebd., S. 126)

‚Lean' wurde zu einem Sammelbegriff für eine moderne Form der Produktion, weil eine Behebung der Mängel tayloristisch orientierte Organisationsgestaltung versprochen wurde (vgl. Minssen ebd.). Schmidt ist im Weiteren der Auffassung, dass die Formel lean production einen Charakter eines objektiven *Leitbildes,* einer Philosophie, eines Metaprinzips habe. Jäger (1999, 2005) spricht sogar vom ‚Lean-Projekt', vor allem deswegen, weil ein Kurswechsel der Industrie bzw. ein Organisationstrend in Richtung ‚lean' neue Leitbilder der Arbeit geradezu herausforderten. Nun ist zu fragen, inwieweit dieses Leitbild als neue Rationalisierungsstrategie in Bezug auf neue Anforderungen an Arbeitskräfte zu interpretieren ist: Der Ansatz von lean production ist verknüpft mit Strategien sozialer Rationalisierung, mit der ökonomisch verwertungsrelevanten Umsetzung des Interesses an Berechenbarkeit und – erweiterter – Beherrschbarkeit *sozialer* und *kultureller Merkmale* von Arbeit(-skraft) (vgl. ebd., S. 131). Dies sei spezifiziert durch folgendes Zitat:

7.1 „Lean Production" und „flexible Spezialisierung"

„Auf der Interaktionsebene geht es vor allem um eine qualitative Ausweitung der Nutzung von Arbeitskraft – etwa um notwendige, erzwungene Ausrichtung auf Kooperation und Commitment. Die Anreizvokabeln Kontingenz, Diskontinuität und Selbstorganisation verweisen auf die vielfältigen Anstöße zur Freilegung und Nutzung von still-liegenden oder qua Organisation und Policy – häufig nicht intendiert – still-gelegten Ressourcen individueller Arbeitskraft und auf ökonomisch sensibleren – intelligenteren! – Einsatz von Kooperation und Koordination. Determinierung von Handlungsautonomie durch Kontrollabbau, organisierte Kooperation zwischen unterschiedlich qualifizierten Beschäftigten, Durchsetzung individuell flexibel nutzbarer Zeitsysteme etwa – dies *können* wirksame Maßnahmen im Sinne von ‚leaning of production' sein." (Schmidt ebd., S. 136; Herv. i. Orig.)

Deutschmann (1996) macht mit Blick auf die Konsequenzen eines vermehrten Einsatzes von lean production als Rationalisierungskonzept auf *zwei sich verändernde Institutionen* aufmerksam: auf die Institutionen ‚*Beruf*' und ‚*unternehmensinterne Karriere*'. In Bezug auf ‚Beruf' konstatiert er, dass Berufe gesellschaftlich standardisierte Fähigkeitsprofile seien, die nicht auf die funktionale Arbeitsteilung in einer Organisation, sondern auf einen berufsfachlichen Arbeitsmarkt zugeschnitten seien (vgl. Deutschmann 1996, S. 144). Der Autor begreift nun Statusdenken und Abteilungsegoismus nicht als individuelle Unzulänglichkeiten, sondern argumentiert, dass jene Eigenschaften in tätigkeitsbezogener Form sozialer Identität – eben durch den Beruf – vermittelt würden. Soll nun im Zuge von lean-production-Prozessen die Bereitschaft zur Kooperation und Integration in den organisationsinternen Arbeitszusammenhang und zu permanentem Lernen gefördert werden, wird ein möglichst breites Qualifikationsprofil aller Mitarbeiter:innen, das das Verständnis für die Verzahnung der Tätigkeiten bewusst werden lässt, gefordert. Wirkt man auf diese Weise der Ausbildung individuellen Statusdenkens – gleichsam automatisch – entgegen, kann von der Erosion der Institution ‚Beruf' als identitätsstiftende Statusmarkierung ausgegangen werden (vgl. ebd., S. 145). Nicht minder brüchig, so Deutschmann weiter, werde die unternehmensinterne Karriere als Grundlage von Betriebsloyalität und Arbeitsmoral. Gerade in Folge von lean production dürfte die Zahl der Führungspositionen deutlich sinken; auch die für die soziale Integration der Produktionsarbeiterschaft so wichtige Chance des Aufstiegs aus der Werkstatt in die indirekten (d. h. in die nicht direkt produktionstechnischen) Bereiche und technischen Büros dürfte erheblich eingeschränkt werden. Generalisierter Austausch in der vertikalen Sozialdimension, überkontraktuelles Engagement als ‚Investition' in einem später zu erreichenden höheren Status dürfte deshalb als Konsensformel in der ‚verschlankten' Produktion immer weniger zum Tragen kommen (vgl. ebd., S. 152 f.). Gleichwohl lean production wohl in zahlreichen Arbeitsorganisationen fest verankert sein dürfte, hat es seine revolutionäre

Kraft nicht gänzlich gegenüber anderen Modellen der Arbeitsorganisation durchsetzen können, was sicherlich zu einem gehörigen Teil auch an der Dominanz des mittlerweile alles durchziehenden Paradigmas der Künstlichen Intelligenz (vgl. Abschn. 8.2 in Teil 2) liegen dürfte.[2]

Das Konzept der „flexiblen Spezialisierung"

Das Konzept der *flexiblen Spezialisierung* ist v. a. durch das Werk *„Das Ende der Massenproduktion"* (1985) von Piore und Sabel bekanntgeworden. Brandt (1986) führt in Bezug auf die Studie aus, dass es den Autoren im Kern um die These gegangen sei, dass sich in den entwickelten Industriegesellschaften Westeuropas und der Vereinigten Staaten während der letzten ein oder zwei Jahrzehnte [also im Zeitraum von Mitte der 1960er- bis Mitte der 1980er-Jahre; Anm. T. M.] *alternative Produktionsformen*[3] herausgebildet hätten, die der Massenproduktion angesichts der von dieser nicht bewältigten veränderten ökonomischen Rahmenbedingungen den Rang streitig machten und zur dominanten Produktionsform aufrücken könnten (vgl. Brandt 1986, S. 109). Gedacht sei dabei an alte und neue Formen der Craft Production,[4] die in Klein- und Mittelbetrieben angesiedelt seien und aufgrund ihrer spezifischen Strukturmerkmale den dargestellten Herausforderungen fortgeschrittener Industriegesellschaften eher zu begegnen imstande seien als die großbetrieblichen Formen der Massenproduktion (vgl. ebd.). Gemeinsames Merkmal dieser Produktionsformen ist das Prinzip der flexiblen Spezialisierung, das anders als die Herstellung standardisierter Produkte mit spezialisierten Ressourcen mittels des Prinzips der Massenproduktion (angelernte Arbeiter mit spezialisierten Maschinen) auf die Produktion spezialisierter Produkte mit nicht-spezialisierten Ressourcen (qualifizierte Arbeitskräfte und universale, programmierbare Maschinen) angelegt ist (vgl. Sabel zit. nach Brandt ebd.; vgl. auch Sauer 2010). Was das Konzept der flexiblen Spezialisierung für die *arbeitenden Subjekte* bedeuten könnte, führt Sabel selbst aus:

„Die Massenproduktion basiert also auf der zunehmenden Trennung von Planung und Ausführung, die flexible Spezialisierung dagegen auf ihrer Integration.

---

[2] Zur Frage, inwieweit ‚lean' sogar als Teil eines „gesellschaftlichen Projekts" bezeichnet werden kann/muss vgl. Jäger 1999.

[3] Neben Produktionsformen zeigt sich eine Flexibilisierung besonders auch auf den Ebenen von Technologie und Arbeitsprozessen sowie bei den Beziehungen zwischen Organisationen (vgl. Herrigel 2017, S. 141).

[4] Nach Auffassung Brandts nicht einfach mit ‚handwerklicher Produktion' zu übersetzen, stattdessen eher als klein- und mittelbetriebliche Formen industrieller Produktion bezeichnet.

Das heißt, die Massenproduktion ist ein System mit geringer Verantwortung, bei dem die Untergebenen nur das machen sollen, was ihnen gesagt wird, während flexible Spezialisierung ein System mit hoher Verantwortung ist: gerade weil keine Zeit bleibt, die Konstruktion neuer Produkte in einfache Tätigkeit zu zerlegen, müssen sich die Vorgesetzen darauf verlassen können, daß ihre Untergebenen allgemeine Instruktionen umsetzen und ausführen können." (Sabel 1986, S. 45 f.)

Auf die ausführliche *Kritik* Brandts an der These von Piore/Sabel zum Ende der Massenproduktion soll hier nur insofern eingegangen werden, als der *Hauptvorwurf* in der „Vernachlässigung der Kontextbedingungen der von den Autoren registrierten Veränderungen der Produktionsstruktur …", mit der Folge, „… diese Veränderungen in ihrem Stellenwert und in ihrer Bedeutung nicht adäquat interpretiert…" (Brandt ebd., S. 103 f.) zu haben, liegt. Brandt ist der Auffassung, dass sich die empirischen Belege von Piore/Sabel nicht auf klein- und mittelbetriebliche, sondern auf großbetriebliche Produktionsformen bezögen. Selbst die klein- und mittelbetrieblichen Formen der Craft Production mit Kleinserien- und Einzelfertigung stellten kaum eigenständige Produktionsformen und damit ein Gegenmodell zur Massenproduktion dar, sodass gemäß diesem Verständnis craft production und flexible Spezialisierung ein komplementäres Strukturprinzip repräsentieren, das zwar eine Flexibilisierung der überkommenen Formen der Massenproduktion bedeutet, jedoch der Kontrolle der Großbetriebe unterliegt und die Grundstruktur der Massenproduktion nicht in Frage stellt (vgl. ebd., S. 112 ff.).

7.2 „Dezentralisierung" und „Vermarktlichung"

Dezentralisierung bedeutet, Aufgaben und/oder Entscheidungsbefugnisse auf autonome Organisationseinheiten, Stellen oder Personen zu übertragen (vgl. Funder 2017, S. 98). Wird Dezentralisierung zusammen mit *Vermarktlichung*[5] benannt, sind damit durch die Reduzierung von Hierarchieebenen bzw. durch den Abbau von Arbeitskräften völlig *neue Experten-, Planungs- und Kontrollfunktionen* („Dienstleister", „Moderator" oder „Intrapreneur") für die Führungskräfte benannt. Im Grunde versuchen Dezentralisierungsstrategien eher konträre Organisationsprinzipien – besonders marktliche und hierarchische – miteinander zu verknüpfen (vgl. ebd., S. 99) Durch Zielvereinbarungen entstehen neue betriebliche Steuerungsinstrumente. Um herauszuarbeiten, wie eine steigende Unbestimmtheit des Handelns mit verschärfter Kontrolle des Erfolgs einhergeht, sich somit die For-

---

[5] Dass der Begriff ‚Vermarktlichung' relativ schnell erneut und allgemein ‚Finanz-Marktlichkeit' assoziieren lässt, schließt an Bemerkungen innerhalb des Abschn. 3.3 an.

mel „Von der Kontrolle zum Erfolg" (Faust et al. 1995) herausgebildet hat, kann Folgendes hilfreich sein: Zentralistische Kontrolle bedeutet für die Autoren nicht mehr den hierarchischen Durchgriff, sondern das Setzen und die Kontrolle von Rahmenbedingungen; an die Stelle bürokratischer Herrschaft und Kontrolle tritt vermehrt eine *objektivierte Herrschaftsform des* Sachzwangs, des Marktes, der Konkurrenz, der Kapitalrendite. Aus personaler Macht wird abstrakte, subtile Herrschaft.

Wenn sich Faust et al. in ihrem Aufsatz „Das neue Paradigma der reflexiven Rationalisierung als Prozess der Reintegration von Dienstleistungsarbeit in die herstellende Arbeit" (ebd.) mit dem *Dezentralisierungs*phänomen auseinandersetzen, machen sie innerhalb der Debatte um die Rationalisierungspraxis der 1990er-Jahre einen ‚Stilwechsel' aus: *Reflexivität*, in früheren Phasen tayloristisch-fordistischer Rationalisierung nicht verwirklicht – zumindest nicht beachtet –, könne als ein *wesentliches Merkmal heutiger* (1990er-Jahre) *Rationalisierung* identifiziert werden (vgl. ebd., S. 200). Anschlussfähig – an ‚wissenschaftliche Betriebsführung', ‚Massenproduktion' oder ‚tayloristische Rationalisierung' – wird das Dezentralisierungsparadigma als neuer Trend, wenn man es in das in Abschn. 6.2 beschriebene Konzept der ‚systemischen Rationalisierung' hineindenkt: die ihrerseits nicht nur die Formen der Produktionsarbeit verändert, sondern organisatorisch verfestigte Formen der Abtrennung indirekter, ‚dienstleistender' Arbeit sowie eine ausdifferenzierte funktionale und hierarchische Gliederung der industriellen Organisationen und darauf aufbauende und positionale Selbstverständnisse wie auch spezifische Berufs- bzw. Karriereverläufe herausbildet (vgl. ebd.). Seit den ‚neuen Produktionskonzepten' von Kern/Schumann (vgl. Abschn. 2.2 in Teil 2) allerdings, so fassen die Autoren zusammen, könne von Folgendem ausgegangen werden: Der „Technikdeterminismus" (ebd.) der älteren Industriesoziologie, der von einer nicht weiter reflektierten Prämisse der Identität betrieblichen Rationalisierungshandelns mit den objektiven „Sachgesetzen" (ebd.) des technisch-wissenschaftlichen Fortschritts ausgegangen ist, sei passé. Anstelle technischer Verwertungslogiken, die Maßnahmen technisch-ökonomischer Effizienzsteigerung unmittelbar bestimmten, seien Konzepte und Paradigmen getreten, die in jedem Fall entscheidungs- und akteursbezogene Strukturierungen kennzeichneten (vgl. ebd., S. 10).

Folgendes *Grundmerkmal* kann in Bezug auf Dezentralisierung festgehalten werden: Eine *Reintegration* von *Herstellungs-* und *industrieller Dienstleistungsarbeit* wird angestrebt – diese Reorganisation kann in verschiedenen Formen erfolgen: Einmal vornehmlich in Form der Reintegration unmittelbar in herstellende Arbeitstätigkeiten (arbeitsorganisatorische Reintegration im engeren Sinn) und zum anderen vornehmlich in Form der Reintegration in dezentrale Produktionseinheiten (betriebsorganisatorische Form). Auch kombinierte Formen (Qualitäts-

7.2 „Dezentralisierung" und „Vermarktlichung"

zirkel, Kontinuierlicher Verbesserungsprozess, Projektorganisation) sind möglich (vgl. ebd., S. 201). Beide Entwicklungen können in Reorganisationsprojekte einmünden, bei denen die größere funktionale Gliederung der Organisation aufgehoben oder durchlässiger gemacht wird und insbesondere die funktionale Ausgliederung spezialisierter, zentraler Stäbe auf Fabrikebene oder auf Unternehmensebene teilweise zurückgenommen wird. Wird ein Betriebsteil oder eine Funktion ausgelagert – in Verbindung mit dem Rückkauf der vormals dort erstellten Leistungen –, spricht man von ‚Outsourcing' (vgl. Hendrix et al. 2003).

Faust et al. geben einen Ausblick über die *Wirkungen,* die ein *Strukturwandel* in Richtung ‚Dezentralisierung' mit sich bringen würde:

- Die *Reduzierung von Hierarchieebenen* führt zu einer Verringerung von Aufstiegspositionen in der ‚Linie', was unter ansonsten unveränderten Bedingungen (Leitungsspanne) einen verringerten Bedarf an Führungskräften zur Folge hat.
- Der *Abbau von Arbeitsplätzen* und *Führungspositionen* in den indirekten, produktionsnahen Bereichen und auch in zentralen Stabsbereichen ist zu erwarten.
- *Führungskräfte* in der Linie *und auf den mittleren und unteren Ebenen* werden mit *deutlichen Veränderungen der Anforderungen* konfrontiert, z. B. entstehen Typisierungen wie „Moderator der Selbstorganisation" (ebd.) oder „Intrapreneur" (ebd.).
- Ein *Neuzuschnitt von Vorgesetztenrollen* kann zu einem Verdrängungswettbewerb führen: traditionelle Führungskräfte aus der Produktion („Aufsteiger" (ebd.), Meister:innen) geraten im Vergleich zu jüngeren Führungskräften ins Hintertreffen, da den Älteren Eigenschaften, wie Flexibilität, Leistungsfähigkeit und Belastbarkeit, abgesprochen werden.
- Die *produktionsnahen* Bereiche und auch die zentralen *Stäbe* erfahren einen *veränderten Aufgabenzuschnitt:* Führungskräften in diesen Bereichen kommt die zentrale Experten-, Planungs- und Kontrollfunktion zu; sie werden zunehmend auf die Rolle von „Dienstleistern" (ebd.) für die Produktion bzw. für den gesamten Leistungserstellungsprozess verwiesen.
- Aus den organisatorischen Veränderungen erwächst *eine Krise traditioneller Karriere- und Aufstiegswege.* Einerseits werden generell an Führungskräfte erhöhte Anforderungen nach beruflicher Einsatzflexibilität gestellt, andererseits werden technische Fachqualifikationen in neuer Weise mit betriebswirtschaftlichen, „quasi-unternehmerischen" (ebd.) Funktionen verkoppelt. Schließlich gewinnen auch sozial-kommunikative Fähigkeiten an Bedeutung. Traditionelle Aufstiegswege von Facharbeitern aus der Produktion in die technischen Büros und auf untere und mittlere Führungspositionen werden verbaut oder doch zu-

mindest durch die zugleich ansteigende Konkurrenz mit akademisch gebildeten Arbeitskräften deutlich in ihrer Bedeutung zurückgenommen (vgl. Faust et al. ebd., S. 202 f., auch: Minssen 2019, S. 51 ff.).

Aktuell ist eine Parallelität zwischen Entscheidungsdezentralisation bzw. funktionaler Integration einerseits und eine Rückbesinnung auf eher lokale Wertschöpfungsketten bei gleichzeitiger Rücknahme von etwa Outsourcing zu konstatieren (vgl. Funder ebd., S. 102). Den bereits oben genannten Begriff der „reflexiven Rationalisierung" (ebd.) in Bezug auf Dezentralisierungsphänomene bewerten Faust et al. insofern als hilfreich, als er auf den Umstand aufmerksam mache, dass vorgängige *Macht-* und *Interessenstrukturen* „um- und rückgebaut" (ebd.) sowie *kognitive* und *normative Konzepte*, die instrumentell verankert seien und in individuellen Biografien angeeignet worden seien, – z. B. mit Hilfe von Konzepten wie ‚organisationales Lernen' – neu bewertet werden müssten (vgl. ebd., S. 204). Genau diesen Konzepten, die um Lernen, Innovation und Wissen kreisen, ist das nächste Kapitel gewidmet.

▶ (1) **Jäger, Wieland. 2005. 15 Jahre ‚Lean-Projekt' – Eine Zwischenbilanz zum Strukturwandel der Industriearbeit in Deutschland. In: Gesellschaft der Freunde der FernUniversität. Hg.** *Jahrbuch 2004.* **Hagen.**

Dieser Beitrag zu ‚lean production' kann quer zu den im Text zitierten Aufsätzen gelesen werden, weil er neben den inner- und zwischenbetrieblichen Aspekten von ‚lean' auch die gesamtgesellschaftliche Relevanz aufzeigt.

(2) **Faust, Michael et al. 1995.** *Dezentralisierung von Unternehmen. Bürokratie- und Hierarchieabbau und die Rolle betrieblicher Arbeitspolitik.* **München/Mehring.**

Die Autoren entlarven gekonnt betriebswirtschaftliche Begriffe wie ‚Dezentralisierung' und ‚Vermarktlichung' als objektivierte Herrschaftsformen. Lesen!

(3) **Hirsch-Kreinsen, Hartmut und Heiner Minssen. Hg. 2017.** *Lexikon der Arbeits- und Industriesoziologie.* **Baden-Baden.**

Dieses Standardwerk sei zur aktuellen Einordnung der meisten – so auch der o. g. – arbeitssoziologischen Konzepte empfohlen.

Innovation, Lernen und Wissen 8

8.1 „Der implizite Innovationsmodus"

Ganz generell wird unter Innovation „… eine Idee, eine Praxis oder ein Gegenstand verstanden, die bzw. der als neu und als verbesserte Problemlösung gegenüber einer früheren Situation wahrgenommen wird" (Rogers 2003 [1962], S. 12 ff.; Übers. T. M.). Aus den umfangreichen arbeitssoziologischen Bezügen[1] soll hier ein Ansatz herausgegriffen werden, der sich mit den Arten und Weisen, wie sich innovationsrelevante Verhaltensmuster und informelle Kommunikationsweisen unter Macht- und Kontrollaspekten in einer Organisation herausbilden, befasst. Hier geht es um den Ansatz von des „impliziten Innovationsmodus" (Baethge und Baethge-Kinsky 1998). Als Bestandteile dieses Modus sollen Kompetenz- und Kooperationsmodelle mit ‚alten' Statusmodellen gespiegelt werden.

Baethge/Baethge-Kinsky fragen, inwieweit der Wandel von Produktion und Arbeitsorganisation seit ca. Ende der 1980er-Jahre etwas darüber aussagen kann, was die Autoren den „*Innovationsmodus*" nennen (vgl. Baethge und Baethge-Kinsky 1998b, S. 101). Unter *Innovation* verstehen sie zunächst sehr allgemein „die Gesamtheit von betrieblichen Aktivitäten, die zur Optimierung oder Erneuerung von Produkten und Prozessen im Interesse der Verbesserung der Absatzchancen getätigt werden: sie reichen von einfachen Rationalisierungs- oder Produkt-Verbesserungsvorschlägen bis zur Einführung völlig neuer Produkte oder Verfahren" (ebd., S. 101 f.). Die Autoren unterscheiden im Weiteren zwischen *expliziter* Innovation – diese meint seitens des Managements intendierte Maßnahmen – und *impliziter* Innovation: Hier sind dagegen unentdeckte innovationsrelevante

---

[1] vgl. dazu ausführlich Hirsch-Kreinsen 2017.

Handlungen und Organisationsformen gemeint, die sich in allgemeinen Verhaltensmustern und eingeschliffenen informellen Kommunikationsweisen manifestieren (vgl. ebd.). *Leitende These* der Autoren ist nun, dass wie auch immer geartete Produktionsmodelle oder -formen durch *institutionalisierte Organisations-, Kommunikations- und Verhaltensstrukturen* definiert sind. Diese Strukturen weisen über das jeweilige Produktionsmodell hinaus und setzen Bedingungen für Veränderungen und Innovationen, z. B. etablierten Formen der Arbeitsteilung und der Kooperation, Muster der Personalstrukturierung und -entwicklung oder eingeschliffene Denktraditionen von Management und Mitarbeitern (vgl. ebd.). Eine theoretische Figur, die derartige mikro- und mesopolitische Institutionalisierungsprozesse verstehen hilft, haben wir bereits in Teil 1 mit den Neo-Institutionalisten (vgl. Teil 1, Abschn. 3.3.3) kennengelernt.

Der Wandel von Arbeitsorganisation, der mit einem bestimmten Maß an Innovation einhergeht, kann sich *machtrelevant* auf drei wesentlichen Ebenen betrieblicher Organisation vollziehen:

- Das *Kompetenzmodell:* Es gibt Auskunft darüber, welche Beschäftigungsgruppen welche Funktionen wahrzunehmen haben und welche Qualifikationen für die Ausübung unterschiedlicher Funktionen im Regelfall vorausgesetzt werden.
- Das *Kooperationsmodell:* Hier stehen die betrieblich institutionalisierten Regeln und eingeschliffenen Gewohnheiten der Alltagskommunikation, also die Festlegung, wer mit wem in welcher Weise zu kooperieren hat, im Fokus der Betrachtung.
- Das *Statusmodell:* Es drückt als abgestuftes System von Privilegien und Belohnungen (Einkommen, Aufstieg) aus, welche betriebliche Wertschätzung welche Tätigkeiten bzw. Tätigkeitsgruppen erfahren und welche Macht welche Akteursgruppen im beruflichen Alltag haben (vgl. ebd., S. 103).

Wiesen etwa tayloristische Betriebsorganisationen oder später folgende Phasen der „diversifizierten Qualitätsproduktion" (ebd.) in Bezug auf die obigen Dimensionen bspw. hierarchisch geprägte Kooperation und hochgradige Statusdifferenzierung aus, so sei Merkmal zahlreicher dargelegter Formen der Arbeitsorganisation – mit den „neuen Produktionskonzepten" (vgl. Abschn. 2.2 in Teil 2) beginnend – dass sie sich grundlegend an der Fähigkeit zur schnellen Reagibilität der Organisation auf veränderte Marktkonstellationen und sich verändernde Kundenwünsche orientierten (vgl. ebd., S. 127). Die *neue Qualität* der arbeitsorganisatorischen Konzepte liegt darin, dass sie Produktionsarbeit als Aufgabe fortwährender Innovation definiert. Formen querfunktionaler Kooperation werden betont (anstelle vertikaler und horizontaler Abgrenzungen). Des Weiteren wird

8.1 „Der implizite Innovationsmodus"

durch diese Form der „innovationszentrierten Produktion" (ebd.) ein *neues Kompetenzmodell* installiert: In diesem Modell sind *alle* Beschäftigten im Rahmen ihrer alltäglichen Arbeit und auf der Grundlage ihrer spezifischen qualifikatorischen Ressourcen (Wissen, Erfahrung) in die betrieblichen Innovationsprozesse involviert. Aktiviert werden neben den technischen Qualifikationen auf der Basis von kognitiv-theoretischem (Ingenieur-)Wissen, den ökonomischen Qualifikationen der Kaufleute auch das als Produktionsintelligenz bezeichnete „Amalgam von technisch-fachlichen und sinnlich-erfahrungsbasierten Bestandteilen (Fach-) Arbeiterqualifikationen" (ebd., S. 130). So sollen durch die zunehmende Erschließung dieser *subjektiven Innovationspotenziale* „verborgene Wissensschätze" („tacit skills") (ebd.) der Beschäftigten erschlossen werden. Dieses neue Kompetenzmodell bildet die Basis für ein ebenfalls verändertes Kooperationsmodell in Organisationen: die bislang nach *Machtaspekten* strukturierten Über- und Unterordnungsverhältnisse werden reduziert. An deren Stelle tritt nun im Rahmen innovationszentrierter Produktion ein Konzept aufgabenbezogener horizontaler Kooperationsverhältnisse. Unter Bezugnahme auf Subkultur-Konzepte (vgl. Teil 1, Abschn. 3.2.1) bleibt m. E. allerdings fraglich, ob von substanziellem Machtabbau gesprochen werden kann. So bleibt noch, ein neues Statusmodell zu betrachten: Die funktionale Abweichung der traditionellen beruflichen Demarkations- und Statuslinien erweitert für einzelne Beschäftigungsgruppen berufliche und betriebliche *Entfaltungschancen*. Auf der anderen Seite schafft sie breitflächig neue Unsicherheit. War z. B. innerhalb der diversifizierten Qualitätsproduktion durch die exklusive Zuordnung von beruflicher Kompetenz zu Funktionen eine gewisse Sicherheit für beruflich einschlägige Beschäftigungsgruppen gegeben, so weichen die am *Berufsprinzip* orientierten Allokations-, Arbeitsorganisations- und Karrieremuster tendenziell auf. Die Zuordnung von bestimmten Kompetenzen zu Funktionen von Positionen und Laufbahn zu Qualifikationstypen verliert an Stabilität. Betroffen hiervon sind neben den Produktionsarbeitern auch die bislang auf der mittleren Ebene eingesetzten Beschäftigten mit Meister- und Technikerqualifikation (vgl. ebd., S. 134). Baethge/Baethge-Kinsky generalisieren die neuen Qualifikationsanforderungen an die in der Produktion Beschäftigten insofern, als sie der Auffassung sind, dass auf der einen Seite die generelle Erhöhung des Gewichts von Abstraktions- und Analysefähigkeit sowie eine kontinuierlich selbstständige Erweiterung der eigenen Kompetenzen im Qualifikationsprofil stehe, auf der anderen Seite verändere sich die fachliche Kompetenzbasis in Richtung auf Verbreiterung beruflicher Spezialkenntnisse (vgl. ebd.). Wie gesagt: Ein ständiges, automatisches Involviertsein in betriebliche Innovationsprozesse in Verbindung mit erhöhter Abstraktions- und Analysefähigkeit sowie ‚Selbstqualifizierung' in Breite und Tiefe bauen formal vielleicht einige klassische Macht- und Kontrollmodi ab, was empirisch-substanziell noch zu belegen wäre. Zweifel sind allerdings angebracht. Auch müssten in Bezug auf das Thema Innovation Anschlüsse zu den Bereichen der ‚organisationales Lernen' und ‚Wissensarbeit' aufgezeigt werden. Um dieses Unterkapitel nicht zu lang werden zu lassen, generiere ich deshalb einfach ein neues, nämlich das folgende.

8.2 Organisationales Lernen und Wissensarbeit

Die Debatte um lernende Organisationen – oder organisationales Lernen? – wird zumeist unscharf geführt, wie dieses kleine Wortspiel bereits andeutet. ‚Organisieren' und ‚Lernen' erweisen sich nach Weick und Westley (1996) als nicht miteinander zu vereinbarende Konzepte. Lernen bedeute Vielfalt erzeugen und Explorieren, Organisieren hingegen impliziert Standardisieren und Vielfalt reduzieren. Insoweit sprechen die beiden Begriffe antithetische Prozesse an (vgl. Weick und Westley 1996). Der Begriff des Organisierens allerdings ist m. E. nicht der angemessene Gegensatz zu Lernen. Es stellt lediglich eine Assoziation, die mit Organisation verbunden wird, nämlich das Organisieren als Tätigkeit einer anderen Tätigkeit, dem Lernen, gegenüber. Mit Türk (1995a) lässt sich noch ein gewichtigerer Grund ausmachen, Lernen und Organisationen auf verschiedenen Emergenzebenen zu verorten: ‚Organisation' wird nicht in gleicher Weise als menschliche Tätigkeit aufgefasst wie Lernen, sondern ‚Organisation' *bezieht sich* offenbar in irgendeiner Weise *auf* ein Drittes.[2]

‚Organisation' meint eine spezifische soziale Form, während mit ‚Lernen' ein inhaltlich-gegenstandsbezogenes Verhalten eines Organismus gemeint ist. Daraus folgt, dass zwar ein anderer für ein Subjekt organisieren kann, lernen aber

---

[2] Die Frage, ob eigentlich nur Individuen oder eben auch Organisationen lernen können, ist im Prinzip ungeklärt (vgl. Miebach 2007, S. 155). Wenn wir allerdings zumindest unterstellen, dass Lernen stets mit Veränderung, sei es im Denken und/oder Handeln, zu tun hat, dann kann nicht bestritten werden, dass sich Verhaltensweisen von Mitarbeitenden etwa sich ausbilden und sicher auch ändern aufgrund der vorhandenen und sich ebenfalls ändernden organisationskulturell bedeutenden Artefakte, wie etwa Organigramme, Richtlinien. Prozessdarstellungen, Routinen, Verhaltensanweisungen oder sogar Maschinen (vgl. Miebach 2007, S. 157). Man kann vielleicht so argumentieren, dass Organisationen ein „Gedächtnis" (Lueger 2023, S. 239) haben, welches Lernen auf Organisationen beziehbar macht dadurch, dass dieses Gedächtnis nicht durch schlicht individuelle Handlungsweisen ‚gefüttert' wird, sondern ausschließlich durch *organisationsrelevantes* Handeln, Beobachten und Interpretieren (vgl. ebd.).

8.2 Organisationales Lernen und Wissensarbeit

kann nur das Subjekt selbst – der Begriff des Lernens ist aus der Subjektperspektive gebildet, der Begriff der Organisation ist aus einer Fremdperspektive gebildet (vgl. Türk 1995, S. 226).

Bevor an dieser Stelle weitergedacht werden soll, ist zunächst auf den herrschenden Diskurs ‚Lernen und Organisation' einzugehen. Der Gefahr der unzulässigen Verallgemeinerung bewusst, lässt sich m. E. eine Tendenz ausmachen: Lernen in/von Organisationen folgt zu großen Teilen einem ökonomistisch verengten Rationalitäts- und Effizienzdenken. Klassisch eingeführt wurde diese *behavioristisch*[3] motivierte Grundannahme, Lernen als situationsoptimierende Verhaltens- bzw. Entscheidungsänderung – als eine Art Erfahrungslernen – zu charakterisieren von March/Olsen (1979). Die beiden Autoren entwickelten ein Modell, welches in vier Phasen verläuft: In Phase 1 werden die Präferenzen der Organisationsmitglieder zugrunde gelegt, die es ermöglichen, Diskrepanzen zu unerwünschten Umweltzuständen auszumachen und deren Abänderung zu initiieren. Die Individuen sind also grundsätzlich in der Lage, Problemlösungen zu formulieren und an Entscheidungsprozessen teilzunehmen. In der 2. Phase werden dann Entscheidungen getroffen, es wird gehandelt. In der 3. Phase wirkt die Organisation mit Hilfe der getroffenen Entscheidungen auf die Umwelt ein, die dann ihrerseits wieder in geänderter Weise reagiert. Die 4. Phase bezieht sich dann auf die Perzeption und Interpretation der Umweltreaktionen durch die Individuen der Organisation – damit schließt sich der Kreis, ein neuer Lernzyklus wird in Gang gesetzt (vgl. Schreyögg 1996, S. 512 f.). Dieses Modell von March/Olsen wäre eines, was in die oben genannten Mikro-Perspektive gehören würde.

Ein weiteres, in heutiger Organisationstheorie eher favorisiertes Paradigma, ist ein *kognitivistisches:* Kognitivistische Lerntheorien konzipieren Lernen als Erwerb und Weiterentwicklung von kognitiven Strukturen. Lernen ist konzeptionell nicht mehr länger an Versuch und Irrtum gebunden, sondern Einsichtsprozesse werden ebenso einbezogen wie das Lernen am Modell. Die Organisationsmitglieder entwickeln kognitive Muster und Karten, die eine Verbindung zwischen Stimuli und Handlungen herstellen. Diese Kognitionen bilden sich im Zuge von Erfahrungen, Einsichten, Verknüpfungen mit bestehenden Kognitionen usw. Diese mentalen Muster oder Schemata stellen Strukturierungshilfen dar, indem sie Ereignisse

---

[3] Aus behavioristischer Sicht meint Lernen Verhaltensänderung: Es wird die Fähigkeit zu lernen als eine Eigenschaft des Individuums angesehen und ein Lernprozess dann unterstellt, wenn ein Individuum auf einen gleichen oder ähnlichen Anstoß (Stimulus) in einer von früherer Verhalten signifikant abweichenden Weise reagiert (Response) (vgl. Schreyögg 1996, S. 512).

verstehbar machen („sensemaking", Weick 1985), Zusammenhänge herstellen oder Wissen speichern helfen (vgl. Schreyögg ebd.). Vor allem Argyris/Schön (1978) wenden sich der Frage nach der möglichen Verknüpfung verschiedener Kognitionsmuster zu, wenn sie drei Lernebenen klassifizieren:

- *Anpassungslernen (single-loop learning/Ein-Schleifen-Lernen)*, ‚doing the things right', Anpassung durch Fehlerkorrektur.
- *Veränderung des Reaktionsrepertoirs (double-loop learning/Zwei-Schleifen-Lernen)*, ‚doing the right things', Optimierung der zugrunde liegenden Rahmenbedingungen.
- *Das Lernen erlernen (deutero learning)*, Optimierung der traditionellen Lernstrategien, diejenige Lernform, die es im organisationalen Lernen zu erreichen gilt (vgl. Argyris und Schön 1978, S. 18 ff.).

Lernen als *Sinnmarkierung* bedeutet jedoch nicht nur Funktionales und fortschrittlich Konnotiertes. Denn wie lässt sich Lernen sinnvoll mit Macht, Kontrolle und Entscheidungen in Verbindung bringen?[4] Startpunkt könnte die These sein, Lernen in Organisationen (als Tätigkeit), aber auch den ‚Modus' Lernen als organisationales Prinzip als Form der „Disziplinierbarkeit menschlichen Arbeitsvermögens für fremde Zwecke" (Türk 1994, S. 27) zu begreifen. Ich habe in diesem Einführungsbuch bspw. durch die Einführung verschiedener Analyseebenen – Mikro-, Meso- und Makroebene – in Teil 1 ein Unterscheidungskriterium geschaffen, welches es grundsätzlich ermöglicht, Macht, Kontrolle und Entscheidungen in Organisationen aus verschiedenen Blickwinkeln zu betrachten. So können z. B. nicht nur (strukturbildende) – gleichsam gelernte – *Verhaltenskalküle* der arbeitenden Subjekte (Mikroebene) oder Wirkungen von *Strategie-Strukturen* selbst (Mesoebene) analytisch getrennt voneinander analysiert werden, sondern es können auch korporative Akteure – Organisationen – ausgemacht werden (Makroebene) – womit der viel zitierte Terminus ‚lernende Organisation' (als ‚Ganze', als Einheit) eine Präzisierung erführe, wenn immer man nicht lernende Individuen oder Kollektive *in* Organisationen meinte. Vor diesem Hintergrund der Drei-Ebenen-Unterscheidung könnte man sagen, die behavioristischen Lerntheorien entsprechen eher einer mikropolitischen Sichtweise, die kognitivistischen eher einer mesopolitischen. Hier werden schnell Assoziationen zu neo-institutionalistischen Sichtweisen (vgl. Buchteil 1) hervorgerufen, denn organisationale Lernstrukturen können als Institutionen

---

[4] Allein schon diese Verbindung deutet an, dass Lernen – im Alltagsdenken eher positiv besetzt – eben nicht genauso positiv zu fassen ist (aber auch nicht negativ), sondern: Lernen ist ein neutraler Prozess (vgl. Lueger 2023, S. 229).

8.2 Organisationales Lernen und Wissensarbeit

bezeichnet werden.[5] Die dritte Kategorie, den korporativen Akteur ‚Organisation' als ‚lernende Organisation' zu charakterisieren, ist in vielen Konzeptionen zumeist mit dem Wissensbegriff verbunden. Wir nähern uns also im Folgenden dem Konnex Organisation und Wissen.

Die Produktion von *Wissen* (und Nichtwissen) geschieht in erster Linie in *Organisationen*, insbesondere in *Wirtschaftsorganisationen* (vgl. Jäger 2002), da diese „… ein Umschalten von der Anwendung vorhandenen Wissens auf die Erschließung prospektiven Wissens (gegenwärtigen Nichtwissens) ermöglicht bzw. erzwingt" (Strulik 2017, S. 323). Möchte man nun etwas darüber wissen, wie Organisationen operieren und wie sie strukturiert sind, macht es Sinn, deren jeweilige – interne und externe – Wissensperformanz nachzuzeichnen (vgl. Drepper 2008, S. 588 ff.). Wissensbasierte Organisationen zeichnen sich vor allem durch die fortdauernde Suche nach *neuen Handlungs- und Entscheidungsmöglichkeiten* bei ausgeprägt hoher Lern- und Veränderungsbereitschaft aus. So rückt die ‚*lernende Organisation*' (s. o.) in den Blick: sie ist Senge (1997) zufolge vor allem durch systemisches Denken geprägt und setzt auf Synergie durch die Mitarbeiter:innen, deren Engagement und Kreativität, Effektivität und Humanität eine enge Verbindung eingehen (vgl. ebd.). Unterschiedliche *Wissensarten* und *Wissensträger* sind in modernen Arbeitsorganisationen zunächst zu identifizieren und dann zu verknüpfen, um den Wissensfluss zu stimulieren. Dies verdeutlicht Abb. 8.1.

Wissen wird zur wichtigsten wertgenerierenden Quelle moderner Organisationen. Nicht die Verwaltung bestehenden Wissens, vielmehr die Fähigkeit, nachhaltig neues Wissen zu generieren, für neue Produkte und Dienstleistungen, wird in modernen Arbeitsorganisationen zunehmend gefordert.

Im Rahmen der industriesoziologischen Thematisierung der Rationalisierung von Arbeit hat die Frage nach den *Wissenselementen von Arbeit* immer ihren Stellenwert gehabt (vgl. Schumm 1999, S. 153). Einige Autoren sehen sogar den Übergang in eine neue Gesellschaftsformation: Im Prozess der sukzessiven Restrukturierung vor allem ökonomischer Prozesse könnten Produktions- und Dienstleistungsarbeit im bisherigen Sinne durch ganz andere Formen von Tätigkeiten ersetzt werden, deren gemeinsamer Kern sich als *Wissensarbeit* beschreiben ließe. Geht man bspw. der Frage des Verhältnisses neuer IuK-Technologien zum Be-

---

[5] Der neo-institutionalistischen Organisationsforschung zufolge beruht das Organisationsgeschehen innerhalb von Organisationen und über ihre Grenzen hinweg auf Institutionalisierungen in Form von ‚taken for granted'-Annahmen, die an kognitiv und normativ stabilisierten Angemessenheitsregeln orientiert sind (vgl. March und Olsen 1984; Meyer und Rowan 1977 im Buchteil 1). Dabei gilt, dass die Prägekraft äußerer Institutionen auf das Organisationsgeschehen durch das Handeln ihrer Mitglieder kontinuierlich konstruiert und rekonstruiert wird (vgl. Geppert 2000, S. 7).

Wissensebene						
		Individualebene	Gruppenebene	Organisationsebene	Interorganisationale Ebene
Wissensart	Explizites Wissen		Fakten über Produkte, Kunden „Know what"	Kollektives Wissen in einem Team, Wissen, wer was weiß	Organisationshandbücher, Produktbeschreibungen, Dokumentationen, Yellow Pages	Wissen über Marktumgebung, Wissen, wer zu kontaktieren ist, wer hat was
	Implizites Wissen	Kognitive und Technologische Dimension	Kommunikations- und Problemlösungsfähigkeiten, „Know how"	Teamfähigkeiten, Know how im Team	Prinzipien, „ungeschriebene" Regeln für Wissensteilung und -transfer	Know how im Ein- und Verkauf, Know how zu kooperieren
			Werte, Produktqualitäten wahrgenommen vom Mitarbeiter	Werte, Produktqualitäten wahrgenommen von der Gruppe	Unternehmenskultur, Knowledge Vision, Leitlinien	Markenname, Unternehmensimage wahrgenommen von Kunden, Lieferanten, Konkurrenz

Abb. 8.1 Dimensionen der Wissensschaffung, die Wissensebenen und Wissensarten in Arbeitsorganisationen. (Quelle: Aigner 2004)

deutungswandel von Organisation, Arbeit und Wissen (vgl. ebd., S. 154) nach, gerät das Organisationsphänomen direkt ins Zentrum des Interesses.

Um nun zu begreifen, wie Organisationen mit eigenem korporativen Akteurscharakter als *relevante Zurechnungseinheiten* für *Wissensregulationen* auf gesellschaftlicher Ebene aktiv werden, müssen Aspekte, die die *Konstruktionsbedingungen* von Wissen und damit in Zusammenhang stehende Veränderungen in der *Reproduktion* und der *Verteilung* von Wissen berücksichtigen, in den Vordergrund gerückt werden: Gegenüber der ursprünglichen Funktion des Wissens als Deutungs- und Orientierungswissen ist eine enorme Ausweitung des Wissens im Sinne seiner Bedeutung als „kultureller Ressource" (Stehr 1994 zit. nach Schumm ebd., S. 156) zu beobachten. Die verschiedenen Symbolsysteme wie Sprache, Schreiben, Drucken, Datenspeicher etc., in denen Wissensinhalte sich darstellen, sind „sozial relevante Mechanismen" (Stehr zit. nach ebd.) – über Wissen im Sinne wissenschaftlich generierten Wissens zu verfügen, werde immer mehr – so folgt

8.2 Organisationales Lernen und Wissensarbeit

Schumm Stehr weiter – zur Voraussetzung für die Fähigkeit zum sozialen Handeln. Diese Disposition und Regulation von Wissen schafft also gesellschaftliche Machtarenen. Die explizite, *institutionell verankerte* Verbindung von *Wissen und Macht* wird vermittels der *Organisationsform* hergestellt (vgl. Bruch 2003, S. 185).

Geht man nun von der grundsätzlichen *Rekursivität von Wissensstrukturen* aus, wird folgender Zusammenhang zentral: Wenn wir unterstellen, dass die Mischung aus technischer Intelligenz und strategischem oder innovativem Wissen in Organisationen sich darin manifestiert, dass bei den Facharbeiter:innen Lösungen von Aufgaben sowohl auf der Basis vorgegebenen betrieblichen Wissens wie auf der Basis des eigenen, in einer längeren Ausbildung erworbenen Erfahrungswissens übernommen werden, muss folgender Aspekt in den Vordergrund rücken: Schumm weist darauf hin, dass seit Mitte der 1980er-Jahre in der Industrie- und Organisationssoziologie eine Debatte um den „Kreislauf" (Schumm ebd.) des Wissens, oder zutreffender, um die „Wissensspirale" (ebd.) im Unternehmen geführt werde, in dem ein fortlaufender Prozess von Wissensgenerierung, Objektivierung und *Wissensrückkehr* stattfinde. In diesem Prozess bildet die Tätigkeit qualifizierter Arbeitskräfte einen zentralen Bezugspunkt. Ihr Produktionswissen umfasst Lösungs- und Entscheidungskompetenzen und Anwendungswissen, die auf technische Aufgaben und in ihnen enthaltenes objektiviertes Wissen bezogen sind, die aber gleichzeitig an das Subjekt gebundene Momente von „tacit knowledge" (ebd., S. 163 f.) und Anpassungsverhalten erfordern, die mit Arbeitserfahrungen erworben werden.

Vor diesem Hintergrund können Organisationen als *Wissenssysteme* aufgefasst werden, die über Lernprozess-Kreisläufe neues Wissen akquirieren wie auch generieren und dadurch ihre Wissensbasis kontinuierlich neu strukturieren.

Unter dem Aspekt des ‚Lernens' kann mit Bezug auf Wissensgenerierung für alle in Organisationen Tätige nur gelten: Es ist ein lernorientierter Erwartungsstil angebracht, der zugleich Unsicherheiten produziert (vgl. Willke 2001, S. 21).

Bringt man das zuvor über Lernen und Wissen Gesagte in einen Zusammenhang mit der obigen Drei-Ebenen-Differenzierung mikro-, meso- und makropolitischer Manifestationen organisationaler Macht- und Kontrollformen, ergibt sich Folgendes: Wissensarbeit generiert neue *Handlungskapazitäten* der Subjekte in Arbeitsorganisationen:

- *Anwendungswissen:* Kenntnis abstrakter technischer Funktionszusammenhänge; der Anatomie und Geografie technischer Einrichtungen; der Bedienungs- und Wirkungsweise von Apparaten und Maschinen – diese Qualifikationen sind prozessgebunden und werden durch praxisorientiertes Lernen oder Arbeitserfahrung erworben;

- *technische Intelligenz:* Fähigkeiten zum kausalen, abstrahierenden und hypothetischen Denken;
- *technische Sensibilität:* Flexibilität, Perzeption, Wahrnehmungsfähigkeit, Einfühlungsvermögen und Anpassungsbereitschaft des Facharbeiters gegenüber technischen Zusammenhängen (vgl. Schumm ebd., S. 162).

Zudem fällt dem *Managen des Wissens* eine verstärkte Bedeutung vor allem in Bezug auf Führungsaufgaben zu, und zwar in dreifacher Hinsicht:

- Es umfasst die Entwicklung eines gesamtbetrieblich *konsensuellen Verständnisses* für die neue Ressource ‚Wissen' und deren entsprechende Wertschätzung.
- Es ist Ausdruck des Erfordernisses, diese Ressource für die Produktion *intelligenter Produkte und Dienstleistungen* einzusetzen.
- Es beinhaltet zudem die Ausarbeitung von Verfahren, den Inhalt und Umfang des organisationsrelevanten Mitarbeiterwissens zu bestimmen, dieses der Organisation als *kollektives Wissen* zuzuführen und seinen Wert durch geeignete Instrumente zur Leistungs- und Qualitätsmessung zu erschließen (vgl. Jäger 2002).

Auf der *Organisationsebene* rücken die in Produkten und Dienstleistungen, in Prozessen und Strukturen enthaltene Faktoren ‚Lernen' und ‚Wissen' neben Arbeit und Kapital in das Zentrum des Geschehens.

Dieser eher integrierenden und *konsensuellen* Konnotation von organisationalem Lernen und Wissen steht allerdings eine *herrschaftskritische* gegenüber. Dazu müssen wir auf die eingangs erwähnte Unterscheidung zwischen Lernen und Organisation zurückkommen: Generiert man den Organisationsbegriff aus einer Fremdperspektive, bedeutet die Anwendung dieser Form durch die Akteur:innen selbst, bspw. in Form von Lernprozessen oder Wissensgenerierung mit dem Ziel organisationaler Effizienzsteigerung – stets eine verinnerlichende Übernahme organisationaler Zugriffsformen in die subjektive Handlungsregulation. Organisation ist immer auch der *Durchgriff von Herrschaft durch Subjekte hindurch* (vgl. Türk 1995a, S. 227). Einerseits bedeutet Lernen in Organisationen die ‚Chance' subjektiver Aneignung von Wissen, andererseits stehen organisationale Lernkonfigurationen für Enteignung der Subjekte um ihre Lern- und Wissens-Produkte, in kapitalistischen Arbeitsorganisationen, sodass gleichermaßen die Foucault'sche Machtkonzeption (vgl. Teil 1, Kap. Break 2) und das Marx'sche Transformationsproblem (vgl. Teil 1, Abschn. 3.1.1) innerhalb dieser Thematik aktualisiert werden.

Im Folgenden werden *anschlussfähige Aspekte* des Diskurses um Lernen und Wissen in bzw. von Organisationen – und zwar über die Grenzen mikro-, meso-

8.2 Organisationales Lernen und Wissensarbeit

oder makropolitischer Fragerichtung hinweg – stichwortartig aufgeführt, die noch relativ wenig ausgearbeitet scheinen und denen daher in Zukunft weitere Forschungsaufmerksamkeit zu schenken sein wird:

- Wenn man übereinstimmt, dass der eigentliche Lernort nicht die Umwelt der Organisation, sondern die Organisation selbst ist, muss die Aufmerksamkeit noch stärker darauf gerichtet werden, unter welchen Bedingungen sich äußere Informationsressourcen innerhalb der Organisation durchsetzen (vgl. Wilkesmann 1999, S. 22). Somit rückt die Art und Weise des Interaktionsgeschehens zwischen Organisation und Umwelt bezüglich eines Lerneffekts, – besser: zur Beschreibung eines Lern*verhältnisses* – verstärkt in den Vordergrund.
- Der ‚begrenzten Rationalität', (vgl. Teil 1, Abschn. 2.1.2) und der ‚Subkulturbildung' (vgl. Teil 1, Abschn. 3.2.1) in Organisationen ist in Bezug auf Lernen in/von Organisationen verstärkt Rechnung zu tragen: Wenn, wie oben ausgeführt, Lernen in vor allem ökonomischen Organisationen zumeist eine stark effizienzbasierte Note hat, ist zu fragen, ob viele organisationale Lernprozesse, bspw. eine modifizierte Entscheidung, überhaupt den von den Organisationen selbst aufgestellten *Produktivitäts- und Effizienzkriterien* genügt.
- Welche Konsequenz für die Machtperformanz von Führung in Organisationen hat es eigentlich, wenn organisationales Lernen auch heißen kann, das Verhalten nicht zu ändern, sondern bereits getroffene Entscheidungen lediglich auf eine breitere Grundlage zu stellen – sodass Organisationslernen sich in diesem Fall als *veränderte Begründungsbasis für unveränderte Praktiken* darstellt (vgl. Cook und Yanow 1993, S. 377)?

Das folgende Kapitel versucht nun tiefer einzudringen, in das, was lernende Subjekte in Organisationen mitbringen, damit überhaupt von lernenden Organisationen gesprochen werden kann. Und wie kann ‚kapital'-seitig auf das ‚Mitgebrachte' zugegriffen werden? Mal sehen!

▶ **(1) Baethge, Martin und Volker Baethge-Kinsky. 1998b. Der implizite Innovationsmodus. Zum Zusammenhang von betrieblicher Arbeitsorganisation, human resource development und Innovation. In: Franz Lehner et al. Hg. *Beschäftigung durch Innovation*. München/Mering. 99–153.**

Der von den Autoren behauptete „Innovations*modus*" verweist gerade auf ein Grundanliegen dieses Buches: implizite Herrschaftsmodi generieren sich aus Formen institutionalisierter Macht.

(2) **Wilkesmann, Maximiliane. 2019. Lernen als Dauerveranstaltung? Zum Wandel des Umgangs mit Wissen in Organisationen. In: Maja Apelt et al. Hg. *Handbuch Organisationssoziologie*. Wiesbaden. 1-16.**
Die Autorin zeigt, dass das mittlerweile allseits geforderte ‚lebenslange Lernen' angesichts bspw. der Digitalisierung von Mitarbeitenden in Arbeitsorganisationen völlig neue Kompetenzen verlangt.

(3) **Türk, Klaus. 1995a. „*Die Organisation der Welt*". *Herrschaft durch Organisation in der modernen Gesellschaft*. Opladen.**
In dem Aufsatz „Organisationssoziologische Perspektiven des Bildungssystems" (S. 217 ff.) dieses Buches (welches natürlich auch als Ganzes empfohlen sei) lernen wir, die allseits positiven Konnotationen, Lernen als etwas überwiegend Fortschrittliches und Freiheitliches zu begreifen, grundsätzlich in Frage zu stellen: Lernen in Organisationen heißt in einer Machtperspektive immer, seiner Lern*ergebnisse* enteignet zu werden (ganz gleich, welchen Vorteil die/der Einzelne auch trotzdem haben mag).

Arbeitsvermögen und Subjektivierung 9

9.1 Subjektbedarf und Formierungszwang durch Informatisierung

Entgegen zahlreicher Hoffnungen, die mit einer „Informationsgesellschaft" (Schmiede 1996, 2017) bzw. der in sie eingelassenen Hoffnungen eines Informiertseins der Arbeitenden, der frei zugänglichen Informationen als Grundlage für mehr soziale Gleichheit (vgl. Schmiede 2017) soll hier unter macht-, kontroll- und entscheidungstheoretischer Perspektive die eher gegenteilige Konnotation betont werden: Arbeit entfernt sich im Zuge des *Informatisierungsprozesses* in ihrem Arbeitshandeln und ihrer unmittelbaren Wahrnehmung zunehmend von der stofflich-energetischen Ebene der Produktionsprozesse: Ein verstärkt Handlungen formender Kontroll- und Steuerungsmodus in Bezug auf die arbeitenden Subjekte wird sichtbar – das Arbeitshandeln der Subjekte scheint in der Informationsgesellschaft zum Bestandteil eines formalisierten und in seinen Zielen auf die Verwertungsinteressen gerichteten Informationsprozesses zu werden.

Schmiede (1996) thematisiert den Prozess der systemischen Rationalisierung (vgl. Abschn. 10.2 in Teil 2) unter dem besonderen Aspekt der *Informatisierung der Arbeit*. Er führt aus, dass sich die fortschreitende Informatisierung auf qualitativ neuartigem Niveau (also dem Niveau der Mikroelektronik, manifestiert bspw. in den Abschn. 5.2) bewege. Die zunehmende systemische Einbindung (vgl. Abschn. 10.2 zur ‚Systemischen Rationalisierung' in Teil 2) dieser Informatisierung überforme die bis in den 1980er-Jahre dominanten Parameter der Entwicklung: Die organisatorische Zerlegung der Arbeit nach tayloristischen Prinzipien und die Maschinisierung derselben werden transformiert und mit *neuen Formen der Informatisierung* und Einbindung der Arbeit vermischt (vgl. Schmiede ebd., S. 145). Schmiede geht weiter davon aus, dass die Bedeutung der Informationsarbeit weiter zunehmen werde. Dies gelte in quantitativer Hinsicht sowohl für die Ausdehnung der Beschäftigtengruppen, die ausschließlich mit der Verarbeitung von Informationen befasst seien, als auch für den Anteil der Informationsarbeit an der Arbeit aller Beschäftigungsgruppen. Ebenso aber gelte es in qualitativer Hinsicht: Je wirkungsvoller sich die Produktionsprozesse über die informatorische Ebene steuern ließen, desto mehr werde die Informationsarbeit an Bedeutung gegenüber der Arbeit auf der stofflich-energetischen Ebene des Produktionsprozesses gewinnen (vgl. ebd.).

Unter dem Eindruck dieser Randbedingungen kann mit Schmiede konstatiert werden: Arbeit wird unter dem Eindruck ihrer systemischen Einbindung *reflexiv* im Sinne von verändernd auf sich selbst bezogen; sie macht sich zum Gegenstand ihrer selbst:

> „Arbeit benötigt in der Informationsgesellschaft eine neuartige, nämlich reflexive Fachlichkeit. Die einfache, von der Dominanz der stofflichen Ebene der Produktion bestimmte Fachlichkeit des Taylorismus-Fordismus erodiert unter dem Eindruck sich beschleunigender Innovationsprozesse und computergestützter Informatisierung der Arbeit; sie verliert darüber hinaus in schwach strukturierten, ‚systemischen' Aufgabenzuweisungen ihre traditionellen funktionalen Grenzen. Gleichzeitig erfordert das Eingebundensein in systemisch organisierte Kooperationszusammenhänge von den Arbeitenden die Fähigkeit, sich in ihrem spezifischen fachlichen Beitrag in Verhältnis zu den spezifischen Beiträgen anderer setzen zu können. Mehr denn je ist also die fachliche Identität notwendig, um hier agieren zu können." (Schmiede ebd., S. 146)

Diese geforderten Reflexionsleistungen der Arbeit sind ihrerseits nur als Ergebnis eines subjekthaften Bezugs des Individuums auf die Bedingungen des Arbeitshandelns denkbar, weil die prinzipielle Kontingenz dieser Handlungssituation ein regelhaftes Handeln unmöglich macht; Subjektivität ist für das Agieren in systemisch strukturierten Produktionsprozessen unverzichtbar (vgl. Boes 1996, S. 109 ff.).

Mit dem Übergang zur „systemischen Rationalisierung" (vgl. Abschn. 10.2 in Teil 2), so argumentiert nun Schmiede weiter, erfolge gemeinsam mit der Schaffung einer systematischen Interdependenz der organisatorischen Teilprozesse eine Parallelisierung von Innovations- und Arbeitsprozess. Ein weiteres kommt hinzu: Der arbeitende Mensch ist in seiner *Realitätskonstruktion* zunehmend auf Informationssysteme verwiesen, die scheinbar vollständig alle wesentlichen Aspekte des Produktionsprozesses erfüllen. Seine Wahrnehmung ist zunehmend von der Auseinandersetzung mit hochabstrakten, formalisierten Objekten bestimmt, nicht mehr ausschließlich durch den Produktionsprozess selbst (vgl. Schmiede ebd.).

Auch andere Autoren greifen vorn Behandeltes auf: Wenn man nun die oben beschriebene Informatisierung der Arbeit in Form eines systemischen Prozesses als Teil eines grundlegenden gesellschaftlichen Wandels in Richtung „Informationsgesellschaft" (Baukrowitz und Boes 1998) begreife, so stelle sich folgende zentrale Frage:

Wie verändern sich die *Qualifikationen der Beschäftigten* im Übergang zur Informationsgesellschaft? Baukrowitz und Boes geben keine ausführliche Auflistung aller sich wandelnder Einzelqualifikationen, vielmehr kommt es ihnen darauf an, den Wandel des fachlichen Kerns von Berufen und Tätigkeitsfeldern zu erfassen, das heißt, die beiden Autoren gehen der Frage nach, welche grundlegenden Qualifikationsentwicklungen mit der Informatisierung verbunden sind, die letztlich den gesamten fachlichen Qualifikationszuschnitt verändern (vgl. Baukrowitz und Boes 1998, S. 1). Zunächst unterscheiden sie – mit Rekurs auf Reich (1996)[1] – *drei Hauptkategorien,* die im Folgenden ausgeführt werden sollen (vgl. hierzu ebd., S. 1 f.):

- *Routinemäßige Produktionsdienste:* Hierunter werden die monotonen Routinetätigkeiten gefasst, die in den Unternehmen der Massenproduktion anfallen. Dieses sind allerdings nicht allein die ausführenden Tätigkeiten der Produktion. Vielmehr weisen auch routinemäßige Aufsichtstätigkeiten von Managern der unteren und mittleren Ebene, große Anteile der Programmierung von Software und vor allem die Arbeit der Datentypist:innen, die sozusagen den Rohstoff der Informationsgesellschaft, die Berge von Rohdaten, eingeben und verarbeiten, diese Eigenschaften auf. Kennzeichnend für diese Tätigkeiten ist, dass sie vorgegebenen Standardprozeduren folgen.
- *Kundenbezogene Dienste:* Diese Tätigkeiten bestehen aus einfachen, stereotypen Tätigkeiten, die allerdings von Person zu Person erbracht werden und deshalb nicht weltweit vermarktet werden können. Z. B. gehören Krankenschwestern, aber auch Sekretärinnen zu dieser Gruppe.
- *Symbolanalytische Dienste:* Diese Dienste bestehen vor allem aus Tätigkeiten der Problemlösung, -identifizierung und strategischen Vermittlung. Wissenschaftler, Ingenieure, Berater, Werbemanager, Schriftsteller, Journalisten und auch Musiker gehören in diese Gruppe. Diese „Symbol-Analytiker" (ebd.) lösen, identifizieren und vermitteln Probleme, indem sie Symbole manipulieren. Sie reduzieren die Wirklichkeit auf abstrakte Bilder, die sie bearbeiten und mit denen sie experimentieren, die sie an andere Spezialisten weiterreichen und die sie zurück in die Wirklichkeit verwandeln können. Dabei setzen sie Methoden wie mathematische Algorithmen, juristische Argumente, wissenschaftliche Regeln und andere Techniken als Werkzeuge ein. Die Arbeitssituation ist oft durch Teamwork, auch in weltweiten Netzwerken, geprägt sowie durch die Offenheit der Anforderungen, die an diese Gruppe gestellt werden.

---

[1] Diese bereits in den 1990er-Jahren festgestellten Aspekte sind sicher Grundlage zahlreicher Phänomene, die im Kontext der „digitalen Transformation" (vgl. Abschn. 11.1) eine hohe Relevanz erlangt haben.

Die Autoren weisen im Weiteren darauf hin, dass diese von Reich so skizzierte Differenzierung hauptsächlich auf die USA zutreffe, für die BRD erscheine die Abgrenzung zwischen diesen Gruppen keineswegs so eindeutig: Viele Beschäftigte, die in den USA den routinemäßigen oder den kundenorientierten Diensten zugeordnet würden, wiesen in der BRD *erhebliche symbolanalytische Tätigkeitsanteile* auf (vgl. ebd.). Zudem müsse für die BRD berücksichtigt werden, dass, wolle man den Wandel innerhalb der Qualifikationsstruktur der Beschäftigten erfassen, man ein insgesamt breiteres Feld von Beschäftigten in den Blick nehmen müsse, was bedeute, in den Bereichen ‚kundenorientierte Dienste' sowie ‚routinemäßige Produktionsdienste' neben den Anteilen an hochgradig standardisierten Tätigkeiten einen wachsenden Anteil von problemlösenden und entscheidenden Tätigkeiten anzuerkennen; so könne man dann auf einem hohen Abstraktionsniveau folgende *Qualifikationsanforderungen* bestimmen:

- *Abstraktionsfähigkeit:* Hiermit ist nicht nur die Fähigkeit zum Umgang mit gegebenen Abstraktionen gemeint, sondern vor allem die Fähigkeit, einerseits selbst Ereignisse und Vorfälle so zu interpretieren, dass sie im Rahmen formaler Systeme bearbeitbar werden, und andererseits abstrakte formalisierte Aussagen wieder in die Realität umzusetzen, das heißt etwa für Kunden zu ‚übersetzen'.
- *Systemdenken:* War bisher die modellhafte Vorstellung vom Arbeitsbereich auf einen bestimmten Funktionsausschnitt beschränkt, so besteht heute die Notwendigkeit, Einzelaspekte von dem Hintergrund eines ganzen Geschäftsprozesses einzuordnen und zu interpretieren.
- *Experimentieren:* Moderne Arbeitssituationen sind häufig durch wirklich offene Probleme gekennzeichnet, deren Lösungen es durch ‚Experimentieren' zu ‚entdecken' gilt.
- *Zusammenarbeit:* Die Fähigkeit zur Zusammenarbeit und zur Kommunikation erhält sowohl im Kontakt zur Unternehmensumwelt als auch in den internen Abläufen eine immer größere Bedeutung (vgl. ebd., S. 5).[2]

Die Autoren betonen, dass es allerdings nicht bei dieser allgemeinen Bestimmung von Qualifikationen bleiben dürfe: Es sei notwendig, von diesen allgemeinen Qualifikationen den *Wandel des fachlichen Kerns* in den verschiedenen Tätigkeitsfeldern zu erkennen und zu analysieren. Sie trennen dabei in ‚Fertigungsbereich industrieller Produktion' und ‚Büroarbeit: Für den *Fertigungsbereich* konstatieren sie einen „Gewährleistungsarbeiter" (ebd., S. 3) als einen „Facharbeiter neuen Typs" (ebd.), der sich durch die Fähigkeit zur theoretisch abstrakten Modellbildung einerseits und die Fähigkeit zu empirischen Beobachtungen der Anlage andererseits auszeichnet. Der

---

[2] Hier gilt das in Fußnote 49 Angeführte analog.

Gewährleistungsarbeiter bringt also theoretisches Basiswissen und Erfahrungswissen zusammen. Neue *Büroarbeit* zeichnet sich durch eine Aufspaltung in Routinearbeit und qualifizierte Sachbearbeitung aus. Diese Trennung ist hauptsächlich auf die zunehmende Ausbreitung und Weiterentwicklung der Computertechnik zurückzuführen. Die „Routinearbeiter" erleben einen Trend zur Dequalifizierung; die „PC-Arbeiter" sind sehr stark an die Kenntnis bestimmter – durch Innovation ständig weiterentwickelter – technischer EDV-Systeme gebunden (vgl. ebd., S. 4 f.).

Der Wandel von Arbeitsorganisation durch Informatisierung lenkt macht- und kontrolltheoretisch den Fokus auf den Begriff des *Arbeitsvermögens*,[3] den Marx wie folgt definierte:

> „Unter Arbeitskraft oder Arbeitsvermögen verstehen wir den Inbegriff der physischen und geistigen Fähigkeiten, die in der Leiblichkeit, der lebendigen Persönlichkeit eines Menschen existieren und die er in Bewegung setzt, sooft er Gebrauchswerte irgendeiner Art produziert." (Marx 1979b, S. 181)

Die Betonung auf ‚Inneres' greift Pfeiffer bereits seit Längerem verstärkt auf (u. a. Pfeiffer et al. 2017). Schon in früheren Arbeiten (2004, 2007) machte Pfeiffer auf einen bedeutenden Unterschied aufmerksam, den Marx seinerzeit zumindest nicht ausführte: Zum Arbeitsvermögen zählen für sie alle Qualitäten, die sich einer Objektivierung systematisch entziehen (z. B Wertvorstellungen, subjektive Einstellungen, die psychologische Verfasstheit, die biografische Komponente), während das Vermögen und Potenzial, welches objektiviert und formalisiert werden kann und sich damit einem Leistungsbeziehungsweise Kontrollzugriff kapitalistischer Verwertung gegenüber zumindest potenziell kompatibel erweist, nach der erfolgreichen Transformation – aber eben erst dann – zur Arbeitskraft zu rechnen ist (vgl. Pfeiffer 2004, S. 142). In welcher Form Elemente bzw. Teilaspekte eines derartig gefassten Phänomens ‚Arbeitsvermögen' konkret beschrieben werden können, zeigt folgendes Kapitel.

9.2 „Normative Subjektivierung der Arbeit"

Neben der Tatsache, dass Organisationen einen vermehrten Bedarf an funktionaler Subjektivität haben, werden zunehmend auch die Ansprüche der Beschäftigen selbst, die diese an die Erwerbsarbeit haben, von den arbeitenden Subjekten in die Arbeit eingebracht – ein Phänomen, das kennzeichnet, dass Erwerbsarbeit offenbar einem „doppelten Subjektivierungsprozess" (Kleemann et al. 2002) unterliegt: Einerseits bedürfen Organisationen Subjektivität und fordern diese auch von ihren Mitarbei-

---

[3] Es dürfte an dieser Stelle relativ schnell auffallen, dass die Auseinandersetzung mit dem Arbeitsvermögen untrennbar mit der in Teil 1 des Buches (Abschn. 3.1.1) dargestellten Grundfigur des – wiederum von Marx stammenden – Transformationsproblems verbunden ist.

ter:innen ein. Andererseits, und das ist das Neue, bringen sich die Arbeitenden ihre Ansprüche und Erwartungen in bzw. an die Arbeit mit ein. So kann man schnell zu der Frage gelangen: Können übliche Kontroll- und Entscheidungsmodi überhaupt noch greifen, wenn bspw. die Facharbeiter:innen selbst den selbstbewussten, fast stolzen Anspruch haben, den komplexen Produktionsprozess zu ‚beherrschen'?
Baethge (1991) formuliert:

„Die neuere Diskussion ist beherrscht von der Frage, wie weit die Arbeit noch den Lebenszusammenhang prägt." (Baethge 1991, S. 260)

Er geht also der Frage nach, wie weit die Kontinuität des Lebenslaufs noch über Erwerbsarbeit verbürgt ist (vgl. Abschn. 5.1 in Teil 2). Der Autor ist der Auffassung, dass es in hoch entwickelten Arbeitsgesellschaften zu einer zunehmenden *normativen Subjektivierung des unmittelbaren Arbeitsprozesses* komme: Gemeint ist damit, dass nicht etwa eine gezielte Anpassung der Organisation von Erwerbsarbeit an die subjektiven Bedürfnisse der Beschäftigten seitens des betrieblichen Managements stattfindet. Vielmehr geht es darum, dass die Ansprüche der Beschäftigten selbst, die diese an Erwerbsarbeit haben, von den Arbeitnehmern zunehmend in die Arbeit eingebracht werden (vgl. ebd., S. 261). ‚Normativ' soll in diesem Zusammenhang im Sinne *der Geltendmachung persönlicher Ansprüche, Vorstellungen Forderungen und Gefühle in der Arbeit* – im Gegensatz zu solchen, die sich aus dem funktionalen Interesse des Arbeitsprozesses speisen – verstanden werden. Als Beispiel führt Baethge den in Abschn. 5.2 beschriebenen Typus des *Facharbeiters* (gemäß Kern/Schumann) an: Dieser Typus entwickele Stolz und Selbstbewusstsein aus der Tatsache heraus, einen komplexen Produktionsprozess zu beherrschen. Des Weiteren gelte für die Facharbeiter:innen, dass, wenn sie über ihre Arbeit redeten, sie ihnen Spaß mache, es sei *ihre* Arbeit im Sinne selbstverantwortlichen Handelns und diese diene der Entfaltung eigener Qualifikationen und der Kompetenzerweiterung. Den Arbeiter:innen sei wichtig, dass sie einen Expertenstatus erlangten und sich ‚einen Namen' gemacht hätten und ‚keine Nummer' seien (vgl. ebd., S. 261).

Baethge macht im Weiteren deutlich, dass sich die Geltendmachung subjektiver Bedürfnisse in der Arbeit nicht nur auf Facharbeiter:innen beschränke: auch *im Angestellten-Bereich* seien derartige Tendenzen feststellbar. Gerade die Angestellten in den Dienstleistungsberufen seien diejenigen, die die guten, in der vorberuflichen Sozialisation angeeigneten intellektuellen und kommunikativen Fähigkeiten nun in der Arbeit in kooperativen Vollzügen anwenden wollten, sachlich nicht begründete Autoritätsverhältnisse ablehnten, die die Arbeit auch als Gelegenheit ansähen, sich weiterzuentwickeln und ein Gefühl der Kompetenz und Unabhängigkeit zu gewinnen; zugleich kalkulierten sie sehr genau, wieweit sie sich auf die Arbeit einließen: sie wollten sich von der Arbeit nicht auffressen lassen, da das Bedürfnis nach einem befriedigenden Privatleben bestehe (vgl. ebd., S. 263).

9.2 „Normative Subjektivierung der Arbeit"

Baethge stellt fest:

„Neu ist nicht, daß derartige subjektbezogene Ansprüche an Arbeit artikuliert werden, bei bestimmten Berufs- und Beschäftigungsgruppen haben sie immer eine große Rolle gespielt. Neu erscheint mir die Breite ihrer Streuung, die Offenheit und Selbstverständlichkeit ihrer Artikulation und die Verbindlichkeit und Hartnäckigkeit, mit der sie individuell sowohl als Lebensperspektive als auch gegenüber der betrieblichen Arbeitsumwelt verfolgt werden" (ebd.).

Baethge stellt damit die Beck'sche These aus den 1980er-Jahren (vgl. Beck 1984) in Frage, dass sich persönliche Identität aus der Berufsrolle herauszulösen beginne und konstatiert eine entgegengesetzte Dynamik: dass die Berufsrolle eine integrale Funktion für die persönliche Identitätskonstruktion wie für deren Stabilisierung gewinnt bzw. weiterhin hat (vgl. Baethge ebd.).

Als *Ursachen* einer zunehmenden Subjektivierung der Arbeit[4] sieht der Autor folgende drei strukturelle Momente:

- den *Strukturwandel der Beschäftigung* in seiner doppelten Ausprägung als *Tendenz zu Dienstleistungstätigkeiten* und zur zunehmenden *Wissens- und Qualifikationsabhängigkeit* moderner Produktions- und Dienstleistungsarbeit;
- den *Wandel der Rationalisierungs- und Organisationskonzepte* in der Arbeit selbst, der auf eine Zurücknahme von rigider Arbeitsteilung und auf komplexe Tätigkeitszuschnitte zum Inhalt hat;
- schließlich die zunehmende *Erwerbsbeteiligung der Frauen* (vgl. ebd., S. 265).

Die *Konsequenzen,* die sich aus der zunehmenden normativen Subjektivierung der Arbeit für die Subjektstrukturen der Beschäftigten ergeben könnten, sei der Autor erneut wörtlich zitiert:

„Wer nicht vordringlich äußere Reproduktionsaspekte, sondern persönliche Sinnkriterien an die Arbeit anlegt, wer also die Arbeit auf *sich* und *nicht sich* auf die *Arbeit* bezieht – in welch prekärer Verkennung der tatsächlichen Machtverhältnisse diese mentale Subjektsetzung im Einzelfall auch immer vollzogen werden mag –, der scheut sich nicht lange, sein Investment und Verhalten in der Arbeit zu überprüfen und zu revidieren, wenn seine Ansprüche nicht erfüllt werden. Sei es, er sucht sich einen anderen Arbeitsplatz, sei es, er verlagert sein Aktivitätspotential auf andere Bereiche (z. B. Freizeit, Weiterbildung, außerbetriebliche Tätigkeiten) und geht in der Arbeit innerlich auf Tauchstation, wenn die äußeren Bedingungen einen Betriebswechsel nicht möglich oder zu kostspielig erscheinen lassen." (ebd., S. 264; Herv. i. Orig.)

---

[4]Vgl. ganz allgemein zu Aspekten dieses Grundlagen-Konzeptes v. a. Kleemann 2012.

Einen besonderen Fokus auf die eingebrachte Normativität der Arbeitenden richten auch Böhle und Schulze (1997). Sie weisen in ihrer Darstellung des „subjektivierenden Arbeitshandelns" (Böhle und Schulze 1997) darauf hin, dass die Umbrüche in der Arbeitsorganisation in Bezug auf die veränderten Arbeitsanforderungen zwei grundsätzliche Charakteristika herausbildeten: die Ausweitung von Arbeitsinhalten und die Stärkung der Eigenverantwortung. Der Arbeitende trete zunehmend nur als „gespaltenes Subjekt" (ebd.) in Erscheinung:

> „Auch wenn von ‚menschenwürdiger Arbeit' und der Berücksichtigung der Arbeitenden als ‚autonome, selbstverantwortliche Subjekte' gesprochen wird, so bleiben dennoch wesentliche Teile, die den Menschen als Subjekt ausmachen, aus der Arbeitstätigkeit ausgegrenzt. Subjektivität, soweit dieses Empfinden, Erleben, Fühlen u. a. umfaßt, ist als Bestandteil des Arbeitshandelns nicht vorgesehen" (Böhle und Schulze 1997, S. 29).

Damit wendet sich das Konzept gegen die durch das Modell eines rein zweckrationalen bzw. objektivierenden Handelns vorgezeichnete Spaltung des Subjekts. Beim subjektivierenden Handeln geht es nicht nur darum, dass der Arbeitende als Subjekt bzw. so genannte *subjektive Faktoren* wie *Gefühl, Empfinden und Erleben* berücksichtigt werden, entscheidend ist vielmehr, dass der Subjektivität ein fundamental anderer Stellenwert beigemessen wird. Das Konzept subjektivierenden Handelns richtet sich in erster Linie gegen die Annahme, dass die Wahrnehmung und Erkenntnis der Welt ‚so wie sie ist' und die für die Lebensbewältigung notwendigen und nützlichen Aktivitäten nur auf dem Wege eines ‚rational' geleiteten Handelns möglich. Dem subjektivierenden Handeln wird in gleicher Weise wie dem objektivierenden Handeln eine kognitive und strategische Kompetenz zuerkannt (vgl. ebd., S. 32).

Pfeiffer (1999, später erweitert in 2004 und 2007) beschreibt *vier Aspekte,* die für das Konzept des subjektivierenden Arbeitshandelns als *prägend* gelten können:

- Eine *komplexe sinnliche Wahrnehmung* und *imaginative Vorstellungen* (schließt Bewegungen des Körpers ein; sinnliche Abstraktion und Strukturierung; etc.);
- *assoziatives* und *intuitives Wissen, Denken* und *Gefühl* (gleichsam gegenstands- und prozessbezogen wie verhaltens- und erlebnisbezogen; emphatisch; etc.);
- eine *dialogisch-interaktive Vorgehensweise* (Einheit von Planung und Ausführung; explorativ; laufende Anpassung an jeweils erreichtes Arbeitsergebnis; etc.) und
- eine *persönliche Beziehung* zu *technischen Objekten, Produkt* und *Prozess* (Beziehung zu technischen Anlagen und Systemen; Fähigkeit zum Einfühlen und Nachvollziehen technischer Abläufe; Umwelt existiert nicht unabhängig vom Subjekt) (vgl. Pfeiffer 1999, S. 28).

Diese vier Ebenen verbindet, dass es immer um die *konkrete Handlung* innerhalb der *Stofflichkeit* des Arbeitsprozesses geht. Zentrale These der Autorin ist, dass die

9.2 „Normative Subjektivierung der Arbeit"

Komplexität der EDV-Technologie als herausragender Grund für die Erfordernis neuartiger Kompetenzen – im Sinne der Fähigkeiten des subjektivierenden Arbeitshandelns – gesehen werden könne; des Weiteren nimmt Pfeiffer an, dass speziell Aspekte subjektivierenden Arbeitshandelns das souveräne und effektive Zurechtfinden innerhalb der IuK-Technologien erst ermögliche (vgl. ebd., S. 37). Als Beispiel führt Pfeiffer für den Bereich der *Produktionsarbeit* (vgl. Abschn. 5.2 in Teil 2) Anlagenfahrer:innen aus, die sich zwar auf dem Fundament ihres (unverzichtbaren) Fachwissens bewegten, jedoch erst durch die subjektivierenden Anteile in ihrem Arbeitshandeln in die Lage versetzt worden seien, sich in den beiden gegensätzlich miteinander verbundenen Triaden von Automatisierung, Planbarkeit und Objektivierbarkeit (‚*objektivierendes* Arbeitshandeln') sowie auf der anderen Seite nichterfassbare Komplexität, Nicht-Beschreibbarkeit und Unwägbarkeit (‚*subjektivierendes* Arbeitshandeln') derart souverän zu bewegen, dass ein Funktionieren der technischen Anlagen ohne Störfall oder größere Störungen gewährleistet werden könne (vgl. ebd., S. 34). Selbst in Teilen der *Dienstleistungsarbeit*, wo ausschließlich der Umgang mit abstrakten Informationen gefordert wird, wie etwa dem Informations-Broking, geht es offenbar darum, bei Anfragen ‚zwischen den Zeilen' zu lesen und das Abstrakte mit real konkreten Vorstellungen bis hin zu bildhaften, erlebnis- und sinnesbezogenen Repräsentationen ständig auf Neue zu vermitteln und einen ‚Spürsinn' bei der Suche von Informationen zu entwickeln (vgl. ebd., S. 93 f.).

Zusammenfassend kann mit Böhle und Schulze festgehalten werden: Das Konzept subjektivierenden Arbeitshandelns richtet sich darauf, nicht nur Abweichungen vom Typus zweckrationalen Handelns ins Blickfeld zu rücken, sondern diese kategorial und empirisch als Erscheinungsform einer *eigenständigen und abgrenzbaren Handlungsform bzw. -methode* zu bestimmen (vgl. ebd., S. 33).

Bei einem Versuch, das Konzept des subjektivierenden Arbeitshandelns in seiner *Relevanz* für die *Bewertung veränderter Arbeitsanforderungen* aufgrund sich wandelnder Organisation erwerbsförmiger Arbeit einzuordnen, gelange ich zu der Auffassung, dass zwar die Einbeziehung von Faktoren wie Gefühl, Empfinden und Erleben als Formen von Arbeitshandeln erhellend und notwendig ist, aber einen bestimmten Aspekt nicht hinreichend kenntlich macht, hierzu Türk (1984):

„Diese Konzepte [die zu stark *kognitivistischen* mit Anforderungskategorien ‚rational', ‚perzeptiv-routinisiert', ‚sensumotorisch' oder ‚Denkanforderungen'; Anm. T. M.] beziehen sich damit mehr auf den Aspekt der *reinen Produktionsverfassung* von Betrieben als auf den der *Sozialverfassung*. Soziologisch interessanter wäre es aber m. E., die Frage nach Qualifikationen oder Qualifikationskomponenten zu stellen, die vorhanden sein müssen, um der spezifischen *sozio-ökonomischen* Verfaßtheit organisierter Arbeitssysteme zu entsprechen" (Türk 1984, S. 47; Herv. i. Orig. unterstrichen).

Somit ist die Unterscheidung zwischen *offiziellen* und *tatsächlichen* Qualifikationskriterien angesprochen: Den offiziellen Qualifikationen wären eher die obigen kognitivistischen, den tatsächlichen dagegen eher „motivational-affektive" (ebd., S. 48) bzw. „sozial-interaktive" (ebd.) bzw. „sprachlich-kommunikative" (ebd.), also „behavioral qualifications" (ebd.) zuzurechnen. Grundsätzlich fordert Türk im Weiteren zunächst die Entwicklung eines *soziologischen Qualifikationsbegriffs,* der sich dadurch auszeichne, dass *Qualifikation* als „das strukturelle und verhaltensmäßige Vermögen von Personen, eine *Konformität* mit Sozialsystemen, hier: mit Arbeitssystemen, zu leisten" (ebd.; Herv. i. Orig. unterstrichen) aufgefasst werden müsse. Diese Bindung des Qualifikationsbegriffs an den Begriff der Konformität begründet Türk damit, dass die modernen Arbeitsorganisationen unserer Gesellschaft typischerweise nicht auf *Konsens,* sondern auf Mechanismen zur Sicherung von *Konformität* seien, denn Konsens meine eine Übereinstimmung, die man mit *anderen Menschen* gewonnen habe, konform dagegen gehe man mit vorgeformten *Programmen, Strukturen* und *Normen* (vgl. ebd., S. 51 f.). Erste Hinweise auf eine subjektstrukturelle Konsequenz sich wandelnder Arbeitsanforderungen – spezieller formuliert in Abschn. 11.2 – formuliert Türk im Folgenden, wenn er fragt, welche „psychisch-qualifikatorische Form" (vgl. ebd., S. 52 f.) eine „Persönlichkeitsstruktur" (ebd.) annehmen müsse, „um der sozialobjektifizierten Form von Arbeitsorganisation zu entsprechen" (ebd.). Neben den Leistungsansprüchen und -qualifikationen, die an die Arbeitenden gestellt werden, sind also die Ansprüche sozial-normativer Art, die sich nicht auf die berufliche Arbeitsqualifikation oder Leistung in rein technischer Hinsicht beziehen, sondern auf die Akzeptanz, Duldung oder Vertretung organisationskultureller Werte, Standards, Ziele, Rollen, Verhaltensmuster etc. gemeint –, also bspw. auf Fügsamkeit, Loyalität und Motivstruktur. Somit werden Voraussetzungen für berufliche Qualifikationen, man könnte sie ‚Meta-Qualifikationen' nennen, thematisiert (vgl. ebd.). Diese entsprechen im Prinzip einer „Compliance" (Etzioni (1967) im Sinne von *Fügsamkeit* bzw. *Willfährigkeit,* sie wird von Türk (1995b) definiert als „… diejenigen Qualifikationsanforderungen, die an die Person des Arbeitenden gestellt werden, um den normativen Anforderungen des Sozialsystems entsprechen zu können" (vgl. Türk ebd., S. 26). Allerdings bleiben diese *compliance-bezogenen* Anforderungen nicht auf persönlichen Gehorsam fokussiert, sondern fordern *generelle* Fügsamkeit der Subjekte in Bezug auf die Organisationsnormen sowie einen Wandel von Erfordernissen persönlicher Treue und Ergebenheit zu *abstrakter* System- oder Organisationsloyalität, unabhängig von den je herrschenden Personen – womit der Aspekt der „Versachlichung von Herrschaft" (vgl. Türk 1984, S. 55) in den Mittelpunkt rückt. Um nun zu zeigen, wie diese compliance-bezogenen Arbeitsanforderungen – heute würden in diesem Zusammenhang schnell Begriffe wie ‚soft skills' oder ‚Schlüsselqualifikationen' genannt – in die Persönlichkeitsstruktur der Subjekte eindringen – internalisiert werden – zitiert Türk Erich Fromm:

"Wenn eine Gesellschaft gut funktionieren soll, müssen sich ihre Mitglieder einen Charakter aneignen, aus dem heraus sie so handeln wollen, wie sie aufgrund ihrer Zugehörigkeit zu dieser Gesellschaft oder einer besonderen Klasse innerhalb dieser handeln müssen. Sie müssen genau das zu tun wünschen, was sie notwendigerweise tatsächlich zu tun haben. Äußerer Druck wird durch inneren Zwang ... ersetzt." (Fromm zit. nach Türk ebd., S. 59; Herv. i. Orig. unterstrichen)

Somit kann festgehalten werden, dass mit dem Verinnerlichen von äußeren Zwängen – *somit der Verlagerung von sozialer Kontrolle in die Subjekte hinein* – eine wesentliche Konsequenz dessen dargestellt ist, dass Konzepte wie bspw. das des ‚subjektivierenden Arbeitshandelns' – als Form des Arbeitsvermögens – als vermeintlich positive, stärker zu berücksichtigende Faktoren bei der Bewertung neuer Anforderungsprofile eingefordert werden. Hinzu kommt, dass die Ausformung dieser Profile mehr und mehr in Abhängigkeit von subjektiven Ressourcen zu fassen ist, die sich ihrerseits „ ... aus der konkreten Arbeitssituationen selbst, den individuellen Interessen, Erfahrungen, Qualifikationen, Kompetenzen sowie Lebenslagen und nicht zuletzt daraus, wie Beschäftigte in Interaktionszusammenhänge und Netzwerke eingebunden sind und welche Unterstützung sie durch institutionalisierte Formen der Interessenvertretung erhalten" (Lohr 2017, S. 283 f.). Damit sei in Bezug auf Subjektivierung von Arbeit im Besonderen betont, was in Kap. Break 1 bereits zum Macht-Begriff im Allgemeinen formuliert wurde: Wir müssen ein grundsätzliches gewandeltes *Verhältnis von Macht und Subjektivität* in Arbeitsprozessen zur Kenntnis nehmen, eines, dass weniger durch Repression und den Dualismus von Macht auf der einen und Machtunterworfenheit auf der anderen Seite gekennzeichnet ist; eines, dass weniger Machtlosigkeit lediglich in Marginalisierung und Ausschluss, in Nicht-Handeln und Nicht-Entscheidung, sondern auch in der Forderung von Ermöglichung und Strukturierung von Handlungsoptionen und Subjektivierungsformen begreift, die sozialen Machtverhältnissen immanent sind (vgl. Lemke 1997, 2017). Ob eine zunehmende Subjektivierung von Arbeit sogar zu einem neuen Leittypus der Ware Arbeitskraft führt, soll im folgenden Kapitel nachgegangen werden.

9.3 „Der Arbeitskraftunternehmer"

Die Formen, in denen *Arbeitskraft* von Erwerbstätigen angeboten und von Betrieben genutzt wird, verändern sich. Mit der These vom *Arbeitskraftunternehmer* als *neuem Leittypus* von Erwerbsarbeit gehen Voß und Pongratz (1998) davon aus, dass Erwerbstätige zunehmend unternehmerisch mit ihrer eigenen Arbeitskraft umgehen müssen. Sie entsprechen damit Forderungen der Betriebe nach mehr *Eigenverantwortung* und *Selbstorganisation* in der täglichen Arbeit. Statt auf Anweisung reagierende Arbeit-Nehmer suchen Betriebe zunehmend selbstständig agierende Auftrag-Nehmer, die bereit sind, sich bei jeder Aufgabe von neuem zu beweisen. Damit versuchen sie, eigenverantwortliches Handeln und unternehmerähnliche Orientierung miteinander zu verbinden (vgl. Voß 2017). Wie es zu diesen Veränderungen kommen konnte, versuchen die Autoren mit Hilfe der Beschreibung verschiedener *historischer Phasen* darzustellen (vgl. hierzu Voß/Pongratz ebd.):

1. *Phase: Der proletarisierte Lohnarbeiter der Frühindustrialisierung:* In der ersten Phase des modernen Kapitalismus dominierte bekannterweise eine sehr restriktive Form der damals systematisch zur Ware auf Arbeitsmärkten gewordenen Arbeitskraft. Es wurden primär aus feudalen Strukturen freigesetzte, bäuerlichhandwerkliche Arbeitskräfte mit geringer Qualifikation für die ersten industriellen Produktionsformen genutzt. Ihre Arbeitsfähigkeit war noch wirklich roh. Vor allem die Fähigkeit zur disziplinierten Integration in großbetriebliche Arbeitsverhältnisse war (wie oft gezeigt) sehr begrenzt.

Betriebe mussten entsprechend mit sehr rigiden Formen der Kontrolle eine kontinuierliche Arbeitskraftnutzung regelrecht erzwingen. Arbeitskräfte waren dabei im engeren Sinne jene oft zitierte „Reservearmee" (ebd.) von „proletarisierten" (ebd.) Lohnabhängigen. Deren Leben war durch eine höchst unsichere, diskontinuierliche Veräußerung ihrer Arbeitsfähigkeiten geprägt, neben der nur noch eine sehr reduzierte tagtägliche Erholung möglich war.

2. *Phase: Der verberuflichte Arbeitnehmer des Fordismus:* Fortgeschrittene Phasen basierten dagegen auf einer neuen Form von Arbeitskraft – eine Arbeitskraft, die durch systematische Bildung eine erhöhte und weitgehend standardisierte Fachqualifikation besitzt. Diese als ‚Beruf' zu bezeichnende Form von Arbeitsvermögen und ihrer Vermarktung schließt basale extrafunktionale Fähigkeiten ein, insbesondere die berühmten sekundären Arbeitstugenden (Fleiß, Ordnung, Pünktlichkeit). Betrieblich ist hier eine repressive Kontrolle nicht mehr erforderlich. Es wird primär eine *strukturelle* (d. h. nicht mehr allein personelle) *Personalsteuerung* eingesetzt. Zunehmend kann dabei auf eine partielle innere Disziplinierung der Arbeitskräfte vertraut werden, die dann durch psychosoziale Führungstechniken unterstützt werden kann.

Hintergrund ist aber auch eine ausgebaute soziale Absicherung, steigende Löhne bei sinkenden Arbeitszeiten sowie nicht zuletzt eine Arbeitsteilung der Geschlechter, die Frauen dominant darauf verweist, den Männern in Haushalt und Familie ‚den Rücken freizuhalten'. Dadurch wird eine erweiterte Form von Lebens-

9.3 „Der Arbeitskraftunternehmer"

führung möglich, die durch eine konsumorientierte ‚Freizeit' im modernen Sinne und durch die bei uns gewohnte Form des Zusammenlebens, die bürgerliche Familie, geprägt wird.

3. *Phase: Der verbetrieblichte Arbeitskraftunternehmer des Postfordismus:* Dieses bis heute dominierende berufliche Modell von Arbeitskraft könnte nun zunehmend durch das neue Modell des Arbeitskraftunternehmers verdrängt werden. Dabei geht insbesondere die zentrale betriebliche Funktion der Transformation von Arbeitsfähigkeit immer mehr auf die Betroffenen selbst über. Aus betrieblicher Kontrolle wird nun zunehmend individuelle Selbst-Kontrolle. Die im beruflichen Modell nur marginale Fähigkeit zur Selbstdisziplinierung und Selbstintegration in den Betrieb wird dabei zur zentralen Anforderung und Kompetenz. Fachliche Fähigkeiten sind weiterhin wichtig, aber neue Fähigkeiten (wie die zur aktiven Produktion und Vermarktung der eigenen Arbeitskraft und zur Verbetrieblichung des Lebens) treten in den Vordergrund.

Diese Beschreibung der These, dass sich ein ‚Arbeitskraftunternehmer' als neue Grundform der Ware Arbeitskraft konstituiere, leiten Voß und Pongratz aus folgenden Beobachtungen ab: In weiten Teilen der Produktions- und Dienstleistungsarbeit kann ein Wandel weg von durchstrukturierten Arbeitsvorgaben und hin zu temporären, marktförmigen Auftragsbeziehungen, etwa beim ‚Outsourcing'[5] von Aufgaben oder in der Neustrukturierung der innerbetrieblichen Kooperation (z. B. Einführung von Gruppenarbeit, Projektorganisation oder Telearbeit) ausgemacht werden. Die oben angedeutete spezifische Qualität des Arbeitskraftunternehmers als neuem Typus von Arbeitskraft lässt sich idealtypisch mit drei Thesen genauer ausführen (vgl. dazu Voß/Pongratz ebd., S. 140 ff.):

1) *Selbst-Kontrolle:* Verausgabung der Arbeitskraft bedeutet beim Arbeitskraftunternehmer vor allem aktive Selbststeuerung, Planung und Überwachung der eigenen Tätigkeit im Sinne der Unternehmenserfordernisse bei nur noch rudimentären Handlungsvorgaben (z. B. Flexibilisierung von Arbeitszeiten, Erwartungen an verstärkte Eigenmotivation). Die neue Devise der Betriebe im Umgang mit Erwerbstätigen heißt: „Wie Sie die Arbeit machen, ist uns egal –

---

[5] Als hervorragende empirische Studie sei die von Hendrix et al. (2003) empfohlen: Sie zeigt den Zusammenhang zwischen Outsourcing und neuen Typen der Verausgabung von Arbeitskraft in Bezug auf veränderte Arbeits- und Beschäftigungsformen auf. Als Ergebnisse geraten Deinstitutionalisierung, Individualisierung sowie der Aufbau neuer Risikostrukturen für die Beschäftigten in Arbeitsorganisationen in den Blick.

Hauptsache das Ergebnis stimmt!" (ebd.) Betriebliche Fremdkontrolle (z. B. durch Vorgesetzte) wird immer mehr durch Selbst-Kontrolle der Arbeitenden ersetzt – und ist meist begleitet von massiven Steigerungen des Leistungsdrucks und von neuartigen Strategien indirekter betrieblicher Steuerung.

2) *Selbst-Ökonomisierung:* Dabei verändert sich das Verhältnis zur eigenen Arbeitskraft als Ware: Aus einem nur gelegentlich und eher passiv auf dem Arbeitsmarkt agierenden Arbeitskraftbesitzer wird zunehmend ein strategischer „Vermarkter eigener Fähigkeiten" (ebd.). Die entsprechende betriebliche Devise könnte lauten: „Sie bleiben nur so lange, wie Sie nachweisen und sicherstellen, dass Sie gebraucht werden und Profit erwirtschaften!" Dies bedeutet in zweifacher Hinsicht eine neue Qualität der Ökonomisierung von Arbeitskraft: Zum einen muss das Arbeitsvermögen effizienzorientiert entwickelt werden, zum anderen ist es kontinuierlich mit aufwendigem Selbst-Marketing anzubieten und zu verkaufen.

3) *Selbst-Rationalisierung:* Schließlich wird eine aktiv auf den Erwerb ausgerichtete, alle individuellen Ressourcen gezielt nutzende systematische Durchgestaltung des gesamten Lebenszusammenhangs erforderlich. Und auch hier gilt dann eine neue Devise: „Wir brauchen Sie voll und ganz und zu jeder Zeit – und dazu müssen Sie Ihr Leben voll im Griff haben!" Letztlich tun Arbeitskräfte damit nichts anderes als die Anbieter von anderen Waren, wenn diese die Herstellung und Vermarktung ihrer Produkte von einer eher unorganisierten Form in eine gezielte Koordination überführen: Gewissermaßen muss nun das eigene Leben als „Betrieb" (so könnte man mit Marx und Weber sagen) organisiert werden.

In Bezug auf die Folgen der „Entgrenzungen" (Voß 1998) der Nutzung von Arbeitskraft, die mit dem Typus des Arbeitskraftunternehmers verbunden sind, ziehen die Autoren folgende *Schlussfolgerungen:*

Die verstärkte *Selbst-Kontrolle* der Arbeitenden – als erstes Merkmal – führt zu einer neuen Qualität von über *Selbst-Beherrschung* vermittelter betrieblicher Herrschaft. In typischen Reorganisationsprozessen werden zwar innerbetriebliche Herrschaftsstrukturen (z. B. Hierarchieebenen) abgebaut, das Herrschaftsverhältnis selbst aber bleibt unangetastet. Indem der Arbeitskraftunternehmer nun weitgehend betriebliche Kontroll- und Führungsfunktionen in Bezug auf seine eigene Arbeit übernimmt, installiert er auf neuer Stufe einen *Herrschaftszusammenhang* in sich selbst: Mehr als andere Arbeitskrafttypen hat er zu lernen, im Sinne des über ihn verfügenden Unternehmens zu denken und zu handeln. Herrschaft durch Selbst-Beherrschung ist besonders wirkungsvoll, weil sie äußere Abhängigkeiten verschleiert und innere Zwänge intensiviert.

9.3 „Der Arbeitskraftunternehmer"

Mit der erweiterten *Selbst-Ökonomisierung* von Arbeitskraft – als zweitem Merkmal – verbindet sich ein *Bedeutungsverlust institutionalisierter Strukturen der Arbeitsverhältnisse*. Der Warencharakter von Arbeitskraft kommt wieder unmittelbarer und entgrenzter, da von einengenden Regulierungen befreit, zur Geltung. Mit der Vermarktlichung von Arbeitsbeziehungen wird zunehmend individuell über wechselnde Arbeitsaufträge statt kollektiv über dauerhafte Arbeitsbedingungen verhandelt. Die Betriebe stärken damit ihre *Macht als Marktmacht* gegenüber den vereinzelt als Anbieter von Arbeitskraft auftretenden Arbeitskraftunternehmern.

Neue Arbeitsformen zeichnen sich drittens durch einen Abbau charakteristischer Grenzziehungen zwischen Arbeit und Privatleben aus – besonders ausgeprägt z. B. bei Telearbeitern oder Selbstständigen. Im Rahmen einer Verbetrieblichung von Lebensführung wird potenziell der gesamte Lebenszusammenhang der Arbeitskraft für die betriebliche Nutzung zugänglich gemacht (vgl. Voß/Pongratz ebd.).

Inwieweit nun sich Befunde der arbeits- und industriesoziologischen Empirie mit den Behauptungen der Arbeitskraftunternehmer-These decken, sei indes von Beginn an eine besonders umstrittene Frage, führen Voß/Pongratz selbst in einer Zusammenstellung *empirischer Befunde zum Arbeitskraftunternehmer* fest (vgl. Pongratz und Voß 2004, S. 7). Auch wenn die Autoren ausführen, dass ihre eigenen empirischen Studien dennoch in vielen Punkten ihre Thesen, vor allem in Bezug auf den Teilaspekt der Selbstkontrolle, über viele Untersuchungsgruppen hinweg bestätigen könnten, so kann mit Gerst (2004) berechtigt gefragt werden, welche *Beschäftigtengruppen überhaupt* von dem prognostizierten Wandel erfasst werden und inwieweit es sich beim Arbeitskraftunternehmer wirklich um einen *neuen* Typus von Arbeitskraft handelt (vgl. Gerst 2004, S. 187). Zumindest in Bezug auf teilautonome Gruppenarbeit (vgl. Abschn. 6.2 in Teil 2) sieht Gerst eine Verstärkung des Wandels vom verberuflichten Arbeitnehmer zum Arbeitskraftunternehmer. Wenn Selbstkontrolle vor allem aktive Selbststeuerung, Planung und Überwachung der eigenen Tätigkeit bedeutet (s. o), ist ein Indikator für Selbstkontrolle *Leistungsorientierung* der Mitarbeiter (vgl. Gerst ebd., S. 195). Hierzu führt Gerst aus:

„Dass die Beteiligung am Prozess der Optimierung und Rationalisierung auch die Leistungsorientierung der Gruppenmitglieder prägt, belegen die qualitativen Interviews. Bei der Beschreibung ihrer Arbeitsinhalte betonen alle zwölf interviewten Gruppenmitglieder, dass sie seit Einführung der Gruppenarbeit aktiv in die Optimierung von Arbeitsprozessen und technischen Abläufen eingebunden sind und auf vielfältige Weise versuchen, die Produktionskosten zu senken. Die Gruppenmitglieder bemühen sich bei Produktionsunterbrechungen, ihre Zeit sinnvoll mit indirekten Aufgaben auszufüllen und über die Fertigungssteuerung und Maschineneinrichtung die Umrüstzeiten zu vermindern sowie die Bearbeitungszeiten und den Werkzeugverschleiß in ein wirtschaftliches Verhältnis zu bringen. Eine besondere Herausforderung sehen die Gruppenmitglieder darin, auch Kleinserien kostengünstig zu fertigen" (Gerst ebd., S. 195 f.).

Voß (2017) verweist darauf, dass die Debatte um den AKU zahlreiche Diskussionen und weiterführende Forschungen, u. a. im Bereich der Gouvernementalität, des Managements, der IT-Industrie oder der Kulturwissenschaft angestoßen habe (vgl. Voß 2017, S. 52). Unter Macht-, Kontroll- und Entscheidungsgesichtspunkten bleibt m. E. festzuhalten, dass an dieser Stelle die Diskussion um die empirische Bestätigung der These eines neuen Leittypus nicht fortgeführt werden kann und soll; wenn man allerdings der Meinung ist, dass ein Formwandel von Arbeitskontrolle sich im Prinzip durch das Hineinverlagern von Selbst-Kontrollmodi in die arbeitenden Subjekte zumindest partiell ausmachen lässt, bietet die These vom Arbeitskraftunternehmer eine geeignete Ausgangsbasis, speziell nach (veränderten?) Macht- und Kontrollaspekten in Arbeitsorganisationen empirisch zu forschen.

9.4 Identität und Anerkennung

In diesem Unterkapitel soll der Frage nachgegangen werden, wie die *Identität* der arbeitenden Subjekte in Zusammenhang mit Macht-, Kontroll- und Entscheidungsfragen in Organisationen steht. Identität kann als eine Antwort auf die Frage „Wer bin ich?" und somit als eine Fähigkeit der Subjekte eines Zu-Sich-Selbst-Verhalten-Könnens' verstanden werden (vgl. Keupp 2000, S. 7). Keupp ist der Auffassung, dass Hineinwachsen in diese Gesellschaft bis in die Gegenwart bedeute, sich in einem vorgegebenen „Identitätsgehäuse" (ebd.) der Moderne einzurichten – dieses Gehäuse sei geprägt durch Begriffe, die *Biografie* und *Identität*, wenn sie als geglückt betrachtet werden sollten, als etwas *Stabiles, Dauerhaftes* und *Unverrückbares* darstellten (vgl. Keupp 2000, S. 5) – so könnte man Identität als das ständige *Sich-Selbst-Gleich-Bleiben*, als einen „subjektiven Konstruktionsprozess" (Keupp et al. 1999, S. 7) bezeichnen, „in dem Individuen eine Passung von innerer und äußerer Welt suchen" (ebd.). Man kann sogar sagen, Menschen entwickeln ihre Identität in Auseinandersetzung mit den Ansprüchen Anderer (vgl. Voswinkel 2017). Keupps zentrale These ist, dass dieses moderne Identitätsgehäuse seine Passformen für unsere Lebensbewältigung zunehmend verliere. Viele Menschen erlebten dies als Verlust, als „Unbehaustheit", als Unübersichtlichkeit, als Orientierungslosigkeit und Diffusität. Daraus resultiere der Wunsch vieler Menschen nach Klarheit, Überschaubarkeit und Einfachheit (vgl. Keupp ebd.). Mit der Erosion rigider Identitätsformen eröffnen sich durchaus auch Entfaltungsmöglichkeiten für Lebenssouveränität, allerdings ergeben sich auch neue Rigiditäten und Identitätszwänge: „Die Befreiung von Zwängen und die Einrichtung neuer Abhängigkeiten greifen ineinander, vermischen sich zu einem Selbstzwang zur Standardisierung der eignen Existenz" (Beck/Beck-Gernsheim zit. nach Keupp 1994a). Individualisierung transportiert also – ganz dialektisch – riskante Chancen (vgl. Keupp 2010).

9.4 Identität und Anerkennung

Krömmelbein (1996) merkt zum Identitätskonzept an, dass Identität über Krisen hinweg die *individuelle Handlungsfähigkeit* auf Basis interaktiv *erworbenen biografischen Wissens* erhalte (vgl. Krömmelbein 1996, S. 10). Identität wird als *Resultat der Auseinandersetzung mit gesellschaftlichen Institutionen* verstanden, die in ihrem kulturellen und sozialen Kontext *subjektiv erfahren* (s. o.), *interpretiert* und in ein *umfassendes Selbst- und Lebenskonzept übersetzt* werden. Nicht selten kann die Auseinandersetzung zwischen den äußeren Anforderungen und den individuellen Vorstellungen über das eigene Leben und die eigene Persönlichkeit zu Identitätskonflikten oder auch zum Zerbrechen bisheriger Identitäten führen. Und: Das *Selbstbewusstsein* des Subjekts, also das Bewusstsein über seine Identität, ist immer an eine *Anerkennung, d. h.* eine Interaktion mit einem Publikum, gebunden. Paradoxerweise bildet sich also die Autonomie der Akteure nur im Rahmen des kommunikativen Handelns mit anderen heraus. Ich-Identität kommt erst zum Vorschein, wenn das Subjekt mit seinen Wünschen, Ansprüchen, Dienstleistungen und Erzählungen usw. von einem Auditorium anerkannt wird (vgl. Hettlage 1997, S. 7).

Bezieht man diese Grundlagen auf Organisationen, hilft die Perspektive „Identität durch Anerkennung" (Holtgrewe 2002) zu verstehen, wie Arbeitende durch Organisationen und Arbeitsverhältnisse adressiert und positioniert werden. Die Kategorie der *Anerkennungsverhältnisse* ist deshalb von zentraler Bedeutung, weil es sich bei ihnen um die kulturell stabilisierten und häufig institutionalisierten Formen der Wertschätzung handelt, die Subjekten, Kollektiven, Werten und Lebensstilen entgegenzubringen erwartet wird. Daher entwerfen Subjekte ihre Identität in Auseinandersetzung mit den Anerkennungsverhältnissen und Anerkennungsverhältnisse prägen die Entwicklung von Identitäten (vgl. ebd., S. 195 ff.).

Wegen der zentralen Bedeutung, die der Arbeit in der Arbeitsgesellschaft für die Identität zukommt, bedarf die Arbeitssoziologie einer identitätstheoretischen Perspektive. Damit nun kommt die Anerkennung als eine wesentliche Kategorie ins Spiel. Sie ist, einer langen sozialtheoretischen und sozialpsychologischen Tradition entsprechend, Voraussetzung der Identitätsbildung. Bereits Adam Smith hat den Zusammenhang von Fremd- und Selbstbewertung hervorgehoben. Bei Mead wird das dialektische Wechselspiel von Perspektivenübernahme in der sozialen Identität des „Me" und der kreativen Reaktion der Ich-Identität des „I" grundlegend. Kognitive sind hier eng mit normativ-evaluativen Dimensionen verwoben: Nicht nur, was und wie ich bin, entwickle ich in der Auseinandersetzung mit dem Blick der andern, sondern auch wie ich mich bewerte, bestimmt sich in der Auseinandersetzung mit der Bewertung durch Andere (vgl. Holtgrewe und Voswinkel 2002).

Wenn Arbeit und die mit ihr verbundene Anerkennung identitätsrelevant sind, dann ist eben auch Anerkennung wesentlich für die Arbeit in Organisationen. Anerkennung „… bezeichnet eine positive Bewertung von Akteuren bzw. ihrer Eigenschaften durch ihre Umwelten, also durch andere Akteure, soziale Gebilde wie Organisationen oder Communities, soziale und politische Öffentlichkeiten und gesellschaftliche Normstrukturen" (Voswinkel 2017, S. 14). Arbeit ist in bestimmter Weise normativ oder rechtlich reguliert und hieraus resultieren *Belohnungen, Sicherungen* oder *Delegitimierungen* und *Negativsanktionen*. In diesem Sinne sind etwa professionelle Standards und Regulierungen oder Tarifverträge Institutionalisierungen von Anerkennungsverhältnissen (vgl. ebd.). Indem etwa Arbeitende sich organisieren, ihre eigene Arbeits- oder Belegschaftskultur schaffen, stellen sie eine eigene Anerkennungsarena her, die neue Identitäten stützen kann und um deren gesellschaftliche Anerkennung gerungen wird. Anerkennung zeichnet sich zudem durch eine grundlegende *Ambivalenz* aus: Sie hat sowohl eine verbindende wie eine kompetitive Dimension. Sie bezieht sich einerseits auf geteilte Werte, andererseits auf Überlegenheit und Macht. Anerkennung erfährt, wer den Erwartungen und Werten entspricht, aber auch wer sich als überlegen, mächtig und besonders erfolgreich erweist (vgl. ebd.).

Allerdings war diese Form der Anerkennung unter tayloristischen Bedingungen auch – oder *nur* – das Komplement zur Missachtung der Arbeitenden im Arbeitsprozess, zu ihrer Reduktion und Objektivierung auf Ausführende in einem optimierten Funktionssystem. Zwar wissen wir, dass Subjektivität in der *Praxis* des Taylorismus keineswegs eliminiert, ja häufig Voraussetzung des Funktionierens der Arbeitssysteme war – aber eben stillschweigend – nicht wirklich *anerkannt*, oder eben nur *stillschweigend* anerkannt. Subjektivität lebte in den ‚verborgenen Situationen' der Organisationen, in den informellen Aushandlungen gegenseitiger Rücksichtnahme von Meister und Arbeiter, aber auch in den kreativ-spielerischen Umdeutungen der Arbeitssituation. Anerkennung wurde in Rituale und Regulierungen der Würdigung gegossen: Jubiläen, Betriebsausflüge, betriebliche und staatliche Sozialpolitik usw. Und diese Rituale und Regulierungen wurden kollektiv gesichert, ohne dass die tayloristische Missachtungslogik selbst damit angegriffen wurde. Holtgrewe/Voswinkel umreißen die *tayloristische Anerkennungsform* zusammenfassend durch drei Kategorien:

- die *Missachtung* durch Entsubjektivierung in der Arbeit,
- die *Würdigung* der Arbeit als Beitrag zwischen Fürsorge und Betriebsbürgerschaft und
- das *Pflichtethos* der Arbeit (vgl. ebd.).

Wir können also festhalten: Parallel zu allen Wandelprozessen der Arbeit bleibt jene wesentlich für Identität und Anerkennung (vgl. Voswinkel 2013). Doch wie *verändern* sich nun die Anerkennungsverhältnisse in Arbeitsorganisationen des Posttaylorismus? Die beobachteten Veränderungen der Betriebe und der Arbeit,

9.4 Identität und Anerkennung

unter Stichworten wie Dezentralisierung, Flexibilisierung und Vermarktlichung (vgl. Abschn. 7.2 in Teil 2) haben nun die Frage nach Arbeit und Subjektivität neu aufgeworfen – und eben dies ist unter dem Stichwort der Subjektivierung von Arbeit gemeint (vgl. Abschn. 9.2 in Teil 2). Subjektivierung ist dabei ein bewusst unscharfer Begriff. Gemeint ist damit *einerseits* die Seite der gestiegenen *Anforderungen an Subjektivität*, Eigenverantwortung und Selbststeuerung: Direkte wird zur kontextuellen Steuerung, Kontrolle wandelt sich von der Verfahrens- zur Ergebnis- und Erfolgskontrolle; die konkreten Arbeitsvollzüge werden verstärkt der Eigentätigkeit überlassen.

Auf der *anderen Seite* bezieht sich Subjektivierung auch auf die *Ansprüche der Arbeitenden an ihre Arbeit* (vgl. Baethge 1991). Auch sie erwarten Spielräume der Eigenverantwortung und Chancen der Selbstverwirklichung, begnügen sich nicht damit, für fügsame Aufgabenerfüllung entlohnt zu werden. Sie arbeiten, könnte man zugespitzt sagen, nicht, weil sie arbeiten *müssen*, sondern weil sie arbeiten *wollen* – diese Seite der Subjektivierung hat Baethge Anfang der 1990er-Jahre hervorgehoben. Die aktuelle Subjektivierungsdiskussion arbeitet sich nun gerade an den *Verkehrungen und Paradoxien* zwischen Anspruch und Anforderung, Fremd- und Selbstbestimmung ab. Die Autoren spitzen die Paradoxien folgendermaßen zu:

- Was ist, wenn Selbstbestimmung zur betrieblichen Anforderung wird, Kreativität zur Norm, wenn Eigensinn gewünscht und eingeplant ist, der Unternehmer im eigenen Kopf oder, noch schlimmer, Bauch sitzt? In der *doppelten Subjektivierung* von Arbeit sind Anerkennungsansprüche und Zumutungen fast untrennbar ineinander verwickelt. Selbstbestimmung kann gegenüber restriktiven Arbeitsverhältnissen sowohl eingeklagt werden als auch, wenn sich die Subjekte solche Situationen nach dem Motto „selbst schuld" zurechnen, in einen paralysierenden Verzicht auf eigene Ansprüche münden.
- Was bedeutet diese *doppelte* Subjektivierung von Arbeit – als Anspruch und Anforderung – für die Anerkennungsform? Impliziert sie das Ende des Bedürfnisses nach Anerkennung in der Arbeit, weil der Mensch, der nach Selbstverwirklichung in der Arbeit strebt, intrinsisch motiviert ist und keiner extrinsischen, außengeleiteten Motivation durch Anerkennung bedarf (vgl. ebd.)?

Diese Zuspitzungen verweisen vielleicht sogar auf eine Aufweichung von Herrschafts-, Unterwerfungs- und Zurechnungsmodi (vgl. Kap. Break 2 – Foucault – in Teil 1 und Abschn. 10.3 – Accountability – in diesem Teil 2). Daneben rücken Fragen des Zusammenhangs zwischen Anerkennung und Interesse der Arbeitenden vermehrt in den Vordergrund: Für zahlreiche Arbeiter:innen liegt der Fakt, Anerkennung in der Arbeit zu erhalten, offensichtlich in deren originären Interesse (vgl. Voswinkel

2012). Aber, gemäß der Grundanlage dieses Buches: Identitätsfragen der Arbeit, Selbstkontrollformen und Anerkennungsmachtkämpfe in Organisationen machen an den Organisationsgrenzen – so es sie denn noch gibt – nicht halt. Vielleicht kann man sich das genauer vergegenwärtigen, wenn man eine internationale – besser: inter-organisationale – globalisierte Perspektive einnimmt. Dem widmet sich das folgende Kapitel.

Literaturempfehlungen

▶ (1) **Voß, Gerd Günter und Hans J. Pongratz. 1998. Der Arbeitskraftunternehmer. Eine neue Grundform der Ware Arbeitskraft? In:** *Kölner Zeitschrift für Soziologie und Sozialpsychologie 50 (1).* **131–158.**

Voß und Pongratz bieten mit der Darstellung der Figur des „Arbeitskraftunternehmers" genug Stoff, Debatten um Ansprüche der Subjekte an Arbeit *einerseits* und Anforderungen an die Subjekte – auch im Bereich des Privaten – *andererseits* zusammenzuführen.

(2) **Kleemann, Frank. 2012. Subjektivierung von Arbeit – eine Reflexion zum Stand des Diskurses. In:** *Arbeits- und Industriesoziologische Studien 5 (2).* **6–20.**

Eine kompakte und interessante Bündelung dieses mittlerweile klassischen Themas der Arbeitssoziologie.

(3) **Voswinkel, Stefan. 2013. Anerkennung und Identität im Wandel der Arbeitswelt. In: Lucie Billmann und Josef Held. Hg.** *Solidarität in der Krise: Gesellschaftliche, soziale und individuelle Voraussetzungen solidarischer Praxis.* **211–235.**

Der Autor pflegt die Themen ‚Anerkennung' und ‚Identität' bestens in relevante Fragen der Arbeitssoziologie ein.

Entgrenzungen und Globalisierung 10

10.1 Virtuelle Organisationen und strategische Netzwerke

In aktueller (arbeits-)soziologischer Forschung wird bei sog. virtuellen Organisationen hervorgehoben, dass bei ihnen jeweils der geografische und der soziale Raum auseinanderfalle (vgl. Will-Zocholl et al. 2019). Dies dürfte in Zeiten zunehmend digitalisierter Arbeitsorganisationen (vgl. Abschn. 11.1 und 11.2 in Teil 2) vermehrt virulent werden. Müller (bereits 1998) beschreibt v. a. die Projektbezogenheit: das *virtuelle Unternehmen* (verwendet er synonym zu Organisation) kennzeichnet er als einen *temporären, projektbezogenen Zusammenschluss von Unternehmen*. Für die jeweiligen Aufträge und Kundenwünsche werden speziell darauf abgestimmte Teams von Experten zusammengestellt. Die Beziehungen lösen sich nach dem erfolgreichen Abschluss eines Projektes auf. Laut Picot et al. sind virtuelle Unternehmen *dynamische Netzwerke,* deren Verknüpfung sich flexibel und problembezogen konfiguriert (vgl. Picot et al. 2001, S. 422).

So lassen sich folgende *Merkmale* für die Bestimmung virtueller Unternehmen anführen: ein klar definiertes *Ziel,* das *Experten* erfordert, die *zeitliche Begrenzung* der Aufgabe (max. zwei Jahre arbeiten die Teams an einem Projekt), die eine schnelle *Vernetzung* der einzelnen Unternehmen ermöglicht. Virtuelle Unternehmen haben in der Regel keinen Namen und keine Rechtsform, aber gegenüber dem Großkunden treten sie wie *ein* Unternehmen auf (vgl. ebd.). Versucht man virtuelle Organisation von Organisationen tayloristischer Arbeitsorganisation abzugrenzen, ergibt sich die Gegenüberstellung in Tab. 10.1.

Tab. 10.1 Abgrenzung der virtuellen Organisation

Organisationsform	Physisch-reale Organisation	Virtuelle Organisation
Kontrolle und Koordination	real existierendes Kontrollsystem, basierend auf expliziter Kontrolle und Koordination	Selbstkontrolle der Gruppe, Selbstorganisation
Basis	Basis ist das (schriftliche) Regelwerk	Basis ist das gegenseitige Vertrauen
Information	Selektiver Informationszugang	Breite informatorische Vernetzung
Vision	Zentrale Vision optional	Internalisierte Vision zwingend

Quelle: Scholz 1997, S. 359

Ein virtuelles Unternehmen ist nicht einfach ein ‚normales' Unternehmen, sondern kann als „temporäre horizontale und/oder vertikale standortübergreifende Kooperationen von unterschiedlichen Unternehmen" (Bullinger et al. 1995, S. 377) beschrieben werden, „… das sich nach außen (aus Kundensicht) hin zur Erfüllung eines Auftrages als Einheit präsentiert" (ebd.), das intern jedoch „… aus einem flexiblen, projektabhängigen Verbund von unterschiedlichen Unternehmen(-seinheiten)" besteht (ebd.). Als Organisationsprinzipien werden sowohl formale (Verträge) als auch informelle (Vertrauen) herangezogen (vgl. ebd.).[1]

Darüber hinaus weisen Bullinger et al. (ebd.) noch darauf hin, dass sich virtuelle Unternehmen durch ein hohes Maß an *Autonomie* kennzeichnen lassen: aus ihrer Sicht handelt es sich um egalitäre Austauschbeziehungen selbstständiger Partnerunternehmen – im Gegensatz zu wirtschaftlicher Abhängigkeit wie bei einem Subunternehmen oder rechtlicher Abhängigkeit wie bei einer Filiale.

In Bezug auf die *Konsequenzen* der Bildung virtueller Organisationen für *Mitarbeiter und Management* führen Picot et al. (ebd.) aus, dass statische Zuständigkeitsabgrenzungen und relativ dauerhafte Zuordnungen von Kompetenz und Verantwortung zugunsten einer dynamischen, anforderungsspezifischen Kompetenz-Allokation aufgegeben würden (vgl. Picot et al. ebd., S. 445 f.). Genau definierte

---

[1] Den Diskurs darlegend, wird hier Bullingers Position wiedergegeben. Daneben ist allerdings deutlich eine Perspektive erkennbar, die – eingedenk vorn thematisierter Raumbezüge – auch virtuelle Organisationen eben als Organisationen fasst. Denn auch angesichts jeglicher Projektbezogenheit sind doch die Aspekte, die eine Organisation beforschenswert machen, also etwa (artikulierte) Zielsetzung, Mitgliedschaftsregeln, Verantwortlichkeiten etc. organisationssoziologisch von höchstem Interesse. Als Beispiel sei etwa das Organisationskomitee der Olympischen Spiele genannt: Auch wenn es eine Subeinheit des IOC ist, lassen sich zahlreiche Merkmale einer virtuellen Organisation ausmachen.

10.1 Virtuelle Organisationen und strategische Netzwerke

Aufgaben vordefinierten Stellen mit exakten Stellenprofilen zuzuordnen, fällt in virtuellen Unternehmen zunehmend schwerer, vielmehr entstehen konkrete Kombinationen von Problemlösungskompetenzen.

Netzwerke stellen eine Organisationsform dar, in der mehr als zwei Organisationen durch ein *wiederholtes, dauerndes Austauschverhältnis* zueinander in Beziehung stehen (vgl. Abendroth et al. 2002, S. 123). Dabei bleiben die einzelnen Organisationen selbstständig und sind nicht vollständig voneinander abhängig. Es gibt viele Formen von Partnerschaften, die Unternehmensgrenzen verwischen, ‚*entgrenzen*': Joint Ventures, Kooperationen, strategische Allianzen, Franchise, Forschungskonsortien, Outsourcing-Abkommen und zwischenbetriebliche Clans (vgl. Picot et al. ebd., S. 294). Ausgeschlossen sind dagegen reine Marktbeziehungen (Netzwerke sind nicht so stark formalisiert wie reine Marktbeziehungen) oder isolierte, bilaterale Abkommen. Zwei Indikatoren weisen auf den Netzwerk-Charakter von (sozialen) Beziehungen[2] hin: Wiederholte Transaktionen bzw. Interaktionen und eine über einen längeren Zeitraum stabile Beziehung. Dabei ist unter Verweis auf die eben angeklungene Bilateralität festzuhalten: Es sollten, will man eben nicht von einer (nicht nur schlichten!) ‚Beziehung' sprechen, mindestens drei beteiligte Akteure sein (vgl. Kappler 2017). Zentral ist die Idee, dass Charakteristika der Beziehungsgeflechte, also der Netzwerke, Soziales – was meint soziales Geschehen ebenso wie soziale Ordnungen – bestimmen (vgl. Windeler 2017).

Eine *strategische Kooperation* stellen Netzwerke gegenüber einfachen Zulieferbeziehungen insofern dar, als dass sie gekennzeichnet sind durch die bewusste Entscheidung zur Zusammenarbeit und damit durch ihren intentionalen Charakter. Dies bedeutet, dass durch die Kooperation eine *gemeinsame* Wertschöpfung erreicht werden soll:

„Die als strategisches Netzwerk bezeichnete Organisationsform verbindet rechtlich selbständige, wirtschaftlich aber interdependente Unternehmungen, die sich auf Teilaspekte einer Wertschöpfungskette spezialisiert haben und gemeinschaftliche (kollektive) Strategien verfolgen." (Sydow 1992, S. V)

Solche Kontraktbeziehungen können umso eher als strategische Netzwerkbeziehung bezeichnet werden, desto langfristiger, organisierter und strategischer sie aus der Sicht zumindest eines der beteiligten Unternehmen sind (ebd., S. 62). Des Weiteren versteht Sydow strategische Netzwerke als

---

[2] Diese Indikatoren beziehen sich sowohl auf Beziehungen zwischen Individuen als auch zwischen Betrieben.

„eine auf die Realisierung von Wettbewerbsvorteilen zielende, polyzentrische, gleichwohl von einer oder mehreren Unternehmungen *strategisch* geführte Organisationsform ökonomischer Aktivitäten *zwischen* Markt und Hierarchie, die sich durch komplex-reziproke, eher kooperative denn kompetitive und relativ stabile Beziehungen zwischen rechtlich selbständigen, wirtschaftlich jedoch zumeist abhängigen (Netzwerk-)Unternehmungen auszeichnet" (Sydow 1992, S. 315; Herv. i. Orig.).

Das *Management* hat innerhalb strategischer Netzwerke die originäre *Aufgabe*, die für derartige „symbiotische Arrangements" (Picot et al. ebd.) erforderlichen unternehmensinternen Infrastrukturen (technischer Art: z. B. ISDN-Telefonnetze; institutioneller Art: z. B. Unternehmensrecht, Wettbewerbsrecht, Arbeits- und Eigentumsrecht; personeller Art: z. B. Hochschulwesen) so weit wie möglich aufzubauen, den Zugang zu den erforderlichen öffentlichen Infrastrukturen sicherzustellen sowie ständig nach neuen, möglicherweise günstigeren Organisationsformen für die symbiotische Aufgabenerfüllung in Zusammenarbeit mit anderen Unternehmen zu suchen (vgl. Picot et al. ebd., S. 327 ff.). Die vorn angeführte Digitalisierung dürfe zum einen die erwähnten technischen Infrastrukturen erheblich erweitern, man denke an Breitband-Internet-Netze oder an eine organisations-interne App-Struktur. Aufbau und Pflege derart technischer Strukturen dürfte vielfach dem Management überlassen sein. Zum anderen dürften sich Überwachungs- und Kontrollformen – und die relationalen Praktiken der Mitarbeiter:innen – verändern, wenn Zoom-Meetings und sogar ganze Konferenzen online abgehalten werden, was jene dann zu Teilen einer virtuellen Organisation macht (vgl. Will-Zocholl ebd.).

In makro-organisationaler Perspektive wird Netzwerk-Governance (vgl. auch Abschn. 10.3) zunehmend relevanter: Welche alternativen Formen der Steuerung und Koordination – und damit auch von Macht und Kontrolle – jenseits von Markt und Organisation werden für Organisationen interessant? Welche Strukturen ergeben sich in Projektnetzwerken? Wie beeinflussen und strukturieren Netzwerke organisationalen Felder (vgl. Windeler ebd.). Das sind die hier relevanten Fragen. Sicher sollten sie überdacht werden, wenn Abschn. 10.3 gelesen ist!

10.2 „Systemische Rationalisierung" transnationaler Organisationen

Rationalisierungsprozesse in Arbeitsorganisationen international auf ihre Wirk- und Verschränkungsmächtigkeit mit veränderten Macht-, Kontroll- und Entscheidungsmodi in bzw. von Organisationen zu analysieren, heißt zunächst erst einmal, etwas über das Phänomen zu sagen, welches heute gar nicht mehr aus Diskursen um organisationale Internationalisierung wegzudenken ist: Das Phänomen heißt *Globalisierung*. Seit mindestens 25 Jahren hat dieses Phänomen einen festen Platz in den Debatten und

Diskursen. Bonß (1999) greift den Aspekt auf, dass im Zuge der Debatte um die Krise der Vollbeschäftigungsgesellschaft ein neues „Zauberwort" (Bonß 1999, S. 154) auftauche, nämlich das der Globalisierung. Quer durch alle politischen Lager gelte die Globalisierung als größte Herausforderung und Synonym für einen nachhaltigen Strukturwandel (vgl. Bonß ebd.). Ganz allgemein, so können wir festhalten, bezeichnet Globalisierung keinen Zustand, sondern einen *Prozess,* in dessen Verlauf irgendetwas – seien es nun Produkte, Strategien, Kommunikationen, Wanderungen, soziale Praktiken, Symbolsysteme oder Probleme – überall auf der Welt Bedeutung erlangt (vgl. Pries 2017 und Bonß ebd.). Dazu gesellt sich die weltweite Wahrnehmung, ein globales Bewusstsein von gemeinsamen Problemen, Risiken, Rechten, Ereignissen und Tendenzen, die die Menschheit als Ganze betreffen (vgl. Pries ebd.). Bonß zitiert im Weiteren Giddens, der Globalisierung dementsprechend als eine „Intensivierung weltweiter sozialer Beziehungen, durch die entfernte Orte in einer solchen Weise miteinander verbunden werden, daß Ereignisse an einem durch Vorgänge geprägt werden, die sich an einem viele Kilometer entfernten Ort abspielen und umgekehrt" (Giddens zit. nach Bonß ebd., S. 155). Bonß argumentiert weiter, dass die Dynamik von Technik und Arbeitsteilung, also der zunehmenden Verfestigung von industriellen Produktions- und Konsummustern, zwar keineswegs die ganze Welt erfasst habe; gleichwohl seien diese Muster in einer noch vor wenigen Jahrzehnten kaum denkbaren Weise internationalisiert worden (vgl. ebd., S. 159)[3]. Inwieweit sich die Erwerbsarbeit im Zuge des Globalisierungsprozesses auf die Beschäftigungssituation der Subjekte auswirkt, wird anhand von *vier Charakteristika globalisierter Erwerbsgesellschaften* (vgl. ebd., S. 168 f.) gezeigt:

- Eine verstärkte *Unsicherheit und Offenheit der Arbeitssituation* als Resultat der globalisierungsbedingten Flexibilisierung und Verflüssigung steht zu erwarten: Vom Einzelnen wird angesichts der weiteren Ausdehnung von Beschäftigungsverhältnissen, die weder zeitlich noch örtlich von Dauer sind – quer durch alle Branchen –, erwartet, dass er weder mit einer bestimmten Arbeit noch mit einem bestimmten Ort allzu fest zusammenwächst, sondern hochmobil bleibt und die Unsicherheit der eigenen Situation möglichst positiv besetzt;
- Eine *Angleichung der Arbeitsvollzüge in unterschiedlichen Branchen* steht zu erwarten: Die konkrete Produktion geht gegenüber der Planung und Arbeitsvorbereitung immer weiter zurück – dieselben Computer können in den verschiedensten Branchen höchst unterschiedliche Probleme lösen, sofern die Mitarbeiter entsprechend geschult werden (Stichwort: ‚Schlüsselqualifikationen'); so dürften traditionelle Differenzen zwischen den Berufen verschwinden;

---

[3] Stellen diese Muster Formen nationalstaatliche Grenzen überschreitende Austausch- und Kommunikationsverflechtungen dar, kann von Transnationalisierung gesprochen werden (vgl. Pries 2017, S. 153).

- Eine *Veränderung der Gestalt der Fabrik* ist absehbar: Immer weniger Unternehmen kommen mit immer weniger Beschäftigten aus, geben immer mehr Arbeiten nach ‚außen' (Stichwort: ‚Outsourcing') oder kaufen sich für jedes einzelne Projekt die elektronischen Dienste von – räumlich oft weit entfernten – Fachleuten ein (Stichwort: Telearbeit);
- Eine wachsende *Individualisierung der Beschäftigung* tritt ein: Eine flexible Ausrichtung der Unternehmen am Auftragseingang hat sehr wahrscheinlich eine Umwälzung des Unternehmensrisikos auf die Arbeitenden in Form flexibler Beschäftigungsverhältnisse zu Folge.

Organisationsstrukturell müssen wir uns das Phänomen der Entgrenzung deutlich bewusst machen: Grenzen verwischen sich zwischen Organisationen, innerhalb von Organisationen und zwischen Arbeit und Leben (vgl. Minssen 2019; Kratzer 2003; Sauer 2005). Bonß *resümiert,* dass, wenn die Globalisierung als Verflüssigung und Heterogenisierung sozialer Strukturen im Sinne Giddens verstanden werde, so schlage sich dies im Bereich Erwerbsarbeit in nachhaltig steigenden Mobilitäts-, Flexibilitäts- und Unsicherheitsanforderungen an die Beschäftigten nieder (vgl. ebd., S. 169). Dazu führt Schimany (1997) näher aus, dass Globalisierung auch in den OECD-Staaten, wo weite Teile der Erwerbsbevölkerung durch die Auslagerung von Industrien und daraus resultierender und sich verfestigender struktureller Arbeitslosigkeit bei gleichzeitigem Sozialabbau gesellschaftlich abstiegen, zunehmend zu einer Polarisierung des Arbeitsmarktes auf internationaler wie auf nationaler Ebene führe (vgl. Schimany 1997, S. 146).

Zusammengefasst kann also davon ausgegangen werden, dass internationalisierte und globalisierte Arbeitszusammenhänge verstärkte Mobilitätsbereitschaft der arbeitenden Subjekte erfordern, was auch zur Folge hat, dass eine erhöhte Fähigkeit zur ‚Nicht-Bindung' an die Arbeit zunehmend erwartet wird. Doch welche, so könnte man vielleicht formulieren, globalisierungsinduzierten Restrukturierungsprozesse lassen sich ausmachen?

Restrukturierungen der *gesamten Produktions- und Wertschöpfungsketten* geraten vermehrt in den Blick: „Systemische Rationalisierung" (Sauer und Döhl 1994) richtet sich – über Prozesse, Unternehmen und Betriebe hinweg – auf die Steigerung der Wertschöpfung in der gesamten Produktionskette: vom einzelnen Arbeitsplatz über den Arbeitsprozess, den Betrieb bzw. den betrieblichen Gesamtprozess, das Unternehmen bis hin zur (globalen) Industrie- und Dienstleistungsstruktur.

Arbeitssoziologisch ist nicht nur die Entwicklung der Verschiebung von der Produktion zur Dienstleistung bzw. der erhöhten Aufmerksamkeit der Betrachtung vom Arbeiter- zum Angestellten-Block interessant, sondern vielmehr muss m. E. der Blick auf die internen Veränderungen innerhalb der Blöcke gerichtet werden. Welcher Teil der lohnabhängig Beschäftigten als Profiteur des sich anbahnenden Wechsels gelten kann, macht folgendes Zitat deutlich:

10.2 „Systemische Rationalisierung" transnationaler Organisationen

„Daß den Angestellten die Zukunft gehören werde, und daß sie zur größten Gruppe der abhängig Beschäftigten avancieren würden, galt seit den Theorien Clarks (1940) und Fourastiès (1954) in sozialwissenschaftlichen Diskussionen als ausgemachte Sache" (Baethge und Oberbeck 1986, S. 15).

Obige Autoren definieren zu Beginn der 1990er-Jahre wie folgt:

„Systemische Rationalisierung in Dienstleistungsunternehmen heißt, dass technische und organisatorische Maßnahmen nicht länger punktuell, auf einzelne betriebliche Aufgaben hin betrieben werden, sondern dass von den Unternehmen verstärkt auf die integrierte, technisch-soziale Gestaltung von Arbeits-, Betriebs- und Marktstrukturen gezielt wird" (Baethge und Oberbeck 1990, S. 150).

In den 1980er-Jahren hatten sie bereits ausgeführt, dass *systemische Rationalisierungsprozesse* dadurch gekennzeichnet seien, dass unter Nutzung neuer, mikroelektronisch basierter Datenverarbeitungs- und Kommunikationstechnik der betriebliche und überbetriebliche Informationsfluss, die Kommunikation über die Kombination von Daten, die Organisation der Betriebsabläufe und die Steuerung der unterschiedlichen Funktionsbereiche in einer Verwaltung bzw. in einem Unternehmen in einem Zug neu gestaltet würden (vgl. Baethge und Oberbeck 1986, S. 22).

Systemische Rationalisierung hat die Optimierung der Organisation von Markt- und Austauschprozessen zum Ziel. Deren begrenzte Durchschaubarkeit besser in den Griff zu bekommen, Informationsvorteile herauszuschlagen, Kunden und Lieferanten in ihren Verhaltensdispositionen und Interessen besser transparent zu machen, um sie dauerhafter ans Unternehmen zu binden oder rechtzeitig abzustoßen, seien die zentralen Rationalisierungsziele (vgl. ebd.).[4] Interessant ist, dass Personalkostenreduzierung offenbar nur eine strukturell nachgeordnete Rolle spielt. Rationalisierung im Dienstleistungssektor heiße in erster Linie verbesserte Antizipation von Marktentwicklungen und – wenn möglich – Erhöhung der Kapazität zur Marktsteuerung, nicht vorrangig Weiterentwicklung von Technik zur Kompensation menschlicher Arbeit (vgl. ebd.).

Auf die *überbetriebliche Dimension* systemischer Rationalisierung machen Altmann et al. ebenfalls Mitte der 1980er-Jahre aufmerksam:

„Der ‚Neue Rationalisierungstyp' macht in seinem systemischen Charakter nicht an den Grenzen des Betriebes halt. Rationalisierungsmaßnahmen dieses Typs beziehen die außerbetrieblichen Liefer-, Bearbeitungs- und Distributionsprozesse mit ein. Mit der datentechnischen Integration auch betriebsexterner Prozesse deuten sich Veränderungen in der zwischenbetrieblichen Arbeitsteilung und in der Struktur traditionell marktvermittelter Beziehungen zwischen den Betrieben an, die die bislang erfaßte Reichweite gesellschaftlicher Folgen beim Einsatz von Computertechnologien bei weitem übersteigen" (Altmann et al. 1986, S. 192).

---

[4] Dieses Konzept dürfte post-pandemisch und unter ‚Lieferketten'-Aspekten völlig neu diskutierbar sein.

Der Einsatz neuer Technologien sei die entscheidende Voraussetzung betrieblicher Ökonomisierungs- und Flexibilisierungsstrategien. Damit sei die Technik das zentrale Elastizitätspotenzial betrieblicher Rationalisierungsstrategien – einhergehend mit einem zunehmenden Bedeutungsverlust von Arbeitskraft als elastische Potenz (vgl. ebd., S. 196).

Bezugspunkt von Unternehmens- und Rationalisierungsstrategien wird die Produktions- und Wertschöpfungskette sowie deren Effektivierung und Flexibilisierung. Dies bedingt eine Ausrichtung von der horizontalen Arbeitsteilung (klassischer Fordismus – vgl. Kap. Stein des Anstoßes? in Teil 1) hin zu der Ausschöpfung der Potenziale der vertikalen Arbeitsteilung. „Der sachliche Zusammenhang einer Produktionskette konstituiert sich neu über die organisatorische Ausgliederung (Segmentierung) und Zusammenführung (Integration) von Teilprozessen in neue organisatorische Einheiten." (Sauer und Döhl 1994, S. 199; Sauer 2005, 2013). Hierdurch werden zum einen organisatorische, technische und arbeitskraftbezogene Vorteile in der Spezialisierung, Flexibilität und Standardisierung einzelner und unterschiedlicher Produktionssegmente innerhalb der Produktionskette genutzt, zum anderen wird das eigenständige Produktivitäts- und Flexibilitätspotenzial der gesamten Kette ausgeschöpft – überbetriebliche Arbeitsteilung und Kooperation werden zu einer neuen Quelle der Wertschöpfung. Die Abb. 10.1 zeigt eine vereinfachte Wertschöpfungskette in der Automobilindustrie.

Wichtig erscheint in diesem Zusammenhang, auf den Wesensunterschied zur „einzelfunktionsbezogenen Rationalisierung" (Baethge und Oberbeck 1986, S. 23) hinzuweisen: Bisherige Rationalisierungsmaßnahmen wurden im Prinzip von unten und vom Arbeitsmittel her, d. h. einzelfunktionsbezogen und mit nur begrenztem Blickwinkel für Zusammenhänge mit angrenzenden Aufgabengebieten gedacht und durchgeführt. Dagegen „werden Rationalisierungskonzepte jetzt eher von oben, von der Organisation des gesamten Funktionsprozesses her, d. h. mit der Perspektive der Veränderung von komplexen Funktionszusammenhängen und der Realisierung mehrerer Wirkungspotentiale ... entwickelt und durchgesetzt" (ebd.).

In Bezug auf die *Folgen* systemischer Rationalisierung ist zu bemerken: Es ist ein Wandel im Arbeitshabitus auszumachen. Dass Systemische Rationalisierung allerdings automatisch *dequalifizierende Auswirkungen* auf die Angestellten habe, könne laut Baethge und Oberbeck als zweifelhaft angesehen werden. Eine Dequalifizierungsprognose scheine ihnen nur für jene begrenzten Teilgruppen kaufmännischer Angestellter in dispositiven Funktionen wahrscheinlich, die mit Hilfs-, Kontroll- und Zuarbeitstätigkeiten befasst seien, und für bestimmte Gruppen unterer und mittlerer Führungskräfte, deren herkömmliche Kontrollfunktionen auf das System übertragen würden (vgl. ebd., S. 34).

10.2 „Systemische Rationalisierung" transnationaler Organisationen

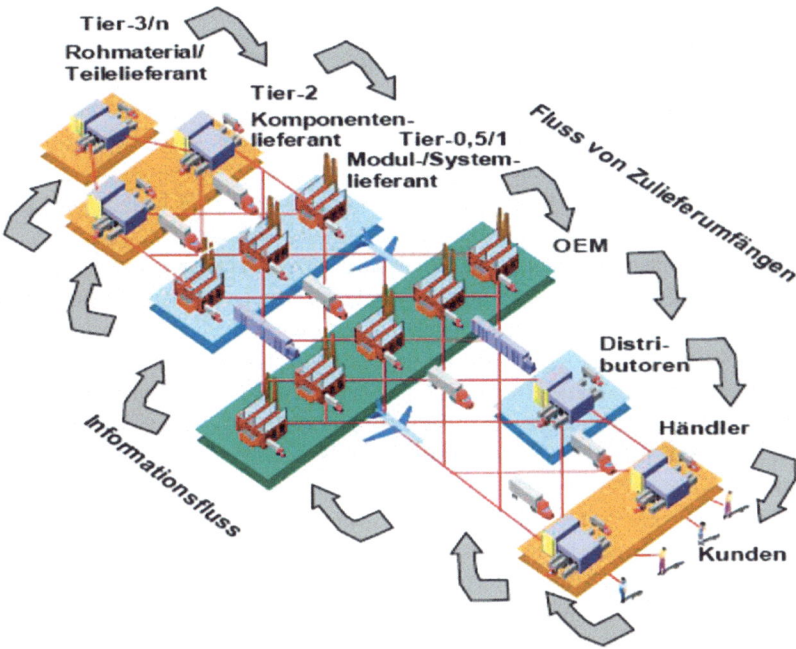

Abb. 10.1 Die Wertschöpfungskette. (Quelle: Schlösser 2005)

Die Autoren sind weiter der Auffassung, dass als Haupttendenz aber die Weiterentwicklung der EDV für die Kerngruppen der kaufmännischen Angestellten eher in die Richtung einer *dichteren Aktualisierung* der ihnen im betrieblichen Arbeitsalltag abgeforderten *Qualifikationen* gehe, da sie von schematischen Rechenoperationen, Routineprüfungen und zeitaufwendiger Informationsbeschaffung entlastet und auf die fachinhaltlichen Zentren ihrer Arbeit konzentriert seien, das heiße für viele konkret, mehr Fälle oder Vorgänge in der gleichen Zeit zu bearbeiten als früher (vgl. ebd.).

Weiter führen Baethge/Oberbeck aus, dass durch den Wechsel des Informationsträgers vom Papier zum Mikrochip sich zwangsläufig die Umgangsformen des Angestellten mit den Informationen änderten:

„Papier ist – verglichen mit dem Bildschirm – geduldig, gemächlich und von kompakter Anschaulichkeit. Die Interaktion mit dem EDV-System verlangt demgegenüber einen Arbeitsstil, der durch eine Verbindung von Reaktionsschnelligkeit, Abstraktionsfähigkeit, Konzentrationsfähigkeit und Genauigkeit gekennzeichnet ist" (ebd., S. 33).

Grundsätzlich gehen mit dem Einzug von „systemischer Rationalisierung" *zwei zentrale Tendenzen* der Veränderung einher:

- die Veränderung der betrieblichen Macht- und Entscheidungsstrukturen: zentrale Steuerungs- und Kontrollpotenziale werden stärker, dezentrale Betriebseinheiten werden schwächer;
- Hierarchien werden gefestigt, Prozesse der Demokratisierung bleiben zurück.

In der Auseinandersetzung mit diesen neuen Konzepten der systemischen Rationalisierung bezeichnen die Autoren Sauer und Döhl die unternehmensübergreifende Produktion zu weit verzweigten Produktionsnetzwerken auch als „Arbeit an der Kette" (Sauer/Döhl ebd.). Die Basis für die Entstehung unternehmens- und länderüberschreitender Produktionsverbünde bildet die Ausrichtung der systemischen Rationalisierung an Produktions- und Wertschöpfungsketten. Die Konsequenzen, die sich aus diesen wirtschaftlichen Umstrukturierungen ergeben, sind sehr vielseitig und ambivalent.

Es fällt auf, dass die *breitere Nutzung menschlicher Arbeit* und die *Herausbildung spezifischer Funktionen* für das Funktionieren *vernetzter Produktionsketten* von besonderer Bedeutung geworden ist. Im Zuge dessen werden die Arbeitskräfte erneut versachlichten Zwängen unterworfen, was unter dem Strich für die Mehrzahl der Beschäftigten zu einer Verschlechterung der Arbeitssituation führt. Dieser Aspekt erscheint allerdings durch die Verlagerung von Arbeitskräfteproblemen verschleiert und wird lediglich an den Segmentationslinien (hoch entwickelte Industriestaaten – Schwellenländer – industrielle Billiglohnländer) erkennbar (vgl. Sauer 2005, 2013).

Kritik an der *wissenschaftlichen Konzeptualisierung* systemischer Rationalisierung übt bereits früh vor allem Ortmann:

> „… systematisch ausgeblendet bleiben bei einer solchen rationalistischen Focussierung alle möglichen Unklarheiten, Kontingenzen, Ambiguitäten, immanenten Widersprüchlichkeiten, Irrationalitäten, betrieblichen Besonderheiten, kulturellen Orientierungen [an Interpretationsmustern, Leitbildern, Technikgläubigkeit etc.] […]" (Ortmann 1990, S. 99).

Denn auch noch so scharfer ökonomischer Druck führe erst via Wahrnehmung, Interpretation, Kommunikation, kultureller und normativer Orientierung und mikropolitischer Bezugnahme zu – zum Beispiel – Prozessen systemischer Rationalisierung (vgl. ebd., S. 102).

Ortmann nimmt weiter mit dem Begriff der „Dialektik systemischer Kontrolle" (ebd.) den Macht- und Herrschaftsaspekt auf: Das bedeutete, dass Machtstrukturen Ressourcen – er [Ortmann] würde hinzufügen: und Regeln – zur Verfügung stellten, mit denen die Machtunterworfenen ihrerseits eine gewisse Macht über die Mächtigen ausüben könnten (vgl. ebd., S. 113). Ganz generell kann systemische Rationalisierung den Effekt haben, dass Arbeitskräfte in vorgelagerten Gliedern der Produktionskette vermehrt Risiken ausgesetzt sind (z. B. in sog. „Billiglohnländern"). Auch sind hier ökonomische Abhängigkeiten sowie steigender Leistungs- und Anpassungsdruck kleinerer Betriebe und nicht zuletzt polare Zulieferstrukturen (wenige große Systemlieferanten vs. kleinere abhängige Vorlieferanten) als zunehmend macht-generierende Faktoren zu nennen (vgl. Sauer 2017).

10.3 Governance, Accountability/Accounting und Controlling

Governance
Governance (vgl. auch das in Abschn. 10.1 Ausgeführte) kennzeichnet in der sozialwissenschaftlichen Diskussion einen Wandel der Formen politischer Steuerung und Koordination und gleichzeitig empirische Veränderungen im Verhältnis zwischen Staat und Gesellschaft im Sinne einer institutionellen Steuerung mit verteilter Kontrolle. Insofern sind wir im makro-organisationalen bzw. -politischen Fahrwasser. Geprägt wurde der Begriff zum einen durch die politikwissenschaftliche Steuerungsdiskussion, zum anderen durch die moderne Institutionenökonomie. Während in der klassischen Regierungslehre Governance noch ein Synonym für *government* war, dient es heute in den Sozialwissenschaften der Kennzeichnung eines empirisch beobachtbaren Wandels des Verhältnisses zwischen Staat und Gesellschaft und der damit zusammenhängenden Diskussion über unterschiedliche Modi gesellschaftlicher Koordination (vgl. Jann 2002; auch Willke 2006).

Auf der *einen Seite* kann eine Auflösung bisheriger Regierungsmuster konstatiert werden: Klassische Mechanismen staatlicher, hierarchischer Steuerung werden zunehmend durch Co-Arrangements oder hybride Strukturen zwischen Staat, Wirtschaft und Gesellschaft abgelöst, was zu einer Verwischung ihrer Grenzen führt. Globale Konzepte wie „Governance without Government" (Stickler 2005) oder „Global Governance" (ebd.) geraten in den Blick. Auf der nationalen Ebene wird diese Form gesellschaftlicher und ökonomischer Selbstkoordination, Selbstregulierung oder „Selbstregierung" (ebd.) ohne direkte staatliche Einflussnahme und Einmischung wiederum unter dem Schlagwort des „private interest government" (ebd.) diskutiert.

Auf der *anderen Seite* – und dies soll aufgrund der Themenstellung dieses Buches verstärkt im Vordergrund stehen – bezieht sich eine zweite, allgemeinere Bedeutung des Begriffs Governance auf die durch Williamson (1996) eingeführte institutionenökonomische Unterscheidung unterschiedlicher Formen sozialer Koordination. Ausgehend von den Modi *Markt* und *Hierarchie* werden in dieser theoretischen Diskussion weitere Koordinationsmechanismen wie *Clans, Associations* oder auch *Netzwerke* (vgl. Abschn. 10.1 in Teil 2) unterschieden.1

Gemeinsam ist sowohl der empirischen wie der theoretischen Sichtweise, dass Governance als neuer *Regulierungsmodus jenseits* der Dichotomie Staat/Markt verstanden wird. Governance ist eine eigenständige, „self-organizing" Form der Koordination und Kooperation in interorganisatorischen Netzwerken, die sich aus Politik- und Verwaltungsorganisationen, Verbänden, Unternehmen und Non-Profit-Organisationen – mit oder ohne staatliche Beteiligung – zusammensetzen können (vgl. ebd.). Damit etabliert sich Governance als netzwerk-artige „Kontextsteuerung" (Willke 2006, S. 5): „Globale Governanz bezeichnet die Steuerung globaler Kontexte durch Organisationen, Institutionen, Regelsysteme, Vertragswerke und andere Vereinbarungen" (ebd.).

Zu diesem neuartigen Governance-Begriff gehört auch die Schaffung oder Veränderung der *institutionellen Arrangements,* der Regeln, Anreizstrukturen und Leitbilder, die den Rahmen dieser Aktivitäten bilden und, ganz entscheidend, eine neue Arbeitsteilung zwischen Staat, Wirtschaft und Zivilgesellschaft. Ursachen dieser Entwicklung werden in der zunehmenden Komplexität der zu lösenden Probleme und der verstärkten Interdependenz zwischen Akteuren und Sektoren gesehen. Es entstehen immer längere und kompliziertere Interaktionsketten, in denen kein Akteur, weder öffentlich noch privat, über die notwendigen Informationen oder das notwendige Wissen verfügt, um komplexe, dynamische und fragmentierte Probleme zu lösen, Kein Akteur verfügt über ausreichenden Überblick, um die Effektivität der eingesetzten Instrumente garantieren zu können, und ist in der Lage, spezifische Steuerungssituationen einseitig zu dominieren. Diese Entwicklungen werden in der Wissenschaft bereits seit einigen Jahren in der Neokorporatismus-Forschung, in Ansätzen der Netzwerkanalyse und auch in der akteurstheoretischen Steuerungstheorie von Politik- und Verwaltungswissenschaft thematisiert. Die Veränderungen im Verhältnis von Staat und Gesellschaft wurden mit Begriffen wie kooperativer Staat, kooperative Verwaltung oder auch „Interdependenzmanagement" charakterisiert.

Jürgens et al. (2003) sowie Jann (2002) machen darauf aufmerksam, dass *organisationale Governance-Modi* von herkömmlichen *Managementkonzepten* zu unterscheiden seien: Grob vereinfacht skizziert die Autoren die grundlegenden Unterschiede zwischen Management- und Governance-Orientierung zusammengefasst folgendermaßen:

10.3 Governance, Accountability/Accounting und Controlling

- *Management* bezieht sich auf die Binnensteuerung einzelner Organisationen. Im Rahmen des so genannten „Chandlerianischen Modells" – zurückgehend auf Alfred Chandler (1962 f.) – bezieht diese Management-Steuerung ausdrücklich auf das Großunternehmen, welches eindeutiges Macht- und Steuerungszentrum in den interorganisationalen Beziehungen darstellt. Die grundlegende managerialistische Frage lautet, wie Anreizstrukturen aussehen sollten, um effizientes und möglichst auch effektives Verhalten anzuregen, und diese Frage wird i. d. R. durch den Markt- und Konkurrenzmechanismus beantwortet, d. h. es geht darum, die richtigen Anreize, Preise und z. B. Kontrakte zu definieren („getting incentives right', ‚getting prices right', ‚getting contracts right') (vgl. Jürgens et al. 2003; Jann 2002).

- *Governance* dagegen bezieht sich auf die Koordination unterschiedlicher (öffentlicher und privater) Akteure (Steuerung von Netzwerken) und legt damit den Fokus auf inter-organisationale Beziehungen. Es gibt kein per se gegebenes Steuerungs- und Machtzentrum. Macht hat, wer Standards setzt. Dies können mehrere Organisationen sein, z. B. Microsoft und Intel im PC-Bereich – was Begriffe wie „Wintelismus" (Jürgens et al. ebd.) oder „strategische Allianzen" (Narr und Schubert 1994) aufkommen lässt.

Für die Frage der Macht, Kontrolle und Entscheidungen in modernen Arbeitsorganisationen ist an dieser Stelle wieder die Figur des *korporativen Akteurs* auf der makropolitischen Ebene (vgl. Teil 1, Kap. 4) gefragt, die nämlich zeigt, wie eine eher organisationssoziologische Perspektive auf Governance einer betriebswirtschaftlichen Diskussion über *Corporate Governance* einiges voraushat. Während es bei *Corporate Governance* in der BWL vornehmlich immer noch um interne (für einzelne Unternehmen, also intra-organisatorische) und formelle (z. B. schriftlich fixierte) Regelsysteme geht, auch wenn diese durchaus der Selbstregulierung überlassen werden sollen, zielt ein organisationssoziologischer Governance-Diskurs zum einen auf die Analyse unumgängliche Koordination und Zusammenarbeit von Akteuren aus unterschiedlichen Sektoren (inter-organisatorisch) – die, wie oben ausgeführt selbst Organisationen sein können –, zum anderen auch auf ein verändertes institutionelles Gefüge, welches sich nicht zuletzt durch veränderte Arrangements formeller oder informeller Regelungen auszeichnet.

Die von Altvater und Mahnkopf (1996) konstatierte weitgehende Vernachlässigung der Interessenkonflikte bzw. der *Macht- und Herrschaftsstrukturen* in der globalen Ökonomie und Politik stehen bei Wahl (1998), Brunnengräber und Stock (1999), Brand (1999), Brand et al. (2000) und Stickler (ebd.) im Mittelpunkt der Kritik. In den Global-Governance-Diskursen würden soziale Konflikte und Antagonismen implizit negiert. Machtförmige und hierarchische Strukturen verschwänden gerade zu Zeiten einer neoliberalen Globalisierung *nicht,* sie seien in der vermeintlichen Netzwerkgesellschaft lediglich komplexer, vielschichtiger und intransparenter, da globaler (Brunnengräber und Stock 1999, S. 456). Die Annahme, dass kooperative Problemlösungen gefunden würden, dass eine annähernde Interessenskongruenz entstände, noch dazu auf globaler Ebene innerhalb einer kapitalistisch verfassten Weltwirtschaft, sei trügerisch (vgl. ebd., S. 457). Brand (1999) erkennt die Gefahr einer Affirmation neoliberaler Globalisierung, wenn der Machtaspekt vernachlässigt werde:

„Dort wo heute internationale (politische) Kooperation stattfindet, trägt sie eher zur Absicherung neoliberaler Globalisierung bei (etwa in der WTO) und weicht keinesfalls die asymmetrischen Interessen und Machtverhältnisse auf" (Brand 1999, S. 175).

Messner (1998) stellt fest, dass „asymmetrische Machtstrukturen in der globalen Politik dazu (führen), dass schwächere Akteure tendenziell für sie suboptimale Lösungen akzeptieren müssen, während starke Akteure in der Lage sind, ihre Interessen umfassender durchzusetzen" (Messner 1998, S. 36). Und weiter führt er wenig später aus:

„Bedeutsam ist, dass sich im Prozess der ökonomischen Globalisierung die Machtpotentiale von den politischen Akteuren zu privaten Unternehmen verlagert haben. Ohne deren Beteiligung an und Einbindung in die Global Governance-Architektur ist kooperationsbasierte globale Politik kein aussichtsreiches Projekt" (ebd., S. 37).

Immer stärker in den Vordergrund im Rahmen global governance-induzierter Machtkonstellationen geraten auch sog. Nicht-Regierungsorganisationen (NGOs). Macht- und herrschaftstheoretisch kann hier festgehalten werden, dass diese NGOs nicht einfach globale Ungleichheiten kritisieren und egalisieren helfen, sondern als Vermittler der universalistisch-rationalistischen Grundstruktur der Moderne (durchaus im Sinne Webers oder später Meyers; vgl. vorn) gelten können (vgl. Stickler ebd.).

Türk et al. (2006) ordnen Governance in ein Paradigma des „Organisationalen Neoliberalismus" (Türk et al. 2006, S. 291) ein, dessen Dispositive sich weltweit ausdehnen und zu Regulationskonzepten bzw. -institutionen auf Weltniveau führen.

Anschlüsse an Governance-Diskurse gibt es mehrere. Hier seien nur zwei genannt:

- Zum einen der *Weltsystem-Ansatz* von Immanuel Wallerstein (1974 f.): Wallerstein geht von einer expandierenden Weltwirtschaft, vielen expandierenden Staaten und von Produktionsbeziehungen bzw. intra- und interstaatlichen Politiken aus, die vom Gegensatz zwischen Arbeit und Kapital ausgehen und sich gleichsam eines Zentrum-Peripherie-Modells von Westeuropa auf die ganze Welt ausdehnen (vgl. Münch 2004, S. 309 ff.).

10.3 Governance, Accountability/Accounting und Controlling

- Zum anderen der *Empire-Ansatz* von Michael Hardt und Antonio Negri (2002): Diese beiden Autoren sind davon überzeugt, dass eine globale – mit Bezug auf Foucault (vgl. Teil 1, break 1) – „biopolitische" Organisation der Herrschaftsverhältnisse entstanden sei. Der Anspruch von Hardt und Negri, einen neuen Versuch zu unternehmen, die Verlagerung von Herrschaft in das (natürlich auch arbeitende) Subjekt zu verlagern, muss nach Ansicht nicht weniger Autoren (hier seien nur Lemke (2002) und Berger (2003) genannt, als gescheitert angesehen werden.

Beide Konzepte scheinen zudem mit Hinblick auf die hier verfolgte Fragestellung der Konstitution, Etablierung und Konfiguration organisationaler Macht-, Kontroll- und Entscheidungsaspekte nur begrenzt bis gar nicht tauglich, da m. E. die hier skizzierte Linie von Netzwerken über Systemische Rationalisierung zu Governance einen geeigneteren Annäherungsversuch darstellen. ‚Weltsystem' und ‚Empire' lassen sich – trotz der an ihnen geübten Kritikpunkte (vgl. oben) – höchstens als rudimentäre Anschluss- bzw. Sub-Diskurse bezeichnen, die gleichwohl in die hier als übergeordnete Globalisierungs- bzw. Internationalisierungsthematiken vorgestellten einzuordnen sind (vgl. ausführlich Stickler ebd.). Sicher eignen sich auch die Ausführungen in Abschn. 2.3 zum „Finanzmarkt-Kapitalismus", um ein globales Governance-Szenario zu kennzeichnen, aber sollte man hier wirklich von Selbst-*Steuerung* sprechen (vgl. auch Matys 2023)?

Accountability/Accounting und Controlling
Auf einen weiteren Aspekt, der sowohl einen Diskurs um Identifizierung von interorganisationalen Akteurskonfigurationen als auch einen eher normativen Diskurs um organisationale Verantwortungsethik verbindet, soll im Folgenden mit dem Thema *Accountability* eingegangen werden.

Ausgehend von der Start-Definition, dass *Accountability,* also *Zurechenbarkeit,* ein *Verantwortlichsein* (bzw. -machen) von Personen und Organisationen (hier: ökonomisch agierende Unternehmen) kann zunächst auf das Konzept der „rationalization of action" (Giddens 1984, S. 376) zurückgeführt werden, welches ganz allgemein erlaubt, Akteure zu befähigen, über die Gründe und Kontexte ihres Handelns Auskunft geben zu können. In v. a. psychologisch inspirierter Fassung ist damit besonders ein Konzept thematisiert, welches Akteure in einer Abhängigkeitsschleife zu einem ‚Publikum' (Mitbewerber, Regierungen, NGOs, aber auch und vor allem Kunden) begreift. Diese Publika sind ihrerseits mit enormer Belohnungs- und Bestrafungsmacht gegenüber den Unternehmungen ausgestattet. (vgl. Beu 2001). Jetzt kann weiter begrifflich differenziert werden (vgl. dazu ausführlich Becker 2014) – für die hier verfolgten Zusammenhänge soll Folgendes herausgearbeitet werden: In der Definition des Begriffes Zurechenbarkeit den Terminus ‚verantwortlich' (substantiviert: Verantwortung) zu gebrauchen, markiert eine semantische Unschärfe. Zurechenbarkeit hat den Anschein eines *juristisch-ökonomischen* gefassten Begriffes, eines Kontextes, der *Rechenschaft, Zuordnung* und *Berichtspflicht* von ökonomisch orientierten Handlungen bzw. Handlungsfolgen unter den Maximen *Nutzen* und *Gewinnmaximierung* einschließt. *Verantwortung* dagegen hat seit der Antike vor allem eine *ethisch-moralische* Auslegung (neben zweifelsohne einer ebenfalls juristischen Konnotation, z. B. in Gesetzestexten): Weber teilt bspw. ethisch orientiertes Handeln in zwei Wirklichkeitsbereiche auf, in denen entweder *gesinnungsethische* (moralische Richtigkeit) oder *verantwortungsethische* (konkrete Folgen des Handelns) Maximen vorherrschen. Vielleicht eignet sich aber gerade der Accountability-Begriff, moralische und rechtliche Verantwortlichkeiten in Arbeitsorganisationen zusammenzuführen: Bündelt doch Accountability implizit die notwendige Differenzierung „zwischen dem Recht, etwas zu tun und dem richtigen Tun" (Hardtke und Prehn 2001, S. 145). Nach dieser Lesart könnten bspw. *Fragen* wie die folgenden von Interesse sein: Kann ein Unternehmen schon per definitionem nicht ethisch oder sozial verantwortlich handeln, solange es nicht die finanziellen Mittel hierzu hat? Schließen sich die Zielsetzungen von wirtschaftlichem Erfolg und gesellschaftlicher Verantwortung sogar aus (vgl. ebd.)? Bezogen auf bspw. Nachhaltigkeit als eine Ausprägung gesellschaftlicher Ansprüche an Unternehmen formuliert Negt (2002):

„So scheint, wie ich vermute, in unternehmerfreundlichen intellektuellen Kreisen mehr und mehr der Gedanke verbreitet zu sein, daß im wohlverstandenen Interesse der Unternehmen, das heißt im Sinne von Stabilität und dauerhafter Funktionsfähigkeit, Verantwortung für die gesellschaftliche Umwelt der Betriebe selbst nach ökonomischen Kriterien nützlich ist. Die wesentliche Erweiterung der sogenannten Verträglichkeitsprüfungen sind Ausgangspunkt einer Gemeinwesenarbeit, die den betrieblichen Horizont überschreitet" (Negt 2002, S. 548 f.).

Negt schließt dann Meyer-Falcke und Schäffer (1997) direkt an:

„Weniger ‚Staat' heißt … auch mehr Verantwortung beim Nutznießer der Deregulierung: Wer neue Produktionsverfahren einführt, muß eine Umweltverträglichkeitsprüfung vorweisen – warum nicht auch eine Arbeitnehmerverträglichkeitsprüfung? Wer ein Produkt auf den Markt bringt, haftet für etwaige Schädigungen des Verbrauchers – wieso nicht für jeden mit der Produktion einhergehenden Gesundheitsverbrauch bei den Beschäftigten?" (Meyer-Falcke und Schäffer 1997, S. 863)

Unter Macht-, Kontroll- und Entscheidungsgesichtspunkten muss weiter herausgearbeitet werden, wer denn *Akteure und Adressaten* einer formalen und inhaltlichen Zurechenbarkeits- bzw. Verantwortungskonzeptualisierung sein sollen bzw. sind:

10.3 Governance, Accountability/Accounting und Controlling

Erst die Entstehung von Organisationen und die damit verbundene Herausbildung eines korporativen Akteurs ermöglicht, Zurechenbarkeit und Verantwortung auf Unternehmen zu beziehen und sie von Einzelpersonen loszulösen. Dies bietet Chancen und Risiken: Der Möglichkeit, eine Organisation auf Millionen Euro Schadenersatz wegen bspw. nicht-nachhaltigen Verhaltens bestrafen zu können – ihr also als juristischer Person Handlungskompetenz, Eigentumsrecht und Produktivität zuschreiben zu können –, stehen Probleme der Verantwortungsdelegation und -diffusion und Rechtfertigungen Einzelner gegenüber, dieses oder jenes ‚lediglich' im Namen und Auftrag ‚der Firma' gemacht oder unterlassen zu haben.

Aber auch die *Publika,* die Öffentlichkeiten in Form von Anspruchsgruppen (‚stakeholdern') sind aufzuspüren: Wer kann aus welchen Motivationen unter welchen Bedingungen mit welchen Mitteln belohnen oder bestrafen?

Vormbusch (2004) führt die im Zusammenhang mit dem Grundfokus dieses Buches sehr interessante Entwicklung aus, dass sich – m. E. entlang obiger Accountability-Debatte – ein *gesellschaftlicher Konstruktionsmodus* ausbreite, der die *kalkulativen Praktiken,* z. B. die Berechnung des Bruttosozialproduktes oder die der Arbeitslosenquote, in kapitalistischen Gesellschaften in einer globalisierten Welt um eine entscheidende Praktik ergänzt: die Praktik des *Accounting* (vgl. Vormbusch 2004, S. 33; vgl. auch Becker ebd., S. 127 ff.):

„Das Accounting umfasst all jene Aktivitäten der Identifizierung, Sammlung, Ordnung, Aufzeichnung, Auswertung und Kommunikation von Daten, die für die Koordination, Steuerung und Kontrolle (ökonomischer) Aktivitäten benötigt werden" (Vormbusch ebd.).

Somit ist neben die moralisch aufgeladene Accountability-Debatte eine eher – so könnte man vielleicht formulieren – betriebswirtschaftlich-buchhalterische Norm entstanden, der die Macht- und Kontrollmöglichkeiten der international agierenden Organisationen und deren Legitimationsmöglichkeiten in Bezug auf ihr Handeln institutionell stärkt, und zwar

- durch die Standardisierung des *betrieblichen Rechnungswesens* („book keeping") und des „financial reporting" in Form der Definition und Durchsetzung bestimmter Accounting-Grundsätze wie GAAP (Generally Accepted Accounting Principles) oder IAS (International Accounting Standards);
- durch die Organisation und finanztechnische Bewertung bzw. Prüfung *grenzüberschreitender Übernahmen* (Bereich des „finance");
- für vielfältige *Finanzdienstleistungen* wie die Abfassung, Verbreitung und wechselseitige Bewertung unternehmensbezogener ‚Ratings';

- zunehmend durch die *strategische Beratung des Managements* im Hinblick auf die globale, regionale oder segmentbezogene Markt- und Technikentwicklung, Organisationspositionierung, internationale Besteuerung etc. – durch weltweit operierende Organisationen (vgl. ebd., S. 34; besonders zum globalen Rating-Phänomen Matys 2023)[5].

Techniken und Formen dieses neu gestärkten Accountings zu kritisieren, ist zentrale Aufgabe einer kritischen Accounting-Forschung („Critical Accounting Studies"; vgl. Vormbusch ebd. und Vormbusch 2012b). Geteilt wird das Ziel, organisierten Zahlengebrauch zu desymbolisieren, d. h. vor allem Formen aufzudecken, bei denen auch Soziales zähl- und messbar gemacht werden soll. Zählbar – „accountable", und damit kontrollierbar, umfasst dieses Soziale bisher schwer fassbaren Wertgrößen, wie etwa Wissen oder Kompetenzen der arbeitenden Subjekte und markiert einen sozialkalkulativen Prozess:

> „*Sozialkalkulation* bezeichnet in diesem Zusammenhang eine Form der Kalkulation des bislang Unkalkulierbaren, innerhalb derer das Soziale in spezifischer Weise mess- und kalkulierbar sowie das Gemessene sozial validiert und mit sozialem Sinn versehen wird. Die Kalkulation immaterieller Wertgrößen wie Motivation, ‚Leidenschaft' und ‚Potential' ist notwendig an die Veränderung der Form der Kalkulation selbst gekoppelt" (Vormbusch 2012a, S. 221 f.; Herv. i. Orig.).

Somit lässt sich Accounting durchaus in den Kanon weiterer praktizierter organisationaler Steuerungsmodi, wie bspw. das *Controlling* einordnen. Controlling enthält als betriebswirtschaftliche Teildisziplin das Postulat einer zielführenden Unterstützung der Unternehmensführung eben durch das Controlling (vgl. Becker 2003b, S. 8, 2014). Controlling zeigt sich üblicherweise in Gestalt von *Kennzahlensystemen, Budgetierung, Verrechnungs- und Lenkungspreissystemen* (vgl. Vormbusch 2004, S. 43). Welche Ebenen und Elemente sich in Organisationen ausmachen lassen, zeigt Abb. 10.2.

Nun fällt leicht auf, dass dieses Konzept im Prinzip natürlich auch in Bezug auf viele weitere hier in diesem Buch genannten Ansätze Bedeutung findet (z. B. Gruppenarbeit oder lean production; vgl. Abschn. 6.2 bzw. 7.1 in Teil 2); an dieser Stelle interessiert allerdings Controlling als ein Sammelbegriff, der inner- und intra-organisationale *institutionalisierte Herrschaftsausübung* ermöglicht, wel-

---

[5] Ich zeige dort, inwieweit Rating-Agenturen, als Organisationen (!), die relevanten Akteure auf dem globalen Finanzmarkt sind, die eine kulturelle Praxis des Bewertens im Sinne organisationalen Zahlengebrauchs historisch vermittels kalkulativer Praktiken sowie ein globales Netzwerk zur Beherrschung des Finanzmarktes standardisiert und institutionalisiert haben.

10.3 Governance, Accountability/Accounting und Controlling

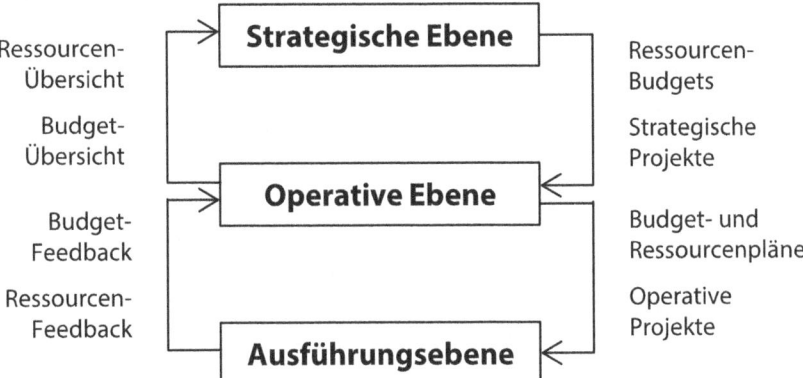

Abb. 10.2 Controlling im Rahmen des operativen und strategischen Berichtswesens. (Quelle: Zingel 2004)

ches sich konkret durch Praktiken administrativer und ökonomischer Machtausübung zeigt (vgl. Becker ebd., S. 217). Dass hierbei dem Management besondere Bedeutung als „treibenden Akteur" zukommt, zeigt sich nicht zuletzt dadurch, dass Controlling im angelsächsischen Bereich eher mit *management accounting and control* bezeichnet wird (vgl. Becker 2014, S. 132. Aber auch unter *mikropolitischen* Blickwinkeln (vgl. Teil 1, Kap. 1) wird Controlling interessant: Die ‚Controller' können bspw. die Konsensfindung fördern, indem sie unterschiedlichen Interessen und Handlungspotenziale gleichsam in ‚betriebswirtschaftliche Währungen' umrechnen, dabei einander annähern und schließlich zusammenführen. Die *Neutralitätszuschreibung* wird durch den *Objektivitätsanspruch* begünstigt, der sich gewöhnlich mit der Anwendung betriebswirtschaftlicher Verfahren und Kriterien und eines entsprechenden Berichtswesens mit quantifizierten Informationen (Kennzahlen etc.) verbinden lässt.Controlling als ‚offizielle' Maklerinstanz trägt auf diese Weise dazu bei, dass die Interessenperspektive der beteiligten Akteure stärker kanalisiert wird und es nicht zu einer ‚*Ausuferung*' *informaler Machtquellen* kommt, die eine zentrale, hierarchische und an den Organisationszielen ausgerichtete Steuerung von Arbeitsorganisationen unterminieren kann (vgl. Brüggemeier 1998, S. 53). Controlling kann somit als grundlegender arbeitsorganisatorischer Organisationsmodus begriffen werden, der tiefgreifende Prozesse organisationaler Restrukturierung einschließlich der Internationalisierung in Governance-Strukturen einbettet, die ihrerseits wiederum Dynamiken der Re-Regulierung im Wechselverhältnis der verschiedenen Politikebenen (kommunal, regional, national, transnational) erzeugen. Die arbeits-, organisations- und wirtschaftssoziologische Analyse dieses Phänomen lässt sich einordnen in die „Critical Accounting Studies" (vgl. Vormbusch 2004; Vormbusch 2012b; Matys 2023), denn jene untersuchen organisationale Kontroll- und Steuerungspraktiken und das „Schaffen von Wert" (Vormbusch 2012b) – d. h. in klarer Analogie zum Grundfokus dieses Buches.

▶ (1) **Sauer, Dieter und Volker Döhl. 1994. Arbeit an der Kette: Systemische Rationalisierung unternehmensübergreifender Produktion. In: *Soziale Welt 45 (2)*. 197–215.**

„Arbeit an der Kette" ist eine sehr geeignete Bezeichnung, die „systemische Rationalisierung" besser verstehen hilft. Uns interessiert hier vor allem, dass wir erkennen können: (globale) Wertschöpfungsketten sind Machtstrukturen!

(2) **Stickler, Armin. 2005. *Nichtregierungsorganisationen, soziale Bewegungen und Global Governance. Eine kritische Bestandsaufnahme*. Bielefeld.**

Diesem Text gelingt die Verknüpfung des Governance-Diskurses mit jenen der Globalisierung und der Organisation.

(3) **Vormbusch, Uwe. 2004. Accounting. Die Macht der Zahlen im gegenwärtigen Kapitalismus. In: *Berliner Journal für Soziologie 14 (1)*. 33–50.**

Dieser Aufsatz zeigt bereits früh vortrefflich, wie sich gängige organisationale Prüf-Normen und -Standards zu strukturbildenden Kontrollmodi verdichten (s. konkreter auch späteren Beiträge des Autors, bspw. 2012 „Die Herrschaft der Zahlen").

Digitalisierung 11

11.1 Digitale Transformation

Seit mindestens dem Ende des ersten Jahrzehnts im neuen Jahrtausend sehen wir uns nicht nur in Kontexten der Erwerbsarbeit, sondern auch gesamt-gesellschaftlich einem epochalen Wandel gegenüber: Dem Paradigma der „digitalen Transformation" (Schrape 2021). Hier ist zuallererst eine Geschichte thematisiert, nämlich die der Digitalisierung, und zwar als „übergreifende Veränderungsdynamik" (ebd, S. 7), die „nicht vom Himmel gefallen" (Onnen et al. 2022, S. 2) ist, sondern Voraussetzungen hatte. So können wir etwa die Computerisierung als Teil 1 der Geschichte digitaler Technologien (vgl. Häußling 2020, S. 1357 f.) kennzeichnen. Den 2. Teil stellt die „PC-isierung" (ebd.), den 3. die „Internetisierung" (ebd.) und den 4. als „Ubiquisierung" (ebd.) von Mikroprozessoren und Internet dar. Sodass schließlich das, was wir heute Digitalisierung nennen, als der 5. Teilschritt bezeichnet werden kann. Quer dazu gibt es Begriffe und Konzepte, die oft unter Digitalisierung subsummiert werden, aber auch andererseits als ‚flankierende' Entwicklungen genannt werden, bspw. können hier etwa vor allem bestimmte IuK-Technologien („cloudworking"), Verfahren des digitalen Selbstlernens („Mashine Learning" und „Künstliche Intelligenz"), algorithmische Bewertungs- und Streaming-Dienste („Facebook" oder „Spotify"), cyber-psychische Vernetzung („Internet 4.0") oder Speicherung und Umgang mit Massendaten („Big Data") (vgl. Vormbusch 2019a, S. 177) – die allesamt generell für eine alle Lebensbereiche durchdringende „Datafizierung" (Wiegerling et al. 2020) stehen – sowie Verfahren der Muster-Erkennung („Data Mining") angeführt werden.

Nun verweist die Endung ‚-ung' innerhalb des Begriffes ‚Digitalisierung' ja auf einen Prozess. Relativ häufig wird hier direkt die Umwandlung analoger in digitale

Daten genannt (vgl. Baecker 2018). Digitalisierung bedeutet allerdings – wenn sie soziologisch interessant sein soll – noch mehr: *Digitalisierung* ist eine

> „sozio-technische Konstellation, deren Entwicklung zwar historische Prozesse von Technologisierung, Vernetzung und Globalisierung sowie nicht-digitale Verdatung vorausgehen, die nun aber einen Punkt erreicht, an dem daraus resultierende tiefgreifende gesellschaftliche Veränderungen offenbar werden, die bei Weitem noch nicht abgeschlossen sind" (Block et al. 2022, S. 7).

Diese sozio-technische Konstellation begegnet uns auch unter dem Stichwort „Mensch-Maschine-Interaktion" (Gerlek et al. 2022). Die jeweiligen Bindestrich-Begriffspaare deuten dabei bereits an, dass nicht schlicht Einzelphänomenen nachgegangen werden soll, denn – eigentlich trivial – alles hängt nun einmal mit allem zusammen. Das heißt, dass auch die Digitalisierung (gesellschaftliche) Bedingungen hat bzw. in Wechselwirkung mit gesellschaftlichen Prozessen steht – damit hat die Soziologie eine Forschungsagenda, die ihr ureigenstes Terrain markiert: Es geht der Soziologie stets um Beziehungen zwischen Entitäten, um die Voraussetzungen und Effekte dieser Beziehungen sowie um jeweilige Deutungen der an diesen Beziehungen Beteiligten. In Bezug auf Prozesse der Digitalisierung formuliert heißt das: Gleich, ob wir es mit „Markt-, Arbeits- oder Organisationszusammenhänge[n] [,] öffentliche Agenda-Setting-Verläufe[n] [,] politische[n] Aushandlungsprozesse[n] [oder] lebensweltliche[n] Interaktions- oder Beziehungsmuster[n]" (Schrape ebd.) zu tun haben, stets sind es Prozesse, die „durch informationstechnische Strukturen vermittelt und mitgeprägt werden" (ebd.). Die beiden Entitäten, die also in Digitalisierungszusammenhängen in besonderer Beziehung stehen, sind „Technik und Gesellschaft" (ebd.; vgl. auch Vormbusch 2019b, S. 178). Einige Autoren sehen in Digitalisierung sowohl einen „technologischen" (Hirsch-Kreinsen 2023a, S. 13) als auch einen „gesellschaftlichen Megatrend" (ebd.). Das gesellschaftlich sich neu formierende Sozialgefüge kann wie folgt modelliert werden: „Die neuen Formen digitaler (bzw. algorithmischer) Sozialbeziehungen treten neben die klassischen analogen (bzw. intersubjektiven und leib-körperlichen) Beziehungen, ergänzen und vervielfältigen diese" (Seyfert 2023, S. 1). Damit gerät, aus meiner Sicht zurecht, die „soziologische Aufklärung einer Gesellschaft [in den Blick], die zunehmend durch algorithmisch vermittelte Beziehungen (individuell, institutionell, organisational etc.) bestimmt ist" (ebd., S. 4). Diese neue Art von Beziehungsgeflecht kann als „algorithmische Sozialität" (ebd., S. 11) gefasst werden, deren einzelne Elemente in Abb. 11.1 deutlich werden.

Ein derartiges Verständnis von Digitalisierung vorausgesetzt, macht es möglich, die *zentralen Aspekte*, die die Umbrüche in Organisationen im Besonderen kennzeichnen, herauszuarbeiten (vgl. zu Folgendem Lueger 2023, S. 82 f.):

11.1 Digitale Transformation

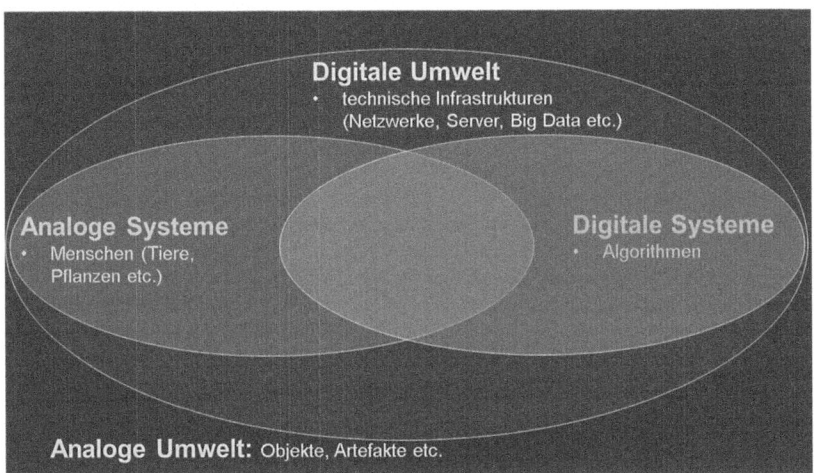

Abb. 11.1 Elemente algorithmischer Sozialität. (Quelle: Seyfert ebd.S. 11)

- vereinfachte Vernetzung zwischen Organisationen, Menschen und Maschinen;
- durch die Vernetzung werden Geschwindigkeit von Koordination und internen organisationalen Prozessen beschleunigt;
- eine verstärkte Standardisierung in der Kommunikation;
- Veränderungen der Anforderungen bei Mitarbeiter:innen in Führung und Ausführung;
- Schaffung spezialisierter Tätigkeitsfelder (bspw. Software-Ingenieur:innen oder Mechatroniker:innen);
- zunehmende Kontrollmöglichkeiten der Arbeitsabläufe – Feststellen von Outputs pro Maschine, aber auch pro Mitarbeiter:in;
- Einbezug außer-organisatorischer Partner (z. B. Lieferanten)
- zunehmend automatisierte Prozessabläufe (vermehrt wird Repetitives durch Maschinen erledigt);
- Komplexitätsreduktion bei gleichzeitiger zunehmender Durchschaubarkeit zahlreicher Arbeitsprozesse;
- neue Spezialisierungen der Speicherung und Verbreitung von Daten in/von Organisationen (bspw. Softwareentwicklungen, Big-Data-Analysen u. a.) werden möglich (vgl. o.);
- neue Abhängigkeiten in Bezug auf Daten (bspw. in puncto Aufbewahrung, Zugriffsrechte, Datenschutz u. a. m.) werden geschaffen.

Der innerhalb dieses Lehrbuchs stark gemachte Aspekt, dass *Organisation* nicht schlicht Gestalter, sondern maßgeblicher Treiber von Agenda-Setting und Durchsetzung der meisten macht-, kontroll- und entscheidungsinduzierten Phänomene ist, gilt genauso für Digitalisierung:

> „Entscheidend ist die soziale und materielle Einbettung digitaler Technologien, die wiederum die sozialen Infrastrukturen der Organisationen prägen. Diese erfolgt maßgeblich in Organisationen. Digitalisierung passiert nicht einfach *in* Organisationen, Organisationen sind vielmehr selbst gestaltender Akteur. (…) Hier entscheiden sich Einführung und Ausgestaltung der Digitalisierung. Organisationen fördern, bremsen, prägen Arten und Weisen betrieblicher Digitalisierung ebenso wie die Digitalisierung das Organisieren der Organisation selbst verändert" (Ahrens 2022, S. 11; Herv. i. Orig.).

Also: Organisationen begegnen nicht nur Digitalisierungsphänomenen, die „machen" (Pfeiffer und Suphan 2018) sie auch, womit erneut das o. g. Verhältnis benannt ist. Für die Grundfrage dieses Buches soll hervorgehoben werden, dass organisationale Macht in digitalisierten Verhältnissen die- bzw. derjenige ‚hat' – wie gesagt: stets verstanden als Relation aller an den Prozessen Beteiligten –, wer über folgende Bereiche/Quellen/Maßnahmen in Organisationen entscheiden kann (vgl. Lueger ebd., S. 84 und Abschn. 1.2):

- Anpassungsstrategien (an Prozesse der Digitalisierung);
- Digitalisierungsstrategie;
- Ressourcen;
- Digitalisierungskultur.

Die Effekte zahlreicher digitalisierter Wandeltendenzen lassen völlig neue Kritik- und Reflexionsformate entstehen, wie man bspw. an den „Critical Algorithm Studies" (Häußling 2019, S. 329) oder den „Critical Code Studies" (ebd.) ablesen kann. All diesen Studien geht es darum, „die technische Verfasstheit und Wirkmacht von Codes, Protokollen und Algorithmen" (ebd.) zu untersuchen und mithin zu eruieren, auf welche Weise Codes, Protokolle und Algorithmen einerseits als weitgehend unbeobachtete Prozesse die Gesellschaft beeinflussen und sie andererseits Manifestationen bestimmter gesellschaftlicher Kräfte, Institutionen und Ideen (vgl. vorn) darstellen (vgl. ebd.).

Der 2. Term innerhalb von ‚digitaler Wandel', nämlich ‚Wandel', wird in der soziologischen Diskussion besonders unter dem Begriff der *Transformation* thematisiert. Unzweifelhaft unterliegt die moderne Gesellschaft gegenwärtig einem erneuten Transformationsprozess, einer weiteren „great transformation" (Polanyi 1997 [1944]) – als ebenso unbestritten kann gelten, dass die Digitalisierung als eine wesentliche Triebkraft dieses gesellschaftlichen Wandels anzusehen ist (vgl. Vormbusch

2019b, S. 177). Aber auch die Subjekte – will man sie analytisch separat betrachten, auch wenn sie natürlich selbst Elemente der modernen Gesellschaft, ja sogar *Gesellschaft selbst*, sind – unterliegen einem Transformationsprozess. Hierzu erneut Seyfert:

> „Die Transformation der sozialen Beziehungen und die Entstehung neuer Formen (inklusive subjekt-algorithmischer Beziehungen) geht auch nicht mit der Auflösung der beteiligten Elemente (menschliche Subjekte, algorithmische Objekte etc.) und mit dem Verschmelzen zu soziotechnischen Symbionten einher. Vielmehr werden die Individuen und Elemente eigenen Transformationsprozessen unterworfen, z. B. in dem sich neue Subjektivitätsformen ausbilden" (Seyfert ebd., S. 6).

Wir müssen also in Bezug auf digitale Transformation das *Verhältnis zwischen technischem und gesellschaftlichem Wandel* in den Blick nehmen (vgl. Vormbusch ebd., S. 178). Es passt zur Grundunterstellung dieses Lehrbuches, dass sich die digitale Transformation besonders innerhalb von Arbeitsorganisationen abspielt. Die grundlegenden Aspekte, die in diesen Arbeitsorganisationen im Rahmen von Macht, Kontrolle und Entscheidungen relevant sind, wurden im Vorhergehenden dargelegt. Im Folgenden sollen nun einige dieser Phänomene und Diskurselemente auschnittartig herausgegriffen und unter dem Paradigma der Digitalisierung gespiegelt werden. Vielleicht kann so auch ein Beitrag dazu geleistet werden, soziologische Theorien bzw. – in einem ersten Schritt – Begriffe auf Phänomene der Digitalisierung zu beziehen (vgl. Miebach 2023). Mindestens soll erreicht werden, die (neuen?) macht-, kontroll- und entscheidungstheoretischen Implikationen zu pointieren.

11.2 Reflexionen in Bezug auf Macht, Kontrolle und Entscheidungen[1]

Datenkulturen als neue Formen der Organisationskultur
Auch wenn sich die Sozialbeziehungen zwischen den Arbeitenden in Unternehmen nun also algorithmisch vermittelt vollziehen, ist damit weiterhin der Kerngegenstand jeglicher Soziologie thematisiert: *Interaktion zwischen Individuen*. Dies betrifft das

---

[1] An dieser Stelle soll klar hervorgehoben werden: Hier erfolgt ausschnitt-artig ein Bezugnehmen auf v. a. arbeitssoziologische Theoriefelder, die Reflexionen aufgrund der ohne Frage längst Platz gegriffen habenden Digitalisierung (in Arbeitsorganisationen). Es konnte und sollte nicht angestrebt werden, alle möglichen Theorien und Ansätze auf relevante Elemente der Digitalisierung ‚zu prüfen' bzw. diese Elemente herauszuarbeiten. Das wäre ja auch – logisch – zu unspezifisch gewesen. Das heißt allerdings nicht, dass eine derartige generelle Perspektive für die Allgemeine Soziologie nicht sehr sinnvoll bzw. sogar geboten sein könnte. Einen gelungenen Versuch leistet Miebach 2023.

Handeln *und* Denken von Menschen, anders formuliert: Es sind nicht nur die reinen sichtbaren Aktionen, ‚Handlungen', von Subjekten von Interesse, sondern auch ihre Denkstrukturen, die man zwar nicht sehen, aber plausibel interpretieren kann. In Bezug auf Arbeitende in Organisationen ist dies grundsätzlich eine Frage gewesen, der die *Organisationskultur*-Forschung nachgegangen ist (vgl. Abschn. 3.2 in Teil 1). Zunächst sei nochmals wiederholt: Besonders gemäß Schein sind hier vor allem die gemeinsam geteilten Basisannahmen, Wertmuster, Denkstile und Überzeugungen der Organisationsmitglieder zu nennen (vgl. Schein 1985; vgl. Abschn. 3.2.1 in Teil 1), die so etwas wie eine Organisationskultur konstituieren. Darauf aufbauend fasst die neuere Kultursoziologie – wie ebenfalls bereits erwähnt (vgl. Abschn. 3.2.2 in Teil 1) und zum Zwecke der Bezugnahme auf Digitalisierung hier wiederholt – Kultur als Gesamtheit der Sinnzusammenhänge, Deutungsmuster, kognitiven und symbolischen Ordnungen, einschließlich ihrer Entstehungsmuster, der Praktiken ihrer Aufrechterhaltung und Veränderung, der hierfür relevanten Akteure und ihrer apparativen beziehungsweise medialen Ausstattung (vgl. Moebius und Albrecht 2014). Die Ordnungen in Organisationen werden in digitalisierten Zeiten quasi exponentiell durch Daten bestimmt. *Daten* werden in allen Organisationen fortwährend produziert, hier handelt es ich vor allem um solche, die sich auf Warenproduktionen und Dienstleistungen beziehen. Diese Daten stehen stets in Zusammenhang mit *personal-bezogenen* Daten, die sich in den Organisationen auf verschiedenen Aggregatebenen identifizieren lassen. Sie stellen insgesamt ein weites Spektrum dar, von scheinbar belanglosen Daten, wie etwa Personalnummern, Gehaltsgruppen, Stammdaten oder Stellenbeschreibungen, bis hin zu eher ‚sensiblen' Daten, wie etwa individuelle Gehälter, Boni oder Fortbildungsbedarfe. Es soll hier analog die folgende Arbeitsdefinition von *Datenkulturen* (im Plural verwendet, um anzuzeigen, dass es nicht die ‚eine' Datenkultur gibt, sondern dass es sich eher um ein Spektrum handelt) benannt werden: Datenkulturen umfassen sämtliche Praktiken der Sammlung, der Aggregation, der Verbreitung und der Kommunikation in Bezug auf den Umgang mit (Personal-)Daten sowie der aus ihnen hervorgehenden Konsequenzen.[2]

---

[2] Der Verf. leitet ein Forschungsprojekt zu diesem Thema, Titel: „Datenkulturen im Personalmanagement von KMUs in NRW". Dieses ist eingebettet in den Forschungsschwerpunkt „Arbeit – Bildung – Digitalisierung" an der FernUniversität in Hagen. Es geht in diesem Schwerpunkt neben der Erforschung von Auslösern, dem Verlauf und den Auswirkungen von Digitalisierungsprozessen in verschiedenen Bereichen der Arbeitswelt vor allem um Fragen der Arbeitsgestaltung, zur Kompetenzentwicklung und zum Lebenslangen Lernen der Arbeitnehmer:innen. Im Besonderen wird der Frage nachgegangen, welche personalbezogenen Daten überhaupt produziert, aggregiert bzw. weiterverarbeitet werden und welche Konsequenzen sich für die Organisation von Arbeit für Führende und Geführte daraus ergeben (s. https://www.fernuni-hagen.de/forschung/schwerpunkte/abd/forschung/projekte/projekt-datenkulturen-personalma-nagement.shtml).

11.2 Reflexionen in Bezug auf Macht, Kontrolle und Entscheidungen

Eine Datenkultur in digitalisierten Arbeitskontexten ist somit eine *Spezifizierung der Organisationskultur*, insofern sie Muster in der Deutung von Daten erlernen lässt und zugleich erzeugt, das heißt aktiv daran mitwirkt, besagte kognitive und symbolische (Daten-)Ordnungen performativ hervorzubringen. Dies bestätigen auch Personalverantwortliche in Interviews im Rahmen des vorn genannten Projekts. Besonders die Annahme einer geteilten Praxis, die die Kultur eines Unternehmens ausmacht, lässt sich an neuartigen digitalisierten Transformationsformen gut belegen. Tagtäglich werden permanent Handlungen vollzogen, die so etwas wie eine auf Digitalisierung beruhende Organisationskultur hervorbringen, man denke hier konkret zunächst an sich ereignende Produktions-, Dienstleistungs- und Wissensarbeiten, die mehr oder weniger maschinen-gestützt vollzogen werden, z. B. ein Werkstück vermittels digitaler Hilfe herzustellen oder eine Recherche zwecks gutem Vollzug einer Leistung oder eines Wissensprozesses durchzuführen (letzteren beiden Aspekten merkt man ihre jeweilige Digitalisierung gar nicht mehr an, ohne die man allerdings bspw. die Recherche gar nicht auf diese Weise durchführen könnte). Wenn daneben z. B. Verbesserungsvorschläge von Mitarbeitenden mit einbezogen werden, markiert das die Schaffung einer digitalisierten Organisationskultur mittels Denkprozesses: Dass nämlich mitarbeiterseitig überlegt wird, wie denn – selbstverständlich digital organisiert – diese oder jene Verbesserung bei diesem oder jenem Vorgang erzielt werden könne. So kann man sagen, dass eine digitale Organisationskultur zur unhinterfragten Selbstverständlichkeit geworden ist. Diese Unterstellung lässt sich im Prinzip auch an weiteren zentralen Aspekten zeigen: Wenn bspw. überlegt wird, welche Entscheidungen maschinell (digital) vorbereitet werden könnten und welche dann noch von Menschen getroffen werden müssten. Oder etwa – und dies ist originär organisationskulturell – wenn Fehlerkulturen nicht nur zugelassen, sondern auch explizit als herstellbar angestrebt werden. Damit wird der Wert von Fehlern und (vorläufigem) Scheitern dafür genutzt, nicht nur schrittweise eine bessere Effizienz herzustellen, sondern um auch nach außen eine Kultur der Organisation anzuzeigen, die das (stets naturgemäße ‚fehlerhafte') Vollziehen der Mitarbeitenden (gleich ob im Produktions-, Dienstleistungs- oder Wissensbereich) mit einbezieht. Ein weiteres Mal sei genannt: Das grundsätzliche Herrschaftsverhältnis in der Organisation, auch wenn es sich in anderer Form zeigt, bleibt weiterhin bestehen.

Künstliche Intelligenz und Entscheidungen
Künstliche Intelligenz (KI) gilt als treibende Kraft des „Technologieschubs" (Hirsch-Kreinsen 2023a), der mit gesteigerter Leistungsfähigkeit von Computersystemen (bei gleichzeitiger Senkung ihrer Kosten), dem exponentiellen Wachstum des Internets bzw. der weltweiten datentechnischen Vernetzung von Systemen und Orten sowie der rasanten Zunahme global verfügbarer Daten und den sich da-

raus ergebenen Anwendungsmöglichkeiten (vgl. ebd.) verbunden wird. Unter KI werden dabei sämtliche Technologien und Systeme verstanden, die in der Lage sind, Aufgaben zu erfüllen, die typischerweise menschliche Intelligenz erfordern. Dazu gehören maschinelles Lernen, natürliche Sprachverarbeitung, Robotik und andere verwandte Technologien (vgl. ebd.).

In Bezug auf die *Potenziale und Chancen von KI* werden immer wieder genannt (vgl. ebd.):

- *Effizienzsteigerung:* Zahlreiche Arbeitsorganisationen hoffen auf eine KI, die Prozesse automatisieren und optimieren kann, was zu erheblichen Effizienzgewinnen in verschiedenen Branchen führen kann;
- *Innovationskraft:* durch die Anwendung von KI können neue Geschäftsmodelle und Produkte entstehen, die Innovationen vorantreiben und Märkte transformieren; ganze „soziotechnische Felde[r]" (ebd., S. 28; Herv. im Orig. kursiv; in Anlehnung an Abschn. 3.3.3 in Teil 1), innerhalb derer sich bspw. Zulieferfirmen, Konsument:innen von Ressourcen und Produkten und Regulierungsbehörden versammeln, können entstehen;
- *verbesserte Entscheidungsfindung:* KI-gestützte Analysen und Prognosen können Unternehmen dabei helfen, fundiertere Entscheidungen zu treffen – entweder als Unterstützung menschlicher Entscheidungen oder perspektivisch sogar – bei repetitiven Tätigkeiten – als Ersatz.

Daneben gibt es eine Menge an *Herausforderungen und Risiken*, die sich in ihrer Spezifität noch nicht exakt bestimmen lassen, aber allgemein formuliert werden können:

- *Arbeitsmarkteffekte:* Die Automatisierung durch KI kann zu Arbeitsplatzverlusten führen, insbesondere in Bereichen mit routinemäßigen Aufgaben. Gleichzeitig können neue Jobs entstehen, jedoch meist in anderen Qualifikationsbereichen;
- *Qualifikationsanforderungen:* Es wird eine Verschiebung der erforderlichen Qualifikationen geben. Zukünftige Arbeitskräfte müssen zunehmend über digitale Kompetenzen und Wissen im Umgang mit KI verfügen – zudem wird es nötig werde, dass sie dieses Wissen arbeitsleben-lang updaten;
- *Ethik und Regulierung:* Die Nutzung von KI wirft ethische Fragen auf, bspw. bzgl. Datenschutz, Diskriminierung und Entscheidungsprozessen. Eine angemessene Regulierung und ethische Leitlinien werden notwendig werden, um Missbrauch zu verhindern.

11.2 Reflexionen in Bezug auf Macht, Kontrolle und Entscheidungen

Die *gesellschaftlichen Implikationen*, die eine arbeitsorganisatorische Verbreitung von KI haben dürften, können wir zwar analytisch abzugrenzen versuchen, es ist ja bereits mehrfach innerhalb dieses Buches angeklungen: Alle Arbeitsorganisationen sind ja Teil der Gesellschaft. Aber das heißt nicht, dass diese Implikationen redundant wären, vielmehr lassen sich durch sie Strahlkraft und Wechselwirkungen von KI-Einsatz mit anderen zentralen gesellschaftlichen Bereichen herausstellen:

- *Veränderung der Arbeitswelt*: Es scheint trivial, aber es ist der Betonung wert: KI wird die Arbeitsorganisation und -kultur tiefgreifend verändern. Flexibilität, lebenslanges Lernen und die Anpassung an neue Technologien werden wichtiger;
- *Soziale Ungleichheit*: Es besteht die Gefahr, dass die Kluft zwischen hoch qualifizierten und geringqualifizierten Arbeitskräften wächst, was soziale Spannungen verschärfen könnte;
- *Teilhabe und Mitbestimmung*: Es wird diskutiert, wie Arbeitnehmer in die Entwicklung und Implementierung von KI-Technologien einbezogen werden können, um eine faire Verteilung der Vorteile zu gewährleisten.

Im Weiteren gibt Hirsch-Kreinsen *Empfehlungen* für den Umgang mit den Herausforderungen und Chancen der KI:

- *Bildung und Weiterbildung:* Investitionen in die Aus- und Weiterbildung der Arbeitskräfte sind essenziell, um die Beschäftigungsfähigkeit in einer von KI geprägten Arbeitswelt zu sichern;
- *Regulierung und Governance:* Entwicklung und Implementierung von Regulierungsrahmen, die ethische Standards setzen und die gesellschaftliche Akzeptanz von KI fördern;
- *Forschung und Entwicklung*: Förderung von Forschungsinitiativen, die sich mit den sozialen und wirtschaftlichen Auswirkungen von KI beschäftigen, um fundierte politische Entscheidungen zu ermöglichen (vgl. Hirsch-Kreinsen 2023b.).

Erste empirische Untersuchungen scheinen zahlreiche der hier angesprochenen Aspekte zu bestätigen: HR-ler:innen[3] berichten, dass in ihren Unternehmungen Entscheidungen sowohl durch Algorithmen vorbereitet werden als – im Falle von repetitiven Arbeiten – auch durch sie ausgeführt würden. Vor diesem Hintergrund

---

[3] HR-ler:innen sind personalverantwortliche Führungskräfte im Bereich HR (Human ressources management).

sind wohl zahlreiche Entscheidungen in den Organisationen keine System-Kommunikation im systemtheoretischen Sinne (vgl. Abschn. 3.2 in Teil 1), da ja „immer noch ein Mensch drüber guckt". In den Arbeitsalltagen vieler Beschäftigter spielt dies allerdings keine Rolle. Im Beispiel der repetitiven, der ‚einfachen' Arbeiten, also der durch Algorithmen durchgeführten wird gerade unterstellt, dass die algorithmischen Entscheidungen eine gute Grundlage für weitere Entscheidungen – mit ‚mehr' menschlicher Entscheidung – bilden. Aus Sicht vieler Beschäftigter schließen also sehr wohl Entscheidungen an Entscheidungen an (vgl. Matys 2024).

Autonomie: reflexive und marktorientierte Leistungssteuerung
Autonomie und *Partizipation* von Mitarbeitenden in Arbeitsorganisationen waren ihrerseits bereits Themen innerhalb der Grundkonstellation ‚Arbeit' versus ‚Kapital', als noch nicht von Digitalisierung gesprochen wurde (vgl. Kap. 6 in Teil 2). Im Grunde transportierte doch diese Gegenüberstellung Folgendes: Die Formen der Nutzung von Arbeitskraft und der Gestaltung von Arbeitsverhältnissen verändern im Rahmen einer Neubestimmung des Verhältnisses zwischen Arbeit und Kapital das Ziel moderner arbeitskraftbezogener Rationalisierungsstrategien (vgl. Moldaschl und Sauer 2000). Das anvisierte Ziel: Unter den Stichworten Flexibilisierung und Selbstorganisation einen grundsätzlich erweiterten Zugriff auf das Arbeitsvermögen zu erlangen. Auf digitalisierte Arbeitsverhältnisse bezogen wurde häufig von der künftigen Arbeitswelt als ‚digitaler Taylorismus' (vgl. Nies 2021) gesprochen:

> „Über kurz oder lang führe das zur Entwertung ihrer Qualifikationen und nicht zuletzt ihres Erfahrungswissens, während die automatisierte Generierung von Echtzeitdaten und visualisierte Feedbacksysteme zugleich ein radikales Kontrollregime in den Betrieben möglich machten. Ihrer spezifischen und subjektgebundenen Qualitäten beraubt, seien größere Gruppen von Beschäftigten dann perspektivisch (erneut) ersetzbar und der Prekarisierung ausgesetzt" (vgl. Nies ebd., S. 481).

Dieses Zitat lässt den alten Konflikt aufscheinen, dass menschliche Arbeit mehr oder weniger durch Technik determiniert werde (vgl. Baethge-Kinsky et al. 2018). Im Grunde lassen sich zwei Pole ausmachen: Auf der *einen Seite* geht es um die Betonung der Ausweitung von Autonomie und Selbstorganisation, auf der *anderen Seite* wird untersucht, wie Unternehmen digitale Technik einsetzen, um die Handlungsautonomie von Beschäftigten einzuschränken und restriktive Kontrolle auszuweiten (vgl. Nies ebd., S. 477). Die Positivseite, sozusagen, lässt sich durchaus bestätigen: Personalverantwortliche äußern in Interviews (Matys 2024), dass Mitarbeitende sich beteiligen und etwa angesichts neuer digitalisierter Arbeits- bezie-

11.2 Reflexionen in Bezug auf Macht, Kontrolle und Entscheidungen

hungsweise Führungsstrukturen Verbesserungsvorschläge machten. Dies ist eine ganz substanzielle Beteiligung der Arbeitenden und nicht nur eine vorgegebene. Daraus könnte man schließen, dass Digitalisierung nicht einfach eine subtile Form ist, Mitarbeitende in den Unternehmen ‚besser' zu beherrschen. Das *Herrschaftsverhältnis* in den Unternehmen bleibt zwar grundsätzlich erhalten, erfährt allerdings einen *Wandel*: Es werden nicht weiter schlicht führungsseitige Anweisungen auf ein starres Ergebnis beziehungsweise starren Output gegeben, vielmehr werden die Arbeitsergebnisse im Prozess hervorgebracht, sind in gewisser Weise kontingent. Das bedeutet, dass vermehrt eine Prozessperspektive bei der Herstellung von Produkten beziehungsweise der Erfüllung von Dienstleistungen in zahlreichen Unternehmen Einzug gehalten hat, bei der das Wissen und Können der Mitarbeitenden, ihr Vollziehen der Produktion/Dienstleistung, als neue Form von Partizipation, mit einbezogen werden. Auch hier: Bisherige Machtverhältnisse erfahren eine grundsätzliche Transformation.

Doch auch wenn man Derartiges empirisch findet, darf man es m. E. nicht generalisieren (genauso wenig wie die ‚Digitale Taylorismus'-These – als Negativseite, sozusagen, vgl. vorn). Vorsicht scheint geboten, wenn personalisierte Daten – etwa Outputs pro Mitarbeitenden – aggregiert und zum Vergleich mit anderen Arbeitnehmer:innen benutzt werden. Generell kann man allerdings durchaus sagen, dass auch der Debatte um eine Informatisierung der Arbeit (Schmiede 2015; vgl. Abschn. 9.1 in Teil 2), nach der das Arbeitshandeln der Mitarbeitenden in den Verwertungsprozess miteinbezogen wird, neue Substanz gegeben wird. Die Einbindung zahlreicher Arbeitssubjekte in Digitalisierungsprozesse lässt Arbeit *reflexiv* – im Sinne von verändernd auf sich selbst bezogen – werden; sie macht sich zum Gegenstand ihrer selbst. Vor diesem Hintergrund erfährt auch das Diktum einer neuen Widersprüchlichkeit der Arbeitsautonomie, dass nämlich den Arbeitenden die Forderung nach Selbstorganisation als fremder Zwang, gleichsam als erzwungene Freiheit, entgegentrete (vgl. Moldaschl 2001; Abschn. 6.1 in Teil 2), zumindest Tendenzen hin zu einem Wandel: Wenn Digitalisierungslösungen, an denen die Mitarbeiter:innen beteiligt werden, sich ergeben können – und gar nicht vorab vorgegeben werden *können* –, mindert das den erlebten Druck bei Mitarbeitenden. Ihre Arbeitsergebnisse werden vermeintlich besser, was ihrem Arbeitsleben – kreislaufartig – sicher positive Schübe verleiht. Dagegen treten – wie gesagt: als ‚Beweis' dafür, kein eindeutig optimistisches *oder* pessimistisches Zukunftsszenario zu zeichnen – neben diese ‚Freiheiten' neue Belastungen: Wenngleich stets unterstellt werden muss, dass auch in zunehmend digitalisierten Arbeitsorganisationen Kapitalverwertungsinteressen maßgeblich (geblieben) sind, bedeutet das für die Beschäftigten je nach konkreter Strategie eines jeden Unternehmens generell, dass auch „Erweiterung von Eigenverantwortlichkeit und Selbstorganisation" (Nies ebd., S. 499) Belastungen und Stress-situationen darstellen sowie „ … ein Moment unternehmerischen Rationalisierungsstrebens sein" (ebd.) kann. Ganz grundsätzlich gilt, dass in zahlreichen Organisationen die Orientierung an Markterfordernissen dominant geworden sind, marktliche Kennzahlenerfüllungen direkt auf Mitarbeitende übertragen wurden, die dann ihrerseits stets Feedback bzgl. deren Zielerreichung geben müssen. Diese marktorientierte Leistungssteuerung stellt das neue Herrschafts- und Kontrollprinzip dar (vgl. Nies ebd.).

Die vorn angesprochene Grundkonstellation ‚Arbeit' und ‚Kapital', die Frage nach mehr realer Autonomie der Beschäftigten in digitalisierten Arbeitsverhältnissen oder auch die der Veränderung von Entscheidungen (vgl. Abschn. 3.2.2 in Teil 1) – sie alle kommen ohne Bezugnahme auf ein zentrales Thema der Arbeits- und Organisationssoziologie nicht aus: Das der *Führung*.[4] Verbunden mit Kommunikation kann zunächst festgehalten werden, dass Kommunikation lange Zeit als zentrale Konstituente für einen so genannten ‚Führungsstil' galt. Dieser könne auch als „entpersonalisiert" (Türk 1995b) bezeichnet werden, wenn – im Anschluss an Luhmann 1984 – Kommunikation nicht unter Anwesenden, sondern etwa technisch vermittelt stattfinde. Gerade vorn genannte Programme wie „Teams" oder „Zoom" stellen ohne Frage keine Anwesenheitskonstellationen im Sinne physischer Präsenz dar, allerdings kann das Grundschema – Führungsanweisung *zuerst* hier; Arbeitsausführung *dann* dort – wohl unter Berücksichtigung neuester Selbststeuerungshabitus nicht aufrechterhalten werden. Es zeigen sich doch deutlich bottom up-Tendenzen. HR-ler:innen berichten bspw., Mitarbeitende könnten sich einbringen, ihre konkrete Expertise bei bestimmten Vorgängen bzw. Arbeitsvollzügen sei gefragt. Das Neue unter dem Aspekt einer neuen Datenkultur ist nun, dass Führungsanweisungen durch das verstärke Einbringen der Mitarbeitenden nicht nur beeinflusst, sondern unter Umständen erst kreiert werden. also: Ohne Zweifel führen sich Mitarbeitende selbst, bedürfen sie nicht mehr unbedingt führungsseitiger Anweisungen und Vorgaben, steuern sie sich selbst, führen ihre eigenen To do-Listen. „Teams" oder „Zoom" portalartig zu nutzen, ist zwar entpersonalisiert, aber eben auch (vor allem proaktive) Selbstführung, deren Chancen und (Mitarbeiter:innen-)Potenziale nicht immer gesehen werden (vgl. Pfeiffer und Suphan 2018). Der Aspekt der Führung beschäftigt Führende und Geführte gleichermaßen. Beide Seiten merken, dass es zunehmend wichtiger wird, eine Anweisungskultur einzuüben,

---

[4]Will man hier allgemeine, v. a. auch in der BWL- und leadership-Diskussion behandelte Konzepte, wie „VUCA" (Akronym, welches sich aus volatility (Volatilität), uncertainty (Unsicherheit), complexity (Komplexität) und ambiguity (Mehrdeutigkeit) zusammensetzt, oder (Folgekonzepte), wie etwa „BANI" (von brittle (brüchig), anxious (ängstlich), non-linear (nicht linear) und incomprehensible (unfassbar), anbindend einbeziehen s. Kastner 2023.

11.2 Reflexionen in Bezug auf Macht, Kontrolle und Entscheidungen

die eine Kompetenz enthält, auf vielfältige digitale Neuerungen einzugehen bzw. diese klar geregelt zu haben. Hierfür steht besonders z. B. die Frage der Arbeitszeit: Es gibt eben keine starre Zeitvorgabe mehr, innerhalb derer die Arbeitenden dieses oder jenes erledigen müssen. Arbeitszeit – und damit auch Arbeits*ergebnisse* – werden verhandel-, verschieb- und koordinierbar (und dies nicht nur durch ohnehin bestehende Gleitzeit-Korridore). Verstärkt wird dieser Umstand noch zusätzlich dadurch, dass nun – allerdings nur für Arbeiten, die dies erlauben! – scheinbar problemlos *hybrides Arbeiten* – unter Umständen sogar *remote* – möglich wird, was nichts anderes bedeutet, als dass räumlich sowohl z. B. in physischen Gebäuden einer Organisation – sei dies nun ein Betrieb, eine Verwaltung oder eine Hochschule – als auch in privaten Räumen – in der Regel zuhause – gearbeitet werden kann. Dies bedeutet wie gesagt nicht nur völlig neue Anforderungen an die Erledigung von Arbeitsvollzügen, sondern auch *neue Macht-Strukturen*, und zwar sowohl auf Seiten der Beschäftigten als auch auf Seiten der Führung.[5] Stichworte sind hier: Anwesenheit, Kontrolle und Kommunikation. Welche subjektiven Eigensinne ergeben sich bspw. aus dem Umstand, dass Mitarbeitende beim Arbeiten zuhause Zeiterfassungen zu umgehen versuchen, also bspw. EDV-Programme selbst entwickeln, mit denen physische Anwesenheit vorgetäuscht werden kann? Und dann die ‚andere Seite': Führende müssen Techniken und Weisen entwickeln, die ja bereits seit Längerem bestehenden Vertrauensarbeitsmodelle in hybride Arbeitskonstellationen zu überführen: Wen muss ich als Chefin/als Chef wann wie kontrollieren, das heißt Teilschritte (welche?) einfordern (und auch deren Ergebnisse)? Und: Was muss ich als Führungskraft eben auch kreativ entwickeln, um seitens der Mitarbeitenden vorgenommenen Umgehensstrategien von Zeitregimen (wie z. B. besagte Software zwecks Vortäuschung von Anwesenheit/Aktivität) aufzuspüren? Wenn organisationssoziologisch eine Gouvernementalität à la Foucault (vgl. Break 2) Organisation als Rahmen – der Ermöglichung und Verhinderung gleichermaßen – konzipiert, innerhalb dessen sich das Verhältnis zwischen Führen und Geführten ausprägen kann, im Prinzip das „Führen von Führungen" (Bruch/Türk 2005) ermöglicht, dann konstituiert die digitale Transformation diesen Rahmen vollends neu.

---

[5] An dieser Stelle soll klar hervorgehoben werden, dass mit Führung sowohl die jeweiligen Fach-Führungen (bspw. Abteilungsleiter:innen) als auch die für das Personal zuständige Human Ressources Management oder die Personalentwicklung (PE) gemeint sind. Gerade Letzterer kommt mit Bezug zu kleinen und mittleren Unternehmen (KMU) – aber natürlich auch bei größeren Organisationen – eine besondere Verantwortung in puncto Rollengestaltung, (selbst-) reflexivem Umgang mit Macht- und Ohnmachtsquellen sowie dem Ausloten von Chancen, die eine organisationsübergreifende Vernetzung und Professionalisierung im PE-Bereich bieten, zu (vgl. Sander et al. 2023, S. 251 ff.).

Über Anpassung hinaus: kreatives Lernen
Die Debatte um verändertes und angepasstes Arbeitshandeln als eine Form des *Lernens* (vgl. Abschn. 8.2 in Teil 2) stand für einen langen Zeitraum unter der Perspektive, einseitig aus Sicht der Organisation zu argumentieren: Dass nämlich die durch die arbeitenden Subjekte erarbeiteten Lernergebnisse durch die Organisation abgeschöpft würden. Im Prinzip kann diese Diskussion nicht auf diese Weise geführt werden, da sie zu unspezifisch ist. Zunächst einmal könnte es ja sinnvoll sein, zwischen Fachwissen und (future) skills, als (zukünftige) Fähigkeiten, zu unterscheiden (vgl. Borsos 2020). Dabei könnten die Anteile des Fachwissens dem organisationalen Kontext zugewiesen werden, dass also Zusammenhänge und Fakten ‚gewusst' werden (müssen), die sich aus den konkreten Aufgaben eines jeden Stellenprofils ergeben. In den Interviews der Personalverantwortlichen spielt das eigentliche Fachwissen im Prinzip keine Rolle, wenngleich das Aneignen eben nicht gleichbleibender, sondern sich aufgrund digitaler Zusammenhänge stets verändernder digitaler Arbeitsstrukturen bereits eine Anforderung an sich darstellen dürfte, somit als subjektive Basiskompetenz begriffen werden muss. Doch auch wenn man eine Perspektive mit hinzunimmt, die auf das WIE zukünftigen Aneignens bestimmter Kompetenzen abstellt, muss man in integrativer Weise konstatieren: Lernen in Arbeitsorganisationen bedeutet, dass die Arbeitenden ganz konkreten Sinnzusammenhängen und Deutungsmustern folgen, aber auch Praktiken der Aufrechterhaltung dieser Muster vollziehen. Es kommen also sowohl klassische behavioristische Verhaltensanpassungen als auch ein stetes So- oder So-Vollziehen aufgrund implizit eingeschriebener und eben stets anzupassender kognitiver (Denk-)Pfade zusammen.

Vor diesem Hintergrund ist zentral, dass das Thema Lernen nicht als schlichte Praxis des Vollziehens bestimmter – seien es nun mehr behavioristische oder mehr kognitive – Lerntheorien aufgefasst werden sollte. Lernen muss aus seiner bloßen organisationsseitigen „ideologischen Verquickung" (Holzkamp 1993, S. 12) mit „Beschulung, Zwang, Reglementierung, Fremdbestimmung" (ebd.) gelöst werden, um den Beitrag – sprich: die Ziele und Motivationen – der arbeitenden Subjekte herausarbeiten zu können. Auf motivationaler Ebene sticht besonders eine ressourcen-theoretische Perspektive heraus: Insgesamt hat sich die Befassung mit dem Arbeitsvermögen Arbeitender besonders in der ökonomischen Bewertung gewandelt – „vom Kostenfaktor zur Ressource" (Vormbusch 2012b, S. 136). Gleich, welche Neuerung Digitalisierungsprozesse auch immer bereithalten, eine derartige Hinwendung zur ressourcen-technischen Ausstattung mit Kompetenzen für jeden Arbeitenden kommt einer Datenkompetenz, einer data literacy, gleich. „Ziel von Data Literacy ist Personen und Organisationen dazu zu befähigen, Daten zu ermit-

11.2 Reflexionen in Bezug auf Macht, Kontrolle und Entscheidungen

teln, zu bewerten, aufzubereiten, zu analysieren und zu visualisieren sowie die dafür notwendigen Methoden und Werkzeuge zu beherrschen" (Bange 2022, S. 8).

Dieses Anpassungslernen verweist auf die grundlegende Tatsache, dass von zahlreichen Mitarbeitenden unter *Skill-Perspektive* nicht Innovation in dem Sinne gefragt ist, unbedingt etwas Neues zu erfinden, sondern eher *Kreativität* zu entwickeln. Umgehen mit bestehenden Daten, mit vollzogenen Proceduren etc. erfordert und produziert zugleich neue, andere – eben reflexive – Formen der Nutzung und des Vollziehens der eingefahrenen Arbeitsweisen und leistet so, unter Einbezug kreativer Weisen, einen Beitrag dazu, digitalisierte Arbeit stets historisch zu denken: Wie hat man bisher gearbeitet? Was ist das Neue? Welche Fähigkeiten muss ich besitzen beziehungsweise mir unter Umständen aneignen? Was muss ich also lernen? Das sind zentrale Fragen, moderner Digitalisierungsarbeiter:innen. Zur Digitalisierungskompetenz, der so genannten. „digital literacy", gesellt sich also die Meta-Kompetenz, die eigene Kompetenz(en) zu kennen und anzupassen. Dies selbstständig, pro-aktiv und kontinuierlich zu tun, zeichnet zukünftiges subjektives Lernen in Organisationen aus. Aus Sicht der Organisation heißt das: Sämtliches Corporate Learning, sei dies in Aus-, Fort- oder Weiterbildung, wird sich in Zukunft an Formen datenkulturellen Lernens ausrichten müssen – dass die Arbeitenden dies auch *wollen*, dürfte das deutlich erleichtern.

Neue Organisationsförmigkeit und Mitgliedschaft
Im Prinzip spiegeln die Arbeitsverhältnisse, von denen die HR-ler:innen berichten, das daten-getriebene exponentielle Wachstum organisationaler Vernetzungsprinzipien (vgl. Abschn. 10.1 in Teil 2) wider: Sowohl inner- als auch außerbetrieblich zeigen dies nicht nur (nicht immer neue) *digitalisierte Kommunikationsformen* (vgl. Abschn. 11.1), als auch vor allem *algorithmische Vernetzungen* an. Dadurch begründet sich ein eigenes Thema für die Arbeitssoziologie: Das *Paradigma digital vernetzter Arbeit* (vgl. Heinlein et al. 2023, S. 29 ff.). Das bedeutet zumindest zweierlei: Digitalisierung verändert die objektiven Strukturen der Arbeit, greift zugleich aber in die konkrete Praxis der Arbeit selbst ein (vgl. ebd.). Nicht nur, dass heute digitalisiert Arbeitende über Länder- und Sprachgrenzen hinaus mit anderen Mitarbeiter:innen kooperieren können müssen, auch dieses oder jenes nahezu global gekannte und bedienbare Software-Programm, was für alle Beteiligten zumindest ähnliche, wenn nicht gleiche algorithmisch erzeugte Lösungsvorschläge bietet, ist etwas qualitativ Neues. Es macht auch in vielen Punkten eine Grenzziehung, sei sie zeitlich (Montagmorgen oder Samstagnachmittag?), sei sie örtlich (‚hier' am Standort Deutschland oder ‚dort' am Standort Indien?) vielfach obsolet. Dies darf auf der anderen Seite allerdings nicht zu der irrigen Annahme führen, dieses andere Arbeiten sei nun aufgrund seiner Erfassbarkeit für HR-ler:innen nicht von

größtem Interesse: Auch hier greift eine neue Datenkultur, die es ohne Probleme erlaubt, personalisierte Daten – etwa Arbeitszeiten pro Mitarbeitenden – zu protokollieren und zu aggregieren.

Doch woran konnte man bisher eigentlich erkennen, wann es sich um eine Organisation und damit um einen besonderen Akteurtyp – neben Individuum und Gruppe – handelt? Es macht sehr viel Sinn, in diesem Zusammenhang auf die so genannte „Gebilde-Dimension" (Türk 1995a; Matys 2011a) zu verweisen: Die Vorstellung von Organisation als Gebilde meint, auf etwas Zusammenhängendes, etwas Gemeinsames, etwas Gleiches zu rekurrieren. Wir haben es hier durchaus mit etwas Amorphem im Sinne Max Webers zu tun, also etwas, was Einheit stiftet und eben nicht mit der schlichten Addition etwa physischer Gebäudeeinheiten. Zurechenbare Orte – ja sogar Personen gleich (siehe Diskurs zur ‚legal person' in den USA als Pendant zur Juristischen Person in Deutschland: Matys 2011a) – zu schaffen, um Akkumulation und Ergebnisse jemand zurechnen zu können, ist sozial- und gesellschaftstheoretisch von immenser Bedeutung. Diese Gebilde-Herstellung hat auch eine starke Identitätsfunktion: Sie zeigt an, was zur Organisation gehört und was nicht, was eingeschlossen ist und was nicht, wer Mitglied ist und wer nicht. Und es markiert damit Grenzen. Diese Ausführungen schließen direkt an Abschn. 7.2 zur *Dezentralisierung und Entgrenzung* an. Nimmt man Aspekte der globalen unternehmensübergreifenden *Vernetzung*, der zunehmenden organisatorischen Verselbstständigung und Auslagerung – verstärkt durch das Globalisierungsphänomen – hinzu, wird folgender Schluss sehr plausibel: Die Digitalisierung produziert neue *organisationale Formen*. Es ist nicht unplausibel, dass digitalisierte Arbeit vielerlei bisherige organisationale Grenzziehungen überflüssig machen wird, zumal vor allem die personalisierten, konkret auf Mitarbeitende rückführbare Ergebnisse auch die Grenzen einer jeden Organisation – intern wie extern – bestimmen. Zukünftig dürfte das für Arbeitende bedeuten, dass es zu einer grundlegenden Kompetenz wird, diese neuen organisationalen Grenzziehungen und Mitgliedschaftsarrangements nach außen, das heißt gegenüber Kunden und Lieferanten, deutlich machen zu können – Mitgliedschaftskompetenz dürfte zum bedeutenden Wettbewerbsfaktor, auch im Wettbewerb um die eigene Arbeitsfähigkeit, werden.

▶ (1) **Hirsch-Kreinsen, Hartmut. 2023a.** *Das Versprechen der Künstlichen Intelligenz: Gesellschaftliche Dynamik einer Schlüsseltechnologie.* **Frankfurt am Main/New York.**

Man könnte meinen, in dieser Studie ginge es ‚nur' um Künstliche Intelligenz: Beim Studieren dieses Textes werden allerdings zig Verweise zu allgemein-technologischen und gesellschaftlichen Prozessen hergestellt, die selbstverständlich auch unter Aspekten von Macht, Kontrolle und Entscheidungen jegliche Arbeits- und Organisationssoziologie betreffen müssen.

(2) **Häußling, Roger. 2020. Soziologie des Digitalen. In: Walter Frenz. Hg. *Handbuch Industrie 4.0: Recht, Technik, Gesellschaft.* Berlin. 1355–1381.**

Gerade die hier entfaltete Geschichte digitaler Technologien stellt zahlreiche Anknüpfungspunkte zu Arbeitsorganisationen dar (das ist im Prinzip ja auch erwartbar).

Fazit und Schlussfolgerungen 12

12.1 Merkmale neuer Macht-, Kontroll- und Entscheidungsmodi

An dieser Stelle ist Zeit für ein Resümee: Die *Merkmale neuer Macht-, Kontroll- und Entscheidungsmodi* in Bezug auf moderne kapitalistische Arbeitsorganisationen sollen zusammengefasst und Verbindungen zu den Grundzügen der in Teil I dargestellten Ansätze hergestellt werden. Denn selbst trotz der so hartnäckig verfolgten These *neuer* Formen der Arbeitsorganisation, bleibt es m. E. unverzichtbar, bestimmte arbeits- und organisationstheoretische Begriffe und Konzepte (s. Teil 1) in das Neue hineinzudenken. Wie in Teil 1 ausgeführt, untersuchen Sozialwissenschaftler:innen Selbstverständlichkeiten – somit es doch professionell nur legitim ist, selbstverständliche Zusammenhänge explizit zu machen an den Stellen, wo dies dringend erforderlich scheint. Diesem Zweck ist die abschließende Tab. 12.1 gewidmet.

Im Folgenden sollen abschließend o. g. Aspekte in einen Bezug zu gewandelter – bzw. sich u. U. neu ergebender Arbeitssubjektivität der Mitarbeiter:innen in Arbeitsorganisationen gesetzt werden.

Tab. 12.1 (Gesamt-)Zusammenfassung

Konzepte und Ansätze neuer Formen der Arbeitsorganisation		Zentrale arbeits- und organisationstheoretische Grundlagen, Begriffe und Rückbezüge (mit Fokus auf Macht, Kontrolle und Entscheidungen in Organisationen)
Schlüssel-Begriff	Teilkonzepte	
Autonomie	Herrschaft durch Autonomie	Mikropolitische Koalitionstheorie sowie mesopolitische Konflikt- bzw. Kontrolltheorien bleiben aktuell: Die Beherrschten unterliegen immer noch der Fremdaneignung ihrer Arbeitserträge durch die Herrschenden, und Arbeit muss auch im postindustriellen Zeitalter als Reproduktion gesellschaftlicher Herrschaftsverhältnisse aufgefasst werden. Allerdings wird institutionalisierte Macht („Herrschaft", Max Weber) durch kontextbezogenen Selbstzwang und widersprüchliche Arbeitsanforderungen subtiler. Doch gerade der Widerstand und der Eigensinn der Arbeitenden lässt erst ein immer noch aktuelles Transformationsproblem (Marx) entstehen.
	Gruppenarbeit	Partizipation als Integrations- und Identifikationsleistung geht mit einer Rationalisierung des individuellen Arbeitshandelns einher; als Effekte stellen sich so genannte statusneutrale Kooperation und gruppengestützte Kontrolle ein, wodurch aus spieltheoretischer Sicht völlig neue Machtbeziehungen und Machtquellen erzeugt werden – daneben stärken neue Settings, wie bspw. das der agilen Organisation die Eigenverantwort-lichkeit selbstorganisierter Teams
	Shareholder Value und „Finanzmarkt-Kapitalismus"	Erneute Hierarchisierungs-, Kontroll- und Exklusionstendenzen kennzeichnen einen „Finanzmarkt-Kapitalismus", der sich nicht nur durch seine absolute Shareholder Value-Orientierung, sondern v. a. auch durch die strikte Vermehrung globalen Finanzkapitals und die Dominanz finanzmarktlicher Akteure auszeichnet.
Rationalisierung	Lean Production	Eine Steuerung des innerorganisatorischen Arbeitseinsatzes und der zwischenbetrieblichen Kooperationsmodi als Ausdruck der verwertungsrelevanten Umsetzung des Interesses an der erweiterten Beherrschbarkeit sozialer und kultureller Merkmale der Arbeitskraft (also eine neue Variante, das Transformationsproblem zu lösen) wird „zum gesellschaftlichen Projekt"; zudem erfolgt eine Erosion der Institution Beruf als identitätsstiftende Statusmarkierung.

(Fortsetzung)

Tab. 12.1 (Fortsetzung)

Konzepte und Ansätze neuer Formen der Arbeitsorganisation		Zentrale arbeits- und organisationstheoretische Grundlagen, Begriffe und Rückbezüge (mit Fokus auf Macht, Kontrolle und Entscheidungen in Organisationen)
Schlüssel-Begriff	Teilkonzepte	
	Flexible Spezialisierung	Höhere Verantwortung und Abstraktionsfähigkeit (als Zugriff auf das ganze Arbeitsvermögen) in der Arbeit durch Integration von Planung und Ausführung werden global institutionalisiert.
	Dezentralisierung und Vermarktlichung	Dezentralisierung bedeutet, Aufgaben und/oder Entscheidungsbefugnisse auf autonome Organisationseinheiten, Stellen oder Personen zu übertragen. Völlig neue Experten-, Planungs- und Kontrollfunktionen („Dienstleister", „Moderator" oder „Intrapreneur") für die Führungskräfte sowie die Reintegration von Herstellung und Dienstleistung kennzeichnen formal auch einen Hierarchieabbau; die objektivierte Herrschaftsform des Sachzwangs, des Marktes, der Konkurrenz und der Kapitalrendite wird zunehmend – als eine Art ‚formaler Rationalität' (Weber) – bestimmend; Widersprüche im Umgang mit neuen Kontrollformen lassen labor process debate nicht verblassen.
Innovation, Lernen und Wissen	Implizite Innovation	Wie auch immer geartete neuartige Produktionsmodelle und -formen sind durch institutionalisierte Organisations-, Kommunikations- und Verhaltensstrukturen definiert.
	Lernen/ Wissen	Wissensbasierte Organisationen zeichnen sich vor allem durch die fortdauernde Suche nach neuen Handlungs- und Entscheidungsmöglichkeiten aus; die Organisationsmitglieder lernen gleichsam kulturalistisch, kognitive Muster („Karten") als implizite Deutungs- und Orientierungsrahmen ‚zu benutzen'. Lernen in Organisationen bedeutet aber auch stets die Disziplinierbarkeit menschlichen Arbeitsvermögens für fremde Zwecke. Die Disposition und Regulation von Wissen schafft gesellschaftliche Machtarenen. Die institutionell verankerte Verbindung von Wissen und Macht wird vermittels der Organisationsform hergestellt und verfestigt („struktureller Isomorphismus", DiMaggio/Powell); Organisationen stehen immer auch für eine Enteignung der Lern-/Wissensprodukte der Subjekte („reelle Subsumtion" Marx); Organisationslernen kann (neo-institutionalistisch) als veränderte Begründungsbasis für unveränderte Praktiken dargestellt werden.

(Fortsetzung)

Tab. 12.1 (Fortsetzung)

Konzepte und Ansätze neuer Formen der Arbeitsorganisation		Zentrale arbeits- und organisationstheoretische Grundlagen, Begriffe und Rückbezüge (mit Fokus auf Macht, Kontrolle und Entscheidungen in Organisationen)
Schlüssel-Begriff	Teilkonzepte	
Arbeitsvermögen und Subjektivierung	Formatisierung durch Informatisierung	Das Arbeitshandeln der Subjekte wird in der Informationsgesellschaft zum Bestandteil eines formalisierten und in seinen Zielen auf die Verwertungsinteressen gerichteten Informationsprozesses: Ein verstärkt Handlungen formender Kontroll- und Steuerungsmodus in Bezug auf die arbeitenden Subjekte wird sichtbar – Arbeit wird reflexiv.
	Normative Subjektivierung	Arbeitsorganisatorische Umbrüche lassen mehr Raum für eingebrachte Anforderungen der arbeitenden Subjekte an die Arbeit („subjektiviertes Arbeitshandeln"); die psychisch-qualifikatorische soll vermehrt der sozial-objektifizierbaren Form von Arbeitsorganisation entsprechen: Fügsamkeit und Loyalität strukturieren neben Leistungsnormen als eine Art ‚Compliance' die Motivstrukturen der Arbeitenden; soziale Kontrolle wird – analog Foucault – in die Subjekte hineinverlegt und konstituiert ein Machtdispositiv.
	Arbeitskraftunternehmer	Selbstkontrolle, Selbst-Ökonomisierung und Selbst-Rationalisierung werden zu zentralen Regulationsmechanismen in der Arbeit und somit von Arbeit an sich: die (Kapitalistische Arbeits-)Organisationen stärken damit ihre Macht als Marktmacht gegenüber den vereinzelt als Anbieter von Arbeitskraft auftretenden Arbeitskraftunternehmern (im Hinblick auf die Erzeugung eines Foucault'schen Machtdispositivs gilt das oben Gesagte).

(Fortsetzung)

12.1 Merkmale neuer Macht-, Kontroll- und Entscheidungsmodi

Tab. 12.1 (Fortsetzung)

Konzepte und Ansätze neuer Formen der Arbeitsorganisation		Zentrale arbeits- und organisationstheoretische Grundlagen, Begriffe und Rückbezüge (mit Fokus auf Macht, Kontrolle und Entscheidungen in Organisationen)
Schlüssel-Begriff	Teilkonzepte	
	Identität und Anerkennung	Arbeit ist und bleibt zentral für Identität und Anerkennung. In Organisationen richten sich machtvolle Anerkennungskämpfe auf die Transformation von Normen, Werten und Anerkennungskriterien; insofern ist Arbeit also immer normativ oder rechtlich reguliert. Daraus resultieren einerseits Belohnungen oder Sicherungen, andererseits aber auch Delegitimierungen oder Negativsanktionen.
Entgrenzung und Globalisierung	Virtuelle Organisationen und Netzwerke	Mitarbeiter:innen müssen managen können, dass bei virtuellen Organisationen physische und soziale Räume auseinanderfallen. Aufgrund fehlender Eindeutigkeit bei der dauerhaften Zuordnung von Kompetenz und Verantwortung sind von allen Arbeitenden zunehmend „symbiotische Arrangements" gefordert, die neue Macht- und Entscheidungskorridore konstituieren. Und: Netzwerk-Konfigurationen modellieren nicht nur einfach ‚Soziales', sondern bestimmen es vermehrt.
	Systemische Rationalisierung	Die Globalisierung als Meta-Narrativ ermöglicht substanziell die Einbeziehung der kompletten Wertschöpfungskette in organisationale Prozesse. Dies führt zu einer Veränderung der betrieblichen Macht- und Entscheidungsstrukturen: zentrale Steuerungs- und Kontrollpotenziale werden stärker, dezentrale Betriebseinheiten werden schwächer – wie sich überhaupt das organisationale Grenzmanagement vollends wandelt –, Hierarchien werden gefestigt, Prozesse der Demokratisierung bleiben zurück, „Machtketten" (im Sinne Luhmanns) werden wahrscheinlicher.

(Fortsetzung)

Tab. 12.1 (Fortsetzung)

Konzepte und Ansätze neuer Formen der Arbeitsorganisation		Zentrale arbeits- und organisationstheoretische Grundlagen, Begriffe und Rückbezüge (mit Fokus auf Macht, Kontrolle und Entscheidungen in Organisationen)
Schlüssel-Begriff	Teilkonzepte	
	Governance, Accounting/ Accountability und Controlling	Governance als „Kontextsteuerung" ist eine eigenständige, „self-organizing" Form der Koordination und Kooperation in interorganisatorischen Netzwerken und kennzeichnet (neo-institutionalistisch) die globale Etablierung des Regulationsmodus ‚Organisation'; Es gibt kein per se gegebenes Steuerungs- und Machtzentrum. Macht hat, wer Standards setzt. Dies können mehrere Organisationen sein, z. B. Microsoft und Intel im PC-Bereich; machtförmige und hierarchische Strukturen verschwinden gerade zu Zeiten einer neoliberalen Globalisierung nicht, sie sind in der vermeintlichen Netzwerkgesellschaft lediglich komplexer, vielschichtiger und intransparenter, da globaler; komplexe Publika konstituieren Accountability als Belohnungs- und Bestrafungsmacht gegenüber Organisationen – diese speist sich aus einer ökonomischen Ideologie der kalkulativen Praktiken („Accounting"), die all jene Aktivitäten der Identifizierung, Sammlung, Ordnung, Aufzeichnung, Auswertung und Kommunikation von Daten umfassen, die für die Koordination, Steuerung und Kontrolle (ökonomischer) Aktivitäten benötigt werden; flankiert wird dies durch ein Controlling, welches eine offizielle Maklerinstanz einnimmt und zu einer Ausuferung informaler Machtquellen führen kann, wenn eine hierarchische, an Organisationszielen ausgerichtete Steuerung von Arbeitsorganisationen überbetont wird.
Digitalisierung		Die Digitalisierung bzw. die sog. „digitale Transformation" ist der vorläufig letzte Teilschritt eines Prozesses der technologischen Entwicklung einer Gesellschaft. Soziologisch interessiert dieses Phänomen als „Mensch-Maschine-Verhältnis", als sozio-technisches System, welches „algorithmische Sozialität" erzeugt. Organisationen, Netzwerke und Menschen sind dabei Teile einer Vernetzung, die Kommunikationen und u. U. Entscheidungen verschnellert bzw. automatisiert und die Arbeitssubjektivität im Hinblick auf Herausforderungen und Kompetenzen grundlegend wandeln wird.

Quelle: eigene Zusammenstellung

12.2 Relationalität und Rekursivität von Arbeitssubjektivität

Spätestens seit der Durchsetzung moderner *Strukturtheorie* innerhalb der Soziologie im Allgemeinen (vgl. entsprechende Ansätze zu Foucault, Bourdieu oder Giddens vorn), aber auch innerhalb der Arbeits- und Organisationssoziologie (vgl. Ortmann et al. 1997), steht in den Sozialwissenschaften brauchbare, zeitgemäße und v. a. soziologische Meta-Theorie zur Verfügung. Bei Forschungen zu Macht, Kontrolle und Entscheidungen in Organisationen entlang Mikro-, Meso- oder Makrotheorien kann gezielt nicht nur der *Gegensatz zwischen Objektivismus und Subjektivismus* aufgehoben werden, sondern auch der zwischen Individuum und Gesellschaft.[1]

Diese *strukturtheoretischen* Überlegungen helfen zu verstehen, dass die Darstellung neuer Macht-, Kontroll- und Entscheidungsmodi in Arbeitsorganisationen, wie innerhalb dieses Einführungsbuches geschehen, immer logischerweise zweierlei bedeutet: In den Blick genommen wurden stets Organisationsstrukturen *und* Subjektstrukturen. Um es ganz deutlich zu sagen: Subjektstrukturen wirken auf die Organisationen zurück, sind rekursiv, konstituieren damit Organisationsstrukturen bzw. Organisationen immer wieder neu mit und können nicht getrennt von diesen gesehen werden. Ähnlich der Sichtweise Foucaults (vgl. Break 2 im 1. Teil) ist der *Zusammenhang* zwischen *Organisation und Subjekt* eben als ein Verhältnis zu charakterisieren: *Relationalität* gespeist durch wechselseitige, rekursiv aufeinander Bezogenheit kennzeichnet dieses Verhältnis und nicht etwa Variablen wie ‚Organisation' und ‚Subjekt', die irgendwie aufeinander wirken. Diese Sichtweise bestätigt auch Braczyk (1997):

„Wenn sich nun bei relevanten Gruppen von Beschäftigten die Voraussetzungen ändern, unter denen sie zur Einordnung in betriebliche Machtbeziehungen und Herrschaftsformen bereit sind, dann dürfte dies den Zuschnitt dieser Beziehungen und Formen selbst betreffen, und damit wäre man erneut im Zentrum betrieblicher Organisationsstrukturen angelangt" (Braczyk 1997, S. 550).

Lässt sich abschließend so etwas wie ein abstrahierter Bedeutungsgehalt von *Arbeitssubjektivität – einschließlich ihrer Spiegelungen und Brechungen – angesichts (veränderter?) Macht-, Kontroll- und Entscheidungsmodi im Rahmen mittlerweile institutionalisierter Formen von Arbeitsorganisation* ausmachen? Im Folgenden werde ich mit einigen Überlegungen, die zur Beantwortung dieser Frage hilfreich sein könnten, dieses Buch abschließen:

---

[1] Stets im Blick haben wir dabei die ‚intervenierende Variable' ‚Organisation', auch wenn dieser Begriff schon wieder an Kausalmodelle im Sinne von Ursache-Wirkungs- bzw. Grund-Folge-Beziehungen denken lässt; also sagen wir lieber: Emergenzebene Organisation.

- Die Tendenz zur *Entgrenzung* von bisher die Arbeit vieler Menschen leitenden (zeitlichen, räumlichen, medialen, sachlichen, sinnhaften usw.) sozialen Regulierungen und Formen ist als eine systematische *De-Strukturierung* der Arbeitskontexte zu sehen: die Entgrenzung von Arbeitsverhältnissen bedeutet sowohl einen (vielleicht begrüßten) Abbau von potenziell immer behindernden Beschränkungen, als auch eine (potenziell problematische) Zerstörung von bisher hilfreichen Orientierungen (vgl. Voß 1998, S. 476).
- Mit der *De-Strukturierung* von bisher verbindlichen Regelungen, Standardisierungen und Begrenzungen von Handlungsmöglichkeiten in der Arbeit kann *betriebsseitig nicht mitgehalten* werden: Es werden „keine neuen Kanäle für das Handeln der Betroffenen" (ebd.) geschaffen; d. h., selbst wenn sich die Arbeitenden an die veränderten Bedingungen ihres Arbeitens anpassen, die *Strukturen, innerhalb derer sie das tun, hinken hinterher.*
- Hinzu kommt, dass die aus solchen (Re-)Strukturierungsleistungen entstehenden Handlungsformen häufig *nicht im gleichen Maße* wie bisherige Strukturen in *stabile Regelungen* eingehen und unproblematisch routinisiert *zukünftiges Arbeiten leiten* können. Mehr noch: Oft wird nicht nur der *Grad der betrieblichen Strukturierung* dauerhaft gesenkt, sondern die von Beschäftigten neu geschaffenen Strukturen werden betrieblich tendenziell immer wieder *neu entgrenzt* (Stichwort: ‚lernende Organisation') (vgl. ebd., S. 477).
- Die *Leitlinie der Gestaltung von Erwerbsarbeit* und somit die *gesellschaftliche Organisation derselben* wird im Zuge entgrenzter neuer Arbeitsformen *qualitativ verändert:* Leitlinie der Gestaltung von Arbeit ist immer weniger die möglichst dichte strukturierende Begrenzung von Handlungsoptionen, um Tätigkeiten auf detailliert disponierte Abläufe und Ziele auszurichten, sondern immer mehr das Gegenteil: die Vorgabe von eher diffusen Handlungsrahmen mit deutlich reduzierter Strukturierungswirkung, die nun von den Arbeitenden mit eigenverantwortlichen Strukturierungsleistungen zur Erreichung von oft erst zu präzisierenden, aber verschärft beurteilten Ergebnissen genutzt werden müssen (vgl. ebd.).
- Somit lassen *bisher feste Arbeitsstrukturen,* die bisher meist als herrschaftliche und autonomes Handeln behindernde Vorgaben gelten konnten, nun *zunehmend handlungsermöglichende, entlastende und beschützende Konturen* erkennen: die wachsende Erwartung an eine autonome Selbststrukturierung der Arbeit wird als heteronome Anforderung mit eigener Belastungsqualität erkennbar (vgl. ebd.); es spricht Einiges für die Schlussfolgerung von Voß, dass sich – wenn auch nicht als allumfassender „Leittypus" (ebd., S. 478) – so doch eher allgemein die *Struktur* der Organisation von Erwerbsarbeit, der „gesellschaftlichen Verfassung von Arbeitskraft" (ebd.), deutlich erkennbar an den Merkmalen ‚Selbst-Ökonomisierung', ‚Selbstvermarktlichung' und ‚Verbetrieblichung', herausbildet. Dies nennen Voß und Pongratz „Arbeitskraftunternehmer".

12.2 Relationalität und Rekursivität von Arbeitssubjektivität

- Veränderte und weit reichende *Ansprüche von Arbeitnehmern an die Autonomie und das Niveau der Arbeit,* an die Erfüllung von gesellschaftlichen Standards von Umwelt- und Sozialverträglichkeit mögen bestehende Machtbeziehungen und Herrschaftsformen aufbrechen. Mit den Formen, in denen diese Ansprüche befriedigt bzw. abgewehrt werden, werden die *Machtbeziehungen und Herrschaftsformen allenfalls umgeformt,* aber sie verschwinden nicht. Doch was passiert mit den Machtbeziehungen und Herrschaftsformen, wenn das *Abnorme Standard* wird? Wird Erwerbsarbeit betriebsförmig in (organisierten) Gemeinschaften organisiert, die wesentlich von den Ansprüchen vornehmlich jüngerer Beschäftigter getragen werden (vgl. Braczyk ebd., S. 550 f.)?
- Wird sich durch neue Lebensformen eine veränderte *sektorale und funktionale Differenzierung* ergeben, die sich auf vornehmlich unternehmensbezogene Dienstleistungen und auf Tätigkeiten, die normalerweise eine höhere Bildung und Ausbildung voraussetzen, stützt (vgl. ebd.)?
- Wenn bisher der Taylorismus den Ordnungsrahmen – bestehend aus einem Ensemble von Prämissen, Regeln und Normativen – für die Unternehmen bot, und damit jede und jeder am arbeitspolitischen Diskurs Teilnehmende(r) wusste oder meinte zu wissen, was gemeint war, somit jeder und jedem eine *eigene Interpretationsfolie seines intraorganisationalen Handelns* gegeben wurde, bleibt zu fragen, wie in *nach-tayloristischen Zeiten,* in denen organisationales *Handeln im Prinzip ergebnisoffen* und *immer auch anders* ausfallen kann, betriebliche Ordnungen aussehen sollen (vgl. ebd.).
- Die *Organisationskultur-Programme* unterliegen einem spürbaren Reformulierungsdruck: Wenn Beschäftigte zunehmend ihre subjektiven Bedürfnisse und Ansprüche als ‚normative Subjektivierung' in die Arbeit mit einbringen, und sie dies höchst individuell tun, wird eine stark *heterogene Anspruchsstruktur* generiert, die einheitliche Programme und Konzepte organisationaler Kultur schwer realisierbar erscheinen lässt.
- Wird von den Subjekten vermehrt eine *rekursive Planung* abverlangt, d. h., sollen so viele erwartete und unerwartete Rückwirkungen des eigenen Handelns berücksichtigt werden, bleibt zu vermuten, dass diese Anforderung ‚quer' zu *Kreativitäts-Imperativen,* wie bspw. dem ‚*impliziten Innovationsmodus'* (vgl. Abschn. 8.1 in Teil 2) verläuft und Widersprüchlichkeiten produziert werden: In den Unternehmen wird damit vielleicht mehr *Vorsichts- und Zurückhaltungs-Struktur und -Kultur* denn Innovation gefördert.
- Wenn neben den offiziellen und kodifizierten Regeln und Anforderungen auch vor allem ‚*compliance-bezogene'* Arbeitsanforderungen als ‚informelle' Anforderungen die Persönlichkeitsstruktur prägen, könnte die Annahme berechtigt sein, dass die Formen, innerhalb derer sich die Organisation von Erwerbsarbeit

manifestiert, selbst mehr und mehr *informellen Charakter* annehmen, z. B. kann sich eine Organisationsstruktur auch als *institutionalisiertes und inkorporiertes Wissen* (im Sinne Bourdieus) bspw. darüber, wie man sich fügt und beim Vorgesetzten gut ankommt, herausbilden.

- Was folgt aus der *Erosion der Berufskategorie* als, so könnte man formulieren, Organisationsform von Erwerbsarbeit par excellence? Muss ein Umdenken in *Bildungs- und Ausbildungssystemen* stattfinden, um dem Aufweichen funktionaldifferenzierter, kategorial gesteuerter Berufsklassen entgegenzuwirken; wenn ja, wie sieht dieses Umdenken aus?
- Das ‚*Entbettungs-Empfinden*' der Subjekte aufgrund mangelnder Identitäts- und Inklusionsmöglichkeiten korrespondiert mit einem *kollektiven Klima*, welches von Exklusion und Unsicherheit geprägt ist.
- Wenn *virtuelle Welten* zunehmend die realen Erlebnis- und Erfahrensräume der Subjekte verdrängen und eine Gegenwartsschrumpfung verursachen, könnte es nicht sein, dass reale Probleme, die sich im Erleben der Organisation von Erwerbsarbeit ergeben (z. B. Arbeitslosigkeit) gar nicht mehr als reale wahrgenommen werden und somit *Erwerbsarbeits-Strukturen als virtuelle Strukturen* manifest werden? Und umgekehrt: Erlangen zunehmend digitalisierte Arbeitsstrukturen einen eigenen Realitätscharakter?
- Moderne Arbeitsorganisation fördert auch *Kurzfristigkeit, Unstetigkeiten und Wechselhaftigkeit* – Aspekte, die zu *individuellen und inkorporierten Verarbeitungsmustern der Subjekte werden,* was dazu führen kann, dass derartige Imperative zum *gesellschaftlichen Regulationsmodus* werden und zugleich Prozess- und Dauerhaftigkeit als normativ ‚nicht wünschenswert', ‚ineffizient' und ‚unmodern' stigmatisiert werden.
- Die Digitalisierung erfordert von den Mitarbeiter:innen ein stetes Umgehen, Analysieren und Interpretieren von Daten, auf welche Weise diese auch immer entstanden sind. Derartige digitale Kompetenzen werden als „digital literacy" bzw. „data literacy" beschrieben. Es ergeben sich „Datenkulturen" als neue Organisationskulturen, innerhalb derer die Verbesserungsvorschläge der Arbeitenden in den Arbeitsprozess einbezogen werden. Diese neue Partizipation – einschl. einer ‚Selbststeuerung' – kann aber auch Überforderungs- und Stress-Situationen produzieren. Anpassungslernen wird zum Standard zeitgenössischen Arbeitsalltags. Dazu gehört auch ein gewandeltes Grenz- und Mitgliedschaftsarrangement. Last but not least brauchen Arbeitende in digitalen Verhältnissen am meisten die Fähigkeit, eine subtiler gewordene Herrschaftsförmigkeit zu erkennen.

Literatur

Teil I

Abels, Heinz. 2019 [2001]. *Einführung in die Soziologie. Bd. 1: Der Blick auf die Gesellschaft.* Wiesbaden: Springer VS.

Adorno, Theodor W. 1953. Individuum und Organisation. In *Individuum und Organisation. Darmstädter Gespräch,* Hrsg. Fitz Neumark, 21–35. Darmstadt: Neue Darmstädter Verl.-Anst.

———, et al. 1989 [1950]. Die verwaltete Welt oder: Die Krisis des Individuums. In *Gesammelte Schriften,* Hrsg. Max Horkheimer, Bd. 13, 121–142. Frankfurt a. M.: Suhrkamp.

Aglietta, Michel. 1979. *A theory of capitalist regulation. The US experience.* New York: Schocken Books.

———. 2000. *Ein neues Akkumulationsregime. Die Regulationstheorie auf dem Prüfstand.* Hamburg: VSA.

Alber, Erdmute. 2003. Machttheorien. *Sociologus. Zeitschrift für Ethnosoziologie und Ethnopsychologie* 53(2): 143–165.

Allport, Gordon W. 1968. The historical background of social psychology. In *The handbook of social psychology,* Hrsg. Gardner E. Lindzey und Eliot Aronson, 1–79. Reading: Addison-Wesley Pub. Co.

Altvater, Elmar, und Birgit Mahnkopf. 2007 [1996]. *Grenzen der Globalisierung. Ökonomie, Ökologie und Politik in der Weltwirtschaft.* Münster: Westfälisches Dampfboot.

Apelt, Maja, und Veronika Tacke, Hrsg. 2012. *Handbuch Organisationstypen.* Wiesbaden: VS Verlag für Sozialwissenschaften.

Apelt, Maja, und Uwe Wilkesmann, Hrsg. 2015. *Zur Zukunft der Organisationssoziologie.* Wiesbaden: VS Verlag für Sozialwissenschaften.

Arendt, Hannah. 1981. *Vita activa oder Vom tätigen Leben.* München. Piper.

Artus, Ingrid, et al. 2014. *Marx für SozialwissenschaftlerInnen. Eine Einführung.* Wiesbaden: VS Verlag für Sozialwissenschaften.

Atzmüller, Roland, et al., Hrsg. 2013. *Fit für die Krise? Perspektiven für die Regulationstheorie.* Münster: Westfälisches Dampfboot.

Balcke, Jörg. 2001. *Verantwortungsentlastung durch Organisation. Die „Inspektion der Konzentrationslager" und der KZ-Terror.* Tübingen: Edition Diskord.

Balog, Andreas. 2001. *Neue Entwicklungen in der soziologischen Theorie. Auf dem Weg zu einem gemeinsamen Verständnis der Grundprobleme*. Stuttgart: UTB.

Bardmann, Theodor M. 1994. *Wenn aus Arbeit Abfall wird. Aufbau und Abbau organisatorischer Realitäten*. Frankfurt a. M.: Suhrkamp.

Barnard, Chester, I. 1970. *Die Führung großer Organisationen*. Essen: Giradet (US-am. Original: The Functions of the Executive 1938).

Barzelay, Michael, und Rogers M. Smith. 1987. The one best system? A political analysis of neoclassical institutionalists perspectives on the modern corporation. In *Corporations and society. Power and responsibility*, Hrsg. Warren J. Samuels und Arthur S. Miller, 81–112. New York: Greenwood Press.

Baudrillard, Jean. 1991. *Das System der Dinge*. Frankfurt a. M./New York: Campus.

Becker, Albrecht. 2003. *Controlling als reflexive Steuerung von Organisationen*. Stuttgart: Schäffer-Poeschel.

Berger, Peter L., und Thomas Luckmann. 1972 [1970]. *Die gesellschaftliche Konstruktion der Wirklichkeit. Eine Theorie der Wissenssoziologie*. Frankfurt a. M./New York: Campus.

Berger, Ulrike, und Isolde Bernhard-Mehlich. 2004. Die verhaltenswissenschaftliche Entscheidungstheorie. In *Organisationstheorien*, Hrsg. Alfred Kieser, 133–168. Stuttgart: Kohlhammer.

Berle, Adolfph A., und Gardiner C. Means. 1956 [1932]. *The modern corporation and private property*. New York: Commerce Clearing House Inc.

Bogumil, Jörg, und Josef Schmid. 2001. *Politik in Organisationen. Organisationstheoretische Ansätze und praxisbezogene Anwendungsbeispiele*. Opladen: Westdeutscher Verlag.

Böhle, Fritz, et al. 2011. Herrschaft durch Objektivierung. Zum Wandel von Herrschaft in Unternehmen. In *Herrschaft durch Uneindeutigkeit*, Hrsg. Wolfgang Bonß und Christoph Lau, 244–283. Weilerswist: Velbrück.

———, Hrsg. 2018. *Handbuch Arbeitssoziologie*. Wiesbaden: VS Verlag für Sozialwissenschaften.

Bosetzky, Horst, und Peter Heinrich. 1994. *Mensch und Organisation. Aspekte bürokratischer Sozialisation. Eine praxisorientierte Einführung in die Soziologie und Sozialpsychologie der Verwaltung*. Stuttgart/Köln: Kohlhammer/Deutscher Gemeindeverlag.

Bourdieu, Pierre. 1976. *Entwurf einer Theorie der Praxis auf der ethnologischen Grundlage der kabylischen Gesellschaft*. Frankfurt a. M.: Suhrkamp.

———. 1982. *Die feinen Unterschiede. Kritik der gesellschaftlichen Urteilskraft*. Frankfurt a. M.: Surhkamp.

———. 1983. Ökonomisches Kapital, kulturelles Kapital, soziales Kapital. In *Soziale Ungleichheiten (Soziale Welt Sonderband 2)*, Hrsg. Reinhard Kreckel, 183–198. Göttingen: Velag Otto Schwartz & Co.

———. 1985. *Sozialer Raum und ‚Klassen'*. Frankfurt a. M.: Suhrkamp.

———. 1992. *Die verborgenen Mechanismen der Macht. Schriften zu Politik und Kultur 1*. Hamburg: VSA.

———. 1993. *Soziologische Fragen*. Frankfurt a. M.: Suhrkamp.

———. 2002. *Ein soziologischer Selbstversuch*. Frankfurt a. M.: Suhrkamp

———. 2005. *Die männliche Herrschaft*. Frankfurt a. M.: Suhrkamp.

Bourdieu, Pierre, und Loïc J.D. Wacquant. 1996. *Reflexive Anthropologie*. Frankfurt a. M.: Suhrkamp.

Brand, Ulrich, und Werner Raza, Hrsg. 2003. *Fit für den Postfordismus? Theoretisch-politische Perspektiven des Regulationsansatzes*. Münster: Westfälisches Dampfboot.

Braun, Norman. 2009. Rational Choice Theorie [Kap.]. In *Handbuch soziologische Theorien*, Hrsg. Georg Knerr und Markus Schroer, 395–418. Wiesbaden: VS Verlag für Sozialwissenschaften.

Braverman, Harry. 1985. *Die Arbeit im modernen Produktionsprozeß*. Frankfurt a. M./New York: Campus.

Brosziewski, Achim. 2002. *Computer, Kommunikation und Kontrolle. Eine Fallstudie zum informatisierten Management*. Konstanz: UVK.

Bruch, Michael. 2000. *Herrschaft in der modernen Gesellschaft. Zur Bedeutung des Organisationsverhältnisses in kritischen Theorien der Gesellschaft*. Wiesbaden: Springer Fachmedien.

———. 2003. Leblose Lebendigkeit. Zur Bedeutung von Organisation, Wissen und Norm im Konzept der verwalteten Welt. In *Modelle kritischer Gesellschaftstheorie. Traditionen und Perspektiven der Kritischen Theorie*, Hrsg. Alex Demirović, 176–194. Stuttgart: J. B. Metzler.

———. 2010. Zum Projekt einer kritischen Gesellschaftstheorie aus organisationssoziologischer Sicht. In *Die Ökonomie der Organisation – die Organisation der Ökonomie*, Hrsg. Martin Endreß und Thomas Matys, 175–199. Wiesbaden: VS Velag für Sozialwissenschaften.

Bruch, Michael, und Hans-Peter Krebs, Hrsg. 1996. *Unternehmen Globus. Facetten nachfordistischer Regulation*. Münster: Westfälisches Dampfboot.

Bruch, Michael, und Klaus Türk. 2005. Organisation als Regierungsdispositiv der modernen Gesellschaft. In *Organisationsgesellschaft. Facetten und Perspektiven*, Hrsg. Wieland Jäger und Uwe Schimank, 89–123. Wiesbaden: VS Verlag für Sozialwissenschaften.

———. 2007. Das Organisationsdispositiv moderner Gesellschaften. In *Journalismustheorie: Next Generation. Soziologische Grundlegung und theoretische Innovation*, Hrsg. Klaus-Dieter Altmeppen et al., 263–280. Wiesbaden: VS Verlag für Sozialwissenschaften.

Bruch, Michael, et al., Hrsg. 2011. *Organisation und Kritik*. Münster: Westfälisches Dampfboot.

Brunner, Otto, et al., Hrsg. 1992 [1972–1997]. *Geschichtliche Grundbegriffe: historisches Lexikon zur politisch-sozialen Sprache in Deutschland*. Stuttgart: Klett-Cotta.

Brunsson, Nils. 1985. *The irrational organization. Irrationality as a basis for organizational action and change*. Chichester: Wiley.

———. 1989. *The organization of hypocrisy. Talk, decisions, and actions in organizations*. Chichester: Wiley.

Burawoy, Michael. 1985. *The politics of production. Factory regimes under capitalism and socialism*. London: Verso.

Burell, Gibson, und Gareth Morgan. 1979. *Sociological paradigms and organizational analysis. Elements of the sociology of corporate life*. New Hampshire/London: Pearson Education.

Burns, Tom, und George M. Stalker. 1961. *The management of innovation*. London: Tavistock.

Buschmeier, Ulrike. 1995. *Macht und Einfluß in Organisationen*. Göttingen: Cuvillier.

Busskamp, Werner. 1993. Unternehmenskultur, organisationssoziologisch. In *Innovationsmanagement und Organisationskultur. Chancen innovativer Industriekultur im Ruhrgebiet*, Hrsg. Werner Busskamp, Eckart Pankoke, et al. Essen: Klartext Verlag.

———. 1995. *Organisation und Sinnstiftung. Orientierungsmuster in und von Organisationen*. Essen: Didot-Verl.

Chandler, Alfred D. 1977. *The visible hand. The managerial revolution in American business*. Cambridge: Belknap Press.

Clegg, Stewart R., und David Dunkerley. 1980. *Organization, class and control*. London: Routledge & Kegan Paul.

Clegg, Stewart R., et al. 2013 [1996]. *Handbook of organization studies*. London: Sage.

Cohen, Michael D., et al. 1972. A garbage can model of organizational choice. *Administrative Science Quarterly* 17(1): 1–25.
Coleman, James S. 1986. *Die asymmetrische Gesellschaft. Vom Aufwachsen mit unpersönlichen Systemen*. Weinheim/Basel: Beltz.
———. 1991. *Grundlagen der Sozialtheorie. Bd. 1: Handlungen und Handlungssysteme*. München: Oldenbourg.
———. 1992. *Grundlagen der Sozialtheorie. Bd. 2: Körperschaften und die moderne Gesellschaft*. München: Oldenbourg.
Cook, Karen S., Hrsg. 1987. *Social exchange theory*. Newbury Park: Sage.
Crozier, Michel, und Erhard Friedberg. 1979. *Macht und Organisation. Die Zwänge kollektiven Handelns*. Königstein/Ts.: Athenäum-Verl.
Cyert, Richard M., und James G. March. 1963. *A behavioral theory of the firm*. Englewood Cliffs: Prentice-Hall.
Dahrendorf, Ralf. 1972. *Konflikt und Freiheit. Auf dem Weg zur Dienstklassengesellschaft*. München: Piper.
Deutschmann, Christoph. 2002a. Das Arbeitsverhältnis (Kap. 4). In *Postindustrielle Industriesoziologie. Theoretische Grundlagen, Arbeitsverhältnisse und soziale Identitäten*, Hrsg. Christoph Deutschmann, 95–188. Weinheim/München: Beltz Juventa.
———. 2002b. *Postindustrielle Industriesoziologie. Theoretische Grundlagen, Arbeitsverhältnisse und soziale Identitäten*. Weinheim/München: Beltz Juventa.
DiMaggio, Paul J., und Walter W. Powell. 1983. The iron cage revisited. Institutional isomorphism and collective Rationality in organizational fields. *American Sociological Review* 48(2): 147–160.
Dollhausen, Karin. 1997. *Technik – Konstruktionen. Neue Technologien als soziologisches Theorieproblem*. Pfaffenweiler: Centaurus.
Drepper, Thomas. 2003. *Organisationen der Gesellschaft. Gesellschaft und Organisation in der Systemtheorie Niklas Luhmanns*. Wiesbaden: VS Verlag für Sozialwissenschaften.
Durkheim, Émile. 1965 [1895]. *Die Regeln der soziologischen Methode*. Neuwied: Luchterhand.
———. 1988 [1893]. *Über soziale Arbeitsteilung. Studie über die Organisation höherer Gesellschaften*. Frankfurt a. M.: Suhrkamp.
Ebers, Mark. 1993. Situative Organisationstheorie. In *Handwörterbuch Organisation*, Hrsg. Erich Frese, 1817–1838. Stuttgart: Schäffer-Poeschel.
Edwards, Richard. 1981. *Herrschaft im modernen Produktionsprozeß*. Frankfurt a. M./New York: Campus.
Elam, Mark. 1994. Puzzling out the post-Fordist debate: Technology, markets and institutions. In *Post-Fordism. A reader*, Hrsg. Ash Amin, 43–70. Oxford: Blackwell.
Emerson, Richard M. 1962. Power-dependence-relations. *American Sociological Review* 27(1): 32–41.
Emirbayer, Mustafa, und Victoria Johnson. 2008. Bourdieu and organizational analysis. *Theory and Society* 37(1): 1–44.
Endreß, Martin, und Thomas Matys, Hrsg. *Die Ökonomie der Organisation – die Organisation der Ökonomie*. Wiesbaden: VS Verlag für Sozialwissenschaften.
Esser, Hartmut. 1999. *Soziologie. Allgemeine Grundlagen*. Frankfurt a. M./New York: Campus.
Etzioni, Amitai. 1961. *A comparative analysis of complex organizations*. New York: Free Press of Glencoe.
———. 1967. *Soziologie der Organisationen*. München: Juventa.
Florian, Michael, und Frank Hillebrandt, Hrsg. 2006. *Pierre Bourdieu: Neue Perspektiven für die Soziologie der Wirtschaft*. Wiesbaden: VS Verlag für Sozialwissenschaften.
Foerster, Heinz von. 1985. *Sicht und Einsicht. Versuche zu einer operativen Erkenntnistheorie*. Braunschweig/Wiesbaden: Vieweg.

Ford, Henry. 1926. *Das große Heute – das größere Morgen*. [Unter Mitwirkung von Samuel Crowther] Leipzig: List Verlag.
Foucault, Michel. 1973. *Archäologie des Wissens*. Frankfurt a. M.: Suhrkamp.
———. 1976. *Überwachen und Strafen. Die Geburt des Gefängnisses*. Frankfurt a. M.: Suhrkamp.
———. 1977. *Die Ordnung des Diskurses*. München: Carl Hanser Verlag.
———. 1978. *Dispositive der Macht*. Berlin: Merve.
———. 1987. Das Subjekt und die Macht. In *Michel Foucault. Jenseits von Strukturalismus und Hermeneutik*, Hrsg. Hubert L Dreyfus und Paul Rabinow, 241–261. Frankfurt a. M.: Atheneum-Verl.
———. 2015 [1973–74]. *Die Macht der Psychiatrie*. Frankfurt a. M.: Suhrkamp.
Franzpötter, Reiner. 1997. *Organisationskultur. Begriffsverständnis und Analyse aus interpretativ-soziologischer Sicht*. Baden-Baden: Nomos.
Frese, Erich. 2000. *Grundlagen der Organisation. Konzept – Prinzipien – Strukturen*. Wiesbaden: Gabler.
Friedberg, Erhard. 1995. *Ordnung und Macht. Dynamiken organisierten Handelns*. Frankfurt a. M./New York: Campus.
Friedman, Andrew. 1987. Managementstrategien und Technologie. Auf dem Weg zu einer komplexen Theorie des Arbeitsprozesses. In *Managementstrategien und Kontrolle*, Hrsg. Eckart Hildebrandt und Rüdiger Seltz, 99–131. Berlin: Edition Sigma.
Fuchs-Heinritz, Werner, und Alexandra König. 2011. *Pierre Bourdieu. Eine Einführung*. Stuttgart: UTB.
Geppert, Mike, et al. 2004. Die Bedeutung institutionalisierter Ansätze für das Verständnis von Organisations- und Managementprozessen in multinationalen Unternehmen. *Berliner Journal für Soziologie* 14(3): 379–397.
Gergs, Hans-Joachim, et al. 2000. Organisationssoziologie: Organisationstheorie, ihre gesellschaftliche Relevanz und „gesellschaftstheoretische Herausforderung". In *Soziologie 2000 [Soziologische Revue, Sonderheft 5, 2000]*, Hrsg. Richard Münch et al., 183–195. München: Oldenbourg.
Germanis, Olaf, et al., Hrsg. 2023. *Organisationale Machtbeziehungen im Wandel – Führung zwischen Zustimmung und Zwang*. Wiesbaden: Springer VS.
Giddens, Anthony. 1979. *Central Problems in Social Theory*. Berkeley: University of California Press.
———. 1984. *Interpretative Soziologie. Einführung und Kritik*. Frankfurt a. M./New York: Campus.
———. 1988. *Die Konstitution der Gesellschaft. Grundzüge einer Theorie der Strukturierung*. Frankfurt a. M./New York: Campus.
Grochowiak, Klaus. 2013. Ordnungen der Macht http://www.cnlpa.de/downloads/Fachartikel/2002-11-KG-Ordnungen-der-Macht-I.pdf. Zugegriffen am 14.11.2013.
Groddeck, Victoria von, und Sylvia Marlene Wilz, Hrsg. 2015. *Formalität und Informalität in Organisationen*. Wiesbaden: VS Verlag für Sozialwissenschaften.
Guttandin, Friedhelm. 1996. *Die protestantische Ethik und die Entwicklung des modernen Kapitalismus: Einführung in die Argumentationsstrategie Max Webers* [Studienbrief für die FernUniversität in Hagen].
Habermas, Jürgen. 1981. *Theorie des kommunikativen Handelns*, Bd. 2. Frankfurt a. M.: Suhrkamp.
Hasse, Raimund. 2017. About actors: An institutional perspective. In *Theory in action: Theoretical constructionism*, Hrsg. Peter Sohlberg und Hákon Leiulfsrud, 189–205. Leiden: Brill.
Hasse, Raimund, und Georg Krücken. 2005 [1999]. *Neo-Institutionalismus. Mit einem Vorwort von John Meyer*. Bielefeld: transcript.

Hasse, Raimund, und Anne K. Krüger. 2020. Außenbezüge, Binnendifferenzen und neue Herausforderungen des Neo-Institutionalismus. Eine Einführung. In *Neo-Institutionalismus: Kritik und Weiterentwicklung eines sozialwissenschaftlichen Forschungsprogramms*, Hrsg. Raimund Hasse und Anne K. Krüger, 9–34. Bielefeld: transcript.

Hauck, Gerhard. 1984. *Geschichte der soziologischen Theorie. Eine ideologiekritische Einführung*. Reinbek bei Hamburg: Rowohlt.

Heinrich, Michael. 2021 [2004]. *Kritik der politischen Ökonomie. Eine Einführung*. Stuttgart: Schmetterling Verlag.

Heintz, Bettina. 1993. *Die Herrschaft der Regel. Zur Grundlagengeschichte des Computers*. Frankfurt a. M./New York: Campus.

Hillebrandt, Frank. 2011. Cultural Studies und Bourdieus Soziologie der Praxis – Versuch einer überfälligen Vermittlung. In *Pierre Bourdieu und die Kulturwissenschaften*, Hrsg. Sophia Prinz et al., 132–154. Konstanz: UVK.

———. 2014. *Soziologische Praxistheorien. Eine Einführung*. Wiesbaden: VS Verlag für Sozialwissenschaften.

Hirsch, Joachim. 1995. *Der nationale Wettbewerbsstaat. Staat, Demokratie und Politik im globalen Kapitalismus*. Berlin: Edition ID-Archiv.

Hirsch, Joachim, und Roland Roth. 1986. *Das neue Gesicht des Kapitalismus. Vom Fordismus zum Post-Fordismus*. Hamburg: VSA.

Honneth, Axel. 1986. *Kritik der Macht. Reflexionsstufen einer kritischen Gesellschaftstheorie*. Frankfurt a. M.: Suhrkamp.

Horkheimer, Max, und Theodor W. Adorno. 1969 [1944]. *Dialektik der Aufklärung. Philosophische Fragmente*. Frankfurt a. M.: Fischer.

Imbusch, Peter. 2012. *Macht und Herrschaft. Sozialwissenschaftliche Theorien und Konzeptionen*. Wiesbaden: VS Verlag für Sozialwissenschaften.

Jäger, Wieland, und Hanns-Joachim Meyer. 2003. *Sozialer Wandel in soziologischen Theorien der Gegenwart*. Wiesbaden: Westdeutscher Verlag.

Jäger, Wieland, und Uwe Schimank, Hrsg. 2005. *Organisationsgesellschaft. Facetten und Perspektiven*. Wiesbaden: VS Verlag für Sozialwissenschaften.

Jessop, Bob. 1992. Regulation und Politik. Integrale Ökonomie und integraler Staat. In *Hegemonie und Staat. Kapitalistische Regulation als Projekt und Prozess*, Hrsg. Alex Demirović et al., 232–262. Münster: Westfälisches Dampfboot.

Jochheim, Sandra. 2002. *Von der Unternehmenskultur zum Netzwerk von Subkulturen. Multiple Identitäten als Basis für die Orientierung und Entwicklung in und von Unternehmen aus organisationstheoretischer Perspektive mit anschließender Betrachtung von Fusionsprozessen als exemplarisches Anwendungsbeispiel*. Marburg: Metropolis.

Kalkowski, Peter. 2004. Der Kontrakt der Arbeit bei wissensintensiven Dienstleistungen. *Industrielle Beziehungen* 11(3): 246–269.

Kieser, Alfred. 2001. *Organisationstheorien*. Stuttgart: Kohlhammer.

Kieser, Alfred, und Mark Ebers, Hrsg. 2019. *Organisationstheorien*. Stuttgart: Kohlhammer.

Kieser, Alfred, und Walter A. Oechsler, Hrsg. 2004. *Unternehmenspolitik*. Stuttgart: Schäffer-Poeschel.

Kieser, Alfred, und Peter Walgenbach. 2003. *Organisation*. Stuttgart: Schäffer-Poeschel.

Klatetzki, Thomas, und Günther Ortmann, Hrsg. 2023. *Organisation und Mythos*. Weilerswist: Velbrück.

Kleiner, Marcus S., Hrsg. 2001. *Michel Foucault. Eine Einführung in sein Denken*. Frankfurt a. M./New York: Campus.

Knerr, Georg, und Markus Schroer, Hrsg. 2009. *Handbuch soziologische Theorien*. Wiesbaden: VS Verlag für Sozialwissenschaften.
Knights, David, und Hugh Willmott, Hrsg. 1990. *Labour process theory*. London: Palgrave Macmillan.
Knorr-Cetina, Karin. 1989. Spielarten des Konstruktivismus. Einige Notizen und Anmerkungen. *Soziale Welt* 40(1/2): 86–96.
Knyphausen-Aufsess, Dodo zu. 1997. Auf dem Weg zu einem ressourcenorientierten Paradigma? Resource-Dependence-Theorie der Organisation und Resource-based View des Strategischen Managements im Vergleich. In *Theorien der Organisation – Die Rückkehr der Gesellschaft*, Hrsg. Günther Ortmann et al., 452–480. Opladen: Westdeutscher Verlag.
Koch, Jochen. 2003. *Organisation und Differenz. Kritik des organisationstheoretischen Diskurses der Postmoderne*. Wiesbaden: VS Verlag für Sozialwissenschaften.
Krätke, Stefan. 1990. Fordistischer Wohnungsbau in Deutschland. „Soziale Bauwirtschaft" der 20er Jahre als Vorreiter. In *Das neue Gesicht der Städte. Theoretische Ansätze und empirische Befunde aus der internationalen Debatte*, Hrsg. Renate Borst et al. Basel/Boston: Birkhäuser Verlag.
Kuchenbrod, Matthias. 2004. Frederick Winslow Taylor. Ein Beitrag zur Geschichte der modernen Rationalisierung. http://people.freenet.de/matkuch1/taylor.htm. Zugegriffen am 04.06.2004.
Kühl, Stefan. 2004. *Arbeits- und Industriesoziologie*. Bielefeld: transcript.
———. 2011. *Organisationen. Eine sehr kurze Einführung*. Wiesbaden: VS Verlag für Sozialwissenschaften.
———. 2018. *Organisationskulturen beeinflussen*. Wiesbaden: Springer VS.
Küpper, Willi, und Günther Ortmann, Hrsg. 1988a. Mikropolitik – Das Handeln der Akteure und die Zwänge des Systems. In *Mikropolitik. Rationalität, Macht und Spiele und Organisationen*, Hrsg. Willi Küpper und Günther Ortmann, 7–12. Opladen: Westdeutscher Verlag.
———, Hrsg. 1988b. *Mikropolitik. Rationalität, Macht und Spiele und Organisationen*. Opladen: Westdeutscher Verlag.
Küpper, Willi, und Anke Felsch. 2000. *Organisation, Macht und Ökonomie. Mikropolitik und die Konstitution organisationaler Handlungssysteme*. Wiesbaden: Springer Fachmedien.
Lappe, Lothar. 1986. Technologie, Qualifikation und Kontrolle. Die Labour Process Debate aus Sicht der deutschen Industriesoziologie. *Soziale Welt* 37(2/3): 310–330.
Lawrence, Paul R., und Jay W. Lorsch. 1967. *Organization and environment. Managing differentiation and integration*. New York: Harvard University Press.
Lemke, Thomas. 1997. *Eine Kritik der politischen Vernunft. Foucaults Analyse der modernen Gouvernementalität*. Berlin/Hamburg. Argument Verlag.
———. 1999. Der Kopf des Königs – Recht, Disziplin und Regierung bei Foucault. *Berliner Journal für Soziologie* 9(3): 415–434.
———. 2007. Max Weber, Norbert Elias und Michel Foucault über Macht und Subjektivierung. In *Gouvernementalität und Biopolitik*, Hrsg. Thomas Lemke, 23–46. Wiesbaden: VS Verlag für Sozialwissenschaften.
———. 2017. Eine Geschichte der Gegenwart. Michel Foucaults Analytik der Regierung. In *Soziologische Analysen der Gegenwartsgesellschaft*, Hrsg. Uwe Vormbusch, 95–109. [Studienbrief der FernUniversität in Hagen].

Lemke, Thomas, et al. 2000. Gouvernementalität, Neoliberalismus und Selbsttechnologien. Eine Einführung. In *Gouvernementalität der Gegenwart.* Studien zur Ökonomisierung des Sozialen, Hrsg. Ulrich Bröckling et al., 7–40. Frankfurt a. M.: Suhrkamp.
Liebert, Sabine. 2002. *Betriebliche Organisationen. Akteure im Spannungsfeld formaler und informeller Strukturen.* Frankfurt a. M.: Peter Lang Verlag.
Lipietz, Alain. 1985. Akkumulation. Krisen und Auswege aus der Krise. Einige methodische Überlegungen zum Begriff der Regulation. *Prokla* 58(15): 109–138.
Littek, Wolfgang, et al. 1983. *Einführung in die Arbeits- und Industriesoziologie.* Frankfurt a. M./New York: Campus.
Lueger, Manfred. 2023. *Organisationen aus Prozessperspektive. Zum interpretativen Verständnis von Organisationen.* Weinheim/Basel: Beltz Juventa.
Luhmann, Niklas. 1968. Zweck – Herrschaft – System. Grundbegriffe und Prämissen Max Webers. In *Bürokratische Organisation*, Hrsg. Renate Mayntz, 36–55. Köln/Berlin: Kiepenheuer & Witsch.
———. 1970. Soziologie als Theorie sozialer Systeme. In *Soziologische Aufklärung* 1, Hrsg. Niklas Luhmann, 113–136. Opladen: Westdeutscher Verlag.
———. 1984. *Soziale Systeme.* Frankfurt a. M.: Suhrkamp.
———. 1988a [1975]. *Macht.* Stuttgart: UTB.
———. 1988b. Organisation. In *Mikropolitik. Rationalität, Macht und Spiele in Organisationen*, Hrsg. Willi Küppers und Günther Ortmann, 165–186. Opladen: Westdeutscher Verlag.
———. 1994. Die Gesellschaft und ihre Organisationen. In *Systemrationalität und Systeminteresse. Festschrift für Renate Mayntz*, Hrsg. Hans-Ulrich Derlien et al., 189–201. Baden-Baden: Nomos.
———. 1997. *Die Gesellschaft der Gesellschaft. 1. und 2. Teilband.* Frankfurt a. M.: Suhrkamp.
———. 2000. *Organisation und Entscheidung.* Opladen/Wiesbaden: Westdeutscher Verlag.
Mahnkopf, Birgit, Hrsg. 1988. *Der gewendete Kapitalismus. Kritische Beiträge zur Theorie der Regulation.* Münster: Westfälisches Dampfboot.
March, James G. 1990. *Entscheidung und Organisation. Kritische und Konstruktive Beiträge, Entwicklungen und Perspektiven.* Wiesbaden: Gabler (US-am. Original: Decisions and Organizations, Oxford 1988).
———. 1994. *A primer on decision making – How decisions happen.* New York: Free Press.
March, James G., und Johan P. Olsen. 1976. *Ambiguity and choice in organizations.* Bergen: Universitetsforlaget.
———. 1989. *Rediscovering institutions. The organizational basis of politics.* New York: Free Press.
March, James G., und Herbert A. Simon. 1958. *Organizations.* New York: John Wiley & Sons.
Marglin, Stephen A. 1977. Was tun die Vorgesetzten? *Technologie und Politik* 8:148–203.
Marx, Karl. 1979a [1857/58]. *Grundrisse der Kritik der politischen Ökonomie*, MEW Bd. 42. Berlin: Dietz Verlag.
———. 1979b [1859]. *Das Kapital. Kritik der politischen Ökonomie*, Bd. 1 (MEW Bd. 23). Berlin: Dietz Verlag.
———. 1979c. *Theorien über den Mehrwert*, MEW. Bd. 26.2. Berlin: Dietz Verlag.
———. 1979d [1858/59]. *Zur Kritik der Politischen Ökonomie*, MEW. Bd. 13, 3–36. Berlin: Dietz Verlag.
———. 1979e. *Der achtzehnte Brumaire des Louis Bonaparte*, MEW. Bd. 8, 111–207. Berlin: Dietz Verlag.
———. 1982. *Lohnarbeit und Kapital*, MEW. Bd. 6, 397–423. Berlin: Dietz Verlag.
Marx, Karl, und Friedrich Engels. 1969. *Manifest der kommunistischen Partei.* Berlin. Dietz Verlag.

———. 1981 [1932; verfasst 1845/46] *Die deutsche Ideologie*, MEW. Bd. 3, 9–16. Berlin: Dietz Verlag.

Matys, Thomas. 2005. Vom Anspruch zur Institution. Institutionalisierungsprozesse in ökonomischen Organisationen am Beispiel des gesellschaftlichen Leitbildes ‚Nachhaltigkeit'. In *UmweltWirtschaftsForum (uwf) 4 [Themenheft „Nachhaltigkeit – Ein interdisziplinärer Ansatz für die Forschung"]*, 10–14.

———. 2008a. Organisation als natürliche Person? Die Entstehung einer modernen Gebildevorstellung von Organisation in den USA. In *Die Natur der Gesellschaft. Verhandlungsband des 33. Kongresses der Deutschen Gesellschaft für Soziologie in Kassel 2006*, Hrsg. Karl-Siegbert Rehberg, 3208–3221. Frankfurt a. M./New York: Campus.

———. 2008b. *Im Gespräch mit Lord Ralf Dahrendorf* [unveröffentlichtes Manuskript]. Köln/Wuppertal.

———. 2010. Corporations in den USA. Kämpfe um Etablierung zwischen königlicher Charter und Industrialisierung. In *Die Ökonomie der Organisation – die Organisation der Ökonomie*, Hrsg. Martin Endreß und Thomas Matys, 121–152. Wiesbaden: VS Verlag für Sozialwissenschaften.

———. 2011a. *Legal Persons. „Kämpfe" um die organisationale Form*. Wiesbaden: VS Verlag für Sozialwissenschaften.

———. 2011b. Die Coporations-kritische Bewegung in den USA. Gegenstände und Akteure einer Or-ganisationskritik. In *Organisation und Kritik*, Hrsg. Michael Bruch et al., 190–210. Münster: Westfälisches Dampfboot.

———. 2013. „Kämpfe" um die legal person. Wie Unternehmen von ihrem Personencharakter profitieren. *Prokla – Zeitschrift für kritische Sozialwissenschaften* 43(170/1): 153–172.

———. 2014a. *Modelle und Theorien von Organisation und Personal. Organisationssoziologische Grundlagen*. Studienbrief für die Hamburger FernHochschule, Hamburg.

———. 2014b. (zu) Türk, Klaus et al.: Organisation in der modernen Gesellschaft. Eine historische Einführung. Wiesbaden 2006. In *Schlüsselwerke der Organisationsforschung*, Hrsg. Stefan Kühl, 706–710. Wiesbaden: VS Verlag für Sozialwissenschaften.

———. 2014c. (zu) Perrow, Charles: Eine Gesellschaft von Organisationen. In *Schlüsselwerke der Organisationsforschung*, Hrsg. Stefan Kühl, 547–550. Wiesbaden: VS Verlag für Sozialwissenschaften.

———. 2016. (Würdigung zu) Berger, Peter L. und Thomas Luckmann. 1970. Die gesellschaftliche Konstruktion der Wirklichkeit. Eine Theorie der Wissenssoziologie. Frankfurt a. M: S. Fischer Verlag. In *„Lieblingsbücher: Die Lehrenden des Instituts für Soziologie stellen sich vor "*–. http://www.fernuni-hagen.de/soziologie/lieblings-buecher. shtml. Hagen. Zugegriffen am 06.12.2023.

———. 2017a. Organisationsgesellschaft. In *Phänomene und Debatten gesellschaftlicher Entwicklung*, Hrsg. Uwe Vormbusch, 12–33. [Studienbrief der FernUniversität in Hagen]. Hagen: FernUniversität in Hagen.

———. 2017b. (Rezension zu) Ingrid Artus et al. 2014. *Marx für SozialwissenschaftlerInnen. Eine Einführung*. Wiesbaden. In *Zeitschrift für Politik* 64(1): 90–92.

———. 2019. (Rezension zu) Heiner Minssen 2019. Arbeit in der modernen Gesellschaft. Eine Einführung. Wiesbaden. In *Soziopolis – Gesellschaft beobachten (Online-Projekt des Hamburger Instituts für Sozialforschung)* –.https://soziopolis.de/lesen/buecher/artikel/das-ende-der-arbeit-wie-wir-sie-kannten/. Zugegriffen am 30.10.2019.

———. 2020. Unorthodoxe Unstimmigkeiten? Neue (alte?) Konflikte in und zwischen Organisationen. In *Handbuch Organisationssoziologie*, Hrsg. Maja Apelt et al. (Online-Publikation von Springer VS, Wiesbaden, o. Pag.).

———. 2021a. (Zu) Bruce G. Carruthers and Arthur L. Stinchcombe: The Social Structure of Liquidity: Flexibility, Markets, and States. In *Schlüsselwerke der Wirtschaftssoziologie*, Hrsg. Klaus Kraemer und Florian Brugger, 379–388. Wiesbaden: Springer VS.
———. 2021b. (Rezension zu) Lisa Knoll. Hrsg. 2015. Organisation und Konventionen. Die Soziologie der Konventionen in der Organisationsforschung. Wiesbaden. *Sozialwissenschaftliche Literaturrundschau (SLR)* 81(1): 131–133.
———. 2023. Organisation und Macht. Soziologische Perspektiven. In *Organisationale Machtbeziehungen im Wandel – Führung zwischen Zustimmung und Zwang*, Hrsg. Olaf Germanis et al., 47–63. Wiesbaden: Springer VS.
———. 2024. Personenbewertung durch Mercantile Agencies. Ratings von Reputation und Lebenswandel. In *Organisierte Personenbewertung*, Hrsg. Christopher Dorn et al. Wiesbaden: Springer VS.
Matys, Thomas, und Thomas Brüsemeister. 2012. Gesellschaftliche Universalien vs. bürgerliche Freiheit des Einzelnen – Macht, Herrschaft und bei Ralf Dahrendorf. In *Macht und Herrschaft. Sozialwissenschaftliche Theorien und Konzeptionen*, Hrsg. Peter Imbusch, 195–216. Wiesbaden: VS Verlag für Sozialwissenschaften.
Matys, Thomas, und Wieland Jäger. 2008. Lebenswelt und Gesellschaftskonstitution. In *Universität und Lebenswelt. Festschrift für Heinz Abels*, Hrsg. Wieland Jäger und Rainer Schützeichel, 29–45. Wiesbaden: VS Verlag für Sozialwissenschaften.
———. 2010. Sinnstiftung durch Soziologen? In *Sinnstiftung als Beruf*, Hrsg. Rainer Schützeichel und Michael N. Ebertz, 265–274. Wiesbaden: VS Verlag für Sozialwissenschaften.
———. 2011. „Wert" und „Arbeit". Zwei zentrale Institutionen der modernen Gesellschaft. In *Werte in Begegnung. Wertgrundlagen und Wertperspektiven ausgewählter Lebensbereiche*, Hrsg. Hermann T. Krobath, 363–386. Würzburg: Königshausen & Neumann.
———. 2016. Selbstorganisation (Handbuchartikel) In *Lexikon Qualitätsmanagement: Handbuch des Modernen Managements auf der Basis des Qualitätsmanagements*, (Edition Management), Hrsg. Hans-Dieter Zollondz et al., 1049–1056. Berlin/Boston: De Gruyter/Oldenbourg.
Maurer, Andrea, Hrsg. 2017 [2008]. *Handbuch Wirtschaftssoziologie*. Wiesbaden: Springer VS.
May, Thomas. 1997. *Organisationskultur. Zur Rekonstruktion und Evaluation heterogener Ansätze in der Organisationstheorie*. Opladen: Westdeutscher Verlag.
Mayntz, Renate. 2017. Netzwerkorganisationen: Die Auflösung der geschlossenen Form im Prozess der Globalisierung. In *Geschlossene Gesellschaften: Verhandlungen des 38. Kongresses der Deutschen Gesellschaft für Soziologie in Bamberg 2016*, Hrsg. Stephan Lessenich. (Online-Publikation des Campus-Verlages [Frankfurt am Main/New York] o. Pag.).
———. 2018 [1963]. *Soziologie der Organisation*. Reinbek: Rowohlt.
Meyer, John W. 1987. The world polity and the authority of the nation-state. In *Institutional structure. Constituting state, society, and the individual*, Hrsg. George M. Thomas et al., 41–70. Newbury Park: Sage.
———. 2005. *Weltkultur. Wie die westlichen Prinzipien. die Welt durchdringen*. Frankfurt a. M.: Suhrkamp.
Meyer, John W., und Ronald L. Jepperson. 2005. Die „Akteure" der modernen Gesellschaft: Die kulturelle Konstruktion sozialer Agentschaft. In *Weltkultur. Wie die westlichen Prinzipien die Welt durchdringen*, Hrsg. John W. Meyer, 47–84. Frankfurt a. M.: Suhrkamp.
Meyer, John W., und Brian Rowan. 1983. Institutional organizations: Formal structure as myth and ceremony. *American Journal of Sociology* 83(2): 340–363.
Meyer, John W., und Richard W. Scott. 1992. *Organizational environments. Ritual and rationality*. Beverly Hills: Sage.

Meyer, John W., et al. 1994. Ontology and rationalization in the western cultural account. In *Institutional environments and organizations*, Hrsg. Richard Scott und John W. Meyer, 9–27. Thousand Oaks: Sage.
Miebach, Bernhard. 2007. *Organisationstheorie. Problemstellung – Modelle – Entwicklung.* Wiesbaden. VS Verlag für Sozialwissenschaften.
Mikl-Horke, Gertraude. 2007 [1991]. *Industrie- und Arbeitssoziologie.* München/Wien. Oldenbourg.
Minssen, Heiner. 2017. Herrschaft. In *Lexikon der Arbeits- und Industriesoziologie*, Hrsg. Rainer Bohn et al., 160–163. Baden-Baden: Nomos.
Mintzberg, Henry. 1983. *Power in and around organizations.* Englewood Cliffs: Prentice-Hall.
———. 1991. *Mintzberg über Management.* Wiesbaden: Gabler.
———. 1992. *Die Mintzberg-Struktur. Organisationen effektiver gestalten.* Landsberg am Lech: Moderne Industrie.
Mintzberg, Henry, und James A. Waters. 1985. Of strategies, deliberate and emergent. *Strategic Management Journal* 6(3): 257–272.
Moldaschl, Manfred. 2002. Foucaults Brille. Eine Möglichkeit, die Subjektivierung von Arbeit zu verstehen? In *Subjektivierung von Arbeit*, Hrsg. Manfred Moldaschl und Gerd Günter Voß, 135–176. München/Mering: Hampp.
Moldaschl, Manfred, und Thomas Diefenbach. 2003. Regeln und Ressourcen. Zum Verhältnis von Institutionen- und Ressourcentheorien. In *Ökonomischer und soziologischer Institutionalismus – Chancen einer interdisziplinären Annäherung?* Hrsg. Andrea Maurer et al., 139–162. Marburg: Metropolis.
Morgan, Gareth. 1997. Das hässliche Antlitz: Die Organisation als Machtinstrument. In *Bilder der Organisation*, Hrsg. Gareth Morgan, 401–472. Stuttgart: Schäffer-Poeschel.
Müller-Jentsch, Walther. 2000. *Strukturwandel der industriellen Beziehungen* [Studienskript der FernUniversität – Gesamthochschule Hagen]. Hagen.
———. 2003. *Organisationssoziologie. Eine Einführung.* Frankfurt a. M./New York: Campus.
Münch, Richard. 2003. *Soziologische Theorie. Band 2: Handlungstheorie.* Frankfurt a. M./New York: Campus.
———. 2004. *Soziologische Theorie. Band 3: Gesellschaftstheorie.* Frankfurt a. M./New York: Campus.
Nace, Ted. 2003. Gangs of America. The rise of corporate power and the disabling of democracy. http://www.gangs-ofamerica.com/read.html. Zugegriffen am 31.10.2016.
Neuberger, Oswald. 1995. *Mikropolitik. Der alltägliche Aufbau und Einsatz von Macht in Organisationen.* Stuttgart: UTB.
Nienhüser, Werner. 1998. Macht bestimmt die Personalpolitik! In *Personalpolitik. Wissenschaftliche Erklärung der Personalpraxis*, Hrsg. Albert Martin und Werner Nienhüser, 239–261. München/Mering: Hampp.
———. Macht. In *Organizational Behavior – Verhalten in Organisationen*, Hrsg. Albert Martin, 139–172. Stuttgart: Kohlhammer.
North, Douglas C. 1990. *Institutions, institutional change and economic performance.* Cambridge: Cambridge University Press.
Nünning, Ansgar, und Vera Nünning. 2003. *Konzepte der Kulturwissenschaften. Theoretische Grundlagen – Ansätze – Perspektiven.* Stuttgart: J. B. Metzler.
Opitz, Sven. 2004. *Gouvernementalität im Postfordismus. Macht, Wissen und Techniken des Selbst im Feld unternehmerischer Rationalität.* Hamburg: Argument Verlag.
Ortmann, Günther. 1990. Mikropolitik und systemische Kontrolle. In *Systemische Rationalisierung als sozialer Prozeß. Zu Rahmenbedingungen und Verlauf eines neuen betriebs-*

übergreifenden Rationalisierungstyps, Hrsg. Jörg Bergstermann und Ruth Brandherm-Böhmker, 10–120. Bonn: Dietz.

———. 1992. Die falsche Verführung. Über Konsens, Kontrolle und Kritik. In *Soziale Chancen. Forschungen zum Wandel der Arbeitsgesellschaft*, Hrsg. Hans Jürgen Daheim et al., 239–251. Frankfurt a. M./New York: Campus.

Ortmann, Günther, und Albrecht Becker. 1995. Management und Mikropolitik. Ein strukturationstheoretischer Ansatz. In *Formen der Produktion. Organisation und Rekursivität*, Hrsg. Günther Ortmann, 43–80. Opladen: Westdeutscher Verlag.

Ortmann, Günther, et al. 1990. *Computer und Macht und Organisationen. Mikropolitische Analysen*. Opladen: Westdeutscher Verlag.

———, Hrsg. *Theorien der Organisation. Die Rückkehr der Gesellschaft*. Opladen. Westdeutscher Verlag.

Panther, Stephan. 2000. Kulturelle Faktoren in der Ökonomik und die Webersche Protestantismusthese. In *Kapitalismus, Krisen, Kultur*, Hrsg. Birger P. Priddat., 165–188. Marburg: Metropolis.

Papilloud, Christian. 2003. *Bourdieu lesen. Einführung in eine Soziologie des Unterschieds*. Bielefeld: transcript.

Parsons, Talcott. 1964. *Beiträge zur soziologischen Theorie*. [Hrsg. von Dietrich Rüschemeyer]. München: Luchterhand.

Perrow, Charles. 1986. *Complex organizations. A critical essay*. New York: McGraw-Hill.

———. 1996. Eine Gesellschaft von Organisationen. In *Organisation und Netzwerk. Institutionelle Steuerung in Wirtschaft und Politik*, Hrsg. Patrick Kenis und Volker Schneider, 75–122. Frankfurt a. M./New York: Campus.

———. 2002. *Organizing America: Wealth, power and the origins of American capitalism*. Princeton: Princeton University Press.

Pfeffer, Jeffrey. 1981. *Power in organizations*. Marshfield: Pitman Publishing.

———. 1994 [1992]. *Managing with power. Politics and influence in organizations*. Boston: Harvard Business School Press.

Pfeffer, Jeffrey, und Gerald R. Salancik. 2003 [1978]. *The external control of organizations. A resource dependence perspective*. Stanford: Stanford Business Books.

Polanyi, Karl. 1997 [1944]. *The great transformation. The political and economic origins of our time*. Boston: Beacon Press.

Pongratz, Hans J., und Rainer Trinczek. 2003. Industrielle Beziehungen als soziales und kulturelles Kapital. Innovative Bildungs- und Qualifizierungskonzepte von Gewerkschaften und Unternehmen. [Beitrag zur Tagung „Nachhaltigkeit und Rationalisierung", Technische Universität Chemnitz, 23. bis 24. Januar 2003]. www.tu-chemnitz.de/wirtschaft/bwl9/NAR/download/PongratzTrinczek.pdf. Zugegriffen am 03.09.2004.

Presthus, Robert. 1996. *Individuum und Organisation. Typologie der Anpassung*. Hamburg: Fischer.

Pries, Ludger. 1998. *Betrieblicher Wandel in der Risikogesellschaft. Empirische Befunde und konzeptionelle Überlegungen*. München/Mering: Hampp.

Pugh, Derek S., und David J. Hickson. 1976. *Organizational structure in its context. The Aston programme I*. Westmead: Saxon House.

Pugh, Derek S., et al. 1971. Eine dimensionale Analyse bürokratischer Strukturen. In *Bürokratische Organisation*, Hrsg. Renate Mayntz, 82–93. Köln: Kiepenheuer & Witsch.

Raeder, Sabine. 2000. *Wer definiert die Organisation? Konzept einer postmodernen Organisationskultur*. Heidelberg/Kröning: Asange Verlag.

Reich, Kersten. 1998. *Die Ordnung der Blicke. Perspektiven des interaktionistischen Konstruktivismus*, Bd. 2. Neuwied: Luchterhand.
Ritsert, Jürgen. 2000. *Gesellschaft. Ein unergründlicher Grundbegriff der Soziologie*. Frankfurt a. M./New York: Campus.
Rosenstiel, Lutz von, et al. 1995. *Organisationspsychologie*. Stuttgart: Kohlhammer.
Röttger, Bernd. 2003. Verlassene Pilger und neue Pilger an der Grabstätte. Eine neoregulationistische Perspektive. In *Fit für den Postfordismus? Theoretisch-politische Perspektiven des Regulationsansatzes*, Hrsg. Ulrich Brand und Werner Raza, 18–42. Münster: Westfälisches Dampfboot.
Rüegg-Stürm, Johannes. 2004. Kulturwandel in komplexen Organisationen. Diskussionsbeitrag Nr. 49 [Universität St. Gallen, Institut für Betriebswirtschaftslehre]. http://www.ifb.unisg.ch/org/IfB/ifbweb.nsf/SysWebRessources/-beitrag49/$FILE/DB49.pdf. Zugegriffen am 25.10.2004.
Ruiner, Caroline, und Maximiliane Wilkesmann. 2016. *Arbeits- und Industriesoziologie*. Paderborn: Fink.
Samuels, Warren J., und Arthur S. Miller, Hrsg. 1987. *Corporations and society. Power and responsibility*. New York: Bloomsbury Academic.
Sandner, Karl. 1990. *Prozesse der Macht. Zur Entstehung, Stabilisierung und Veränderung der Macht von Akteuren in Unternehmen*. Berlin: Springer-Verlag.
Schäfers, Bernhard, Hrsg. 1995. *Grundbegriffe der Soziologie*. Opladen: Leske und Budrich.
Schein, Edgar H. 1985 [1965]. *Organisationspsychologie*. Wiesbaden: Gabler.
Schimank, Uwe. 1988. Funktionale Differenzierung und soziale Ungleichheit: die zwei Gesellschaftstheorien und ihre konflikttheoretische Verknüpfung. In *Konflikt in modernen Gesellschaften*, Hrsg. Hans-Joachim Giegel, 61–88. Frankfurt a. M./New York: Campus.
———. 1996. *Theorien gesellschaftlicher Differenzierung*. Opladen: Leske und Budrich.
———. 2002. *Das zwiespältige Individuum. Zum Person-Gesellschaft-Arrangement der Moderne*. Opladen: Leske und Budrich.
———. 2016 [2000]. *Handeln und Struktur. Einführung in die akteurtheoretische Soziologie*. München: Beltz Juventa.
Schluchter, Wolfgang. 1972. *Aspekte bürokratischer Herrschaft*. München: List.
Schnelle, Wolfgang. 2004. Anleitungen zum Lesen organisationswissenschaftlicher Bücher: 1. Brief [Wolfgang Schnelle über: Mikropolitik. Rationalität, Macht und Spiele in Organisationen]. http://www.metaplan.de/04/alob/alob-01.htm. Zugegriffen 15.10.2004.
Scholz, Christian. 1988. Organisationskultur: Zwischen Schein und Wirklichkeit. *Zeitschrift für betriebswirtschaftliche Forschung* 40:243–271.
Schottmayer, Michael. 2003. *Subkulturen im Betrieb*. Münster: LIT.
Schreyögg, Georg. 1996. *Organisation. Grundlagen moderner Organisationsgestaltung. Mit Fallstudien*. Wiesbaden: Gabler.
———, Hrsg. 1999. *Organisation und Postmoderne. Grundfragen – Analysen – Perspektiven*. Wiesbaden: Gabler.
Schreyögg, Georg, und Daniel Geiger. 2024 [1996]. *Organisation. Grundlagen moderner Organisationsgestaltung*. Wiesbaden: Springer Gabler.
Schreyögg, Georg, und Alex von Werder, Hrsg. 2004. *Handwörterbuch Unternehmensführung und Organisation*. Stuttgart: Schäffer-Poeschel.
Schülein, Johann A., und Karl-Michael Brunner. 1994. *Soziologische Theorien. Eine Einführung für Amateure*. Wien: Springer Verlag.

Schülein, Johann A., et al. 2003. *Soziologie für Wirtschaftswissenschaftler*. Wien. Facultas.
Schultz, Majken. 1994. *On studying organizational cultures*. Berlin/New York: De Gruyter.
Schwingel, Markus. 1998. *Pierre Bourdieu zur Einführung*. Hamburg: Junius.
Scott, W. Richard. 1985. *Grundlagen der Organisationstheorie*. Frankfurt a. M./New York: Campus.
———. 1992. *Organizations. Rational, natural, and open systems*. Englewood Cliffs: Prentice-Hall.
———. 2014. *Institutions and organizations. Ideas, interests, and identities*. Los Angeles: Sage.
Simon, Herbert A. 1981. *Entscheidungsverhalten in Organisationen*. Landsberg am Lech: Moderne Industrie (US-am. Original: „Administrative Behavior" von 1945).
Sofsky, Wolfgang, und Rainer Paris. 1991. *Figurationen sozialer Macht. Autorität – Stellvertretung – Koalition*. Opladen: Leske und Budrich.
Starbuck, Wiliam H. 1981. A trip to view the elephants and rattlesnakes in the Garden of Aston. In *Perspectives on organization design und behavior*, Hrsg. Andrew H. Van de Ven und William F. Joyce, 167–198. New York: Wiley.
Starbuck, William H. 1983. Organization as action generators. *American Sociological Review* 48:91–102.
Steinbach, Josef. 1999. *Uneven worlds. Theories, empirical analysis and perspectives to regional development*. Bergtheim bei Würzburg: Deutscher Wissenschafts-Verlag (DWV).
Stolz, Heinz-Jügen, und Klaus Türk. 1992a. Organisation als Verkörperung von Herrschaft. Sozialtheoretische und makrosoziologische Aspekte der Organisationssoziologie. In *Technik – Arbeit – Betrieb – Gesellschaft: Beiträge der Industriesoziologie und Organisationsforschung*, Hrsg. Franz Lehner und Josef Schmid, 125–172. Opladen: Leske und Budrich.
———. 1992b. Individuum und Organisation. In *Handwörterbuch der Organisation*, Hrsg. Erich Frese, 841–854. Stuttgart: Schäffer-Poeschel.
Strieder, Jakob. 1925. *Studien zur Geschichte kapitalistischer Organisationsformen: Monopole, Kartelle und Aktiengesellschaften im Mittelalter und zu Beginn der Neuzeit*. München/Leipzig: Duncker & Humblot.
Sydow, Jörg, und Carsten Wirth, Hrsg. 2014. *Organisation und Strukturation. Eine fallbasierte Einführung*. Wiesbaden: Springer VS.
Tacke, Veronika, Hrsg. 2001. *Organisation und gesellschaftliche Differenzierung*. Wiesbaden: Westdeutscher Verlag.
Taylor, Frederick W. 1977 [1911]. *Grundzüge einer wissenschaftlichen Betriebsführung*. Weinheim/Basel: Beltz.
Thom, Norbert. 2004. Überblick über die Organisationstheorie [Modul II]. http://www.iop.unibe.ch/lehre/PundO/ WS_2004-05/Skript/O-M2-Organisationstheorie.pdf. Zugegriffen am 28.11.2004.
Türk, Klaus, Hrsg. 1975. *Organisationstheorie*. Hamburg: Hoffmann und Campe.
———. 1976. *Grundlagen einer Pathologie der Organisation*. Stuttgart: Enke.
———. 1978a. *Instrumente betrieblicher Personalwirtschaft*. Neuwied: Luchterhand.
———. 1978b. *Soziologie der Organisation. Eine Einführung*. Stuttgart: Enke.
———, Hrsg. 1978c. *Handlungssysteme. Reader*. Opladen: Westdeutscher Verlag.
———. 1981. *Personalführung und soziale Kontrolle*. Stuttgart: Lucius & Lucius.
———. 1984. Qualifikation und Compliance. *Mehrwert* 24:46–67.
———. 1987. *Einführung in die Soziologie der Wirtschaft*. Stuttgart: Teubner.
———. 1989. *Neuere Entwicklungen in der Organisationsforschung. Ein TrendReport*. Stuttgart: Enke.
———. 1990. *Neuere Organisationssoziologie. Ein Studienskript*. Hagen.

———. 1995a. *„Die Organisation der Welt". Herrschaft durch Organisation in der modernen Gesellschaft.* Opladen: Westdeutscher Verlag.
———. 1995b. Entpersonalisierte Führung. In *Handwörterbuch der Führung*, Hrsg. Alfred Kieser et al., 328–340. Stuttgart: Schäffer-Poeschel.
———. 1996a. *Einblicke in die Soziologie der Organisation.* [Studienbrief der Fern-Universität – Gesamthochschule Hagen. Kurseinheit 1: Organisationen in der modernen Gesellschaft]. Hagen.
———. 1996b. *Einblicke in die Soziologie der Organisation.* [Studienbrief der Fern-Universität – Gesamthochschule Hagen. Kurseinheit 2: Die Strukturen von Organisationen]. Hagen.
———. 1997a. Organisation als Institution der kapitalistischen Gesellschaftsformation. In *Theorien der Organisation. Die Rückkehr der Gesellschaft*, Hrsg. Günther Ortmann et al., 124–176. Wiesbaden: Westdeutscher Verlag.
———. 1997b. Organisation als Risiko. In *Sicherheit in der unsicheren Gesellschaft*, Hrsg. Ekkehard Lippert et al., 115–130. Opladen: Westdeutscher Verlag.
———. 1999a. Organisation und moderne Gesellschaft – Einige theoretische Bausteine. In *Institutionenökonomie und Neuer Institutionalismus. Überlegungen zur Organisationstheorie*, Hrsg. Thomas Edeling et al., 43–80. Opladen: Leske und Budrich.
———. 1999b. The critique of the political economy of organization. A contribution to the analysis of the organizational social formation. *International Journal of Political Economy* 29(3): 6–32.
———, Hrsg. 2000a. *Hauptwerke der Organisationstheorie.* Opladen: Westdeutscher Verlag.
———. 2000b. *Bilder der Arbeit. Eine ikonografische Anthologie.* Wiesbaden: Westdeutscher Verlag.
———. 2004. Neoinstitutionalistische Ansätze. In *Handwörterbuch Unternehmensführung und Organisation*, Hrsg. Georg Schreyögg und Axel von Werder, 923–931. Stuttgart: Schäffer-Poeschel.
———. 2005. Organisation als Gegenstand kritischer Gesellschaftstheorie. *Sozialwissenschaftliche Literaturrundschau* 51(2): 74–84.
———. 2008. Organisation. In *Handbuch Soziologie*, Hrsg. Nina Baur et al., 337–354. Wiesbaden: VS Verlag für Sozialwissenschaften.
Türk, Klaus, Thomas Lemke, und Michael Bruch. 2006 [2002]. *Organisation in der modernen Gesellschaft. Eine historische Einführung.* Wiesbaden: VS Verlag für Sozialwissenschaften.
Vanberg, Viktor. 1982. *Markt und Organisation. Individualistische Sozialtheorie und das Problem korporativen Handelns.* Tübingen: J. B. C. Mohr (Paul Siebeck).
Vester, Heinz-Günter. 2009. *Kompendium der Soziologie. Teile 1–3.* Wiesbaden: VS Verlag für Sozialwissenschaften.
Vormbusch, Uwe. 2012. *Die Herrschaft der Zahlen. Zur Kalkulation des Sozialen in der kapitalistischen Moderne.* Frankfurt a. M./New York: Campus.
———. 2019. *Wirtschafts- und Finanzsoziologie. Eine kritische Einführung.* Wiesbaden: Springer VS.
Wachtler, Günther. 1979. *Humanisierung der Arbeit und Industriesoziologie. Eine soziologische Analyse historischer Vorstellungen humaner Arbeitsgestaltung.* Stuttgart: Kohlhammer.
———. 1983. Lohnarbeit im industriellen Kapitalismus [Kap. 2]. In *Einführung in die Arbeits- und Industriesoziologie*, Hrsg. Wolfgang Littek et al., 26–36. Frankfurt a. M./New York: Campus.
Walgenbach, Peter. 2001 [1999]. Institutionalistische Ansätze in der Organisationstheorie [Kap. 10]. In *Organisationstheorie*, Hrsg. Alfred Kieser, 319–354. Stuttgart: Kohlhammer.

Waringo, Karin. 1998. *Die Internationalisierung der Produktion in der französischen Regulationstheorie.* Frankfurt a. M./New York: Campus.

Weber, Max. 1980 [1922]. *Wirtschaft und Gesellschaft. Grundriß der verstehenden Soziologie.* Tübingen: J. B. C. Mohr (Paul Siebeck).

———. 1988a. Vorbemerkung. In *Gesammelte Aufsätze zur Religionssoziologie I*, Hrsg. Max Weber, 1–16. Tübingen: J. B. C. Mohr (Paul Siebeck).

———. 1988b. Die Protestantische Ethik und der Geist des Kapitalismus. In *Gesammelte Aufsätze zur Religionssoziologie I*, Hrsg. Max Weber. Tübingen: J. B. C. Mohr (Paul Siebeck).

Weick, Karl E. 1979. *The social psychology of organizing.* New York: Random House.

———. 1985. *Der Prozeß des Organisierens.* Frankfurt a. M.: Suhrkamp.

Weik, Elke, und Rainhart Lang, Hrsg. 1995. *Moderne Organisationstheorien. Eine sozialwissenschaftliche Einführung.* Wiesbaden: Gabler.

Weiskopf, Richard, Hrsg. 2003. *Menschenregierungskünste. Anwendungen poststrukturalistischer Analyse auf Management und Organisation.* Wiesbaden: Westdeutscher Verlag.

Wiendahl, Hans Peter, et al. 2003. Mitarbeiterpartizipation in Produktionsnetzwerken – Szenarien für das Jahr 2015 (Zwischenbericht). In *Niedersächsischer Forschungsverbund Technikentwicklung und gesellschaftlicher Strukturwandel. Programm, Projekte und erste Zwischenergebnisse*, Hrsg. Hartwig Heine et al., 23–49. Göttingen [SOFI]

Wilz, Sylvia M. 2010. *Entscheidungsprozesse in Organisationen. Eine Einführung.* Wiesbaden: VS Verlag für Sozialwissenschaften.

Wolf, Harald. 1999. *Arbeit und Autonomie. Ein Versuch über Widersprüche und Metamorphosen kapitalistischer Produktion.* Münster: Westfälisches Dampfboot.

Zucker, Lynne G. 1983. Organizations as institutions. In *Research in the sociology of organizations*, Hrsg. Samuel B. Bacharach, 1–42. Greenwich: JAI Press.

Teil II

Ahrens, Daniela. 2022. Von der Beschäftigung mit den Folgen zur Gestaltung der Digitalisierung: Die Rolle der Organisationen. In *Organisationen in Zeiten der Digitalisierung*, Hrsg. Corinna Onnen et al., 9–22. Wiesbaden: Springer VS.

Aigner, Franz. 2004. Heute für (wirtschaftliches) Überleben sorgen und für die Zukunft Wachstum sichern. http://www.informationsbroker.at/wm.html. Zugegriffen am 30.11.2004.

Altmann, Norbert, und Günter Bechtle. 1971. *Betriebliche Herrschaftsstrukturen und industrielle Gesellschaft.* München: Carl Hanser Verlag.

Altmann, Norbert, et al. 1986. Ein „Neuer Rationalisierungstyp" – neue Anforderungen an die Industriesoziologie. *Soziale Welt* 37(2/3): 189–208.

Altvater, Elmar, und Birgit Mahnkopf. 1996. *Grenzen der Globalisierung. Ökonomie, Ökologie und Politik in der Weltwirtschaft.* Münster: Westfälisches Dampfboot.

Argyris, Chris, und Donald A. Schön. 1978. *Organization learning. A theory of action perspective.* Reading: Addison-Wesley.

Baecker, Dirk. 2018. 4.0 oder Die Lücke die der Rechner lässt. Leipzig: Merve.

Literatur

Baethge, Martin. 1991. Arbeit, Vergesellschaftung, Identität – zur zunehmenden normativen Subjektivierung der Arbeit. In *Die Modernisierung moderner Gesellschaften*, Hrsg. Wolfgang Zapf, 260–278. Frankfurt a. M./New York. Campus.
———. 1999. Subjektivität als Ideologie. Von der Entfremdung in der Arbeit zur Entfremdung auf dem (Arbeits-)Markt? In *Kein Ende der Arbeitsgesellschaft. Arbeit, Gesellschaft und Subjekt im Globalisierungsprozess*, Hrsg. Gert Schmidt, 29–44. Berlin. Edition Sigma.
———. 2001. Abschied vom Industrialismus: Konturen einer neuen gesellschaftlichen Ordnung. In *Die große Hoffnung für das 21. Jahrhundert? Perspektiven und Strategien für die Entwicklung der Dienstleistungsbeschäftigung*, Hrsg. Martin Baethge und Ingrid Wilkens, 23–44. Opladen: Leske und Budrich.
Baethge, Martin, und Volker Baethge-Kinsky. 1998a. Jenseits von Beruf und Beruflichkeit? Neue Formen von Arbeitsorganisation und Beschäftigung und ihre Bedeutung für eine zentrale Kategorie gesellschaftlicher Integration. *MittAB* 3:461–472.
———. 1998b. Der implizite Innovationsmodus. Zum Zusammenhang von betrieblicher Arbeitsorganisation, human resource development und Innovation. In *Beschäftigung durch Innovation*, Hrsg. Franz Lehner et al., 99–153. München/Mering: Hampp.
Baethge, Martin, und Herbert Oberbeck. 1986. *Zukunft der Angestellten. Neue Technologien und berufliche Perspektiven in Büro und Verwaltung.* Frankfurt a. M./New York. Campus.
———. 1990. Systemische Rationalisierung von Dienstleistungsarbeit und Dienstleistungsbeziehungen: Eine neue Herausforderung für Unternehmen und wissenschaftliche Analyse. In *Strukturwandel der Dienstleistungsrationalisierung*, Hrsg. Reinhard Rock et al., 149–175. Frankfurt a. M./New York. Campus.
Baethge-Kinsky, Volker, et al. 2018. Technik und Arbeit in der Arbeitssoziologie – Konzepte für die Analyse des Zusammenhangs von Digitalisierung und Arbeit. *AIS-Studien* 11(2): 91–106.
Bange, Carsten. 2022. Data Culture: Definition, Herausforderungen und Maßnahmen. https://barc.com/de/data-culture/. Zugegriffen am 06.07.2024.
Bartelheimer, Peter. 1998. Nichts mehr total normal – „Atypische" Arbeitsverhältnisse und „entstandardisierte" Erwerbsverläufe. In *Jahrbuch Sozialwissenschaftliche Technikberichterstattung 1998. Sonderband „Beobachtungsfeld Arbeit"*, Hrsg. Institut für Sozialwissenschaftliche Forschung, 165–207. München/Berlin. Edition Sigma.
Baukrowitz, Andrea, und Andreas Boes. 1996. Arbeit in der Informationsgesellschaft. Einige Überlegungen aus einer (fast schon) ungewohnten Perspektive. In *Virtuelle Arbeitswelten*, Hrsg. Rudi Schmiede, 129–157. Berlin. Edition Sigma.
———. 1997. Wider die Mär einer humanen Arbeit in der Informationsgesellschaft. *FifF Kommunikation* 4:18–23.
———. 1998. Qualifikationswandel in der Informationsgesellschaft. Referat zum Seminar „Arbeit in der Informationsgesellschaft – Entwicklung der Qualifikationsanforderungen und der beruflichen Strukturen" im Rahmen des Weiterbildungsstudiums Arbeitswissenschaft an der Universität Hannover. Marburg 1998. http://w2.wa.uni-hannover.de/Ref04-c.ht. Zugegriffen 24.05.2004.
Beck, Ulrich. 1983. Jenseits von Klasse und Stand? Soziale Ungleichheit, gesellschaftliche Individualisierungsprozesse und die Entstehung neuer sozialer Formationen und Identitäten. In *Soziale Ungleichheiten (Soziale Welt Sonderband 2)*, Hrsg. Reinhard Kreckel, 35–74. Göttingen: Schwartz & Co.
———. 1984. Perspektiven einer kulturellen Evolution der Arbeit. *MittAB* 1:52–62.
———. 1986. *Risikogesellschaft. Auf dem Weg in eine andere Moderne.* Frankfurt a. M.: Suhrkamp.

Beckenbach, Niels, und Werner van Treek, Hrsg. 1983. *Umbrüche der gesellschaftlichen Arbeit. Soziale Welt, Sonderband 9*. Göttingen: Schwartz & Co.

Becker, Albrecht. 2003. *Controlling als reflexive Steuerung von Organisationen*. Stuttgart.

———. 2014. Controlling und kalkulative Praktiken: Eine strukturationstheoretische Perspektive auf Steuerungsprozesse in und zwischen Organisationen. In *Organisation und Strukturation. Eine fallbasierte Einführung*, Hrsg. Jörg Sydow und Carsten Wirth, 127–172. Wiesbaden: Springer VS.

Bell, Daniel. 1975. *Die nachindustrielle Gesellschaft*. Frankfurt a. M.: Suhrkamp.

Berger, Johannes. 2003. Zwei gegen das Empire. Michael Hardts und Antonio Negris neue Welterklärung. *Soziologische Revue* 26(3): 317–325.

Berger, Johannes, und Claus Offe. 1980. Die Entwicklungsdynamik des Dienstleistungssektors. *Leviathan* 8(1): 41–75.

Beu, David. 2001. *Accountability and its influence on ethical behavior*. Dissertation Abstracts International 61 (11-A). 4451.

Block, Katharina et al., Hrsg. 2022. 10 Minuten Soziologie: Digitalisierung. Bielefeld: transcript.

Bischoff, Joachim. 2012. *Die Herrschaft der Finanzmärkte. Politische Ökonomie der Schuldenkrise*. Hamburg: VSA.

Boes, Andreas. 1996. Subjektbedarf und Formierungszwang: Überlegungen zum Emanzipationspotential der Arbeit in der „Informationsgesellschaft". In *Informationsgesellschaft, Medien, Demokratie: Kritik, Positionen, Visionen*, Hrsg. Edelgard Bulmahn et al., 109–124. Marburg. BdWi-Verlag.

Boes, Andreas, et al. 2018. *Lean und agil im Büro: Neue Organisationskonzepte in der digitalen Transformation und ihre Folgen für die Angestellten*. Bielefeld. transcript.

Böhle, Fritz. 1999. Arbeit – Subjektivität und Sinnlichkeit. Paradoxien des modernen Arbeitsbegriffs. In *Kein Ende der Arbeitsgesellschaft. Arbeit, Gesellschaft und Subjekt im Globalisierungsprozess*, Hrsg. Gert Schmidt, 89–110. Berlin: Edition Sigma.

———. 2010. Arbeit und Belastung. In *Handbuch Arbeitssoziologie*, Hrsg. Fritz Böhle et al., 451–482. Wiesbaden: VS Verlag für Sozialwissenschaften.

Böhle, Fritz, und Hartmut Schulze. 1997. Subjektivierendes Arbeitshandeln. Zur Überwindung einer gespaltenen Subjektivität. In *Technik und Subjektivität. Das Verhältnis zwischen Mensch und Computer aus interdisziplinärer Sicht*, Hrsg. Claudia Schachtner, 26–46. Frankfurt a. M.: Suhrkamp.

Bohn, Rainer, et al., Hrsg. 2023. *Lexikon der Arbeits- und Industriesoziologie*. Baden-Baden. Nomos.

Boltanski, Luc, und Ève Chiapello. 2003 [1999]. *Der neue Geist des Kapitalismus*. Konstanz. UVK.

Bonß, Wolfgang. 1999. Jenseits der Vollbeschäftigungsgesellschaft: Zur Evolution der Arbeit in globalisierten Gesellschaften. In *Kein Ende der Arbeitsgesellschaft: Arbeit, Gesellschaft und Subjekt im Globalisierungsprozess*, Hrsg. Gert Schmidt, 145–175. Berlin: Edition Sigma.

Borsos, Lisa. 2020. Future Skills bei PROTEMA Unternehmensberatung GmbH. In *Future Skills: Lernen der Zukunft – Hochschule der Zukunft*, Hrsg. Ulf-Daniel Ehlers und Sarah A. Meertens, 185–208. Wiesbaden: Springer VS.

Braczyk, Hans-Joachim. 1997. Organisation in industriesoziologischer Perspektive. In *Theorie der Organisation: Die Rückkehr der Gesellschaft*, Hrsg. Günther Ortmann et al., 550–575. Opladen: Westdeutscher Verlag.

Brand, Ulrich. 1999. Global Governance – neue Weltordnungspolitik? *Widerspruch* 38:173–178.

Brand, Ulrich, et al. 2000. *Global Governance: Alternative zur neoliberalen Globalisierung?* Münster: Westfälisches Dampfboot.

Brandt, Gerhard. 1986. Das Ende der Massenproduktion – Wirklich? In *Strukturwandel in der Industriegesellschaft*, Hrsg. Rainer Erd et al., 103–122. Frankfurt a. M./New York: Campus.

———. 1990. *Arbeit, Technik und gesellschaftliche Entwicklung: Transformationsprozesse des modernen Kapitalismus.* Aufsätze 1971–1987. Frankfurt a. M.: Suhrkamp.

Brandt, Gerhard, et al. 1978. *Computer und Arbeitsprozeß: Eine arbeitssoziologische Untersuchung der Auswirkungen des Computereinsatzes in ausgewählten Betriebsabteilungen der Stahlindustrie und des Bankgewerbes.* Frankfurt a. M./New York: Campus.

Braudel, Ferdinand. 1986. *Die Dynamik des Kapitalismus.* Stuttgart: Klett-Cotta.

Braunmühl, Claudia von, und Uta von Winterfeld. 2003. *Global Governance: Eine begriffliche Erkundung im Spannungsfeld von Nachhaltigkeit, Globalisierung und Demokratie* [Wuppetal Paper 135]. Wuppertal.

Brentel, Helmut, et al., Hrsg. 2003. *Lernendes Unternehmen: Konzepte und Instrumente für eine zukunftsfähige Unternehmens- und Organisationsentwicklung.* Wiesbaden: Westdeutscher Verlag.

Bröckling, Ulrich. 2000. Totale Mobilmachung: Menschenführung im Qualitäts- und Selbstmanagement. In *Gouvernementalität der Gegenwart: Studien zur Ökonomisierung des Sozialen*, Hrsg. Ulrich Bröckling et al., 131–167. Frankfurt a. M.: Suhrkamp.

Bruch, Michael. 2003. Leblose Lebendigkeit: Zur Bedeutung von Organisation, Wissen und Norm im Konzept der verwalteten Welt. In *Modelle kritischer Gesellschaftstheorie: Traditionen und Perspektiven der Kritischen Theorie*, Hrsg. Alex Demirović, 176–194. Stuttgart: J. B. Metzler.

Brüggemeier, Martin. 1998. Controlling. In *Wörterbuch der Mikropolitik*, Hrsg. Peter Heinrich und Jochen Schulz zur Wiesch, 50–54. Opladen: Leske und Budrich.

Brunnengräber, Achim, und Christian Stock. 1999. Global Governance: Ein neues Jahrhundertprojekt? *Prokla* 116:445–468.

Büchner, Stefanie. 2023. Endless Potential: Potential als mythologische Komponente digitaler Technologien. In *Organisation und Mythos*, Hsrg. Thomas Klatetzki und Günther Ortmann, 219–253. Weilerswist: Velbrück.

Buck, Hartmut. 2004. Qualifikations- und lernförderliche Gruppenarbeit in der Montage. http://www.pm.iao.fraunhofer.de/artikel/brogrup3.pdf. Zugegriffen am 01.08.2004.

Bullinger, Hans-Jörg, et al. 1995. Das virtuelle Unternehmen – Konzept, Stand, Aussichten. *Gewerkschaftliche Monatshefte* 6:376–392.

Butollo, Florian, et al. 2021. Was zeichnet die digitale Transformation der Arbeitswelt aus? Ein Deutungsangebot jenseits von Großtheorien und disparater Empirie. *AIS-Studien* 14(2): 27–44.

Castells, Manuel. 2001. *The Internet galaxy. Reflections on the Internet, business and society.* Oxford: Oxford University Press.

Chandler, Alfred D. 1962. *Strategy and structure: Chapters in the history of industrial enterprise.* Cambridge: MIT Press.

———. 1977. *The visible hand: The managerial revolution in American business.* Cambridge: Belknap Press.

Conze, Werner. 1972. Arbeit. In *Geschichtliche Grundbegriffe: Historisches Lexikon zur politisch-sozialen Sprache in Deutschland*, Hrsg. Otto Brunner et al., Bd. 1, 154–215. Stuttgart: Klett-Cotta.

Cook, Nancy, und Dvora Yanow. 1993. Culture and organizational learning. *Journal of Management Inquiry* 2(4): 373–390.

Dahrendorf, Ralf. 1983. Wenn der Arbeitsgesellschaft die Arbeit ausgeht. In *Krise der Arbeitsgesellschaft? Verhandlungen des 21. Deutschen Soziologentages in Bamberg 1982*, Hrsg. Joachim Matthes, 25–37. Frankfurt a. M./New York: Campus.
Demirović, Alex, et al., Hrsg. 1992. *Hegemonie und Staat: Kapitalistische Regulation als Projekt und Prozess*. Münster: Westfälisches Dampfboot.
Deutsche Forschungsgemeinschaft (Hrsg. von Burkart Lutz). 2001. *Entwicklungsperspektiven von Arbeit: Ergebnisse aus dem Sonderforschungsbereich 333 der Universität München*. Berlin: Akademie Verlag.
Deutschmann, Christoph. 1996. Lean production: Der kulturelle Kontext. In *Kurswechsel in der Industrie – Lean Production in Baden-Württemberg*, Hrsg. Hans-Joachim Braczyk und Gerd Schienstock, 123–139. Stuttgart: Kohlhammer.
———. 1999. *Die Verheißung des absoluten Reichtums: Zur religiösen Natur des Kapitalismus*. Frankfurt a. M./New York: Campus.
———. 2002. *Postindustrielle Industriesoziologie: Theoretische Grundlagen, Arbeitsverhältnisse und soziale Identitäten*. Weinheim/München: Beltz Juventa.
Dörre, Klaus. 2002. *Kampf um Beteiligung: Arbeit, Partizipation und industrielle Beziehungen im flexiblen Kapitalismus*. Wiesbaden: Westdeutscher Verlag.
———. 2016. Die neue Konfliktformation. Klassen-Kämpfe in fragmentierten Arbeitsbeziehungen. *Industrielle Beziehungen* 23(3): 348–365.
Drepper, Thomas. 2008. Organisation und Wissen. In *Handbuch Wissenssoziologie und Wissensforschung*, Hrsg. Rainer Schützeichel, 588–612, Konstanz: UVK.
Drinkuth, Andreas. 2007. *Die Subjekte der Subjektivierung: Handlungslogiken bei entgrenzter Arbeit und ihre lokale Ordnung*. Berlin.
Dürrschmidt, Jörg. 2002. *Globalisierung*. Bielefeld: transcript.
Eco, Umberto. 1984. Postmodernismus, Ironie und Vergnügen. In *Nachschrift zum „Namen der Rose"*, Hrsg. Umberto Eco, 65–86. München/Wien: De Gruyter.
Eickelpasch, Rainer. 1999. Globalisierung: Zur Suggestivkraft einer Metapher. In *Spiel ohne Grenzen? Ambivalenzen der Globalisierung*, Hrsg. Claudia Rademacher et al., 9–20. Opladen/Wiesbaden: Westdeutscher Verlag.
Elšik, Wolfgang. 1996. Zur Legitimationsfunktion neuer Produktions- und Organisationskonzepte für das Personalmanagement. *Zeitschrift für Personalforschung* 10(4): 331–357.
Etzioni, Amitai. 1967. *Soziologie der Organisationen*. München: Juventa.
Faust, Michael. 2001. Der „Arbeitskraftunternehmer" – eine Leitidee auf dem ungewissen Weg der Verwirklichung. In *Arbeitnehmer als Unternehmer? Herausforderungen für Gewerkschaften und berufliche Bildung*, Hrsg. Eva Kuda und Jürgen Strauß, 56–80. Hamburg: VSA.
Faust, Michael, et al. 1995. *Dezentralisierung von Unternehmen: Bürokratie- und Hierarchieabbau und die Rolle betrieblicher Arbeitspolitik*. München/Mering: Hampp.
———., Hrsg. 2017. *Finanzmarktkapitalismus? Der Einfluss von Finanzialisierung auf Arbeit, Wachstum und Innovation*. Frankfurt a. M./New York: Campus.
Funder, Maria. 1999. *Paradoxien der Reorganisation: Eine empirische Studie strategischer Dezentralisierung von Konzernunternehmungen und ihrer Auswirkungen auf Mitbestimmung und Industrielle Beziehungen*. München/Mering: Hampp.
———. 2000. Entgrenzung von Organisationen – eine Fiktion? In *Begrenzte Entgrenzungen: Wandlungen von Organisation und Arbeit*, Hrsg. Heiner Minssen, 19–46. Berlin: Edition Sigma.
———. 2017. Dezentralisierung. In *Lexikon der Arbeits- und Industriesoziologie*, Hrsg. Hartmut Hirsch-Kreinsen und Heiner Minssen, 98–102. Baden-Baden: Nomos.
Geppert, Mike. 2000. *Paths of organizational learning in the context of East German transformation: An interactionist perspective*. European Business and Management School working paper EBMS 2000/13. Swansea.

Gerlek, Selin et al. Hg. 2022. *Von Menschen und Maschinen. Mensch-Maschine-Interaktion in digitalen Kulturen*. Hagen: Hagen University Press.

Gerst, Detlef. 2004. Industrielle Gruppenarbeit und der Leittypus des Arbeitskraftunternehmers. In *Typisch Arbeitskraftunternehmer? Befunde der empirischen Arbeitsforschung*, Hrsg. Hans-Jürgen Pongratz und Gerd Günter Voß, 187–208. Berlin: Edition Sigma.

GIDA [Gesellschaft für Information und Darstellung mbH]. 2004. Filmlexikon der Wirtschaft: DVD-013-Begleitmaterial „Betrieb IV – Beschaffung". http://www.gida.de/images/pdf/DVD-13_Betrieb_4_Beschaffung.pdf. Zugegriffen am 10.05.2004.

Giddens, Anthony. 1988. *Die Konstitution der Gesellschaft: Grundzüge einer Theorie der Strukturierung*. Frankfurt a. M./New York: Campus.

Gorz, André. 1989. *Kritik der ökonomischen Vernunft: Sinnfragen am Ende der Arbeitsgesellschaft*. Berlin: Rotbuch.

———. 2000. *Arbeit zwischen Misere und Utopie*. Frankfurt a. M.: Suhrkamp.

Granovetter, Mark. 2000. Ökonomische Institutionen als soziale Konstruktionen: Ein Analyserahmen. In *Moderne amerikanische Soziologie*, Hrsg. Dieter Bögenhold, 55–74. Stuttgart: Lucius und Lucius.

Grothe-Hammer, Michael. 2019. Die De-Organisation von Organisation? Zu den Konsequenzen des Ersetzens menschlicher Entscheiderinnen und Entscheider durch Algorithmen in Organisationen. In *Komplexe Dynamiken globaler und lokaler Entwicklungen: Verhandlungen des 39. Kongresses der Deutschen Gesellschaft für Soziologie in Göttingen 2018*, Hrsg. Nicole Burzan. (Online-Publikation o. Pag.).

Habermas, Jürgen. 1968. Arbeit und Interaktion: Bemerkungen zu Hegels Jenenser „Philosophie des Geistes". In *Technik und Wissenschaft als Ideologie*, Hrsg. Jürgen Habermas, 9–47. Frankfurt a. M.: Suhrkamp.

———. 1973. *Legitimationsprobleme im Spätkapitalismus*. Frankfurt a. M.: Suhrkamp.

Hardt, Michael, und Antonio Negri. 2002. *Empire: Die neue Weltordnung*. Frankfurt a. M./New York: Campus.

Hardtke, Arnd, und Marco Prehn, Hrsg. 2001. *Perspektiven der Nachhaltigkeit: Vom Leitbild zur Erfolgsstrategie*. Wiesbaden. Gabler.

Häußling, Roger. 2019. *Techniksoziologie*. Opladen: Verlag Barbara Budrich.

———. 2020. Soziologie des Digitalen. In *Handbuch Industrie 4.0: Recht, Technik, Gesellschaft*, Hrsg. Walter Frenz, 1355–1381. Berlin: Springer Vieweg.

Heidenreich, Martin, und Karin Töpsch. 1998. Die Organisation von Arbeit in der Wissensgesellschaft. *Industrielle Beziehungen* 5(1): 13–44.

Heinlein, Michael et al. 2023. Digital vernetzte Arbeit: Dimensionen und Anforderungen einer neuen Arbeitsform. In *Digital vernetzte Arbeit: Merkmale und Anforderungen eines neuen Typus von Arbeit*, Michael Heinlein et al., 29–72. Wiesbaden: Springer VS.

Hendrix, Ulla, et al. 2003. *Outsourcing und Beschäftigung: Die Folgen betriebsübergreifender Kooperation für die Gestaltung von Arbeit*. München/Mering: Hampp.

Herrigel, Gary. 2017. Flexible Spezialisierung. In *Lexikon der Arbeits- und Industriesoziologie*, Hrsg. Hartmut Hirsch-Kreinsen und Heiner Minssen, 140–142. Baden-Baden: Nomos.

Hettlage, Robert. 1997. Identitätsmanagement: Soziale Konstruktionsvorgänge zwischen Rahmung und Brechung. *WeltTrends* 15:7–23.

Hirsch-Kreinsen, Hartmut. 1998. Shareholder Value: Unternehmensstrategien und neue Strukturen des Kapitalmarkts. In *Arbeit, Gesellschaft, Kritik: Orientierungen wider den Zeitgeist*, Hrsg. Hartmut Hirsch-Kreinsen und Hans Wolf, 195–222. Berlin.

———. 2017. Innovation. In *Lexikon der Arbeits- und Industriesoziologie*, Hrsg. Hartmut Hirsch-Kreinsen und Heiner Minssen, 193–197. Baden-Baden: Nomos.

———. 2023a. *Das Versprechen der Künstlichen Intelligenz: Gesellschaftliche Dynamik einer Schlüsseltechnologie*. Frankfurt a. M./New York: Campus.

———. 2023b. *Künstliche Intelligenz und Wandel des Innovationssystems* (Band 214, Beiträge aus der Forschung). Dortmund.

Hirsch-Kreinsen, Hartmut, und Heiner Minssen, Hrsg. 2017. *Lexikon der Arbeits- und Industriesoziologie*. Baden-Baden: Nomos.

Holtgrewe, Ursula. 2002. Anerkennung und Subjektivierung von Arbeit. Vortrag auf der Sitzung der Sektion Arbeits- und Industriesoziologie. http://soziologie.uni-duisburg.de/PERSONEN/holtgrewe/uhsv-indsoz02.pdf. Zugegriffen am 08.12.2005.

———. 2005. Subjekte als Grenzgänger der Organisationsgesellschaft? In *Organisationsgesellschaft: Facetten und Perspektiven*, Hrsg. Wieland Jäger und Uwe Schimank, 344–366. Wiesbaden: Wiesbaden: VS Verlag für Sozialwissenschaften.

Holtgrewe, Ursula, et al., Hrsg. 2000. *Anerkennung und Arbeit*. Konstanz: UVK.

Holzkamp, Klaus. 1993. *Lernen: Subjektwissenschaftliche Grundlegung*. Frankfurt a. M.: Campus.

IFS/INIFES/SOFI. Hrsg. 1992. *Jahrbuch Sozialwissenschaftliche Technikberichterstattung: Schwerpunkt Dienstleistungsarbeit*. Berlin: Edition Sigma.

IFS/INIFES/ISF/SOFI. Hrsg. 1993. *Jahrbuch Sozialwissenschaftliche Technikberichterstattung: Schwerpunkt Produktionsarbeit*. Berlin: Edition Sigma.

Jäger, Wieland. 1989. *Industrielle Arbeit im Umbruch: Zur Analyse aktueller Entwicklungen*. Weinheim: Deutscher Studienverlag.

———. 1999. *Reorganisation der Arbeit: Ein Überblick zu aktuellen Entwicklungen*. Opladen/Wiesbaden: Springer Fachmedien.

———. 2002. Wissen managen: Soziologische Anmerkungen zum erweiterten Aufgabenprofil des betrieblichen Managements. In *Jahrbuch 2001*, Hrsg. Gesellschaft der Freunde der FernUniversität Hagen, 65–79. Hagen.

———. 2005. 15 Jahre „Lean-Projekt" – Eine Zwischenbilanz zum Strukturwandel der Industriearbeit in Deutschland. In *Jahrbuch 2004*, Hrsg. Gesellschaft der Freunde der FernUniversität Hagen, 34–49. Hagen.

Jäger, Wieland, und Uwe Schimank, Hrsg. 2005. *Organisationsgesellschaft: Facetten und Perspektiven*. Wiesbaden: VS Verlag für Sozialwissenschaften.

Jann, Werner. 2002. Der Wandel verwaltungspolitischer Leitbilder: Vom Management zu Governance? In *Deutsche Verwaltung an der Wende zum 21. Jahrhundert*, Hrsg. Klaus König, 279–304. Baden-Baden: Nomos.

Jürgens, Ulrich, et al. 2003. Paradigmenkonkurrenz der Industriegovernance zwischen neuer und alter Ökonomie. *Industrielle Beziehungen* 10(3): 393–417.

Kädtler, Jürgen. 2010. Finanzmärkte und Finanzialisierung. In *Handbuch Arbeitssoziologie*, Hrsg. Fritz Böhle et al., 619–642. Wiesbaden: VS Verlag für Sozialwissenschaften.

Kalthoff, Herbert, und Uwe Vormbusch, Hrsg. 2012. *Soziologie der Finanzmärkte*. Bielefeld: transcript.

Kappler, Karolin Eva. 2017. Netzwerkgesellschaft. In *Phänomene und Debatten gesellschaftlicher Entwicklung* [Studienbrief der FernUniversität in Hagen], Hrsg. Uwe Vormbusch, 34–48. Hagen.

Kastner, Christian. 2023. Neue Herausforderungen im internationalen Vertrieb – wie Führungskräfte globales Denken und lokales Handeln beeinflussen können. In *Innovative Unternehmensführung (Kapitel 0)*, Hrsg. Christian Kastner et al., 1–17. Wiesbaden: Springer Gabler.

Kenis, Patrick, und Volker Schneider, Hrsg. 1996. *Organisation und Netzwerk. Institutionelle Steuerung in Wirtschaft und Politik.* Frankfurt a. M./New York: Campus.

Kern, Horst. 1977. Vom Unfug mit der autonomen Arbeitsgruppe. *Der Gewerkschafter* 1:16–18.

Kern, Horst, und Michael Schumann. 1983. Arbeit und Sozialcharakter: Alte und neue Konturen. In *Krise der Arbeitsgesellschaft? Verhandlungen des 21. Deutschen Soziologentages in Bamberg 1982*, Hrsg. Joachim Matthes, 353–365. Frankfurt a. M./New York: Campus.

———. 1984. *Das Ende der Arbeitsteilung? Rationalisierung in der industriellen Produktion: Bestandsaufnahme, Trendbestimmung.* München: C. H. Beck.

Keupp, Heiner. 1994a. Ambivalenzen postmoderner Subjektivität. In *Riskante Freiheiten*, Hrsg. Ulrich Beck und Elisabeth Beck-Gernsheim, 336–349. Frankfurt a. M.: Suhrkamp.

———, Hrsg. 1994b. *Zugänge zum Subjekt. Perspektiven einer reflexiven Sozialpsychologie.* Frankfurt a. M.: Suhrkamp.

———, Hrsg. 1998. *Der Mensch als soziales Wesen. Sozialpsychologisches Denken im 20. Jahrhundert. Ein Lesebuch.* München: Piper.

———. 2000. Identitäten im gesellschaftlichen Umbruch. *PsychotherapeutenFORUM* 1:5–12.

———. 2010. Individualisierung. Riskante Chancen zwischen Selbstsorge und Zonen der Verwundbarkeit. In *Individualisierungen. Ein Vierteljahrhundert „jenseits von Stand und Klasse"?* Hrsg. Peter A. Berger und Ronald Hitzler, 245–261. Wiesbaden: VS Verlag für Sozialwissenschaften.

Keupp, Heiner, et al. 1999. *Identitätskonstruktionen. Das Patchwork der Identitäten in der Spätmoderne.* Reinbek: Rowohlt.

Kirchner, Stefan. 2019. Digitalisierung: Reorganisieren ohne Organisation? In *Handbuch Organisationssoziologie*, Hrsg. Maja Apelt et al. (Online-Publikation o. Pag.).

Kleemann, Frank. 2012. Subjektivierung von Arbeit – eine Reflexion zum Stand des Diskurses. *Arbeits- und Industriesoziologische Studien* 5(2): 6–20.

Kleemann, Frank et al. 1999. *Zur Subjektivierung von Arbeit.* Veröffentlichungsreihe der Querschnittsgruppe Arbeit und Ökologie beim Präsidenten des Wissenschaftszentrums Berlin für Sozialforschung. Berlin.

———. 2002. Subjektivierung von Arbeit. Ein Überblick zum Stand der soziologischen Diskussion. In *Subjektivierung von Arbeit*, Hrsg. Manfred Moldaschl und Gerd Günter Voß, 53–100. München/Mering: Hampp.

Kluge, Annette, und Jan Schilling. 2000. Organisationales Lernen und Lernende Organisation – ein Überblick zum Stand von Theorie und Empirie. *Zeitschrift für Arbeits- und Organisationspsychologie* 44(4): 179–191.

Knoblauch, Hubert. 2008. Wissen. In *Handbuch Soziologie*, Hrsg. Nina Baur et al., 465–481. Wiesbaden: VS Verlag für Sozialwissenschaften.

Knorr Cetina, Karin. 2002. *Wissenskulturen. Ein Vergleich naturwissenschaftlicher Wissensformen.* Frankfurt a. M.: Suhrkamp.

Kocka, Jürgen, und Claus Offe, Hrsg. 2000. *Geschichte und Zukunft der Arbeit.* Frankfurt a. M./New York: Campus.

Kocyba, Hermann, und Wilhelm Schumm. 2002. Begrenzte Rationalität – entgrenzte Ökonomie. Arbeit zwischen Betrieb und Markt. In *Befreiung aus der Mündigkeit. Paradoxien des gegenwärtigen Kapitalismus*, Hrsg. Axel Honneth, 35–64. Frankfurt a. M./New York: Campus.

Kössler, Reinhart. 2004. Skeptische Anmerkungen zur gesellschaftlichen Formbestimmtheit von „Arbeit" und „Wissen". In *Die „Wissensgesellschaft". Mythos, Ideologie oder Realität?* Hrsg. Uwe H. Bittlingmayer und Ullrich Bauer, 353–372. Wiesbaden: VS Verlag für Sozialwissenschaften.
Krämer, Klaus. 2001. Kapitalistische Gesellschaft. In *Klassische Gesellschaftsbegriffe der Soziologie*, Hrsg. Georg Kneer et al., 111–138. München: Wilhelm Fink.
Kratzer, Nick. 2003. *Arbeitskraft in Entgrenzung. Grenzenlose Anforderungen, erweiterte Spielräume, begrenzte Ressourcen.* Berlin: Edition Sigma.
Krömmelbein, Silvia. 1996. *Krise der Arbeit – Krise der Identität? Institutionelle Umbrüche der Erwerbsarbeit und subjektive Erfahrungsprozesse in den neuen Bundesländern.* Berlin: Edition Sigma.
Kühl, Stefan. 2004. *Arbeits- und Industriesoziologie*. Bielefeld: transcript.
———. 2011. *Organisationen. Eine sehr kurze Einführung.* Wiesbaden: VS Verlag für Sozialwissenschaften.
———. 2018. Organisationskultur. Eine Konkretisierung aus systemtheoretischer Perspektive. *Managementforschung* 28(1): 7–35.
Kuhlmann, Martin. 2017. Neue Produktionskonzepte/innovative Arbeitspolitik. In *Lexikon der Arbeits- und Industriesoziologie*, Hrsg. Hartmut Hirsch-Kreinsen und Heiner Minssen, 236–240. Baden-Baden: Nomos.
Kuhn, Thomas. 1997. Vom Arbeitnehmer zum Mitunternehmer. Anmerkungen zur Intention, Begründung und Umsetzung eines Transformationsvorhabens. *Zeitschrift für Personalforschung (ZfP)* 2:195–220.
Lay, Gunter. 2008. Gruppenarbeit in Deutschland – Instrument zur Requalifizierung der Industriearbeit oder leere Worthülse? *Arbeit* 17(1): 5–20.
Lemke, Thomas. 2002. Biopolitik im Empire – Die Immanenz des Kapitalismus bei Michael Hardt und Antonio Negri. *Prokla. Zeitschrift für kritische Sozialwissenschaft* 32(4): 619–629.
Lewin, Kurt. 1947. Frontiers in group dynamics. Concept, method and reality in social science. Social equilibria and social change. *Human Relations* 1(1): 5–41.
Lipietz, Alain. 1985. Akkumulation. Krisen und Auswege aus der Krise. Einige methodische Überlegungen zum Begriff der Regulation. *Prokla* 58(15): 109–138.
Littek, Wolfgang, et al. 1992. *Organisation von Dienstleistungsarbeit. Sozialbeziehungen und Rationalisierung im Angestelltenbereich.* Berlin: Edition Sigma.
Lohr, Karin. 2017. Subjektivierung von Arbeit. In *Lexikon der Arbeits- und Industriesoziologie*, Hrsg. Hartmut Hirsch-Kreinsen und Heiner Minssen, 281–285. Baden-Baden: Nomos.
Lutz, Burkart. 1984. *Der kurze Traum immerwährender Prosperität. Eine Neuinterpretation der industriell-kapitalistischen Entwicklung im Europa des 20. Jahrhunderts.* Frankfurt a. M./New York: Campus.
———. 2001. Die Lösung aus einem bewährtem Paradigma: Herausforderungen und Schwierigkeiten. In *Entwicklungsperspektiven von Arbeit. Ergebnisse aus dem Sonderforschungsbereich 333 der Universität München*, Hrsg. Deutsche Forschungsgemeinschaft, 2–9. Berlin: Akademie Verlag.
Mader, Dimitri. 2022. *Herrschaft und Handlungsfähigkeit in der Lohnarbeit: Eine Metastudie zu betrieblichen Machtordnungen.* Frankfurt a. M./New York: Campus.
Manske, Fred. 1991. *Kontrolle, Rationalisierung und Arbeit. Kontinuität durch Wandel: Die Ersetzbarkeit des Taylorismus durch moderne Kontrolltechniken.* Berlin: Edition Sigma.
March, James G., und Johan P. Olsen. 1979. *Ambiguity and choice in organizations.* Bergen: Universitetsforlaget.

———. 1984. The new institutionalism. *American Political Science Review (APSR)* 84(4): 734–749.
Marx, Karl. 1970. *Resultate des unmittelbaren Produktionsprozesses.* Frankfurt a. M.: Verlag Neue Kritik.
———. 1979. *Das Kapital. Kritik der politischen Ökonomie,* Bd. 1 (MEW Bd. 23). Berlin: Dietz.
Matthes, Joachim. 1983. *Krise der Arbeitsgesellschaft? Verhandlungen des 21. Deutschen Soziologentages in Bamberg 1982.* Frankfurt a. M./New York: Campus.
Matys, Thomas. 2007. Welche Arbeit? Welcher Sinn? Einige (wissens-)soziologische Bemerkungen zu einem historisch kontingenten Dispositiv. In *Sinn von Arbeit. Sozialwissenschaftliche und wirtschaftsphilosophische Betrachtungen,* Hrsg. Wieland Jäger und Kurt Röttgers, 203–222. Wiesbaden: VS Verlag für Sozialwissenschaften.
———. 2017. (Rezension zu) Alexander Gruber. 2015. Beraten nach Zahlen. Über Steuerungsinstrumente und Kennzahlen in Beratungsprojekten. Wiesbaden. *Sozialwissenschaftliche Literaturrundschau* 74(1): 107–110.
———. 2018. *Ratings. The Development of Organizational Evaluation Cultures* [Unveröffentlichtes Vortragsmanuskript]. Vortrag im soziologischen Kolloquium des Department of Accounting, Prof. Dr. Peter Miller/Dr. Andrea Mennicken, The London School of Economics and Political Science, London, 07.03.2018. Wuppertal.
———. 2019. (Rezension zu) Michael Faust et al. Hrsg. 2017. *Finanzmarktkapitalismus? Der Einfluss von Finanzialisierung auf Arbeit, Wachstum und Innovation.* Frankfurt a. M./New York. *WSI-Mitteilungen* 72(5): 394–395.
———. 2021. Rating-Agenturen im Finanzmarktkapitalismus. Genese, organisationale Praktiken und Felder. In *Gesellschaft unter Spannung. Verhandlungen des 40. Kongresses der Deutschen Gesellschaft für Soziologie 2020,* Hrsg. Birgit Blättel-Mink. (Online-Publikation o. Pag.).
———. 2024. *Interviews mit Verantwortlichen im Human Ressources Management zur „Datenkultur"* [unveröffentlicht]. Wuppertal.
Matys, Thomas, und Wieland Jäger. 2008. (Rezension zu) Wolfgang Dunkel und Dieter Sauer. Hrsg. 2006. Von der Allgegenwart der verschwindenden Arbeit. Neue Herausforderungen für die Arbeitsforschung. Berlin. *Soziologische Revue* 2:201–204.
Matys, Thomas et al. „(Un-)sichere Führungskarrieren?" – Ein Gegensatzpaar, das keines ist. In *Unsichere Zeiten. Herausforderungen gesellschaftlicher Transformationen. Verhandlungen des 34. Kongresses der Deutschen Gesellschaft für Soziologie in Jena 2008,* Hrsg. Hans-Georg Soeffner. (Online-Publikation o. Pag.).
Menz, Wolfgang, und Anna Monz. 2017. Work-life-balance. In *Lexikon der Arbeits- und Industriesoziologie,* Hrsg. Hartmut Hirsch-Kreinsen und Heiner Minssen, 325–329. Baden-Baden: Nomos.
Messner, Dirk, Hrsg. 1998. *Die Zukunft des Staates und der Politik. Möglichkeiten und Grenzen politischer Steuerung in der Weltgesellschaft.* Bonn: J. H. W. Dietz Nachfolger.
Meyer, John W., und Brian Rowan. 1977. Institutional organizations: Formal structure as myth and ceremony. *American Journal of Sociology* 83(2): 340–363.
Meyer-Falcke, Andreas, und Wolfgang D. Schäffer. 1997. Gestalten statt Verwalten: Perspektiven für Arbeitsschutzpolitik auf Landesebene. *WSI-Mitteilungen* 12:858–865.
Miebach, Bernhard. 2023. *Soziologische Theorien der Digitalisierung. Eine Einführung.* Wiesbaden: Springer VS.
Minssen, Heiner, Hrsg. 2000. *Begrenzte Entgrenzungen. Wandlungen von Organisation und Arbeit.* Berlin: Edition Sigma.

———. 2001. Zumutung und Leitlinie. Der Fall Gruppenarbeit. *Zeitschrift für Soziologie* 30(3): 185–198.

———. 2010. *Prozesse der Reorganisation – Arbeit in der modernen Gesellschaft* [Studienbrief der FernUniversität in Hagen]. Hagen.

———. 2019 [2012]. *Arbeit in der modernen Gesellschaft. Eine Einführung.* Wiesbaden: Springer Fachmedien.

Moebius, Stephan und Clemens Albrecht, Hrsg. 2014. *Kultur-Soziologie. Klassische Texte der neueren deutschen Kultursoziologie.* Wiesbaden: Springer VS.

Moldaschl, Manfred. 2001. Herrschaft durch Autonomie – Dezentralisierung und widersprüchliche Arbeitsanforderungen. In *Entwicklungsperspektiven von Arbeit. Ergebnisse aus dem Sonderforschungsbereich 333 der Universität München*, Hrsg. Burkart Lutz, 132–164. Berlin: Argument Verlag.

———. 2017. Reflexivität und Kreativität: Konträre Quellen kompetenter Improvisation. In *Improvisation und Organisation: Muster zur Innovation sozialer Systeme*, Hrsg. Wolfgang Stark et al., 47–72. Bielefeld: transcript.

Moldaschl, Manfred, und Dieter Sauer. 2000. Internalisierung des Marktes – zur Dialektik von Kooperation und Herrschaft. In *Begrenzte Entgrenzungen. Wandlungen von Organisation und Arbeit*, Hrsg. Heiner Minssen, 205–224. Berlin: Edition Sigma.

Moldaschl, Manfred, und Gerd Günter Voß, Hrsg. 2002. *Subjektivierung von Arbeit.* München/Mering: Hampp.

Möller, Heidi, und Thomas Giernalczyk. 2023. Agilität. Macht. Containment. In *Organisationale Machtbeziehungen im Wandel – Führung zwischen Zustimmung und Zwang*, Hrsg. Olaf Germanis et al., 105–120. Wiesbaden: Springer VS.

Mormann, Hannah. 2013. Zur informationstheoretischen und organisationstheoretischen Formalisierung von Organisation. In *Quoten, Kurven und Profile – Zur Vermessung der Gesellschaft*, Hrsg. Jan-Hendrik Passoth und Josef Wehner, 69–88. Wiesbaden: VS Verlag für Sozialwissenschaften.

Mückenberger, Ulrich. 1985. Die Krise des Normalarbeitsverhältnisses. *Zeitschrift für Sozialreform* 31:415–435.

Müller-Jentsch, Walther. 2007 [1997]. *Soziologie der industriellen Beziehungen. Eine Einführung.* Frankfurt a. M./New York: Campus.

Münch, Richard. 2004. *Soziologische Theorie. Band 3: Gesellschaftstheorie.* Frankfurt a. M./New York: Campus.

Narr, Wolf-Dieter, und Alexander Schubert. 1994. *Weltökonomie. Die Misere der Politik.* Frankfurt a. M.: Suhrkamp.

Negt, Oskar. 2002. *Arbeit und menschliche Würde.* Göttingen: Steidl Verlag.

Nies, Sarah. 2021. Eine Frage der Kontrolle? Betriebliche Strategien der Digitalisierung und die Autonomie von Beschäftigten in der Produktion. *Berliner Journal für Soziologie* 31(2): 475–504.

Nollert, Michael. 2004. Transnationale Wirtschaftseliten: Das Netzwerk der European Roundtable of Industrialists. In *Elitenmacht*, Hrsg. Ronald Hitzler et al., 91–104. Wiesbaden: VS Verlag für Sozialwissenschaften.

Onnen, Corinna, et al., Hrsg. 2022. *Organisationen in Zeiten der Digitalisierung.* Wiesbaden: Springer VS.

Ortmann, Günther. 1990. Mikropolitik und systemische Kontrolle. In *Systemische Rationalisierung als sozialer Prozess*, Hrsg. Jörg Bergstermann und Ruth Brandher-Böhmker, 99–120. Bonn: J. H. W. Dietz Nachfolger.

Literatur

———. 1995. *Formen der Produktion. Organisation und Rekursivität.* Opladen: Westdeutscher Verlag.

Ortmann, Günther, et al., Hrsg. 1997. *Theorien der Organisation. Die Rückkehr der Gesellschaft.* Opladen: Westdeutscher Verlag.

Pfeiffer, Sabine. 1999. *Dem Spürsinn auf der Spur. Subjektivierendes Arbeitshandeln an Internet-Arbeitsplätzen am Beispiel Information-Broking.* München/Mering: Hampp.

———. 2004. *Arbeitsvermögen. Ein Schlüssel zur Analyse (reflexiver) Informatisierung.* Wiesbaden: VS Verlag für Sozialwissenschaften.

———. 2007. *Montage und Erfahrung – Warum Ganzheitliche Produktionssysteme menschliches Arbeitsvermögen brauchen.* München/Mering: Hampp.

———. 2015. Warum reden wir eigentlich über Industrie 4.0? Auf dem Weg zum digitalen Despotismus. *Mittelweg 36. Zeitschrift des Hamburger Instituts für Sozialforschung* 24(6): 14–36.

Pfeiffer, Sabine, und Anne Suphan. 2018. Industrie 4.0 und Gestaltung – das unterschätzte Innovations- und Gestaltungspotential im Maschinen- und Automobilbau. In *Digitalisierung industrieller Arbeit. Die Vision Industrie 4.0 und ihre sozialen Herausforderungen,* Hrsg. Hartmut Hirsch-Kreinsen et al., 275–301. Baden-Baden: Nomos.

Pfeiffer, Sabine et al. 2017. *Betrieb lernen. Die Bedeutung dualer Berufsausbildung und organisationalen Arbeitsvermögens,* Study der Hans-Böckler-Stiftung, Bd. 366. Düsseldorf.

Picot, Arnold, et al. 2001. *Die grenzenlose Unternehmung: Information, Organisation und Management.* Wiesbaden: Gabler.

Piketty, Thomas. 2014. *Das Kapital im 21. Jahrhundert.* München: C. H. Beck.

Piore, Michael, und Charles Sabel. 1985. *Das Ende der Massenproduktion.* Berlin: Wagenbach.

Pongratz, Hans-Joachim, und Rainer Trinczek. 2003. Industrielle Beziehungen als soziales und kulturelles Kapital: Innovative Bildungs- und Qualifizierungskonzepte von Gewerkschaften und Unternehmen [Konferenzbeitrag Tagung „Nachhaltigkeit und Rationalisierung", Technische Universität Chemnitz, 23./24. Januar. http://www.tu-chemnitz.de/wirtschaft/bwl9/NAR/download/Pongratz,Trinczek.pdf. Zugegriffen am 26.10.2003.

Pongratz, Hans-Joachim, und Gerd Günter Voß. 2003. *Arbeitskraftunternehmer: Erwerbsorientierungen in entgrenzten Arbeitsformen.* Berlin: Edition Sigma.

———, Hrsg. 2004. *Typisch Arbeitskraftunternehmer? Befunde der empirischen Arbeitsforschung.* Berlin: Edition Sigma.

Popitz, Heinrich, et al. 1957. *Das Gesellschaftsbild des Arbeiters.* Tübingen: J. C. B. Mohr (Paul Siebeck).

Porter, Michael E. 1999. *Wettbewerbsvorteile: Spitzenleistungen erreichen und behaupten.* Frankfurt a. M./New York: Campus.

Pries, Ludger. 1998 [1991]. *Betrieblicher Wandel in der Risikogesellschaft.* Opladen: Westdeutscher Verlag.

———. 2017. Globalisierung/Transnationalisierung. In *Lexikon der Arbeits- und Industriesoziologie,* Hrsg. Hartmut Hirsch-Kreinsen und Heiner Minssen, 153–156. Baden-Baden: Nomos.

Pries, Ludger, et al. 1990. *Entwicklungspfade von Industriearbeit.* Opladen. Westdeutscher Verlag.

Rademacher, Claudia, et al., Hrsg. 1999. *Spiel ohne Grenzen? Ambivalenzen der Globalisierung.* Opladen und Wiesbaden: Westdeutscher Verlag.

Raehlmann, Irene. 1996. *Entwicklung von Arbeitsorganisationen: Voraussetzungen, Möglichkeiten, Widerstände.* Opladen: Westdeutscher Verlag.

Rammert, Werner. 2000. *Technik aus soziologischer Perspektive 2. Kultur – Innovation – Virtualität.* Wiesbaden: Westdeutscher Verlag.

Reich, Robert B. 1996. *Die neue Weltwirtschaft. Das Ende der nationalen Ökonomien.* Frankfurt a. M./Berlin: Ullstein.

Rifkin, Jeremy. 1995. *Das Ende der Arbeit und ihre Zukunft.* Frankfurt a. M./New York: Campus.

Roberts, John. 2003. The manufacture of corporate social responsibility: Constructing corporate sensibility. *Organizations* 10(2): 249–265.

Rogers, Everett M. 2003 [1962]. *Diffusion of innovations.* New York: Free Press of Glencoe.

Rohberge, Jonathan, und Robert Seyfert. 2017. Was sind Algorithmuskulturen? In *Algorithmuskulturen. Über die rechnerische Konstruktion der Wirklichkeit*, Hrsg. Robert Seyfert und Jona-than Roberge, 7–40. Bielefeld: transcript.

Rosenstiel, Lutz von, et al. 2005 [1995]. *Organisationspsychologie.* Stuttgart: Kohlhammer.

Sabel, Charles. 1986. Struktureller Wandel der Produktion und neue Gewerkschaftsstrategien. *Prokla* 62(1): 41–60.

Sander, Evelina, et al. 2023. Einfluss und Ohnmacht der Personalentwicklung in kleinen und mittleren Unternehmen (KMU). In *Organisationale Machtbeziehungen im Wandel: Führung zwischen Zustimmung und Zwang*, Hrsg. Olaf Germanis et al., 251–268. Wiesbaden: Springer VS.

Sauer, Dieter. 1992. Auf dem Weg in die flexible Massenproduktion. In *Vernetzte Produktion*, Hrsg. Manfred Deiß und Volker Döhl, 49–79. Frankfurt a. M./New York: Campus.

———. 2005. *Arbeit im Übergang: Zeitdiagnosen.* Hamburg: VSA.

———. 2010. Vermarktlichung und Vernetzung der Unternehmens- und Betriebsorganisation. In *Handbuch Arbeitssoziologie*, Hrsg. Fritz Böhle et al., 545–568. Wiesbaden: VS Verlag für Sozialwissenschaften.

———. 2017 Systemische Rationalisierung. In *Lexikon der Arbeits- und Industriesoziologie*, Hrsg. Hartmut Hirsch-Kreinsen und Heiner Minssen, 285–288. Baden-Baden: Nomos.

Sauer, Dieter, und Volker Döhl. 1992. Kontrolle durch Autonomie: Zum Formwandel von Herrschaft bei unternehmensübergreifender Rationalisierung. In *Management interorganisationaler Beziehungen*, Hrsg. Jörg Sydow und Arnold Windeler, 258–274. Opladen: Wesdeutscher Verlag.

———. 1994. Arbeit an der Kette: Systemische Rationalisierung unternehmensübergreifender Produktion. *Soziale Welt* 45(2): 197–215.

Sauer, Dieter, et al. 2001. Restrukturierung industrieller Produktion: unternehmensübergreifende Rationalisierung und ihre Folgen für die Arbeit. In *Entwicklungsperspektiven von Arbeit: Ergebnisse aus dem Sonderforschungsbereich 333 der Universität München*, Hrsg. Burkart Lutz, 183–212. Berlin: Argument Verlag.

Schimank, Uwe. 2016 [2000]. *Handeln und Strukturen: Einführung in die akteurtheoretische Soziologie.* Weinheim: Beltz Juventa.

Schimany, Peter. 1997. Globalisierung aus sozialwissenschaftlicher Perspektive. In *Globale Gesellschaft? Perspektiven der Kultur- und Sozialwissenschaft*, Hrsg. Peter Schimany und Manfred Seifert, 137–168. Frankfurt a. M.: Peter Lang Verlag.

Schlösser, Oliver. 2005. Grenzen virtueller Vernetzung in der Automobilindustrie: Einflüsse elektronischer Marktplätze auf Zuliefer-Abnehmer-Beziehungen. Dissertation. Bonn. http://deposit.ddb.de/cgi-bin/dokserv?idn=976590794&dok_var=d1&dok_ext=pdf&filename=976590794.pdf; Zugegriffen am 24.11.2005.

Schmid, Günther. 2000. Arbeitsplätze der Zukunft. In *Geschichte und Zukunft der Arbeit*, Hrsg. Jürgen Kocka und Claus Offe, 234–264. Frankfurt a. M./New York: Campus.

Schmid, Michael, und Andrea Maurer, Hrsg. 2003. *Ökonomischer und soziologischer Institutionalismus: Interdisziplinäre Beiträge und Perspektiven der Institutionentheorie und -analyse*. Marburg: Metropolis.

Schmidt, Gert. 1983. Humanisierung der Arbeit. In *Einführung in die Arbeits- und Industriesoziologie*, Hrsg. Wolfgang Littek et al., 163–185. Frankfurt a. M./New York: Campus.

———. 1996. Lean-Production – Konzeptionelle Überlegungen zu einer Zauberformel. In *Kurswechsel in der Industrie – Lean Production in Baden-Württemberg*, Hrsg. Hans-Joachim Bracyk und Gerd Schienstock, 123–139. Stuttgart: Kohlhammer.

———, Hrsg. 1999. *Kein Ende der Arbeitsgesellschaft: Arbeit, Gesellschaft und Subjekt im Globalisierungsprozess*. Berlin: Edition Sigma.

Schmiede, Rudi, Hrsg. 1988. *Arbeit und Subjektivität: Beiträge zu einer Tagung der Sektion Industrie- und Betriebssoziologie in der Deutschen Gesellschaft für Soziologie*. Bonn: Informationszentrum Sozialwissenschaften.

———. 1989. Reelle Subsumtion als gesellschaftstheoretische Kategorie. In *Zur Entwicklungsdynamik des modernen Kapitalismus*, Hrsg. Wilhelm Schumm, 21–38. Frankfurt a. M./New York: Campus.

———, Hrsg. 1996. *Virtuelle Arbeitswelten*. Berlin: Edition Sigma.

———. 1999. Informatisierung und Subjektivität. In *Wissen und Arbeit: Neue Konturen von Wissensarbeit*, Hrsg. Wolfgang Konrad und Wolfgang Schumm, 134–151. Münster: Westfälisches Dampfboot.

———. 2015. *Arbeit im informatisierten Kapitalismus. Aufsätze 1976–2015*. Baden-Baden: Nomos.

———. 2017. Informationsgesellschaft. In *Lexikon der Arbeits- und Industriesoziologie*, Hrsg. Rainer Bohn et al., 187–190. Baden-Baden: Nomos.

Scholz, Christian. 1997. *Strategische Organisation*. Landsberg am Lech: Verlag Moderne Industrie.

Schrape, Jan-Felix. 2021. *Digitale Transformation*. Bielefeld: transcript.

Schreyögg, Georg. 1996. *Organisation. Grundlagen moderner Organisationsgestaltung. Mit Fallstudien*. Wiesbaden: Gabler.

Schumann, Michael. 1998. Frißt die Shareholder-Value-Ökonomie die Modernisierung der Arbeit? In *Arbeit, Gesellschaft, Kritik. Orientierungen wider den Zeitgeist*, Hrsg. Hartmut Hirsch-Kreinsen und Harald Wolf, 19–30. Berlin: Edition Sigma.

Schumann, Michael, und Detlef Gerst. 1997. Produktionsarbeit – Bleiben die Entwicklungstrends stabil? In *Jahrbuch Sozialwissenschaftliche Technikberichterstattung 1996. Schwerpunkt Reorganisation*, Hrsg. IFS/INIFES/ISF/SOFI, 131–179. Berlin: Edition Sigma.

Schumm, Wilhelm. 1999. Kapitalistische Rationalisierung und die Entwicklung wissensbasierter Arbeit. In *Wissen und Arbeit. Neue Konturen von Wissensarbeit*, Hrsg. Wilfried Konrad und Wilhelm Schumm, 153–183. Münster: Westfälisches Dampfboot.

Schwingel, Markus. 1998. *Pierre Bourdieu zur Einführung*. Hamburg: Junius.

Senge, Peter. 1997. *Die Fünfte Diszplin. Kunst und Praxis der lernenden Organisation*. Stuttgart: Schäffer Poeschel.

Sennett, Richard. 1998. *Der flexible Mensch. Die Kultur des neuen Kapitalismus*. Berlin: Siedler.

Seyfert, Robert. 2023. Die Theorie algorithmischer Sozialität. In: Österreichische Zeitschrift für Soziologie. (Open Access) https://doi.org/10.1007/s11614-023-00535-1.-24.

Seyfert, Robert, und Jonathan Roberge, Hrsg. 2017. *Algorithmuskulturen. Über die rechnerische Konstruktion der Wirklichkeit*. Bielefeld: transcript.

Stehr, Nico. 1994. *Arbeit, Eigentum und Wissen. Zur Theorie von Wissensgesellschaften.* Frankfurt a. M.: Suhrkamp.

———. 2022. *Wissenskapitalismus.* Weilerswist: Velbrück.

Stickler, Armin. 2005. *Nichtregierungsorganisationen, soziale Bewegungen und Global Governance. Eine kritische Bestandsaufnahme.* Bielefeld: transcript.

Strulik, Torsten. 2017. Wissensgesellschaft. In *Lexikon der Arbeits- und Industriesoziologie*, Hrsg. Hartmut Hirsch-Kreinsen und Heiner Minssen, 322-325, Baden-Baden: Nomos.

Sydow, Jörg. 1992. *Strategische Netzwerke. Evolution und Organisation.* Wiesbaden: Gabler.

———. 2019. Unternehmungsnetzwerke: Eine kapitalistische Organisationsform mit Vergangenheit und Zukunft. In *Moderner Kapitalismus – Wirtschafts- und unternehmenshistorische Beiträge*, Hrsg. Jan-Otmar Hesse et al., 237–246. Tübingen: J. B. C. Mohr (Paul Siebeck).

Townley, Barbara. 2002. Managing with modernity. *Organization* 9(4): 549–573.

Türk, Klaus. 1984. Qualifikation und Compliance. *mehrwert* 24:46–67.

———. 1994. Lernen und schulische Organisation. [Rezensionsaufsatz über: Holzkamp, Klaus. Lernen. Subjektwissenschaftliche Grundlegung. Frankfurt am Main 1993]. *Sozialwissenschaftliche Literaturrundschau (SLR)* 28:27–37.

Ulrich, Peter. 2004a. Wofür sind Unternehmen verantwortlich? Teil I: Zu den institutionenethischen Voraussetzungen der unternehmensethischen Verantwortungskonzeption. http://www.akademie-rs.de/wirtschaftsethik/heft397/thema.htm. Zugegriffen am 24.08.2004.

———. 2004b. Wofür sind Unternehmen verantwortlich? Teil II: Stakeholder-Dialog und republikanische Mitverantwortung. http://www.akademie-rs.de/wirtschaftsethik/heft198/thema.htm. Zugegriffen am 24.08.2004.

Vormbusch, Uwe. 1999. Betriebliche Leistungsgruppen in der ‚schlanken' Fabrik. ‚Statusneutrale' Kooperation als Medium der Rationalisierung. *Zeitschrift für Soziologie* 28(4): 263–280.

———. 2004. Accounting. Die Macht der Zahlen im gegenwärtigen Kapitalismus. *Berliner Journal für Soziologie* 14(1): 33–50.

———. 2007. Die Kalkulation der Gesellschaft. In *Zahlenwerk. Kalkulation, Organisation und Gesellschaft*, Hrsg. Andrea Mennicken und Hendrik Vollmer, 43–64. Wiesbaden: VS Verlag für Sozialwissenschaften.

———. 2012a. Die Herrschaft der Zahlen. Zur Kalkulation des Sozialen in der Modene. Frankfurt a. M./New York: Campus.

———. 2012b. Zahlenmenschen als Zahlenskeptiker. Daten und Modelle im Portfoliomanagement. In *Soziologie der Finanzmärkte*, Hrsg. Herbert Kalthoff und Uwe Vormbusch, 313–338. Bielefeld: transcript.

———. 2013. Taxonomien des Flüchtigen. Das Portfolio als Wettbewerbstechnologie der Markgesellschaft. In *Quoten, Kurven und Profile – Zur Vermessung der Gesellschaft*, Hrsg. Jan-Hendrik Passoth und Josef Wehner, 47–68. Wiesbaden: Springer VS.

———. 2015. Wie die Logik der Finanzmärkte das Wissen bedroht. [Rezension von Crouch, Collin. Die bezifferte Welt. Wie die Logik der Finanzmärkte das Wissen bedroht. Berlin 2015]. http://www.soziopolis.de/ueber-uns/profil/uwe-vormbusch/. Zugegriffen am 05.06.2016.

———. 2017. Finanzmarktkapitalismus. In *Phänomene und Debatten gesellschaftlicher Entwicklung* [Studienbrief der FernUniversität in Hagen], Hrsg. Uwe Vormbusch, 163–188. Hagen.

———. 2018. Performative Entdeckungsverfahren und die Krise von Wert. In *Finanzmarktsoziologie. Entscheidungen, Ungewissheit und Geldordnung*, Hrsg. Jürgen Beyer und Konstanze Senge, 93–106. Wiesbaden: Springer VS.

———. 2019a. *Wirtschafts- und Finanzsoziologie. Eine kritische Einführung*. Wiesbaden: Springer VS.
———. 2019b. Soziokalkulation. Zur Ausweitung des Bewertungshorizonts in der Gegenwartsgesellschaft. In *Be(Werten). Beiträge zur sozialen Konstruktion von Wertigkeit*, Hrsg. Stefan Nicolae et al., 23–44. Wiesbaden: Springer VS.
———. 2024. People Analytics: Auf dem Weg zu einer neuen Datenkultur? In *Future Skills in HR-Management und Corporate Learning: Neue Perspektiven durch Analytics, Ed-Tech und KI*, Hrsg. Miriam Hägerbäumer et al. Wiesbaden: Springer VS.
Voß, Gerd Günter. 1998. Die Entgrenzung von Arbeit und Arbeitskraft – Eine subjektorientierte Interpretation des Wandels der Arbeit. *MittAB* 3:473–487.
———. 2001. Auf dem Wege zum Individualberuf? Zur Beruflichkeit des Arbeitskraftunternehmers. In *Aspekte des Berufs in der Moderne*, Hrsg. Thomas Kurtz, 287–314. Opladen: Leske und Budrich.
———. 2017. Arbeitskraftunternehmer. In *Lexikon der Arbeits- und Industriesoziologie*, Hrsg. Hartmut Hirsch-Kreinsen und Heiner Minssen, 49–52. Baden-Baden: Nomos.
Voß, Gerd Günter, und Hans J. Pongratz, Hrsg. 1997. *Subjektorientierte Soziologie. Karl Martin Bolte zum siebzigsten Geburtstag*. Opladen: Leske und Budrich.
———. 1998. Der Arbeitskraftunternehmer. Eine neue Grundform der Ware Arbeitskraft? *Kölner Zeitschrift für Soziologie und Sozialpsychologie* 50(1): 131–158.
Voswinkel, Stefan. 2002. Bewunderung oder Würdigung? Paradoxien der Anerkennung doppelt subjektivierter Arbeit. In *Befreiung aus der Mündigkeit. Paradoxien des gegenwärtigen Kapitalismus*, Hrsg. Axel Honneth, 17–38. Frankfurt a. M./New York: Campus.
———. 2012. Recognition and interest: A multidimensional concept in the sociology of work. *Distinktion: Scandinavian Journal of Social Theory* 13(1): 21–41.
———. 2013. Anerkennung und Identität im Wandel der Arbeitswelt. In *Solidarität in der Krise: Gesellschaftliche, soziale und individuelle Voraussetzungen solidarischer Praxis*, Hrsg. Lucie Billmann und Josef Held, 211–235. Wiesbaden: Springer VS.
———. 2017. Anerkennung. In *Lexikon der Arbeits- und Industriesoziologie*, Hrsg. Rainer Bohn et al., 17–20. Baden-Baden: Nomos.
Wahl, Peter. 1998. Königsweg oder Sackgasse? Entwicklungspolitik als internationale Struktur- und Ordnungspolitik. *Peripherie* 72:82–93.
Wallerstein, Immanuel. 1986. *Das moderne Weltsystem. Die Anfänge kapitalistischer Landwirtschaft und die europäische Weltökonomie im 16. Jahrhundert*. Frankfurt a. M.: Syndikat.
Weber, Matthias, et al., Hrsg. 2021. Agilität in der F&I-Politik. Konzept, Definition, Operationalisierung. In *Studien zum deutschen Innovationssystem 8*. Berlin [Working Paper].
Weick, Karl E., und Frances Westley. 1996. Organizational learning: Affirming an oxymoron. In *Handbook of organizational studies*, Hrsg. Stewart R. Clegg et al., 440–458. London: Sage.
Wesche, Jenny S., und Thomas Matys. 2024. New Work und Arbeitsschutz. Psychologie und Soziologie der Arbeit. Veränderte Erwartungen von Organisationen und Mitarbeitenden durch die digitale Transformation und ihre Auswirkungen auf gesunde Arbeitsgestaltung. In *New Work und Arbeitsschutz*, Hrsg. Ilka Knappertsbusch und Laura von Gilsa. Wiesbaden: Springer VS.
Weyer, Johannes, und Robin D. Fink. 2011. Die Interaktion von Mensch und autonomer Technik in soziologischer Perspektive. *TATuP – Zeitschrift für Technikfolgenabschätzung in Theorie und Praxis* 20(1): 39–45.

Wiegerling, Klaus, et al., Hrsg. 2020. *Datafizierung und Big Data. Ethische, anthropologische und wissenschaftstheoretische Perspektiven.* Wiesbaden: Springer VS.

Wilkesmann, Uwe. 1999. *Lernen in Organisationen. Die Inszenierung von kollektiven Lernprozessen.* Frankfurt a. M./New York: Campus.

Wilkesmann, Maximiliane. 2019. Lernen als Dauerveranstaltung? Zum Wandel des Umgangs mit Wissen in Organisationen. In *Handbuch Organisationssoziologie*, Hrsg. Maja Apelt et al., 1–16. Wiesbaden: Springer VS.

Williamson, Oliver E. 1985. *The economic institutions of capitalism. Firms, markets, relational contracting.* New York: Free Press.

———., Hrsg. 1996. *The mechanisms of governance.* New York/Oxford: Oxford University Press.

Willke, Helmut. 1999. *Die Zukunft unserer Arbeit.* Frankfurt a. M./New York: Campus.

———. 2001. *Systemisches Wissensmanagement.* Stuttgart: UTB.

———. 2006. *Global governance.* Bielefeld: transcript.

Will-Zocholl, Mascha, und Judith Marotz-Baden. 2019. Zur realen Virtualität von Arbeit. Raumbezüge in digitalisierter Wissensarbeit. *AIS-Studien* 12(1): 36–54.

Wilz, Sylvia M. 2005. Der Arbeitskraftunternehmer – Yeti oder Prototyp? Ein Plädoyer für aktive Grenzgängerei zwischen Arbeits-, Industrie- und Organisationssoziologie. In *Die ‚Organisation' der Arbeit*, Hrsg. Michael Faust et al., 195–223. München/Merng: Hampp.

Windeler, Arnold. 2001. *Unternehmungsnetzwerke: Konstitution und Strukturation.* Wiesbaden: Westdeutscher Verlag.

———. 2017. Netzwerke. In *Lexikon der Arbeits- und Industriesoziologie*, Hrsg. Rainer Bohn et al., 232–236. Baden-Baden: Nomos.

Windolf, Paul. 2005. Was ist Finanzmarkt-Kapitalismus? Finanzmarkt-Kapitalismus. Analysen zum Wandel von Produktionsregimen. In *Kölner Zeitschrift für Soziologie und Sozialpsychologie Sonderheft 45/2005*, Hrsg. Paul Windolf, 20–57. Wiesbaden: VS Verlag für Sozialwissenschaften.

———. 2006. Das Regime des Finanzmarktkapitalismus. *Mitbestimmung 6.* http://www.boeckler.de/cps/rde/xchg/SID-3D0AB75D-92FBD202/hbs/hs.xsl/163_82198.html. Zugegriffen am 31.09.2008.

———. 2012. *Vom Manager- zum Finanzmarkt-Kapitalismus. Analysen zum institutionalen Wandel des Kapitalismus* [unveröffentlichtes Vortragsmanuskript].

Wolf, Harald. 1999. *Arbeit und Autonomie. Ein Versuch über Widersprüche und Metamorphosen kapitalistischer Produktion.* ünster: Westfälisches Dampfboot.

———. 2001. Prokrustes-Revolutionen und das Gespenst der Autonomie. Über den „neuen Geist des Kapitalismus" und seine Widersprüche. *Express – Zeitschrift für sozialistische Betriebs- und Gewerkschaftsarbeit* 3:2–3.

Womack, James P., et al. 1991. *Die zweite Revolution in der Autoindustrie. Konsequenzen aus der weltweiten Studie des Massachusetts Institute of Technology.* Frankfurt a. M./ New York: Campus.

Zima, Peter V. 2000. *Theorie des Subjekts. Subjektivität und Identität zwischen Moderne und Postmoderne.* Tübingen/Basel: A. Francke Verlag.

Zimolong, Bernhard, und Armin Windel. 1996. Mit Gruppenarbeit zu höherer Leistung und humaneren Arbeitstätigkeiten? In *Kooperationsnetze, flexible Fertigungsstrukturen und Gruppenarbeit*, Hrsg. Berthold Zimolong, 140–171. Opladen: Leske und Budrich.

Zingel, Harry. 2004. Controlling: Unternehmerische Strategie und Taktik. Verfahren der internen Unternehmenssteuerung. Ein einleitendes Skript. http://www.zingel.de/pdf/05ctrl.pdf. Zugegriffen am 06.07.2004.

The manufacturer's authorised representative in the EU is Springer Nature Customer Service Centre GmbH, Europaplatz 3, 69115 Heidelberg, Germany. If you have any concerns regarding our products, please contact ProductSafety@springernature.com

Printed and bound by CPI Group (UK) Ltd, Croydon, CR0 4YY
23/03/2026
02076466-0005